旅游城市

每个城市都包括城市解读、旅游片区、旅游资讯三大板块。

旅游片区

每个城市划分为若干旅游片区，全面介绍。同时突出重要旅游点。

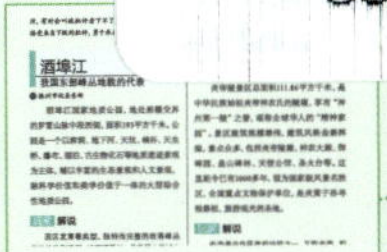

旅游景点

每个旅游景点包括介绍、攻略、链接等板块。力求景点收录全面。

旅游资讯

每个城市旅游资讯板块，包括住宿、就餐、购物、娱乐等内容。

如何使用本书

1 多角度解读
全书从地理、历史、文化等多个角度解读湖南。包括主题地图、分类景观、精美图片等形式，力图为读者呈现出一个更直观、丰富的湖南。

主题地图 精美而实用的地图是了解湖南的最好窗口。书中还有大量的区域旅游地图、景区导览图。

分色标签 每个城市都有一个特定的检索色，便于翻阅。

2 专题知识
对于认识湖南具有重要意义的关键词条，书中特设专题，图文并茂，让读者迅速读懂词条。

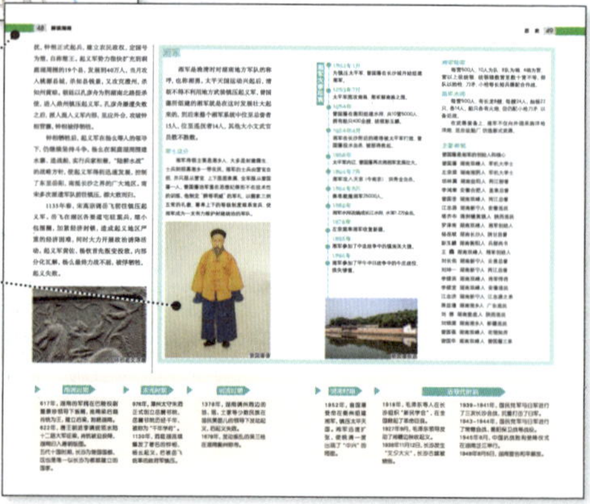

3 精华景点
三维立体图可深度引导读者鉴赏那些特别重要的必游景点。

4 攻略
大部分景点配有位置、交通、门票、链接等丰富的实用攻略。

5 资讯
每个城市都包括交通、美食、住宿、购物、娱乐等资讯。

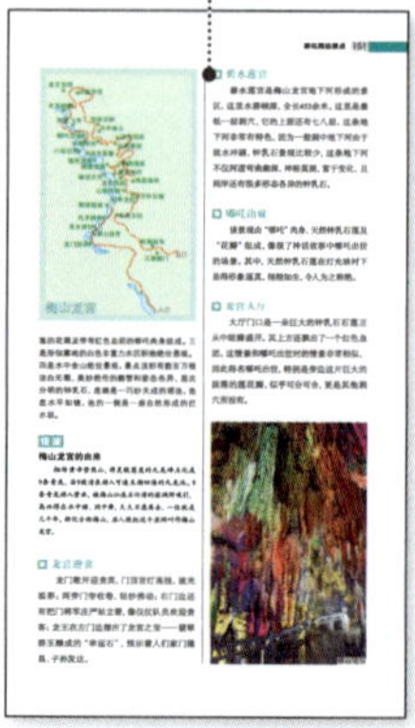

发现者旅行指南

湖南（第2版）

北京·旅游教育出版社

目录

CONTENTS

地图目录

专题目录

手绘湖南

▶ **桃花源**

陶渊明描绘的人间仙境，每年一届的桃花源游园会热闹异常。

▶ **壶瓶山**

景区内旅游资源极为丰富，有八大峡谷，数十处瀑布，还有东山峰水库、米汤泉、土家族风情、大胜寨寺庙遗址、云雾山道观等景观。

▶ **八大公山**

由斗篷山、杉木界、天平山三大林区组成，是全球200个重要生态区之一。具有当今亚热带地区保存最完整、面积最大的原始次生森林，动植物种类丰富。

▶ **猛洞河风景区**

所谓“张家界看山，猛洞河玩水”。这里是湘西旅游精髓所在。猛洞河漂流被誉为“天下第一漂”，两岸树木葱郁，水面碧绿，沿途可欣赏哈妮宫、捏土瀑布、落水坑瀑布景点。

▶ **南山**

人称八十里大南山，山上有20多万亩集中连片的草山草坡，被誉为“南方的呼伦贝尔”，策马奔腾其上，何其快哉。

▶ **崀山**

被誉为“丹霞之魂，国之瑰宝”，是国家自然遗产。崀山包含雄伟险峻的八角寨、谷深桥异的天生桥、奇巷交错的天一巷、险峰林立的辣椒峰等景区。

湖南山水

▶ 洞庭湖

我国第二大淡水湖，湖外有湖，湖中有山，风景迤逦，景色优美。尤以岳阳楼为核心的区域景致最佳。湖光山色、人文奇景，美不胜收。

▶ 岳麓山

山上风景秀丽，古老的文化气氛和美丽的自然风光融为一体。有岳麓书院、麓山寺、隋舍利塔、云麓宫、禹王碑、爱晚亭等景。

▶ 韶山

是一条灵秀狭长的山冲。山上留下了许多毛泽东的遗迹和纪念建筑。有毛泽东故居、滴水洞、毛泽东纪念园、毛泽东诗词碑林等景。

▶ 衡山

素以“中华寿岳”“五岳独秀”著称于世。山上摩崖石刻遍布，原始森林葱郁，四季之景皆美不胜收。衡山佛道两教并存，寺观众多。

▶ 九疑山

得名于这里9座相似的山峰，是国家级森林公园，与舜帝渊源甚深。

▶ 便江风景区

素有“小漓江”之称。风景区以便江上游为中心，龙华山公园为重要景观，此外，还有观音岩、韩愈览胜处、九鼎山、石鼓山等景。

手绘湖南

▶ 贺龙故居

在贺龙元帅的故乡，有贺龙故居、贺龙纪念馆、贺龙桥等景，为省级保护文物。

▶ 宋教仁故居

故居所在地风景秀丽，环境优美，是近代民主革命家宋教仁的诞生地。

▶ 沈从文故居

典型的南方四合院建筑，具有浓郁的湘西明清建筑特色。

▶ 王船山故居

王夫之晚年所居之宅，又称湘西草堂，有茅屋3间。

▶ 魏源故居

是一座两正两横的木结构四合院，为国家保护文物。

▶ 李达故居

中国共产党的创始人之一李达的故居，有前后两栋，坐北朝南，为砖木结构，悬山顶，盖小青瓦。

▶ 怀素园

是唐代书法家怀素修行、种蕉、练字的地方。园内有醉僧楼、种蕉厅、书禅经舍等建筑物。

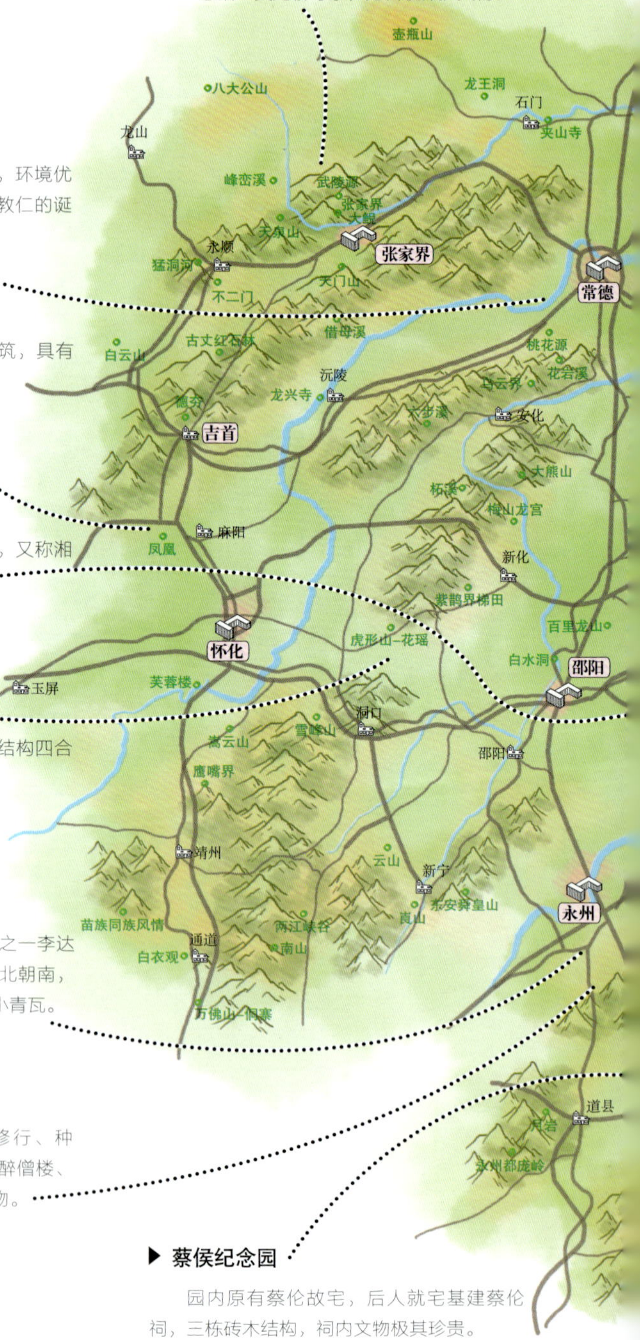

▶ 蔡侯纪念园

园内原有蔡伦故宅，后人就宅基建蔡伦祠，三栋砖木结构，祠内文物极其珍贵。

湖南名人故里

▶ 刘少奇纪念馆

以刘少奇故居为依托而建，包括故居、纪念馆、铜像等。故居是一座四合院式的农舍，有30多间房屋，陈列了190件展品。

▶ 任弼时故居

故居新屋系任弼时曾祖一辈所建，具有江南农舍的建筑艺术风格，砖木结构。

▶ 黄兴故居

现存房屋12间。有黄兴生平事迹展，有黄兴和其父母亲生前居室的原貌陈设。

▶ 胡耀邦故居

是典型的湖南农家建筑，现存19间房，以“泮公享堂”最为高大。现部分辟为陈列馆。

▶ 毛泽东故居

包括故居及其周边的南岸私塾、毛泽东纪念馆、毛泽东图书馆、毛泽东纪念园、毛氏宗祠等景。故居为“凹”字形农舍，有房屋18间，陈列物品中有许多是原物。

▶ 李立三故居

李立三在此度过青少年时期。故居系土木结构的长方形院落。门额上题写着“芋园”。

▶ 谭嗣同故居

始建于明末，又称“大夫第”，现存房舍24间，富丽堂皇，为国家保护文物。

▶ 罗荣桓故居

故居建于1914年，坐西朝东，为3进4厢砖木结构，有房屋20间。卧室中陈列的床、桌、书柜、储柜等，均为罗荣桓用过的原物。

▶ 齐白石故居

著名艺术大师齐白石的出生地，故居是一幢土砖茅顶屋，陈列有齐白石的部分真迹。

手绘湖南

▶ 里耶古镇

古镇有众多幽长的古巷和数量可观的吊脚楼，里耶古国遗址的发现轰动中外；在此更可体验土家民俗风情。

▶ 茶峒古镇

湘西四大名镇之一，建筑风格别致，吊脚楼民居颇具特色。有连心桥、连心坝、翠翠岛等景。

▶ 凤凰古城

紫红沙石砌成的城楼、古色古香的明清古院、静静的沱江及沿江的吊脚楼，凤凰浓郁的民族风情让人顿生一种远离尘世的静谧之感。

▶ 高椅古村

古村三面环山一面临水，地形宛如一把太师椅。古村建筑坐北朝南，外表相似，呈梅花状分布排列，巷道与封闭式庭院呈八卦阵式，村内阡陌交通，道路纵横，宛若迷宫。

▶ 芋头古侗寨

芋头古侗寨建筑群因山就势，结构造型具有典型的侗族风格，鼓楼、门楼、芦笙场、古井、凉亭、侗族楼屋及青石板驿道等一应俱全。民居以“干栏式”吊脚楼为主，沿山谷因势布局，形成独特的“山脊形”和“山谷形”格局模式。

湖南民俗地

▶ 土家风情园

又称土司城，由土家建筑群落、民风民俗展示、文艺演出等功能区构成。园中有土司城堡、摆手堂、毕兹卡圣火堂等建筑，还有丰富的民俗表演。

▶ 芙蓉古镇

有2000年历史的古镇，因电影《芙蓉镇》在此拍摄而得名。芙蓉镇安逸闲适，古朴幽静，民俗风情浓郁，尤其晚上入耳的瀑布声，让人内心无比平和。

▶ 花瑶山寨

瑶家山民有着独特的山石崇拜。这里还盛产金银花。可欣赏花瑶风情，还可进行攀崖、森林探险、溯溪、露营。

▶ 滩头古镇

全国七十二古镇之一，民间文化绘画之乡，滩头年画、香粉纸和色纸俗称“滩头三绝”，享誉中外。

▶ 千家峒

瑶族祖居故地之一，被称为瑶家的“桃花源”，有盘王庙、平王庙、仙女过桥等景。

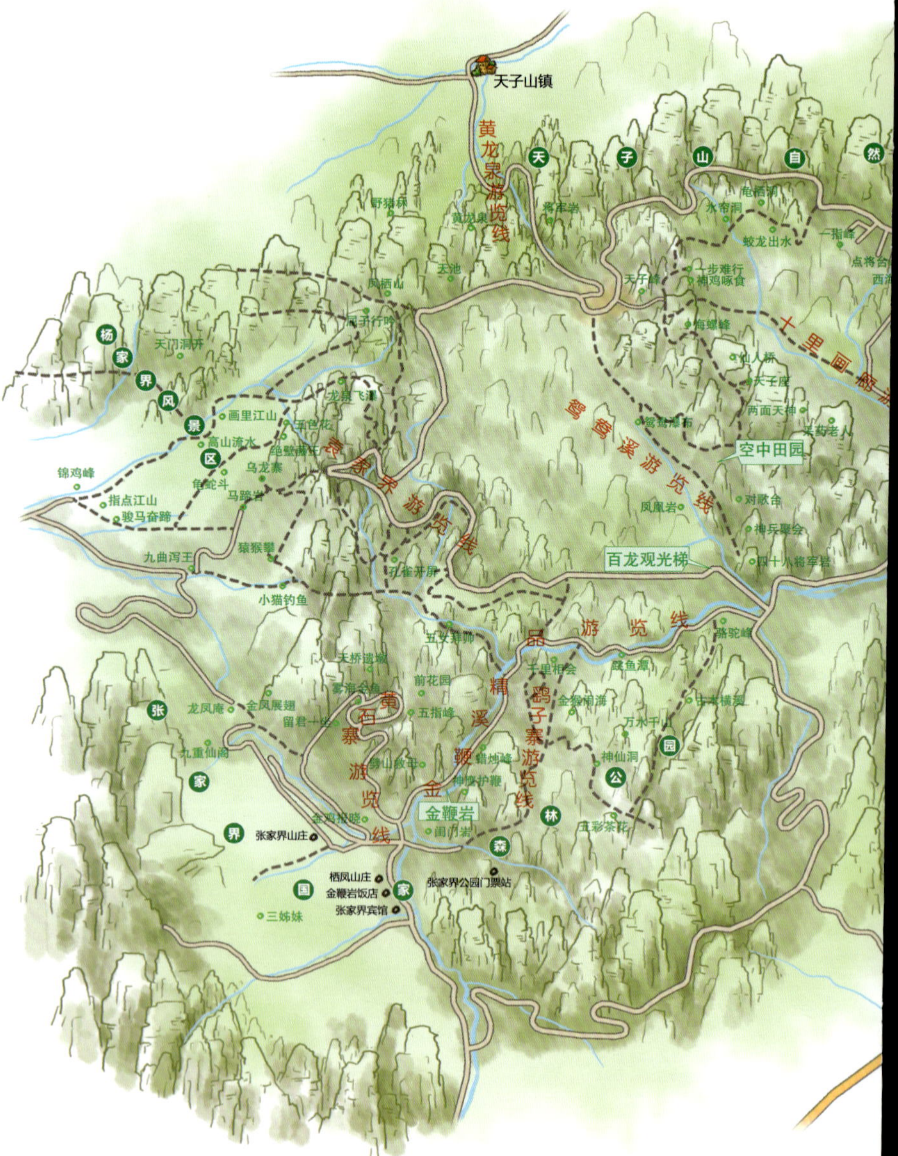
天子山镇
黄龙泉游览线
天子山自然保护区
野猪林
黄龙泉
将军岩
龟栖洞
水帘洞
蛟龙出水
一指峰
点将台
一步难行
神鸡啄食
天子峰
天池
凤栖山
阔开行吟
杨家界风景区
天门洞开
十里画廊
梅螺峰
仙人桥
天子座
两面天神
采药老人
鸳鸯溪游览线
鸳鸯瀑布
空中田园
龙泉飞瀑
画里江山
高山流水
五色花
乌龙寨
锦鸡峰
龟蛇斗
马蹄岩
指点江山
骏马奋蹄
袁家界游览线
凤凰岩
对歌台
神兵聚会
百龙观光梯
四十八将军岩
九曲泻王
猿猴攀
孔雀开屏
小猫钓鱼
游览线
骆驼峰
五女拜帅
天桥遗墩
千里相会
前花园
金鞭溪精品游览线
黄石寨游览线
鹞子寨游览线
张家界国家森林公园
龙凤庵
金凤展翅
五指峰
金猴闹海
万水千山
留君一住
九重仙阁
神仙洞
醋坛峰
神鹰护鞭
金鞭岩
金鸡报晓
五彩茶花
闺门岩
张家界山庄
栖凤山庄
金鞭岩饭店
张家界宾馆
张家界公园门票站
三姊妹

武陵源风景区

保护区
天子山索道
石船出海
贺龙公园
御笔峰
东天门
仙女散花
天子阁
月亮垭
卧龙岭
南天门
斋公湾
金龟出海
雄狮回头
猛虎啸天
轿顶山
索溪峪自然保护区
武陵源宾馆
武陵源书店
武陵源区政府
索溪峪镇
精品游览线
黄龙洞
百丈峡游览线
插旗峰
摩天峰
五女妆台
明代时刻
明代石刻
向王印
巨龙出海
306
宝峰
蜡烛峰
宝峰禅寺
孔雀开屏
鹰窝寨
宝峰湖风景区

手绘
湖 南

江北中路
凤凰大桥
南华门
跳岩
老洞苗家客栈
笔架山公园
南华路
凤凰路
陈氏古宅
熊稀龄故居
朝阳宫
古城博物馆
陈宝箴世家
西门城楼
县政府
沈从文故居
工商银行
虹桥西路

凤凰古城

万名塔
田家祠堂
虹桥路
北门城楼
边城书社
沱江泛舟
杨家祠堂
东门城楼
虹桥
万寿宫
老洞苗家客栈
夺翠楼
崇德堂
江北中路
天后宫
木兰别院
准提庵
田兴恕故居
熊家客栈
虹桥中路
三王庙
南华山国家森林公园

手绘 湖南

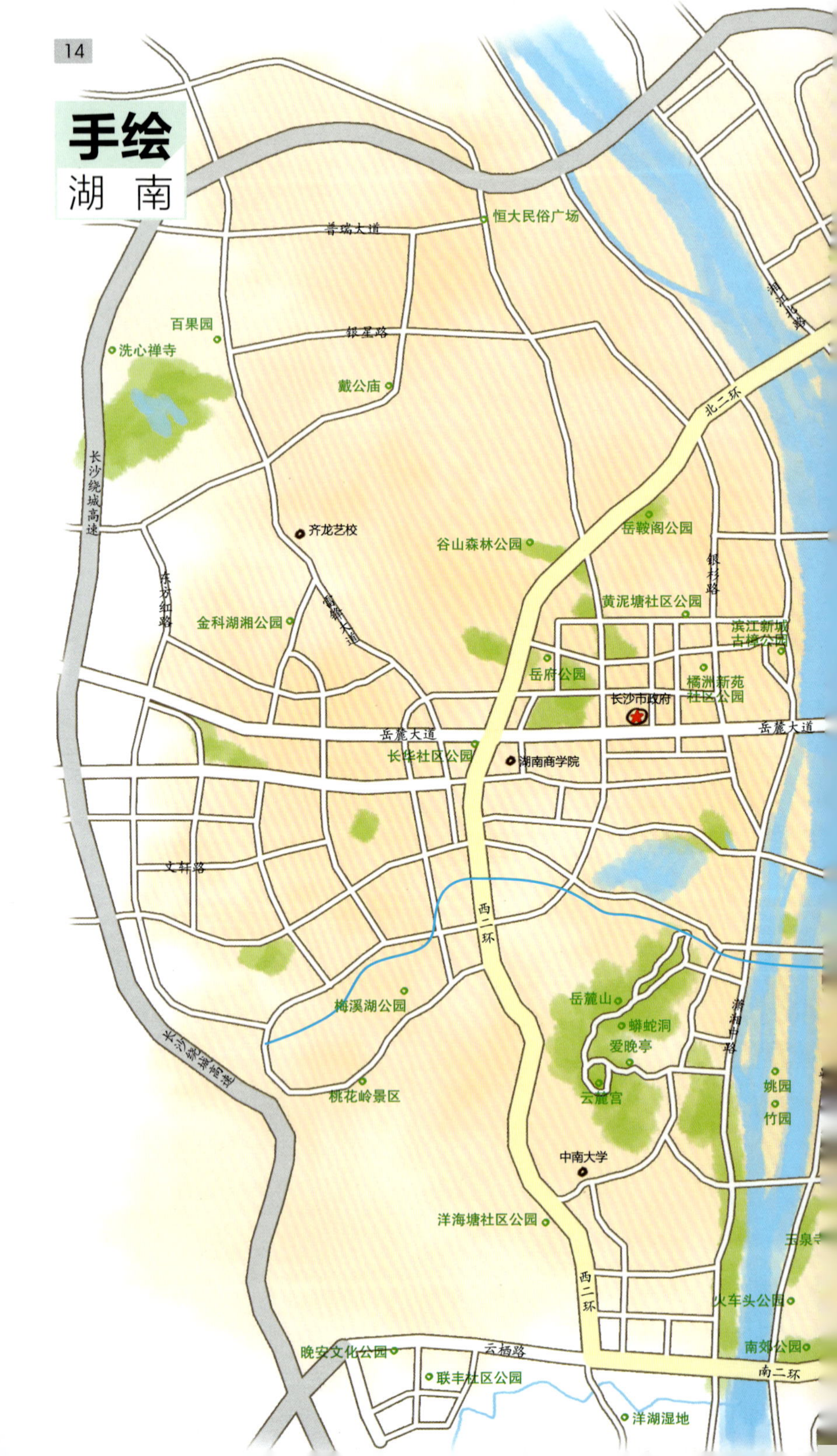
恒大民俗广场
普瑞大道
百果园
洗心禅寺
银星路
戴公庙
北二环
长沙绕城高速
齐龙艺校
谷山森林公园
岳鞍阁公园
银杉路
东方红路
黄泥塘社区公园
金科湖湘公园
雷锋大道
滨江新城古樟公园
岳府公园
橘洲新苑社区公园
长沙市政府
岳麓大道
岳麓大道
长华社区公园
湖南商学院
文轩路
西二环
岳麓山
蟒蛇洞
爱晚亭
潇湘中路
梅溪湖公园
姚园
竹园
云麓宫
桃花岭景区
长沙绕城高速
中南大学
洋海塘社区公园
西二环
火车头公园
晚安文化公园
云栖路
南郊公园
联丰社区公园
南二环
洋湖湿地

长沙城区

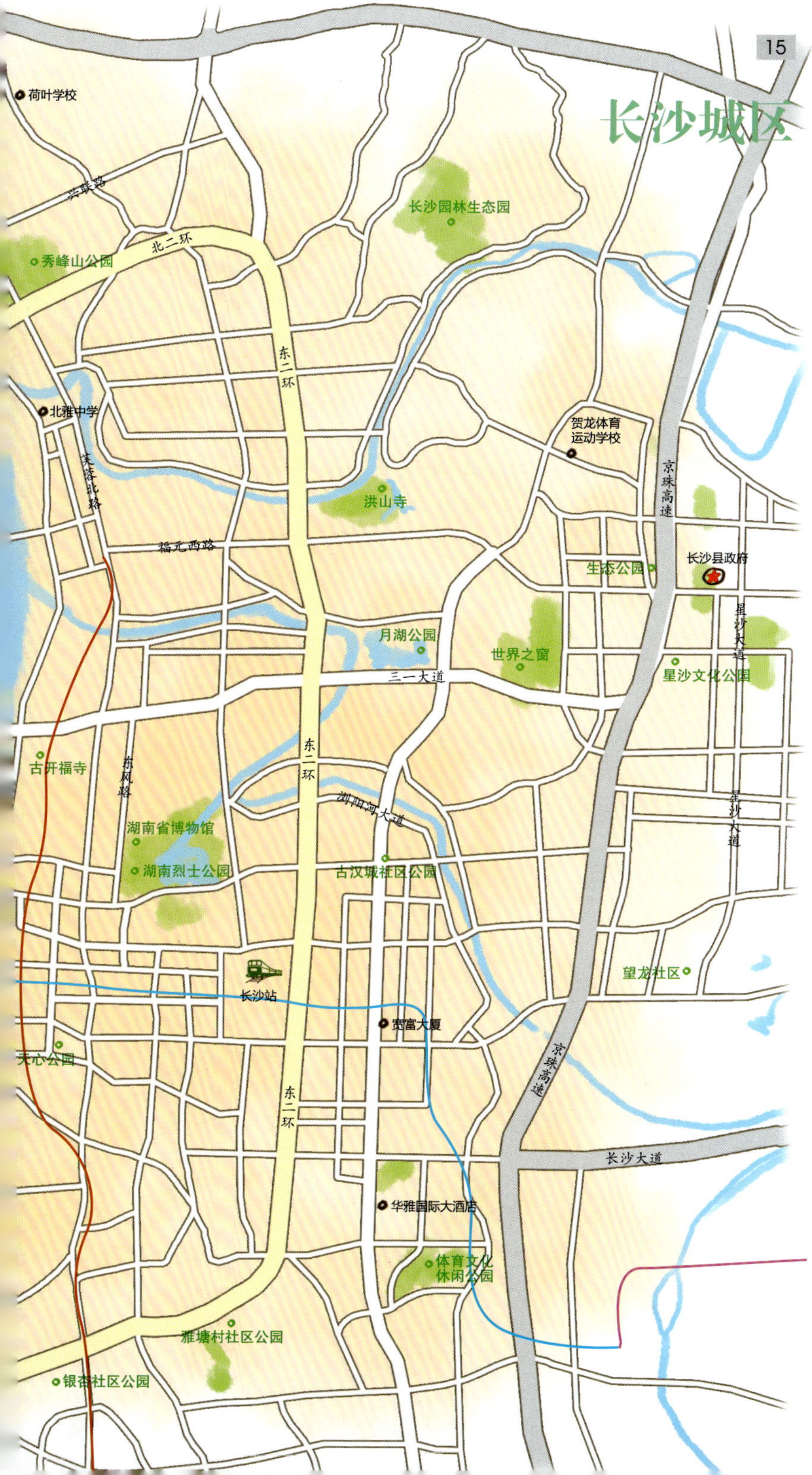
荷叶学校
兴联路
长沙园林生态园
北二环
秀峰山公园
东二环
北雅中学
芙蓉北路
贺龙体育
运动学校
京珠高速
洪山寺
福元西路
长沙县政府
生态公园
星沙大道
月湖公园
世界之窗
三一大道
星沙文化公园
古开福寺
东风路
东二环
浏阳河大道
星沙大道
湖南省博物馆
湖南烈士公园
古汉城社区公园
望龙社区
长沙站
宾富大厦
天心公园
京珠高速
东二环
长沙大道
华雅国际大酒店
体育文化
休闲公园
雅塘村社区公园
银杏社区公园

摄影
湖　南

最美湘西数凤凰

“为了你，这座古城等了千年。我相信缘分，相信我与凤凰的见面也是必然的。”这座中国最美小城让无数游人魂回梦绕，沱江上乌篷船缓缓而行，江边土家吊脚楼别有风情，青石板路铺砌的不只是街巷，还有一派江南水乡的古色古香。

摄影
湖 南

人间秘境

武陵源

也许你未曾在山里长大，但相信当你见到这片山水时，会明白相见恨晚的意思。这片世界是大自然鬼斧神工又浓墨重彩的盆景。兀立挺拔的岩松、雾遮云掩的苍翠以及水墨一般的山水，仿若仙境，置身其间快活似仙人；又如梦境，行走之中似入甜梦。

大美梯田

紫鹊界

紫鹊界梯田集自然美、古朴美、文化美于一体。兼有广西龙胜梯田的秀美、云南哈尼梯田的大气、菲律宾巴纳韦梯田的险峻、越南沙坝梯田的飘逸，特色鲜明、风格独具。有“梯田王国”之称。

钟灵毓秀

芙蓉镇

芙蓉镇是一座具有两千年历史的古镇，也是一个山城，镇上高低错落的吊脚楼屹立于山水之间，清晨雾霭迷蒙，第一缕阳光如同金沙洒向古镇，为古镇更增添了一份让人迷醉的静谧之美。

秀美绝伦东江湖

这可能是中国最美的蓄水水库了，所谓“一坝锁东江，高峡出平湖”。青山叠翠、碧波荡漾的湖光山色自然旖旎无比。每逢日出和日落时分，狭长的平湖上云蒸霞蔚，宛若一条玉带在峡谷中飘拂，撑舟其中似翔云驾雾，遨游仙境。

舟楫行山水之畔

湖南有着一片静谧的自然山水天地，艄公的船只泊在江畔，成群的水鸟立在船板之上，远处的山峦泛着迷人的黛青色，周围的河水波光潋滟。这美丽的风景是湖南呈现给人们的自然天地。

印象湖南

文化符号

辣妹子

湖南人爱吃辣，湖南的女孩也被称为辣妹子，同名歌曲《辣妹子》更是风靡四海。

汨罗龙舟

汨罗是一代文豪屈原投江的地方，也是风行全国的赛龙舟的发源地。

岳阳楼

“江南三大名楼”之一的岳阳楼，是湖南悠久历史文化的象征，有“岳阳天下楼”之美誉。

边城

因为沈从文的小说《边城》，湖南湘西成了人们心目中“美好”的象征，吸引着人们前往。

花鼓戏

湖南花鼓戏源于民歌，在全国众多“花鼓戏”中流传最广、影响最大。

湖南卫视

中国收视率最高的地方卫视，众多热门综艺节目都创造了综艺收视传奇，广受观众喜爱。

印象
湖 南

古村古镇

凤凰古城

凤凰古城位于沱江之畔，群山环抱，民风朴实，富有文艺气息，被称为“中国最美丽的小城”。

张谷英村

张谷英村有中国保存最为完整的江南民居古建筑群落，其建筑艺术之美，堪称“天下第一村”。

芙蓉镇

芙蓉镇是一座具有2000年历史的古镇。这里山清水秀，还有浓郁的土家族民俗风情。

里耶古镇

里耶有神奇的自然风光、奇特的民族风情和悠久神秘的秦朝秘史。

茶峒古镇

茶峒是沈从文笔下的“边城”所在地，整洁青石板路，加上吊脚楼的古色古香，令人心驰神往。

靖港古镇

靖港曾经是三湘物资集散的繁荣商埠，历史久远，具有浓厚的商业气息。

印象
湖 南

湘菜

长沙臭豆腐

刚出锅的臭豆腐，油花四溢，轻轻咬一口，外脆里嫩的口感让人感觉通体舒坦。

腊味合蒸

取腊肉、腊鸡、腊鱼于一钵，下锅清蒸而成，色泽红亮，吃起来柔韧不腻，是湘菜的重要菜品之一。

剁椒鱼头

融鱼头的“鲜”和剁椒的“辣”为一体，鲜辣适口，风味独具一格。

湘西酸菜

湘西少数民族喜欢吃酸，他们腌制的酸菜能保持酸汤清澈，多年不坏，入口脆滑酸爽，令人回味无穷。

毛氏红烧肉

是一道色香味俱全的汉族名肴，根据毛泽东主席的口味而发明，甜而不腻，香味可口。

口味虾

又叫麻辣小龙虾，口感香辣鲜浓，色泽红亮、质地滑嫩，深受人们的喜爱。

印象
湖 南

湖南风物

槟榔

湖南的湘潭是槟榔的第二故乡。这里的百姓喜欢生嚼槟榔，认为槟榔是最好的补品。

湘绣

色彩鲜艳、质感强烈，是中国四大名绣之一，也是名贵的欣赏艺术品。

蓝印花布

采用手工纺织、刻版、刮浆等多道印染工艺制成，是苗族等少数民族独特的手工艺术品。

浏阳花炮

浏阳制作的花炮造型美观、色彩鲜艳、久负盛名，素有“花炮之乡”的美誉。

君山银针

君山银针产于云雾弥漫的洞庭岛屿君山，是我国著名黄茶之一，形细如针，甘醇甜爽。

湘莲

湘莲以色白、粒大、味甘、清香、营养丰富、药用价值高、汤清肉绵等特色而闻名。

自驾湖南

线路 1

大湘西
大美之旅

张家界 武陵源

张家界 天门山

永顺 老司城

永顺 芙蓉镇

凤凰 凤凰古城

这是一条惊奇的线路。武陵源的风景宛若仙境，芙蓉镇充满少数民族风情，此外，这条线路上还有九曲回肠的猛洞河，民风古朴的凤凰古城，吱吱呀呀的老渡船，带给游者一种“久在樊笼里，复得返自然”的自在感受。

第 1 天 ▍长沙—武陵源。从长沙出发，沿长张高速行驶至武陵源出口下高速，经梨子坪隧道到达武陵源区。午餐后泛舟宝峰湖，游玩高峡平湖，然后去黄龙洞欣赏洞穴奇观。

第 2~3 天 ▍武陵源。这两天置身于武陵源风景区，放空思绪，尽情欣赏张家界的山水风情。

第 4 天 ▍武陵源区—天门山。从武陵源区出发，沿省道 S306 行驶，穿过老木峪隧道到达永定区南部。乘索道登天门山游玩。下山后逛一逛大庸府城。夜宿永定区。

第 5 天 ▍张家界—老司城。沿张花高速 S10 行驶，经永顺县至灵溪镇司城村游玩老司城。夜宿灵溪镇。

第 6 天 ▍永顺县—芙蓉镇。从永顺县城出发，沿 S230 南下到猛洞河体验漂流，漂流后收拾妥当，开车去芙蓉镇游玩，夜宿镇上。

第 7 天 ▍芙蓉镇—凤凰古城。从芙蓉镇沿省道 S229 南下，前往红石林风景区游玩，欣赏壮美神奇的喀斯特地貌景观。然后前往凤凰县。夜宿凤凰古城。

第 8 天 ▍凤凰古城。在凤凰古城纵情欣赏美景、品尝特色小吃，感受土家风情。

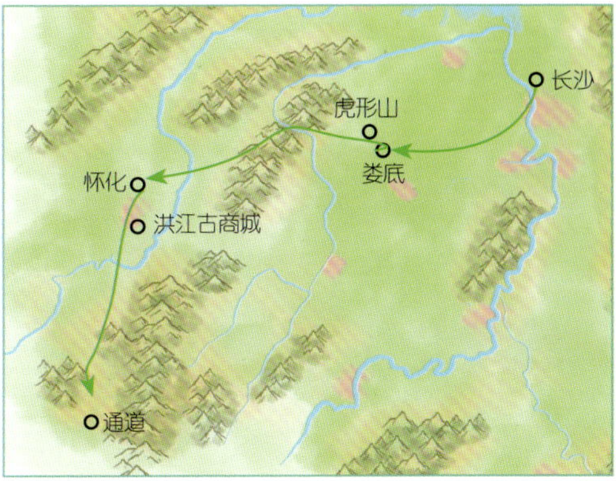

线路 2

大湘西
民俗之旅

湄江风景区
娄底

虎形山
隆回

洪江古商城
怀化

高椅古村
会同

万佛山
通道

芋头古侗寨
通道

这条路线以体验民俗风情为主要特色，一路景致独好，万佛山的丹霞地貌、虎形山的花瑶风情、洪江古商城的古朴韵味，还有那“楚南上游第一胜迹”的芙蓉楼，无不钟灵毓秀，令人流连忘返。

第 1 天 早上从长沙市区出发，前往娄底湄江风景区，游览观音崖、藏军洞等景点，各种溶洞、奇石、飞瀑让人目不暇接。傍晚返回娄底住宿。

第 2 天 从娄底出发，沿 G60 沪昆高速行驶到隆回县午餐。下午开车前往虎形山游览，夜宿景区。

第 3 天 上午继续游览虎形山，然后驱车到洪江市黔城镇参观洪江古商城，夜宿镇上。

第 4 天 上午在洪江古商城尽情游览，还可以去欣赏芙蓉楼的古根雕；下午驱车前往会同参观高椅古村，然后开车到通道侗族自治县住宿。

第 5 天 从通道县城出发前往万佛山游览，欣赏丹霞风光，体验当地美食，夜宿临口镇。

第 6 天 从临口镇出发前往双江镇参观芋头古侗寨，尽情领略侗寨风情。

自驾 湖南

线路 3

湘南
山水之旅

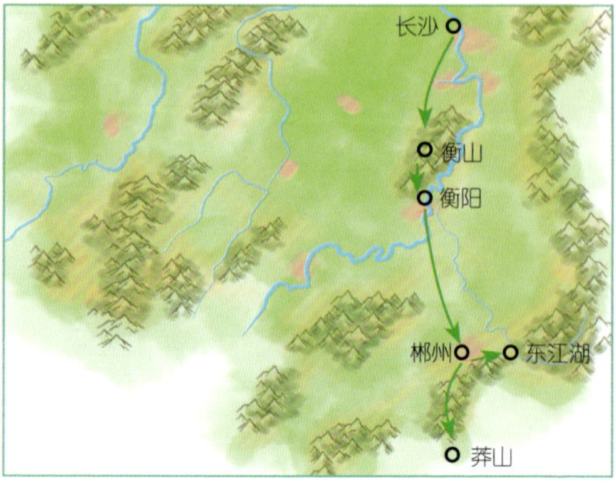

衡山 衡阳

南岳大庙 衡阳

东江湖 资兴

苏仙岭 郴州

莽山 宜章

这条路线从长沙出发，一路向南，湘南的大好山河一一展现在眼前。“南岳独秀”的衡山、湖光山色的东江湖、高椅岭的壮观丹霞景色，以及苏仙岭的梦幻仙境，令人目不暇接，犹如置身人间秘境。

第 1 天 从长沙市区出发，沿 G4 京港澳高速南下，从南岳出口换 S1 南岳高速行驶到南岳区，游览衡山，夜宿景区。

第 2 天 继续在衡山景区游玩，用一整天细细品味南岳之茂松修竹、奇花异草及山下的南岳大庙。

第 3 天 从衡阳出发，驾车南下前往东江湖，泛舟东江湖饱览湖光山色。夜宿资兴市区。

第 4 天 上午先驾车到高椅岭，欣赏美丽的丹霞景观，然后驱车回郴州市区游览苏仙岭福地。晚上尽情享受郴州美食，夜宿郴州市区。

第 5 天 从郴州出发，沿 G4 京港澳高速南下，到达莽山瑶族乡，游览莽山鬼子寨、南天门等奇景。

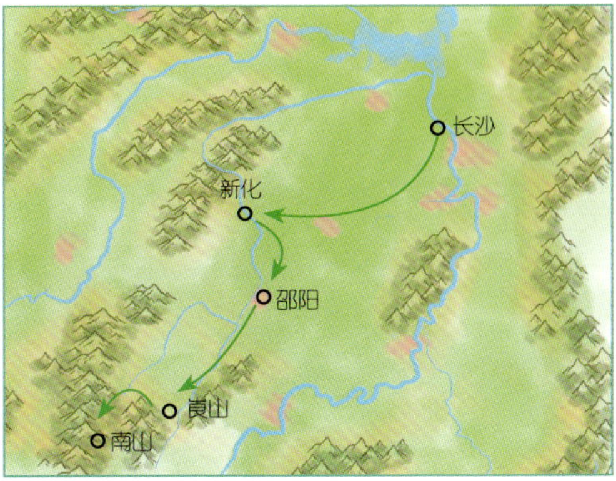

线路 4

湘西南 山水之旅

新化 紫鹊界梯田

新化 梅山龙宫

邵阳 东塔公园

邵阳 白水洞

新宁 崀山

城步 南山风景区

这条线路主要穿行在湖南西南部，一路可看到梅山龙宫和紫鹊界梯田的风光，也可欣赏到白水洞的奇幻莫测及崀山的壮观绝景。南山牧场上策马奔驰也是难得的体验。

第 1 天 从长沙市区出发，前往新化。先到紫鹊界梯田，看光与影的杰作——变化无穷的水墨画，一定会让你惊叹不已。

第 2 天 早起来到梅山龙宫，观览宏伟瑰丽、奇形怪状的地下沉积景观，以及由地下河和旱洞组成的神奇层楼空间结构。午后前往大熊山，横亘湘中，连绵百里，蔚为壮观，座座山峰上云雾缭绕，景象万千。

第 3 天 前往邵阳市，在邵阳市区游览东塔公园、爱莲池，下午前往白水洞，看奇幻洞石。

第 4 天 早上从邵阳市区出发，前往新宁县崀山镇游览崀山，欣赏壮美的丹霞和绝壁，夜宿景区。

第 5 天 上午继续游览崀山景色，傍晚驱车前往城步县，夜宿县城。

第 6 天 前往游览南山风光，纵马驰骋在绿草茵茵、流水涓涓的草原上，尽享惬意感受。

解读 湖南

地理

张家界石峰

面积和区划

湖南省地处我国中部、长江中游，因大部分区域处于洞庭湖以南而得名“湖南”，因省内最大河流湘江流贯全境而简称“湘”。全省东西直线距离最宽667千米，南北直线距离最长774千米，面积约21万平方千米，省会长沙市。

全省现辖长沙、株洲、湘潭、衡阳、邵阳、岳阳、张家界、益阳、常德、娄底、郴州、永州、怀化13个地级市和湘西土家族苗族自治州，下辖35个市辖区、17个县级市、70个县（其中7个自治县），有长沙、岳阳、凤凰、永州4座国家历史文化名城。

人口和民族

截至2018年末，湖南全省常住人口约6898万人。其中，城镇人口3864.7万人，城镇化率达到56.02%。

湖南省是多民族省份，有50多个少数民族，600多万人口，占全省总人口的10%左右。土家族、苗族、侗族、瑶族、白族、回族、壮族、维吾尔族、蒙古族、畲族、满族等11个世居少数民族人口占少数民族总人口的99%以上。少数民族分布广泛，遍及全省14个市州。其中，少数民族人口100万以上的有湘西、怀

阳明山万和湖

化、张家界3个州市。

地形

湖南省位于云贵高原向江南丘陵和南岭山地及江汉平原的过渡地区，东、南、西三面环山，中部为丘陵盆地，北部地势低平。全省地貌多样，以山地、丘陵为主，山地面积占全省的51.22%，丘陵占15.40%，岗地占13.87%，平原占13.12%，水面占6.39%。

湖南境内西北有武陵山脉，西南有雪峰山脉，南部为五岭山脉（即南岭山脉），东面为湘赣交界的罗霄山脉；湘中地区大多为丘陵、盆地和河谷冲积平原，除南岳衡山山脉高达千米以外，其他均为海拔500米以下。株洲市境内的神农峰，海拔约2122.5米，是湖南最高峰。

湖南省河网密布，流长5000米以上的河流有5000多条。湖南有“三湘四水”之称，“三湘”，因湘江流经永州时与“潇水”、流经衡阳时与“蒸水”和入洞庭湖时与“沅水”相汇而得名，分别称“潇湘”、“蒸湘”和“沅湘”。“四水”指湘江、资江、沅江和澧水。四水顺着地势由南向北汇入洞庭湖，形成洞庭湖水系。湘江是湖南最长的干流。洞庭湖是湖南全省最大的湖泊。

气候

湖南属亚热带季风气候，四季分明，气候温暖湿润，光、热、水资源丰富，冬寒冷而夏酷热，春温多变，秋温陡降，秋冬干旱，气候的年际变化大。气候垂直变化最明显的地带为三面环山的山地，尤以湘西与湘南山地最为显著。

湖南省年平均降水量在1200~1700毫米之间，雨量充沛，尤以春夏为多，是我国雨水较多的省区之一。

张家界地貌

张家界地貌是砂岩地貌的一种独特类型。它是由石英砂岩为成景母岩，以流水侵蚀、重力崩塌、风化等作用力形成的以棱角平直的、高大石柱林为主的地貌景观。张家界武陵源景区即是典型的砂岩峰林地貌。这里千峰竞秀、万山峥嵘，有奇峰、怪石、幽谷、秀水、溶洞“五绝”，被誉为“地球纪念馆”。

张家界地区4.1亿年前沉积形成石英砂岩，2.5亿年前沉积形成石灰岩和白云岩等碳酸盐岩，2.1亿年前地壳上升成为陆地。

在地壳处于相对较稳定时，岩层因风化和重力作用发生崩塌，河流以侧蚀作用及搬运堆积作用为主。岩峰、岩柱高度逐渐被削低，体积变小，数量变少，密度变稀。

张家界砂岩峰林地貌剖面示意图

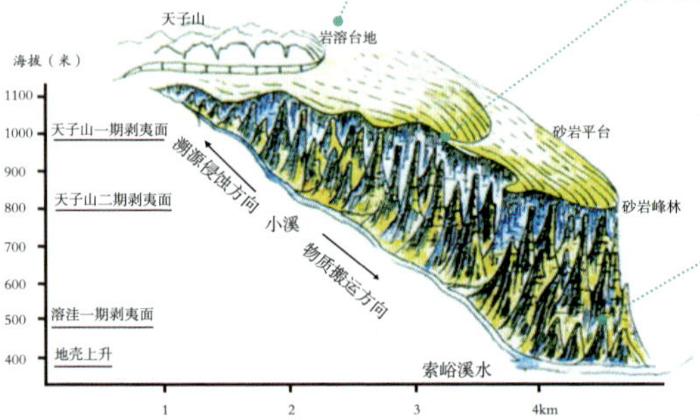

由于地壳间歇性抬升，石英砂岩的盖层岩石被剥蚀掉。流水下切，将古剥蚀夷平面分割成方山及峰状山脊。进而形成峡谷、岩柱、峰林、峰墙、天生桥、石门等。

景观类型

平台：流水从山顶向下侵蚀，在山麓形成剥蚀平台。平台总面积约3.1平方千米，分布在天子山边缘。

方山：又称桌状山，当地俗称“寨”，一般是水平或倾角较小的坚硬岩层，受到强烈的切割而形成。

石墙：石墙是流水沿着平台或方山的垂直节理侵蚀，形成沿着一个方向延伸的墙状体，常见由数个石墙平行展布的现象。

石柱

石柱：平台、方山等被流水沿垂直节理进一步切割、崩塌，形成圆柱状、方柱状等石柱，其形状主要受垂直节理稀疏、间距大小和方向影响。在武陵源风景区内有3000多座拔地而起的石柱，其中高度超过200米的有1000多座，金鞭岩竟高达350米。

天生桥：天生桥多由石墙经流水溯源侵蚀切穿而成。也有的石墙因为局部地方岩石破碎而形成穿洞。

残林：峰林形成后，流水继续下切，直至基座被剥蚀切穿，柱体纷纷倒塌，只剩下若干孤立的峰柱，这样便形成了残林地貌。

天生桥

观赏价值

张家界世界地质公园内集中分布了3000多座形态各异的峰柱，其柱体造型奇异、岩石植被色彩鲜明、峡谷与溪流组合和谐，景致引人入胜，令人赏心悦目。张家界地貌的奇俊秀美在世界山岳景观中也属罕见，每年吸引着数以百万计的游客前来欣赏。

洞庭湖

洞庭天下水

有“八百里洞庭”之称的洞庭湖是中国第二大淡水湖，位于湖南省东北部长江中下游荆江南岸，由东、西、南洞庭湖和大通湖4个较大的湖泊组成。

作为古云梦大泽的一部分，洞庭湖素来以烟波浩渺、气吞云汉著名。从孟浩然的“气蒸云梦泽，波撼岳阳城”，到李白的“洞庭湖西秋月辉，潇湘江北早鸿飞”，诗人们从不吝啬对洞庭的笔墨。洞庭湖南纳湘、资、沅、澧四水汇入，北与长江相连，通过松滋、太平、藕池吞纳长江洪水。湖水由东面的城陵矶附近注入长江，为长江最重要的调蓄湖泊，有“容纳四水，吞吐长江”的美誉。

洞庭湖流域即洞庭湖水系流经的广大地区，流域多年平均年降水量1427毫米，多年平均年径流量为2016亿立方米，约占长江流域地表水资源的21%。其比重为长江流域各水系之首。因此，洞庭湖现在仍是长江流域最重要的集水、蓄洪湖盆，同时，还具有灌溉、航运、渔业生产、供水、纳水、调节气候和美化环境等多种功能。湖区土质肥沃、气候温和、雨量充沛，自然资源丰富，是我国重要的商品粮、淡水鱼、棉、麻生产基地。

然而，近些年来，由于泥沙淤塞、围垦造田，八百里洞庭面积在逐年减小，亟待人们的关注和保护。

群峰叠翠，南岳独秀

衡山是我国五岳中的“南岳”，始封于唐虞，是古代帝王巡狩祭祀的地方。清代学者魏源遍游五岳后写出“恒山如行，泰山如坐，华山如立，嵩山如卧，唯有南岳独如飞”，“飞”不仅概括了南岳秀美的地形地貌，也寓意着南岳衡山人民欲振翅高飞的拼搏精神。

南岳衡山首起回雁峰，北止岳麓山，绵延400千米，层峦叠嶂、气势磅礴、古木参天，四季景色宜人。南岳共有七十二群峰、十洞、五岩、三十八泉、二十五溪、九池、九潭、九井，主峰祝融峰海拔1512米，是南岳最高峰。遐迩闻名的南岳四绝包括祝融峰之高，藏经殿之秀，方广寺之深和水帘洞之奇，被世人传为佳话。

南岳古木参天，自然景观和人文景观并举，历来是人们旅游、避暑的胜地。这里有自然植物1200多种，9处原始森林。其中珍贵树种150多种，有东晋时代的银杏、明代的古松、世界罕见的绒毛藻荚和富有神话色彩的摇钱树、连理枝等。南岳四季景色宜人，春赏奇花、夏观云海、秋望日出、冬赏雪景，令人心旷神怡、流连忘返。

南岳衡山不仅风光秀丽、景色奇绝，更

洞庭湖

是文化宝地。衡山古名为寿岳，对应星宿28宿主管人间苍生寿命之轸星。衡山还是南中国的宗教文化中心，是中国南禅、北禅、天台宗、曹洞宗和禅宗南岳、青原两系的发源地，更是南方最著名的道教圣地，故又有“中华寿岳”“宗教圣地”的美称。

巍巍武陵山

在中国中西部的大地上，有一条地跨渝、鄂、湘、黔四省市，面积约10万平方公里的大山脉，那就是巍巍武陵山。武陵山脉纵贯湖南省西部，成为东西交通的屏障，但局部地段有较低的山隘（如洞口等地），构成东西交通的通道。

武陵山脉属云贵高原云雾山的东延部分，山系呈北东向延伸，弧顶突向北西，新华夏构造带之隆起，海拔在1000米左右，峰顶保持着一定平坦面，山体形态呈现出顶平、坡陡、谷深的特点。最高峰壶瓶山海拔2098.7米。在武陵山深深的腹地，满眼所见的，是山连着山，山套着山，山衔着山，山抱着山，千山万岭，峰峦叠嶂。

武陵山脉地貌发育自北向南分为3支。北支分布于湘、川、鄂边境的八面山、八大公山、青龙山、东山峰、壶瓶山、太清山等；中支沿澧水干流北侧，有天星山、红星山、朝天山、张家界、白云山等；南支从贵州省境延伸过来，进入湖南省有腊尔山、羊峰山、天门山、大龙山、六台山等，为武陵山脉的主脉，是澧水与沅水的分水岭。

张家界市境内的武陵源风景区是武陵山脉秀美景观的代表之一。武陵源风景区张家界国家森林公园、索溪峪自然保护区和天子山自然保护区组合而成，后又发现了杨家界新景区。这里地质形态特别，以雄伟壮观的砂岩峰林地貌而闻名四海，是世界自然遗产和中国首批世界地质公园。

现在，武陵人已经走出“有武陵人捕鱼为业”的桃花源式梦想生活的禁锢。他们正在走出大山，创造着历史性的变革。这块土地正在成为中华大地腹心地带的一颗备受关注的璀璨明珠。

湖南的自然景观

▼ 国家级自然保护区

炎陵桃源洞国家级自然保护区	借母溪国家级自然保护区
东洞庭湖国家级自然保护区	八面山国家级自然保护区
壶瓶山国家级自然保护区	阳明山国家级自然保护区
张家界大鲵国家级自然保护区	六步溪国家级自然保护区
八大公山国家级自然保护区	舜皇山国家级自然保护区
莽山国家级自然保护区	高望界国家级自然保护区
永州都庞岭国家级自然保护区	东安舜皇山国家级自然保护区
小溪国家级自然保护区	白云山国家级自然保护区
黄桑国家级自然保护区	湖南西洞庭湖国家级自然保护区
乌云界国家级自然保护区	九嶷山国家级自然保护区
鹰嘴界国家级自然保护区	金童山国家级自然保护区
南岳衡山国家级自然保护区	

国家地质公园

张家界砂岩峰林国家地质公园
郴州飞天山国家地质公园
崀山国家地质公园
凤凰国家地质公园
古丈红石林国家地质公园
酒埠红国家地质公园
乌龙山国家地质公园
湄江国家地质公园
平江石牛寨国家地质公园
浏阳大围山国家地质公园
通道万佛山国家地质公园
安化雪峰湖国家地质公园

国家森林公园

张家界国家森林公园
神农谷国家森林公园
莽山国家森林公园
大围山国家森林公园
云山国家森林公园
九嶷山国家森林公园
阳明山国家森林公园
南华山国家森林公园
黄山头国家森林公园
桃花源国家森林公园
天门山国家森林公园
天际岭国家森林公园
天鹅山国家森林公园
舜皇山国家森林公园
东台山国家森林公园
夹山国家森林公园
不二门国家森林公园
河洑国家森林公园
岣嵝峰国家森林公园
大云山国家森林公园
花岩溪国家森林公园
云阳国家森林公园
大熊山国家森林公园
中坡国家森林公园
幕阜山国家森林公园
金洞国家森林公园
百里龙山国家森林公园
千家峒国家森林公园
两江峡谷国家森林公园
雪峰山国家森林公园
五尖山国家森林公园
桃花江国家森林公园
蓝山国家森林公园
月岩国家森林公园
峰峦溪国家森林公园
柘溪国家森林公园
天堂山国家森林公园
凤凰山国家森林公园
九龙江国家森林公园
嵩云山国家森林公园
天泉山国家森林公园
西瑶绿谷国家森林公园
青洋湖国家森林公园
熊峰山国家森林公园
罗溪国家森林公园
福音山国家森林公园
长沙黑麋峰国家森林公园
坐龙峡国家森林公园
攸州国家森林公园
湖南矮寨国家森林公园
湖南嘉山国家森林公园

历史

炎帝画像

炎帝南迁，湘楚始兴

炎帝神农氏是中华农耕文化的创始者。他“始作耒耜，教民耕种；遍尝百草，发明医药；日中为市，首辟交易；织麻为布，制作衣裳；削桐为琴，织丝为弦；弦木为弧，剡木为矢；耕而作陶，冶制斤斧；建屋造房，台榭而居”，为中华民族的始兴和繁衍做出了开创性的伟大贡献。

炎帝与黄帝生于同一时代，且均带有传说色彩。距今约5000余年前，黄帝部族联合炎帝部族，与东夷集团中的蚩尤部族在今河北省涿鹿一带展开大战，最终一举击败敌人。取得这场战争胜利的炎黄两帝从此成为中华民族的共同祖先，并被逐步神化。

炎帝部落作为早期华夏族的主干，在其从弱到强，从小到大的发展过程中，部落不断迁徙。据史书记载，炎帝晚年为民治病，采药来到湖南，“日遇七十毒而不缀”，最终因“误尝断肠草”而“崩，葬长沙茶乡之尾”，即今湖南省株洲市炎陵县鹿原镇鹿原陂。随着历代王朝的兴衰更替，炎帝陵庙历尽沧桑，屡建屡毁，屡毁屡建，历代不断修葺，一直留存至今。

炎帝管理部落、治理天下很有方法。他不望其报，不贪天下之财，而天下共富之。他以德以义，不赏而民勤，不罚而邪正，不忿争而财足，无制令而民从，威厉而不杀，法省而不烦，人民无不敬戴。

炎帝还是中国教育的始祖。他教民使用工具，教民播种五谷，教民医药，教民制陶、绘画，教民弓箭、猎兽、健身，教民制琴、教民音乐、舞蹈，还教民智德。可见，炎帝时期，德、智、体、美得到了全面重视和发展。炎帝精神使中华后裔在与自然和社会的斗争中，摆脱愚昧和野蛮，追求先进与文明。这种精神使华夏民族获得了高度的团结和统一。

神秘的汉长沙国

长沙国，是历史上西汉时期湖南出现的第一个诸侯封国，

历史大事记

远古时期

距今10万年前，生活在湖南张家界地区的土著古濮人已可烧制陶器。
澧县彭头山遗址的发掘证明，距今约9000年前，湖南开始进入新石器时代。

先秦时期

春秋时期，楚国逐渐控制湖南地区，战国中期，楚文化基本取代湖南境内的越文化和蛮濮文化。
公元前296年，屈原被贬至洞庭湖一带，创作了不朽诗篇《离骚》，后投汨罗江而死。

自公元前202年建立至公元7年废除，共存在209年。近年来，汉长沙国王（后）陵被开挖，出土的精美文物和丰富史料，进一步还原了历史，汉长沙国的身影也渐渐清晰。

公元前202年，刘邦打败西楚霸王项羽，正式登基称帝，建立了西汉王朝。刘邦称帝后，封开国功臣吴芮为长沙王，以原秦代长沙郡建立长沙国，将湘县改名临湘县（今临湘市），作为国都。从此，湖南历史上出现了第一个诸侯王国，长沙第一次成为王国都城，长沙也开始以“楚汉名城”显扬于世。

长沙王是长沙国的最高统治者，其王位世代相袭。王国的官吏制度与西汉朝廷相同，设有丞相。由朝廷直接委任，名为辅佐诸王，实际上是派来掌握本国实权的。著名的马王堆汉墓2号墓的墓主利苍，即是第三代王吴回和第四代王吴右的丞相。西汉杰出的政论家和文学家贾谊，曾为第五代王吴著的太傅。

公元前156年，因第五代长沙王吴著无子，吴氏长沙国被撤除。次年，文帝之子景帝继位，又建立长沙国，仍以临湘为都。公元前155年，景帝之子刘发被封为新的长沙王。刘发建国，正值西汉王朝大力削弱诸侯王国势力之时，刘氏长沙国不仅版图大大缩小，而且权力也被大大削弱，地位一落千丈。

公元8年，王莽废除汉朝自立为帝，次年，末代长沙王刘舜被废，长沙国改名“填蛮郡”。至此，刘氏长沙国从刘发始封到刘舜被废，共传7代8王，历时164年，随着西汉王朝的灭亡而终结。

刘邦画像

钟相起义

钟相杨幺起义是发生在南宋初期洞庭湖地区的一次农民起义。这次起义继承了北宋初年王小波、李顺起义时提出的“均贫富”口号，又加上了要铲除封建等级的“等贵贱”口号，具有一定的进步意义。

钟相出生于武陵县（今湖南常德），出身于小商人家庭。钟相在家乡利用宗教活动组织群众，宣称：“法分贵贱贫富，非善法也。我行法，当等贵贱，均贫富。”这代表了农民要求财富上平均、社会地位平等的诉求。钟相因此深受群众拥护，20余年，其影响扩大到洞庭湖周围各县。

1130年，为抗拒金军和宋朝散兵的侵

秦汉时期

公元前223年，秦国大将王翦统率60万大军，攻克楚新都寿春，楚国灭亡。

公元前214年，秦国凿灵渠，将湖南的湘江和广西的漓江连通。

公元前202年，汉朝开国功臣吴芮被封为长沙国第一任长沙王，国都为今临湘县。长沙国共存在209年。

公元前177年，著名政治家、文学家贾谊被贬作长沙王吴著的太傅，将中原先进文化传播于湖南。

公元268年，法崇禅师云游到岳麓山，创建了湖南第一座佛教寺庙——岳麓寺。岳麓寺的创建，是佛教流传湖南的重要标志。

扰，钟相正式起兵，建立农民政权，定国号为楚，自称楚王。起义军势力很快扩充到洞庭湖周围的19个县，发展到40万人，当月攻入桃源县城，杀知县钱景，又攻克澧州，杀知州黄琮。朝廷以孔彦舟为荆湖南北路捉杀使，进入鼎州镇压起义军。孔彦舟屡遭失败之后，派人混入义军内部，里应外合，攻破钟相营寨，钟相被俘牺牲。

钟相牺牲后，起义军在杨幺等人的领导下，仍继续坚持斗争。杨幺在洞庭湖周围建水寨、造战船，实行兵家相兼，“陆耕水战”的战略方针，使起义军得到迅速发展，控制了东至岳阳，南抵长沙之界的广大地区。南宋多次派遣军队前往镇压，都大败而归。

1135年春，宋高宗调岳飞前往镇压起义军。岳飞在湖区各要道屯驻重兵，缩小包围圈，加紧经济封锁，造成起义地区严重的经济困难，同时大力开展政治诱降活动。起义军黄佐、杨钦首先叛变投敌，内部分化瓦解，杨幺最终力战不屈，被俘牺牲，起义失败。

钟相起义浮雕

湘军

湘军是晚清时对湖南地方军队的称呼，也称湘勇。太平天国运动兴起后，清朝不得不利用地方武装镇压起义军，曾国藩所组建的湘军就是在这时发展壮大起来的，到后来整个湘军系统中位至总督者15人，位至巡抚者14人，其他大小文武官员数不胜数。

军士成分

湘军将领主要是湘乡人，大多是封建儒生，士兵则招募湘乡一带农民。湘军的士兵由营官自招，并只服从营官，上下层层隶属，全军服从曾国藩一人。曾国藩治军重在思想纪律而不在技术性的训练。他制定“辨等明威”的军礼，以儒家三纲五常的礼教、尊卑上下的等级制度维系官兵，使湘军成为一支有力维护封建统治的军队。

曾国藩像

隋唐时期

公元617年，湖南的军阀在巴陵校尉董景珍领导下叛隋，推南梁后裔肖铣为王，建立后梁，割据湖南。
公元622年，唐王朝派李靖统领水陆十二路大军征梁，肖铣被迫投降，湖南归入唐朝版图。
五代十国时期，长沙为楚国国都，这也是唯一以长沙为都城建立的国家。

宋元时期

公元976年，潭州太守朱洞正式创立岳麓书院，岳麓书院历经千年，被称为“千年学府”。
1130年，洞庭湖流域爆发了著名的钟相、杨幺起义，后被岳飞统率的政府军镇压。

明清时期

1378年，湖南靖州周边的苗、瑶、土家等少数民族在苗民吴面儿的领导下发动起义，后起义失败。
1678年，发动叛乱的吴三桂在湖南衡州称帝。

湘军大事年表

1853年1月
为镇压太平军，曾国藩在长沙城开始组建湘军。

1853年7月
太平军围攻南昌，湘军解南昌之围。

1854年
曾国藩在衡阳组建水师，共10营5000人，拥有船只400余艘，统领彭玉麟。

1854年4月
湘军在长沙附近的靖港被太平军打败，曾国藩投水自杀，被部将救起。

1856年
太平军内讧，曾国藩再次将湘军发展壮大。

1864年7月
湘军攻入天京（今南京），洪秀全自杀。

1864年8月
奏准裁撤湘军25000人。

1868年
湘军水师改编成长江水师，水军1.2万余名。

1878年
左宗棠率湘军收复新疆。

1885年
湘军参加了中法战争中的镇南关大捷。

1895年
湘军参加了甲午中日战争中的牛庄战役，损失惨重。

曾国藩故居

湘军陆军

每营500人，10人为队，8队为哨，4哨为营，营以上设统领，统领辖数营至数十营不等。部队以抬枪、刀矛、小枪等长短兵器配合作战。

湘军水师

每营500人，有长龙8艘，每艘24人；舢板22只，各14人。船只各有火炮，但仍配小枪刀矛，以备近战。

在武器装备上，湘军不仅向外国采购洋枪洋炮，还自设船厂，仿造新式武器。

主要将领

曾国藩是湘军的创始人和核心

曾国藩 湖南双峰人 军机大学士
左宗棠 湖南湘阴人 军机大学士
胡林翼 湖南益阳人 两江部督
李鸿章 安徽合肥人 直隶总督
曾国荃 湖南双峰人 两江总督
江忠源 湖南新宁人 安徽巡抚
塔齐布 满洲镶黄旗人 陕西巡抚
罗泽南 湖南双峰人 湘军创始人
杨岳斌 湖南长沙人 陕甘总督
彭玉麟 湖南衡阳人 兵部尚书
王 鑫 湖南双峰人 湘军创始人
刘长佑 湖南新宁人 云贵总督
刘坤一 湖南新宁人 两江总督
李续宾 湖南双峰人 将军悍将
李续宜 湖南双峰人 安徽巡抚
江忠济 湖南新宁人 江忠源之弟
蒋益澧 湖南湘乡人 广东巡抚
刘 蓉 湖南娄底人 陕西巡抚
刘锦棠 湖南湘乡人 新疆巡抚
曾国葆 湖南双峰人 花翎知府
曾国华 湖南双峰人 曾国藩三弟

明清时期

1852年，曾国藩受命在衡州组建湘军，镇压太平天国。湘军迅速扩张，使晚清一度出现了“中兴”的局面。

近现代时期

1918年，毛泽东等人在长沙组织“新民学会”，在全国掀起了革命巨浪。
1927年9月，毛泽东领导发动了湘赣边秋收起义。
1938年11月12日，长沙发生“文夕大火”，长沙古城被烧毁。

1939—1941年，国民党军与日军进行了三次长沙会战，沉重打击了日军。
1943—1944年，国民党军与日军进行了常德会战、衡阳保卫战等战役。
1945年8月，中国抗战胜利受降仪式在湖南芷江举行。
1949年8月5日，湖南宣告和平解放。

这次起义共持续6年半，涉及地区达千余里，是宋代规模最大的一次农民起义，给统治者以极大的打击，加速了南宋的灭亡。

曾国藩与湘军

曾国藩是中国历史上最有影响的人物之一。他从湖南双峰一个偏僻的小山村以一介书生入京赴考，最终成为晚清时期权倾朝野的重臣。他所组建的湘军作战勇猛，是镇压太平天国运动的主要力量，对中国近代史产生了重要的影响。

曾国藩生活的年代正是中国近代最为动荡的时期，外敌入侵，内乱不止。1850年，清末农民起义领袖洪秀全发动金田起义，太平天国席卷大半个中国。1853年，曾国藩受命朝廷，为对抗太平天国而在湖南开办团练。1月，他在长沙编练陆师，9月至衡阳创立水师，“湘军”正式成立。

曾国藩创立了湘军书生加山农独特的体制，成为清政府与太平天国起义军作战的主要军事力量。湘军不仅消灭了太平天国并参与了清廷与各地其他起义军的作战，挽救了清王朝，而且使兵权落入汉族，改变了当时清朝的政治格局。

曾国藩是中国历史上真正积极实践的人。在他的指导下，清政府建造了第一艘轮船，建立了第一所兵工学堂，第一次翻译印刷西方书籍，还安排第一批赴美留学生，使得清王朝出现了“中兴”的局面。湘军将领及其幕僚是当时中国政治、军事舞台的主角。

曾国藩像（中）

曾国藩建立湘军的时候，正是清朝国运危机存亡的时刻，也是中华民族遭遇大变乱、大灾难的时刻。他以读书进身，知难而进，历尽艰险，成就了不世功业。正是由于曾国藩和他带领的湘军，才使得气数将尽的清王朝又残喘了半个世纪之久。

湖南农民运动

湖南农民运动，是指在大革命时期中国共产党领导湖南农民开展的反帝反封建的革命斗争。

1923年，中共湘区委员会就开始发动农民运动，到1926年7月初，农会会员很快增加到20万人。1926年，北伐军在湖南境内同北洋直系军阀作战时，得到战区农民协会的大力支持。农民协会组织农民为北伐军担任侦探、向导、运输、通信等任务，并拿起梭镖、鸟枪担任游击或加入作战。自北伐军进入湖南后，农民协会由秘密状态转入公开时期，农民运动迅猛发展起来。

1926年12月1~28日，湖南省第一次农民代表大会在长沙举行，标志着湖南农民运动进入全盛时期。1927年1月，农会会员人数激增到200万人。同年4月，全省已有63个县成立了县农民协会，参加革命斗争的农民达1000万以上，湖南农民运动成为北伐战争时期全国农民运动的中心。

在中国共产党的领导下，湖南农民掀起了轰轰烈烈的农村大革命。他们在政治上打击土豪劣绅，通过清算、罚款、游乡、逮捕、枪毙等形式，使地主豪绅的威风扫地，在许多地方形成了“一切权力归农会”的新的政治局面，使农村出现一派崭新气象。

1927年3月5日，毛泽东发表《湖南农民运动考察报告》，对农民运动进行系统性的研究。大革命失败后，湖南部分农民自卫军参加了毛泽东领导的秋收起义。湖南农民运动的发展为土地革命和工农红军的发展奠定了坚实的基础。

长沙会战

长沙是第二次世界大战期间世界上被破坏最严重的城市之一。1938—1944年，腥风血雨的四次“长沙大会战”，是八年全国抗战中中日双方出动兵力最多、规模最大、历时最长的一次大会战。这场震惊世界的会战前三次以中国军队的胜利告终，日军受到中国军队的沉重打击。

1939年9月，日军为巩固武汉占领区，消灭国军第九战区部队主力，由冈村宁次指挥10余万人进攻长沙。日军侵入湘北后，国军英勇阻击，日军伤亡惨重，再加上湖沼密布致使日军重武器行动不便，军需也补充不足，日军被迫撤退。薛岳趁机命令所有参战部队全线反击。10月14日，进攻长沙的日军全部退回进攻前的位置，日军第一次进攻长沙受挫。

1941年9月18日，新上任的日军第十一军司令官阿南惟几集中兵力于长沙正面，直扑长沙外围，第二次长沙会战爆发。日军的第四师团曾一度攻入长沙市区，但在守卫长沙城的国军第七十九军猛烈反击下，始终无法占领整个长沙城。9月26日，国军第六战区司令官陈诚强攻宜昌，阿南惟几不得不放弃长沙，回援宜昌，第二次长沙会战结束，日军占领长沙的意图再次落空。

1941年12月底，为配合太平洋战争，阿南惟几再次率军进攻长沙。这次薛岳仍然采用诱敌深入的方法，逐步将日军合围于长沙附近。1942年1月4日，国军开始全线反攻，日军慌不择路，狼狈撤退，损失惨重。第三次长沙会战以中国军队的全面胜利而告终。

三次长沙大捷后，日军共伤亡10.7万人，日军第十一军对国军第九战区完全失去了战斗信心，两年多的时间里不敢再对长沙发动

魏源画像

任何的攻击，第九战区司令长官薛岳更被日本人誉为“长沙之虎”。1944年，日军发动了打通中国大陆交通线的豫湘桂战役，由于敌强我弱及整个豫湘桂战场的溃败，第九战区被迫后撤，日军攻陷长沙。第四次长沙会战虽然以失败告终，但国军第九战区仍然给予日军以沉重打击，大量消耗了日军的有生力量，为抗战最后胜利做出了巨大贡献。

湖南历史名人

蔡伦（公元？—公元121）：字敬仲，东汉桂阳郡人（今湖南郴州一带），造纸术发明家。蔡伦用树皮、麻头、破布及旧渔网为原料造纸，并在民间推广，人称“蔡侯纸”。造纸术是中国四大发明之一。

欧阳询（公元557—公元641）：字信本，潭州临湘（今长沙）人，唐代著名书法家，楷书四大家之一，代表作楷书有《九成宫醴泉铭》《皇甫诞碑》《化度寺碑》等。

魏源（1794—1857）：字墨深，湖南邵阳人，清代启蒙思想家，受林则徐之托编写《海国图志》，提出“师夷长技以制夷”主张，成为近代洋务思想和资产阶级改良思想的先驱。

曾国藩（1811—1872）：字伯涵，号涤生，晚清重臣，湘军的创立者和统率者，是晚清“中兴四大名臣”之一，对清王朝的政治、军事、文化、经济等方面都产生了深远的影响。

左宗棠（1812—1885）：字季高，湖南湘阴人，晚清大臣，洋务派代表人物。1862年

起相继任浙江巡抚、闽浙总督、陕甘总督、两江总督等职，1875年率部收复新疆，维护了祖国的统一。

齐白石（1864—1957）：湖南湘潭人，著名的书画家、篆刻家，擅画花鸟鱼虾，作品重视创作，融合了传统写意画与民间绘画的技法，形成独特的艺术风格。

谭嗣同（1865—1898）：湖南浏阳人，中国近代维新派政治家、思想家。1898年办《湘报》，宣传维新救国之道，后参与戊戌变法，变法失败遇害，为“戊戌六君子”之一。

黄兴（1874—1916）：湖南长沙人，中国近代民主革命家。早年赴日留学，回国后积极参与反清救国运动，1907年起先后参与或指挥了钦廉防城起义、镇南关起义、云南河口起义、广州新军起义、黄花岗起义等。

毛泽东（1893—1976）：字润之，湖南湘潭人，伟大的马克思主义者，无产阶级革命家、战略家和理论家，是中国共产党、中国人民解放军和中华人民共和国的主要缔造者和领导人。

彭德怀（1898—1974）：字怀归，号得华，湖南湘潭人，中华人民共和国元帅，著名无产阶级革命家、军事家和政治家，为中华人民共和国的建立立下了不朽的历史功勋。

刘少奇（1898—1969）：字渭璜，湖南宁乡人，中国共产党和中华人民共和国的主要领导人之一，中华人民共和国成立后曾任全国人大委员长、国家主席等职，“文革”中被迫害致死，1980年平反。

沈从文（1902—1988）：湖南凤凰县人，中国著名作家和历史文物研究家，其文学作品中有许多对于苗族风情的描述，代表作有小说《长河》《边城》等。

湖南的人文景观

全国重点文物保护单位

长沙市：秋收起义文家市会师旧址、黄兴故居和黄兴墓、刘少奇故居、岳麓书院、长沙铜官窑遗址、谭嗣同故居、炭河里遗址、湖南省立第一师范学校旧址、中共湘区委员会旧址、马王堆汉墓、汉代长沙王陵墓群、张南轩墓（含张浚墓）、曾国藩墓、天心阁古城墙、浏阳文庙、禹王碑、何叔衡故居、谢觉哉故居、徐特立故居、爱晚亭、胡耀邦故居、新民学会旧址、湖南大学早期建筑群、湖南省苏维埃政府旧址

衡阳市：南岳忠烈祠、南岳庙、蔡侯祠、衡州窑、云集窑、水口山铅锌矿冶遗址、大渔村王氏宗祠、王船山故居及墓、南岳摩崖石刻、罗荣桓故居、湘南学联旧址、湘南起义旧址群

株洲市：炎帝陵、醴陵窑、茶陵古城墙、网岭墓群、渌江书院、李立三故居、渌江桥、湘南起义旧址群

湘潭市：韶山冲毛泽东同志故居、彭德怀故居、齐白石故居、东山书院旧址、北五省会馆、北五省会馆

邵阳市：魏源故居、邵阳北塔、蔡锷故居公馆和墓、塘田战时讲学院旧址、宝庆府古城墙、武冈城墙、洞口宗祠建筑群、荫家堂、中国工农红军第七军指挥所旧址、黄埔军校第二分校旧址

岳阳市：任弼时故居、平江起义旧址、岳阳楼、屈子祠、岳阳文庙、张谷英村古建筑群、铜鼓山遗址、罗子国城遗址、大矶头遗址、龙窖山堆石墓群、慈氏塔、湘阴文庙、左文襄公祠、岳州关、岳阳教会学校、中共平江县委旧址、大云山三战三捷摩崖石刻

常德市：常德铁幢、城头山遗址、彭头山遗址、八十垱遗址、桃花源古建筑群、余家牌坊、虎爪山遗址、鸡公垱遗址、十里岗遗址、汤家岗遗址、三元宫遗址、孙家岗遗址、鸡叫城遗址、丁家岗遗址、划城岗遗址、宅市遗址、申鸣城遗址、采菱城遗址、索县汉代城址、九里楚墓群、青山崖墓群、南禅湾晋墓

群、花瓦寺塔、夹山寺、澧州文庙、澧州古城墙、星子宫古建筑群、林伯渠故居

张家界市：贺龙故居、湘鄂川黔革命根据地旧址、骑龙岗古墓群、普光禅寺古建筑群、田家大院、石堰坪古建筑群、红二军团和红六军团长征出发地旧址

益阳市：涂家台遗址、羊舞岭古窑址、腰子仑春秋墓群、陶澍墓、安化风雨桥、信义校会建筑群、厂窖惨案遗址

郴州市：湘南年关暴动指挥部旧址、义帝陵、绣衣坊（含范氏家庙和中丞公祠）、汝城古祠堂群、侍郎坦摩崖石刻群、苏仙岭摩崖石刻群、邓中夏故居、湘南起义旧址群

永州市：浯溪摩崖石刻、宁远文庙、玉蟾岩遗址、柳子庙、舜帝庙遗址、上甘棠村古建筑群、阳华岩摩崖、树德山庄、春陵侯城遗址、泠道故城遗址、允山玉井古窑址、鬼崽岭遗址、湘桂古道永州段、回龙塔、云龙坊与王氏虚堂、龙溪李家大院、涧岩头周家大院古建筑群、濂溪故里古建筑群、龙家大院、岁圆楼古建筑群、零陵文武双庙、广利桥、久安背翰林祠、朝阳岩石刻、淡岩石刻、李达故居

怀化市：龙兴寺、马田鼓楼、向警予故居、芋头侗寨古建筑群、高庙遗址、高椅村古建筑群、洪江古建筑群、坪坦风雨桥、抗日胜利芷江洽降旧址、安江农校纪念园、荆坪村古建筑群、黔城古建筑群、芷江天后宫、恭城书院、芙蓉楼、兵书阁与文星桥、白衣观

娄底市：富厚堂、新化北塔、蔡和森和蔡畅故居、红二军团长征司令部旧址、新化北塔

湘西州：溪州铜柱、老司城遗址、里耶古城遗址、凤凰古城堡、沈从文故居、不二门遗址、四方城遗址、魏家寨古城遗址、里耶大板遗址与墓群、羊峰古城遗址、里耶麦茶战国墓群、乾州文庙

▼ 国家历史文化名城

长沙　岳阳　凤凰　永州

▼ 中国历史文化名镇

湘西州龙山县里耶镇
长沙市望城区靖港镇
湘西州永顺县芙蓉镇
邵阳市绥宁县寨市镇
湘西州泸溪县浦市镇
邵阳市洞口县高沙镇
湘西州花垣县边城镇
湖南省浏阳市文家市镇
湖南省临湘市聂市镇
湖南省东安县芦洪市镇

▼ 中国历史文化名村

岳阳市岳阳县张谷英镇张谷英村
永州市江永县夏层铺镇上甘棠村
怀化市会同县高椅乡高椅村
永州市零陵区富家桥镇干岩头村
永州市双牌县理家坪乡坦田村
永州市祁阳县潘市镇龙溪村
郴州市永兴县高亭乡板梁村
怀化市辰溪县上蒲溪瑶族乡五宝田村
湘西州永顺县灵溪镇老司城村
怀化市通道侗族自治县双江镇芋头村
怀化市通道侗族自治县坪坦乡坪坦村
邵阳市绥宁县黄桑坪苗族乡上堡村
邵阳市绥宁县关峡苗族乡大园村
永州市江永县兰溪瑶族乡兰溪村
湘西州龙山县苗儿滩镇捞车村
湖南省醴陵市沩山镇沩山村
湖南省汝城县文明瑶族乡沙洲瑶族村
湖南省汝城县土桥镇永丰村
湖南省汝城县马桥镇石泉村
湖南省新田县枧头镇龙家大院村
湖南省道县清塘镇楼田村
湖南省蓝山县祠堂圩镇虎溪村
湖南省沅陵县荔溪乡明中村
湖南省中方县中方镇荆坪村
湖南省永顺县灵溪镇双凤村

文化

湘绣

湖湘文化，灿若星河

湘楚历史，源远流长、人文荟萃，自屈原以来，哲人辈出，群星灿烂，名作争辉，著述如林。湖湘文化作为中华文化一个非常重要的组成部分，从古至今一直发挥着重要的作用，引领着这片土地上的人们奋斗不息。

湖湘文化历史悠久，最早缘于炎黄文化和前炎帝神农文化。湖湘文化是一种地域性的文化，先秦、两汉的楚文化对两宋以后建构的湖湘文化有着重要的影响，是湖湘文化的源头之一。屈原的诗歌艺术、马王堆的历史文物，均具有鲜明的楚文化特征。

湖湘文化的基本精神可概括为淳朴重义、勇敢尚武、经世致用、自强不息四个方面。历史上，屈原赋《九章》而作《离骚》，忠贞深厚之爱国情操激励后人，留楚辞文坛之圣地；东汉蔡伦造纸有方，有功于华夏文化升降之迹，泽被后世；唐之欧阳询与怀素，书法独辟蹊径，自成一家，成就楷书与草书之巅；宋之周敦颐，设濂溪书院，是宋明理学不祧之祖。不管是经世致用的学问还是玄而又玄的哲思，不管是忧国忧民的文学艺术，还是借古讽今的史学传统，都有着湖湘文化的情怀和精神一以贯之。

近代，湖湘文化更是推动着时代的进步。政事以陶澍、贺长龄、魏源为代表，倡改革，师夷长技以制夷，变法图强以自立，引领中国近现代启蒙思想之先；军事以曾国藩、左宗棠、郭嵩焘为代表，融合程朱理学之坚定信仰和经世务实之作风，成就晚清历史的显赫一页；资产阶级维新派以谭嗣同、熊希龄为代表，不屈不挠、无私无畏；资产阶级革命派以黄兴、宋教仁、蔡锷等为代表，自强不息、坚韧不拔，引领历史潮流之前进；新民主主义革命时期，以毛泽东、蔡和森、刘少奇等为代表的湖南人缔造了新中国，成就了不朽之业。

现在，传媒成为与时俱进的湖湘文化的一个新的组成部分，给湖湘文化注入新鲜的血液，湖湘文化以其“当今天下，舍

湖南卷轴

《楚辞》：楚地即今天的湖湘一带，作品运用楚地的文学样式、方言声韵和风土物产等完成，具有浓厚的地方色彩，是继《诗经》以后对中国文学影响深远的一部诗歌总集。

《边城》：沈从文的代表作，以20世纪30年代川湘交界的边城小镇茶峒为背景，描绘了湘西边地特有的风土人情和船家少女翠翠的爱情悲剧。

《爸爸爸》：作品表现出深厚的民族历史文化内涵和深邃的哲学意蕴，带有强烈的“寻根”意识，是湖南近代文学的代表作品之一。

《湘西秘史》：浓缩了湘西的百年恩怨和百年兴衰，历史知识丰富，文化底蕴浑厚，是一部集湘西民情民俗、人文历史、人情世故、人生百态之大成的鸿篇巨著。

我其谁”的“敢为天下先”的豪迈气概，依然引领着中国的文化潮流。

书院风盛，书声琅琅

在唐代以前，湖南长期被视为苗蛮之地，文化发展滞后。而从宋代开始，湖湘文化不断取得长足发展，成为华南的书香胜地，其间，以岳麓书院为代表的湖南书院的持续发展，无疑发挥了重要作用。

湖南的书院始于宋代，盛于清代。北宋时，湖南境内有50多所书院，到明代增长到124所，到清代更达280多所，且地域分布广泛，遍布全省各县。湖南书院的各种面向社会的会讲、讲学活动大大促进了文化的社会传播。南宋初，胡安国、胡宏父子就以衡山碧泉书堂、碧泉书院为基地对儒学进行创发。南宋乾道三年（1167年），朱熹讲于岳麓书院，出现了“舆马之众至饮池水立竭”的盛况。嘉靖年间，著名学者湛甘泉多次率弟子会讲于石鼓书院。

书院的藏书、刻书事业也促进了湖湘文化的发展。元代茶陵州的东山书院在全国都有影响；明代湖南书院从事刻书的较多，今天所知者包括蓝山书院、东山书院、南轩书院、紫云书院等。到清代，湖南书院刻书达到鼎盛时期，人们熟知的“惟楚有材，于斯为盛”一联所反映的，正是岳麓书院对于湖湘人才群体的培养造就之功。

湖南的岳麓书院是大名鼎鼎的中国古代四大书院之一，世称“千年学府”，也是

岳麓书院

湖南书院的杰出代表。岳麓书院创于北宋，1167年，朱熹到访岳麓书院，与张栻论学，举行了历史上有名的“朱张会讲”，从此岳麓书院名声更加远播。岳麓书院在历史上培养出诸多名人，王夫之、魏源、曾国藩、左宗棠、熊希龄等人均在书院学习过。

现在，湖南的书院一部分开辟为博物馆供游人瞻仰学习，一部分转变为现代化的大学继续办学育人，为传播湘楚文化发挥着余力。

大山里的苗族风情

湖南是我国苗族人口分布较多的省份，分布在湘西、邵阳、怀化等地的苗族同胞在湖南西部的大山里世代耕耘，创造了丰富多彩、风格独特的文化艺术。

苗族是个能歌善舞的民族，其音乐、舞蹈和戏剧等具有悠久的历史。唱歌是苗族人民的一种特别爱好，迎亲送别，多以歌来表达感情。妇女们常以歌来叙说家常，男女青年常以情歌求婚和表达对自己婚姻的向往。湖南苗族传统舞蹈，流行最广、最具代表性

湖南影像

《芙蓉镇》（1986年）：一部由刘晓庆、姜文主演的经典老片，讲述了新中国成立以来多次政治运动中一些小人物悲欢离合的故事。

《湘西剿匪记》（1987年）：根据湘西剿匪真实的历史事件改编，再现了那段跌宕起伏的剿匪史。

《那山那人那狗》（1999年）：中国为数不多的反映邮政题材的电影故事片之一，记录了湖南西南部山区一对邮递员父子的故事，曾获多项国际大奖。

《阿凡达》（2009年）：将部分外景拍摄地选在了张家界武陵源风景区，通过镜头向世人展示了张家界的地质奇观。

苗族歌舞

的是鼓舞，有花鼓舞、猴儿鼓舞、团圆鼓舞等，跳香舞、接龙舞、芦笙舞和傩堂舞也是苗族地区常见的舞蹈。苗族戏剧主要有傩堂戏、辰河戏、花灯戏、阳戏等，其中傩堂戏流行最广。

苗族多喜欢聚居于依山傍水的山区谷地，少则数户，多则数十户、百户为村寨。村寨位于山腰和山脚，也有些分布在山头或平坝。房屋廊檐相接。湘西苗族聚居区多木质结构的平房，房屋坐北朝南，有一字开和倒凹形。吊脚楼是苗族地区独具特色的建筑，在湘西南城步、靖州、绥宁等地分布较多。凤凰县回龙阁吊脚楼群，前临古宫道，后悬于沱江之上，是最具有浓郁苗族建筑特色的古建筑群。

在节庆时，苗族人喜欢穿色彩艳丽的民族服饰，银饰是他们最重要的装饰品，苗族女子喜欢戴髻簪、耳环、手镯之类的银饰品，逢节日、婚娶，还会加戴各种项圈、银钮、披肩、银冠等。苗族人多以大米为主食，辅以玉米、红薯，腊肉、腌鱼为苗家待客佳品，苗族饮酒的嗜好十分普遍。湘西南苗族地区较为重要的节日有三月三、四月八、六月六、七月七、赶秋节、芦笙节、戊日歌会、庆鼓堂等。

五彩斑斓的土家文化

土家族是一个古老而新兴的民族，“古老”，是因为“土家人”是古代“賨人”的后裔，历史久远；“新兴”，则是因为土家族直到1956年才通过民族识别确定为单一民族。土家族主要分布于湘鄂川黔毗连的武陵山地区，在湖南主要分布在湘西和张家界等西部山区。

土家族拥有自己独特的文化。土家山歌分为情歌、哭嫁歌、摆手歌、诉苦歌、劳动歌、盘歌等，曲调优美动听，旋律朴素无华，感情真挚热烈。传统的《摆手舞》，古朴刚健，有鲜明的民族特色和浓厚的土家山乡气息。

土家族工艺有织锦、雕刻、绘画、剪纸等，“西兰卡普”是土家妇女借鉴鲜花、羽毛、晚霞和彩虹的自然色谱而精织的特有手工艺品，织工精巧，色彩绚丽。吊脚楼为土家人居住生活的场所，多依山就势而建。

土家族菜肴以酸辣为主，在民间，家家都有酸菜缸，用以腌泡酸菜，餐餐不离酸。这里的豆制品也很常见，如豆腐、豆豉、豆叶皮、豆腐乳等。土家族喜欢饮酒，在节日或待客时，酒必不可少，其中常见的是用糯米、高粱酿制的甜酒和咂酒，度数不高，味道醇正。

在土家人的生活中，俯拾可得的山食野菜、依山而建的土家转角楼、色彩艳丽的西兰卡普、结草为服的茅古斯舞、粗犷豪放的薅草锣鼓——从生活到艺术，从一粥一饭到画舞歌吟，无不就地取材，随性顺势而为，呈现出山地民族的鲜明特色。土家人热爱生活，敬畏神灵，善待生命，遵循天地造化的法则和万物生灭的规律。这些素朴的观念浸润在日常生活中，形成了世代相传、千古不易的独特习俗。

无辣不成席的湘菜

湖南菜，简称湘菜，是中国八大菜系之一。其特点是味道辛辣，口味重。湘菜源远流长、根深叶茂，在几千年的悠悠岁月中，经过历代的演变与进化，逐步发展成为颇负盛名的地方菜系。湘菜传统深厚、流派纷呈，就地域而论，有长衡流派、洞庭湖流派、湘西流派，三派共同构成湘菜菜系。

湘菜的基本刀法有16种之多，具体运用，演化参合，使菜肴千姿百态变化无穷。诸如“发丝百页”细如银发，“梳子百页”形似梳齿，“熘牛里脊”片同薄纸，湘菜刀工之妙，不仅着眼于造型的美观，还处处顾及烹调的需要，故能依味造型，形味兼备。

湘菜特别讲究原料的入味，注重主味的突出和内涵的精当。湘菜调味，特色是“酸辣”，以辣为主，酸寓其中。湖南大部分地区地势较低，气候温暖潮湿，古称“卑湿之地”，而辣椒有提热、开胃、去湿、祛风之效，故深为湖南人民喜爱。久而久之，便形成了地区性的、具有鲜明味感的食辣习俗。

剁椒鱼头

湘菜技法早在西汉初期就有羹、炙、脍、濯、熬、腊、濡、脯、菹等多种技艺，经过长期的繁衍变化，到现代，技艺更精湛的则是煨。煨在色泽变化上又分为“红煨”“白煨”，都讲究小火慢煨，原汁原味。

湘菜代表菜品有东安鸡、金鱼戏莲、永州血鸭、腊味合蒸、姊妹团子、剁椒鱼头等，这些菜品大多都是辣味十足，是湖南味道的代表。

湖南的文化景观

▼ 国家级非物质文化遗产

民间文学：孟姜女传说、盘瓠传说、土家族哭嫁歌、苗族古歌、苏仙传说、盘王大歌

民间音乐：桑植民歌、靖州苗族歌、澧水船工号子、土家族打溜子、茶山号子、新化山歌、酉水船工号子、苗族民歌、花瑶呜哇山歌、土家族咚咚喹、侗族芦笙、青山唢呐、土家族民歌、渔歌、浏阳文庙祭孔音乐

传统舞蹈：土家族摆手舞、湘西苗族鼓舞、湘西土家族毛古斯舞、瑶族长鼓舞、汝城香火龙、九龙舞、南县地花鼓、桑植仗鼓舞、芷江孽龙、城步吊龙、棕包脑

曲艺：常德丝弦、长沙弹词、祁阳小调、丝弦、湖南渔鼓

杂技与竞技：赛龙舟、梅山武术

传统手工技艺：土家族织锦技艺、苗族银饰锻制技艺、浏阳花炮制作技艺、醴陵釉下五彩瓷烧制技艺、侗锦织造技艺、千两茶制作技艺、茯砖茶制作技艺、长沙窑铜官陶瓷烧制技艺、蓝印花布印染技艺

民俗：端午节·汨罗江畔端午习俗、炎帝陵祭典、女书习俗、苗族四月八姑娘节、火宫殿庙会、土家年、舜帝祭典、宜章夜故事、长乐抬阁故事会、苗族服饰

传统医药：九芝堂传统中药文化、癫痫症疗法、钻节风疗法

传统戏剧：昆曲、常德高腔、湘剧、巴陵戏、荆河戏、辰河目连戏、侗族傩戏、辰州傩戏、邵阳布袋戏、花鼓戏、祁剧、湖南皮影戏、湖南杖头木偶戏、张家界阳戏、梅山傩戏、侗戏

传统美术：滩头木版年画、湘绣、花瑶挑花、菊花石雕、宝庆竹刻、凤凰纸扎、苗画、苗族挑花、益阳小郁竹艺、踏虎凿花

端午节

端午节是起源于中国的一个古老节日，为每年的农历五月初五，又称端阳节、午日节、五月节、龙舟节、浴兰节等。端午节最初为祛病防疫的节日，吴越之地春秋之前有在农历五月初五以龙舟竞渡形式举行部落图腾祭祀的习俗，后因诗人屈原抱石自投汨罗江（位于湖南岳阳）身死，又成为华人纪念屈原的传统节日。

岳阳汨罗江赛龙舟

端午节习俗

吃粽子：传说是为祭奠投江的屈原而传承下来的，由粽叶包裹糯米蒸制而成，糯米中还要添加红枣、葡萄干、鲜肉等，是汉族传统节庆食物之一。

雄黄酒：是用研磨成粉末的雄黄泡制的白酒或黄酒，端午节这天，人们会饮用雄黄酒，并把雄黄酒涂在小孩儿的耳、鼻、额头、手、足等处，希望如此能够使孩子们不受蛇虫的伤害。

赛龙舟：是汉族在端午节最重要的民俗活动之一，在中国的南方普遍存在，尤以湖南汨罗最为闻名。水手们划动龙舟互相追逐竞技，争夺第一，十分刺激热闹。

悬艾草：以艾草、菖蒲悬插于门户、堂屋、床头等处，以起到辟邪祈福的作用。亦有用艾草制成人形或虎形或花环、当作佩饰，用以驱瘴。

戴香包：一些地区在端午节有戴香包的习俗，香包用五色丝线缠成或用碎布缝制，内装香料，佩在胸前，香气扑鼻。

粽子

其他国家端午节

日本：端午节固定于每年阳历5月5日，同时这一天也是日本的儿童日。这一天日本有男孩子的家庭要挂鲤鱼旗。这是中国端午节没有的习俗。

韩国：端午祭活动从农历四月初五开始，五月初七为止，是萨满教祭祀的一种形式。

湖南天籁

《洞庭鱼米乡》：是一首阐述湖湘文化历史的歌曲，具有鲜明的区域特征和文化个性，歌颂了湖南这片土地的物华天宝。

《采槟榔》：根据湖南民歌《双川调》创作，“金嗓子”周璇名曲之一，其歌词朗朗上口，简洁明快。后被众多歌手翻唱，成为现在人们耳熟能详的老上海流行乐之一。

《浏阳河》：一首中国经典民歌，自创作以来，广为流传，有多位演唱家演唱，如蒋大为、李谷一、宋祖英等都以不同方式及风格进行演绎。

《小背篓》：湖南歌手宋祖英的成名曲，散发着浓郁的湘西气息，1990年这首歌被搬上了央视春晚的舞台，打动了亿万观众。

沈从文

沈从文出生于湖南省凤凰县，是中国著名的作家和历史文物研究家。14岁时，他投身行伍，浪迹于湘川黔边境地区，1924年开始文学创作，创作了大量流传后世的名篇。新中国成立后，沈从文在中国历史博物馆和中国社会科学院历史研究所工作，主要从事中国古代服饰的研究。

沈从文先生的文学作品《边城》《湘西》《从文自传》等，在国内外产生重大影响。他的作品被译成日本、美国、英国、前苏联等40多个国家的文字出版，并被美国、日本、韩国、英国等十多个国家或地区选进大学课本。

人物生平

- **1902年**，沈从文出生于湘西凤凰县。
- **1922年**，沈从文脱下军装来到北京，在北京大学旁听。
- **1923年**，沈从文报考燕京大学国文班，未被录取。
- **1928年**，沈从文从北京到上海，与胡也频、丁玲筹办《红黑》杂志和出版社。
- **1930年**，沈从文赴国立青岛大学（国立山东大学前身）执教。
- **1933年9月9日**，沈从文与自己的学生张兆和结婚。
- **1934年**，完成中篇小说《边城》的创作。
- **1938年**，任西南联大中文系教授。
- **1949年后**，长期从事文物研究工作。
- **1950年**，因承受不了政治压力而自杀，获救。
- **1969年**，在湖北咸宁五七干校劳动。
- **1981年**，出版了《中国古代服饰研究》专著。
- **1987年**，1988年沈从文入选诺贝尔文学奖候选名单。
- **1988年5月10日**，心脏病复发，抢救无效去世。

青年时期的沈从文：创作风格趋向浪漫主义，诗意效果，融写实、纪梦、象征为一体，语言格调古朴，单纯而又厚实，朴讷而又传神，具有浓郁的地方色彩。

沈从文故居：位于凤凰古城中营街的一座典型的南方古四合院，是少年沈从文的主要生活场所，也是其后来创作的灵感来源。

《边城》：是沈从文的代表作，文笔简单优美，描绘了湘西地区特有的风土人情和人性的善良美好。

《中国古代服饰研究》：匀是沈从文晚年创作的一部系统考证中国服饰文化的学术专著，在学术界享有崇高的声誉，至今被认为是这个领域内的经典著作。

行走 湖南

带什么

行李

来湖南旅游，一般时间较长，但好在湖南商业比较繁华，大部分东西都可在各地超市、商店买到。在行李选择上，只需携带一些必要衣物，即可轻装上阵。

常规必带

服装、鞋袜

湖南多数地区气候四季分明，衣物选择上可根据出行的季节携带，一般春秋服装即可。但若是前往衡山等高山地区，最好携带一些保暖衣物。

旅行鞋子首选运动鞋和中低帮登山鞋，在湖南绝大部分地区一双舒适的运动鞋即可。袜子方面，选择弹性较好、排汗良好的运动袜即可。

药品、食品

常规旅游准备一些感冒药品、胃肠类药品和一些去热止痛的药品就可以了，如：感冒片剂、感冒冲剂、泻痢停、复方阿司匹林、扑尔敏、抗生素。

湖南美食很多，路上只需简单携带一些喜欢的食品即可，纯净水、饮料视消耗情况，可在路上随时购买。

洗漱用品

毛巾、牙膏、牙刷、香皂、护肤霜、洗发水、梳子、剃须刀，手纸、湿纸巾等。

凤凰古城

特殊选带

防晒霜、太阳镜、帽子

外出旅行时携带一些防晒霜可削弱紫外线的影响。一副好的太阳镜和一顶带边沿的帽子也能起到相同的作用。

旅行水壶、指南针

随身带个水壶对于饮水来说十分方便；万一迷了路，指南针能帮你辨别前进的方向。

摄影器材

前往多姿多彩的湖南，相机是一件必不可少的装备。普通旅游，一般家用卡片机便可基本满足需要。若是想拍摄高质量的自然美景和当地风土人情，带上一个广角镜头和一个中焦变焦镜头就可基本满足需要，再带一个轻便的三脚架也十分必要。多带几块儿电池和几张容量大点的SD卡是明智之选，此外，偏振镜、UV镜、清洁套装、防尘防雨塑料袋等设备也十分有用。

张家界

何时去

岳麓山红叶

湖南属亚热带季风气候，春季温暖多变，夏季炎热，秋季凉爽舒适，东季寒冷短促。一年四季皆适合到湖南来旅游。

春天到桃花源，芳草鲜美、落英缤纷。桃源县位于湖南省西北部，每年的3月28日~4月5日为桃花源游园会，当地人俗称“桃花节”。

夏天可到茅岩河、猛洞河漂流，感受清凉；7月或9月到湘西旅游还可以赶上苗族农历六月初六的大型歌会或立秋的赶秋节，届时可以感受少数民族的特色节庆。

秋天可到岳麓山看漫山红叶。这时红叶是最美的，也是橘子洲观光的好时节。

冬天到衡山，可以欣赏到著名的衡山雪景。由于特殊的气候条件，在衡山此时还可见到独特的雾凇奇观。

湖南旅游月历

月份	节日
1月	土家过赶年
2月	洞庭湖国际观鸟节 长沙梅溪湖国际灯光节 舟溪芦笙节 折叠凯里国际芦笙节 社巴节
3月	资兴桃花节、株洲樱花节、苗族姊妹节、瑶族敬鸟节
4月	三月三情人节、大围山杜鹃花节、阳明山杜鹃花节、湘潭油菜花节、天柱“四十八寨歌”节
5月	衡阳玫瑰花节、瑶族起春节、江永斗牛节、苗族四月八节、浴佛节
6月	中国汨罗江国际龙舟节、中国湖南（南山）六月六山歌节、麦咭儿童音乐节、江永瑶寨洗泥节、靖州杨梅节
7月	中国·凯里原生态民族文化旅游节、中国（贵州）国际民间工艺品博览会、长沙草莓音乐节、郴州万华岩西瓜节、瑶白摆古文化节、常德晒霉节、土家晒衣节
8月	张家界黑神会、白族火把节、靖州藕团芦笙场、吃新节
9月	湖南国际旅游节 瑶族团圆节
10月	丹寨苗族翻鼓节　中国（益阳）国际竹文化节　湖南艺术节
11月	中国（浏阳）国际花炮文化节、侗族芦笙节、侗族冻鱼节、雷山苗年节、苗族跳香节、瑶族盘王节、瑶族歌堂节

吃什么

常德米粉

湖南的传统美食是湘菜，更有各种口味独特的风味小吃。旅游者到此，一定要将地道的湖南美味好好品尝一番。

长沙臭豆腐

这种臭豆腐色焦黄，外焦里嫩，鲜而香辣。焦脆而不糊、细嫩而不腻，初闻臭气扑鼻，细嗅浓香诱人，具有白豆腐的新鲜爽口，油炸豆腐的芳香松脆。

口味虾

口味虾，又叫麻辣小龙虾、香辣小龙虾，是以湘江流域、洞庭湖地区和湘西山区等地方菜发展而成，色泽红亮，口感香辣鲜浓。

剁椒鱼头

这是湖南一道汉族传统名菜，以鱼头的“味鲜”和剁椒的“辣”为一体，风味独具一格，此菜所使用的油是茶油。

干锅茶树菇

干锅茶树菇，是一道湖南家常菜，菜品口味浓郁鲜香，酸辣适口。腊肉的香味和菌菇的香味完美地融合，十分下饭。

农家小炒肉

以五花肉和青椒为主要食材，主要烹饪工艺是炒。爆香味辣，为饭桌上的家常菜。

君山银针鸡片

君山银针鸡片，即用鸡肉和君山银针茶滑炒而成，成菜白绿相间，鸡片鲜嫩、银针清香，其味极佳。

蝴蝶过海

是“巴陵全鱼席”中的菜肴之一，因鱼片经过烫涮以后形似蝴蝶，所以得此名。鱼肉细嫩，汤汁鲜美，非常适口。

常德米粉

常德米粉历史悠久，闻名三湘。米粉经过特殊工艺制成，洁白、浑圆、细长而富有弹性，只要用开水烫热，加上作料后即可食用，吃起来润滑可口、风味独具。

泥鳅钻豆腐

“泥鳅钻豆腐”是土家人喜爱吃的一道菜，将洗净的泥鳅倒入嫩白豆腐内，再下油锅炖煮，配以花椒、葱花、生姜末等佐料，特别鲜嫩。

苗家菜豆腐

菜豆腐，是凤凰遐迩闻名的特色菜，细嫩、鲜软、香浓，是凤凰苗家人日常最喜食用的主菜之一。

住哪儿

客栈

湖南的旅游业十分发达，住宿选择相对来说也十分广泛，像长沙、常德等城市，无论是青年旅舍、客栈，还是宾馆、酒店，都随处可见，十分便利；若是前往一些清幽偏远的县城及城镇，也有一定数量的小宾馆方便入住。

星级酒店

湖南的星级酒店数量较多，主要分布在长沙、常德及省内各热门旅游景点附近。湖南星级酒店的服务设施十分完善，游客可根据需求，放心选择入住。

快捷连锁酒店

如家、汉庭等连锁酒店在湖南绝大多数的地级市区均有分布，各处著名的景区也有分布。需注意的是，若是遇上节假日，往往需要提前预订。

普通宾馆及客栈

湖南各个大城市及县城广有宾馆分布，除去节假日，价格都较为合理，但住宿条件各有不同。此外，湖南著名的旅游景区附近往往分布有众多的客栈，可选择入住。

青年旅舍

湖南作为国内外热门的旅游目的地，吸引了全球众多的背包青年踏上这片乐土。同样，湖南也不忘青年们的厚爱，为他们提供了众多的青年旅舍，价格低廉的普通床位足以满足探奇为主的青年们的需求，而且还提供做饭、洗衣等设施。具体可参见YHA的中国官网：www.yhachina.com。

野外露营

酷爱户外旅行的游客也能够在湖南找到大量的露营之地。优美的自然风光和丰富的人文风情，一定让您流连忘返。一般情况下，只需携带适合春秋季的野外露营帐篷、睡袋和衣物即可。

客栈

怎么走

拉渡

前往湖南的交通方式有多种，方式也较为简单。在湖南省内旅行时，所选择的交通方式不同，也可领略到别样的湖南风貌，带给我们的人生体验与感受也大不相同。

在湖南坐火车旅行是最为经济安全的选择。湖南的铁路交通十分发达，已形成了长沙、株洲、衡阳、怀化4大铁路中心，出行十分便利。

湖南有长沙黄花国际机场、张家界荷花国际机场两个国际机场和常德桃花源机场、永州零陵机场、怀化芷江机场、衡阳南岳机场4个支线机场。游客可根据旅游目的地做出最佳选择。

湖南省内的公路交通也十分发达，因此乘坐汽车或自驾在湖南旅游也颇为便利，游客可根据实际情况做选择。

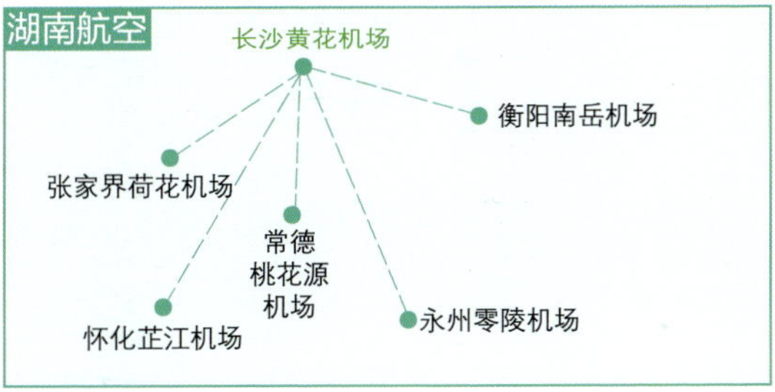

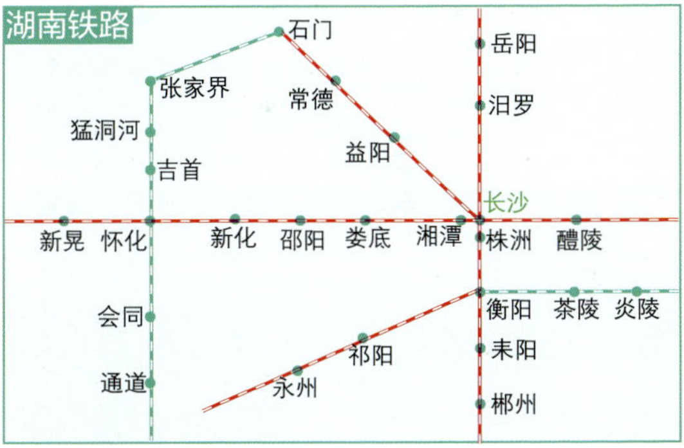

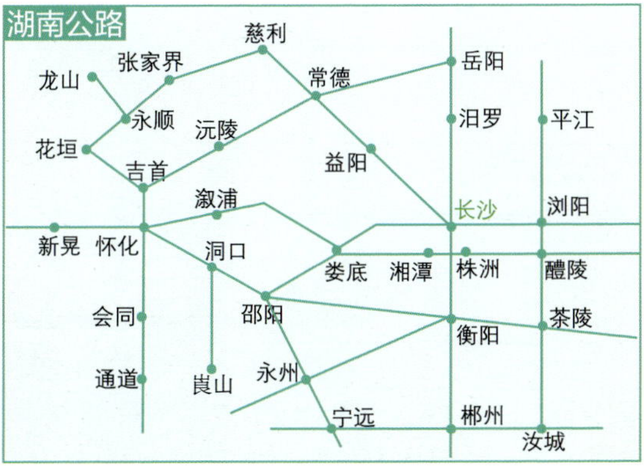

有用信息

旅游通信

通信

湖南全境基本都通手机，信号覆盖全面、广泛，从信号强度上来说，三家运营商的信号均表现良好，偏远地区则是移动最强，电信次之，联通最弱。一般除非进入深山老林之中，否则无须担心通信问题。

银行

湖南的众多城市，商业银行设施齐备，一般持具有银联标志的银行卡即可使用。但在小城镇，多是农业银行、邮政储蓄及农村信用合作社等机构，若是持有农行银联卡或是邮政绿卡前往，则较为便利。

节约技巧

（1）选择入住品牌连锁酒店时，除订房网站外，不妨到团购网站和酒店官网看看，往往有更多惊喜。此外，数量众多的客栈及青年旅舍，往往是比较实惠的选择。

（2）要善于利用淘宝、大众点评及各种团购APP应用，不仅能吃到美味，还能得到众多优惠。

（3）合理安排行程，不仅可节省时间，又能减少交通费用，可参考第一步等网站的行程攻略。

（4）在城市内，尽量选择公共交通。前往较为偏远的地区

张家界天子山

张家界苗族舞

时可拼车同行。

（5）淡季出行是省钱的撒手锏。淡季不仅门票价格减半，避开众多的游人，也可以欣赏到别样的风光。

（6）在湖南购买旅行纪念品，大可不必非去商业街区的各种店铺。在当地人开的店铺或是从村民手中，不仅能买到理想的纪念品，而且价格便宜。

突发状况

旅途中总是会出现一些出乎意料的情况，但只要做到“事前认真准备，事后冷静处理”，一切都会迎刃而解的。

汽车抛锚：自驾游之前应当掌握一些简单基本的维修技术，若是途中出现汽车抛锚，先依据经验，判断是否可以自己解决。不能解决或无法判断，则要打电话给保险公司，寻求帮助，或拨打114查询最近的修理厂。

钱物丢失：在旅途中是一件十分重要的事，无论损失大小，总会给美好的旅行蒙上一层阴影。为避免财务损失，应以预防为主。最好做到少携带现金，把现金放到贴身衣物中，只把零钱放在包里；银行卡不要与身份证放在一起。若是钱物丢失，马上联系可以联系到的朋友及时给以帮助，切不可拖拉；并准确找到丢失地点，对相关人员进行考察以期获得合适的数据资料。

水土不服、食物中毒或生病：因为水土不服、食物不洁或者天气因素，生病也是会发生的事情。特别是一个人的话，更是需要时刻注意。因此，旅途中应带足相关药品（如感冒类、胃肠类药品等），不随便吃东西、避免在太阳下暴晒、少在雨里蹚行等。若不幸生病，要及时吃药或到医院就诊，病情严重的要联系朋友及家人。

请爱护秀美的湖南

湖南自然风光优美，我们前往湖南获得了旅行带来的快乐，也有义务承担带去的影响。每个人都应做到不随便破坏或是占有当地的各类资源，旅途中尽量减少垃圾的产生，更不能乱丢垃圾，尤其是在名胜古迹和偏远地区，应将其带回城市中，进行回收处理。秀美绝伦的湖南需要我们每个人的爱护。

发现者旅行指南

长沙

概览

亮点

岳麓书院

宋代四大书院之首，有“千年学府”的美称，周围有爱晚亭、云麓宫等名胜古迹。

橘子洲

被誉为“中国第一洲”，是世界上最大的内陆洲之一。这里四季风景独特，尤以冬天的潇湘八景之一“江天暮雪”的景致最佳。

湖南省博物馆

荟萃了湖湘大地的文物遗珍，展现了湘楚文明的来龙去脉，其中尤以马王堆出土的文物展品珍贵。

天心阁

建于明末，距今已有400多年历史，自建阁以来就被视为古城长沙的标志。

靖港古镇

中国历史文化村镇，古镇区域内明清及民国时期的民居、商铺、会馆保存较好。

必逛街道

黄兴南路步行街：一条百年老街，是最能代表“老长沙”生活气息的商业街，也是长沙“草根之魂”。

线路

长沙市区经典2日游

第1天，早上来到天心阁公园，观赏古色古香的阁楼，随后前往游览橘子洲，站在洲头极目楚天，看湘江缓缓流过。午后来到岳麓山，参观岳麓书院，然后去爱晚亭，观夕阳美景。

第2天，先前往湖南省博物馆，探湘楚文明的来龙去脉。随后去开福寺，烧香问佛，为亲人祈福。之后参观世界之窗，午后前往长沙海底世界，看精彩绝伦的表演。

长沙西南郊1日游

这条线路适合那些喜欢听历史故事的人们。一天的时间看看刘少奇纪念馆和雷锋纪念馆，回忆过往岁月，缅怀先辈遗迹。

湘江

浏阳精华2日游

第1天，早起从长沙市区出发，前往道吾山，登主峰远望，岳麓、洞庭，尽收眼底，风景极佳。访兴化寺，感受悠悠禅意。午后去浏阳花炮博物馆参观，随后去秋收起义文家市会师纪念馆，观览会址和纪念馆。

第2天，早餐后赴大围山，沐浴在“天然氧吧”，观看马尾槽瀑布。午后前往古风洞，观亭台生动，赏泉瀑飞流。

为何去

长沙古称潭州，别称星城，位于湖南省东北部，地处湘江下游，是中国首批历史文化名城之一。这里有青葱的岳麓山、火红的口味虾、霓虹五彩的酒吧，橙黄的杧果台，与每周末如约上演的橘子洲焰火一样灿烂夺目，是一处名副其实的欢乐之都。

开福寺大悲殿

何时去

长沙除盛夏气温较高以外，其余三季均适宜旅游，但尤以秋季为最佳时间。秋季的岳麓山遍山红叶，层林尽染，极为美丽。此时也是橘子洲观光的好时节。11 月下旬进入冬季，有时会下雪，这时候可以去山里看冰凌。

爱晚亭冬景

长沙旅游示意图

区域解读

区号：0731

面积：约11 816km²

人口：约791.81万人

地理 GEOGRAPHY

区划

长沙市辖6个区（芙蓉区、天心区、岳麓区、开福区、雨花区、望城区）、2个县级市（浏阳市、宁乡市）、1个县（长沙县）。市政府驻岳麓区。

地形

长沙市，位于湘江和浏阳河交汇的河谷台地，洞庭湖平原南端向湘中丘陵盆地的过渡地带。

长沙环城皆山，西侧为低山区，西北部数座孤峰点缀于丘陵之间，东北侧山势陡峭，东南以丘陵为主。辖区最高点为大围山七星岭，海拔1616米。

湘江由南向北贯穿长沙全境，把城区分为河东和河西两大部分。长沙市地下水源丰富，多古井。

气候

长沙属于亚热带季风气候，温和湿润，季节变化明显。长沙冬冷夏热，四季分明，年平均气温约17℃，整体气候较为宜人。长沙降雨主要分布在3~5月的春季。

湘江北去第一洲——橘子洲

“独立寒秋，湘江北去，橘子洲头。”位于湘江江心的橘子洲，江鸥点点，橘香万里，自然造化加上历史的气息，别具一格。

橘子洲，又称橘洲、水陆洲，四面环水，绵延数千米，是湘江下游众多冲积沙洲之一，也是世界上最大的内陆洲。橘子洲西望岳麓山，状若航母，英气非凡。春来水光潋滟，冬去江风戏雪，“桃源人家易制度，橘洲田土仍膏腴”，潇湘八景中“江天暮雪”就是描绘橘子洲的。

方圆6平方千米的橘子洲，山水相绕，气候宜人，特殊的地理环境极为适宜动植物的繁衍。数千种花草藤蔓植物生长其间，其中名贵植物就有143种。山楂、猕猴桃、金樱子、野葡萄、山海棠等成片的野生林果漫山遍野，李子园、板栗园、茶园和枇杷、桃、梨、杏等经济林带也不甘示弱。更有鹤、鹭、鸥、狐、獾等多种珍稀动物出没其间，成其天然。最著名的当然还是橘林片片，秋天览湖光山色，品甘美橘橙，最宜游览。

据清《长沙县志》记载，橘子洲分上洲、中洲、下洲，即牛头洲、水陆洲、傅家洲。历史上三洲只有在水位极低的情况下才出现首尾相连的情形，所以长沙古谚有云：“三洲连，出状元。”但现在三洲基本一体。沙洲之

橘子洲

上风光好，问天台可以遥想“恰同学少年，风华正茂”；百米喷泉可以观赏水光潋滟，直冲云霄；更有沙滩公园，毛主席青年艺术雕塑等景观。诗文中的橘子洲头位于橘子洲的最南端，1982年橘洲公园建成，毛泽东“橘子洲头”的题字和《沁园春·长沙》词碑成一体，亭榭环绕，橘林成片。

如今的橘子洲在政府的投资下花重金打造航母式内陆岛人文公园，俨然一派新气象。白日赏沙洲景色，夜间看烟花绚烂，辅以诗文，佐以美酒，岂不快哉。

链接

长沙名称的由来

相传橘子洲形成之前是江中一道长长的沙，因此得名“长沙”。橘子洲形成于晋惠帝永兴二年（公元305年）。唐朝时洲上盛产南橘，在江汉地区盛销。《水经注·湘水》云：“湘水之北径南津城西，西对橘洲。”《荆州记》载：“乃至夏水怀山，诸州皆没，橘州独在。”橘子洲便是长沙的来由。

历史 HISTORY

历史大事记

●上古时期

距今约20万~15万年前，长沙地区开始有人类活动。

五帝时期，黄帝曾“披山通道，南至于江，登熊、湘”（司马迁《史记·五帝本纪》），后来就把长沙这片土地封给了他儿子少昊氏（宋罗泌《路史》），据此，传说中的少昊氏是远古长沙的一个氏族首领，是开发长沙的第一人。

商周时期，在这片土地上生息繁衍的古越人创造和形成了富有特色的越文化。并随着中原青铜铸造技术的传入，开始使用和制造青铜工具。1938年宁乡出土的著名的四羊方尊，是商周青铜器中的珍品。

春秋末期，楚国（荆楚）的势力进入长沙。战国中期，湖南全境纳入了楚国版图，长沙成为楚国南部的军事重镇，长沙地区进入了铁器时代。

●秦汉时期

秦灭楚后，于始皇二十四年（公元前223年）以原楚国黔中郡的东南部置长沙郡，为秦全国三十六郡之一。从此，长沙作为一个独立行政区划的名称出现，郡治在今长沙市区。

汉高祖五年（公元前202年），封开国功臣吴芮为长沙王，建立长沙国，并改秦置湘县，作为长沙国的都城，湖南历史上出现了第一个诸侯国，长沙成为王国都城。王莽篡汉时国除。

汉文帝前元四年（公元前176年），贾谊被贬为长沙王太傅，居此三年，写有《吊屈原赋》和《鹏鸟赋》，开创了中国文学史上汉赋的先河。

●唐宋时期

宋开宝九年（公元976年），潭州太守朱洞创建岳麓书院于岳麓山下。大中祥符八年（1015年），宋真宗赐书并赐御题“岳麓书院”匾额，于是“书院之声称闻天下”。朱熹、张栻应邀在此讲学兴教，长沙的文化和教育因之走向鼎盛。

南宋淳熙六年（1179年），力主抗战的爱国词人辛弃疾知潭州兼湖南安抚使，在长沙建立了一支飞虎军，拼杀于抗金前线。

●明清时期

清朝末年，曾国藩成为“湖南第一人”。当时的长沙府涌现出中国历史上重要的人物，如曾国荃、左宗棠、胡林翼等，消灭太平天国、发动洋务运动、收复新疆等，对晚清的中国产生了深远的影响。

●近现代

光绪二十九年（1903年），长沙被辟为通商口岸，日、英、法等帝国主义势力蜂拥而入，帝国主义对长沙与整个湖南的政治、经济、文化侵略进一步加深。

清朝末年到民国初期，长沙成为重要的政治和革命活动地。1897年10月，维新派谭嗣同在长沙创办时务学堂。黄兴、宋教仁等资产阶级革命者于1904年2月15日在长沙成立华兴会。

1918年张敬尧任湖南督军，对人民实行残暴统治。1919年9月，毛泽东等联络湖南教育界和新闻界人士，发动了驱张运动，1920年6月，张敬尧退出湖南，驱张运动以胜利而告结束。

毛泽东雕塑

1927年5月21日，驻长沙的国民党反动军官许克祥发动了残杀共产党员和工农群众的反革命叛变，是为“马日事变”。

1939—1942年间，日军先后三次大规模进攻长沙，中国军队与之展开殊死搏斗，是为三次长沙会战。

1949年8月5日，驻守长沙的国民党高级将领程潜、陈明仁起义，长沙和平解放。长沙市人民政府成立。

马王堆汉墓——展现2000年前生活场景

1972年，中国人民解放军某军区医院建造地下病房，在打坑道过程中发生了严重塌方，发现了一座保存完好的古墓。经湖南省博物馆发掘，重见天日的马王堆汉墓让全世界大开眼界：彩绘棺木、随葬物品、医书典籍、木桶、竹简，甚至还有千年不腐的辛追夫人之躯，无不让人惊叹。

马王堆总共出土了三个汉墓，随葬物品非常丰富，达3000余件，有丝织品、帛书、帛画、漆器、陶器、竹简、竹木器、木桶、农畜产品、中草药等。一号汉墓出土的女尸，时逾2100多年，形体完整，全身润泽，部分关节可以活动，软结缔组织尚有弹性，几乎与新鲜尸体相似。它既不同于木乃伊，又不同于尸蜡和泥炭鞣尸。是一具特殊类型的尸体，是防腐学上的奇迹。覆盖在内棺上的一幅彩绘帛画，花纹鲜艳、色彩绚丽，画面内容想象丰富，是中国现存2100多年前的丝织品绘画珍品。出土的帛书《五十二病方》，经考证，比《黄帝内经》（成书于春秋战国时代）可能还要早，书中记载了52种疾病，还提到了100多种疾病的名称，共载方280多个，所用药物计240多种。这是我国现在所能看到的最早的方剂。

《五十二病方》的发现，补充了《内经》以前临床医学的内容，是一份非常珍贵的医学遗产。出土有《易》《老子》《战国纵横家书》《养生方》等汉初学术与方术文献，其中

《易》与《老子》都与今本有较大的区别，被认为是这些书正式定本之前流行的传抄版本之一。大量的方术文献有助于了解汉初的占卜、星相、医术、房中术等内容。帛书的字体接近于汉隶，别具一格，被书界称为“马王堆体”。

据出土的“长沙丞相”“轪侯之印”、“利苍”3方印章，证明这是汉初长沙国丞相利苍及其家族的墓地。马王堆汉墓的发掘，在考古学上具有划时代的意义，对研究汉初的政治、经济、军事、文化和科学技术，具有重要价值。

名单 长沙历史名人

唐代著名书法家欧阳询

唐代草书书法家怀素

维新人物谭嗣同

中国同盟会、“中华民国”创始人之一黄兴

无产阶级革命家，中国共产党创始人之一何叔衡

无产阶级革命家、教育家徐特立

近代著名学者、爱国民主人士章士钊

著名剧作家欧阳予倩、田汉

现代哲学家金岳霖

无产阶级革命家、国家领导人刘少奇

无产阶级革命家、国家领导人胡耀邦

现代历史学家、语言学家陈寅恪

文化 CULTURE

湘楚特色的刺绣工艺——湘绣

湘绣是湖南长沙一带的刺绣产品的总称，与苏绣、粤绣和蜀绣并称中国四大名绣。湘绣源于湖南的民间刺绣，有着浓郁的民间特色，又吸取了苏绣、粤绣、京绣等绣系的优点，从而形成了自己独特的风格——强调写实，质朴而优美，形象生动。

湘绣主要以纯丝、硬缎、软缎、透明纱和各种颜色的丝线、绒线绣制而成，无论平绣、

湘绣

织绣、网绣、结绣、打子绣、剪绒绣、立体绣、双面绣、乱针绣等，都注重刻画物象的外形和内质，即使一鳞一爪、一瓣一叶之微也一丝不苟。民间有言，湘绣“绣花花生香，绣鸟能听声，绣虎能奔跑，绣人能传神”。

湘绣在配色上善于运用深浅灰及黑白色，加上适当的明暗对比，增强了质感和立体感，结构上虚实结合，善于利用空白，突出主题，形成了湘绣水墨画般的素雅品质。

湘绣的题材多样，以风景、花鸟、走兽、人物为主，特别是以虎最为多见，巧妙地将我国传统的绘画、刺绣、诗词、书法、金石各种艺术融为一体。湘绣产品多样，单面绣、双面绣、条屏、屏风、画片、被面、枕套、床罩、靠垫、桌布、手帕、各种绣衣以及宫廷扇、绣花鞋、手帕、围巾等各种生活日用品，无所不包。

现今，长沙建有湘绣博物馆，在这里可以领略湘绣的魅力，了解湘绣的历史。而位于长沙县星沙镇开元西路的湖南星沙湘绣城，是选购湘绣真品的佳处。

名扬天下的“千年学府”——岳麓书院

“纳于大麓，藏之名山”，掩映在青山绿树之间的岳麓书院已然是长沙文化精神的代表。自北宋开宝九年（976年）建立以来，岳麓书院的琅琅书声从未终止，历经宋、元、明、清各个朝代，迨及晚清（1903年）改为湖南高等学堂，至今仍为湖南大学下属的办学机构，作为中国四大书院之一，是世所罕见、当之无愧的“千年学府”，

岳麓书院西晋以前为道士活动据点，曾建有万寿宫、崇真观等。东晋陶侃曾建杉庵读书于此。唐末五代智璿等二僧为“思儒者之道”，建起了“以居士类”的学舍。北宋开宝九年（公元976年），潭州太守朱洞在原僧人办学的遗址上，即岳麓山下的抱黄洞附近正式建立起了岳麓书院。宋真宗曾亲书“岳麓书院”匾额，书院迎来了繁盛的时期。两宋之交，岳麓书院遭战火洗劫，直到乾道三年（1167年），朱熹与张栻在此举行了历史上有名的“朱张会讲”，宋代理学和中国古代哲学有了新的发展，更使长沙和岳麓名扬天下，永载史册。理学史上颇负盛名的“湖湘学派”即发展于此。元代岳麓几经洗劫，数次毁于战火，明朝才逐步修复。正德二年（1507年），阳明心学一代宗师王阳明来岳麓讲学，书院迎来了又一个学术繁荣期。然而，岳麓书院也没能躲过近代纷乱的炮火，1981年岳麓开始进行大规模的修复，终于在五年后修复完成，开放参观，并成立了湖南大学文化研究所和下属学院。

岳麓书院

历经几起几落，“千年学府”依旧弦歌不绝，从书院走出了王夫之、魏源、杨昌济等文化大家，也走出了左宗棠、曾国藩等不朽的经世之才。岳麓书院是长沙文化历史的见证，更是中国书院文化的活历史。

菊花石雕

长沙有三宝——湘绣、棕编、菊花雕。

菊花石产于浏阳大溪河底岩石层中，历经2亿多年的地质作用。这种石头天然生有白色的菊花图案，花芯有单芯、双芯、三芯和无芯，有类似竹叶菊、绣球龙葵菊、蒲叶菊和金钱菊花形等，因而称为“菊花石”。

“竹傲默然孤芳赏，细品人生逸陶情。菊黄深秋勿伤感，一叶秋风尔自经。”菊花自古象征高洁、清逸和淡泊。雕琢艺人利用菊花石状若菊花的特点，理出花瓣，添枝加叶，雕成丛丛菊花。有砚台、笔洗、笔筒、笔架等文房用具，也有茶具、酒杯、茶几、桌面、假山、花瓶等，产品层出不穷，形式多样，浮雕、半浮雕、镂穿和圆雕更显变化，花形也由简到繁。

这一技艺始于清乾隆年间，起初作为宫廷贡品，雕刻石砚等器物，后来才流传民间。工艺美术大师戴清升、袁耀初，艺人李鹤章都是菊花石雕界的高手。1915年的珍品“映雪”花瓶、“梅兰竹菊”屏风至今保存在联合国博物馆，巨型立雕珍品“石菊森山”也曾在北京人民大会堂公开展览过，荷花金鱼砚、菊花石砚则远赴日本并引起轰动。

菊花石雕以深厚的民族文化精神为背景，给人安详平和之感，具有大山之灵气，悦动自然，不媚世态，是长沙难得的宝物。

景点推荐

长沙市区景点

天心阁 AAAA

仿明清时期南方园林建筑

长沙市天心区天心路4号

乘坐地铁1号线即可到达　32元

天心阁景区是以天心古阁和古城墙为主要景点的历史名胜。它是长沙城历史文化发展的见证，因其地脉隆起，主吉祥之兆，自明朝建阁以来便被视为古城长沙的标志和象征。

天心阁建于明末崇祯年以前，距今已有400多年的历史。现为三层，现主阁高14.6米，南北两辅阁各高10米，整座阁楼仿明清时期南方园林建筑风格。

玩家 攻略

天心阁现在已经发展成为一座新型公园，里面的旅游设施非常丰富，园内堆砌有假山、凉亭、鱼池，树木繁茂，花草众多，是摄影、休闲的好场所。

玩家 解说

天心阁的三阁以通廊相连接，浑然一体，矗立于32米高的锥垛之上的古阁看起来更加壮观。阁楼用60根木柱支撑，主辅阁饰以用花岗石和其他高级石料雕琢的狮子、葫芦头、车、马等，檐上32个高啄鳌头，32只凤马铜铃和10条吻龙，也都古色古香，造型别致。

链接

天心阁得名由来

天心阁得名和流传于明代古星象学中的“星野之

说”有着密切的关系。古人把天上的星星罗列成二十八星宿，其中南方八星为“朱雀”，在“朱雀”的尾巴上有颗主管人间寿命的“长沙星”，与“长沙星”对应的就是我们今天的长沙城，故长沙又有“星城”“星沙”的美誉。相传阁楼建好后正好对着南面天空的“长沙星”，便把阁楼也比做是天上的星星，故原取名“天星阁”。后阁楼供奉着孔孟及文昌帝君、奎星神像，寓意“为孔孟传道统，为天地而立心”，所以，星星的“星”演化成了后来的心中的“心”。

古城墙

长沙城池始建于战国时期，土城墙距今已有2200余年。1923年，湘督谭延闿下令拆除长沙古城墙，最终只保留了天心阁这一段城墙。古城墙长251米，高13.4米，顶面宽6.1米，是长沙古城唯一的实物遗存，可供后人参观和凭吊历史。

“太平军魂”石雕

“太平军魂”石雕高6米，占地54平方米，重100吨，以优质花岗岩制成，反映的是1852年太平天国起义军攻打长沙城的战斗情景。雕塑生动再现了太平天国将士们一往无前的英雄气概，发人深思。

岳麓山 AAAAA

千年学府、赏枫胜地

长沙市岳麓区 0731-88825011

在长沙火车站有立珊专线直达岳麓山风景区

岳麓山风景区总面积36平方千米，包括麓山景区、天马山景区、橘子洲景区、桃花岭景区、石佳岭景区、寨子岭景区、后湖景区、咸嘉湖景区等八大景区。麓山景区是岳麓山风景区的核心景区。景区内除岳麓书院外，还有爱晚亭、麓山寺、云麓宫等，另外，橘子洲、新民学会等也是岳麓山风景区的重要景点。

岳麓山整个山区全被林木覆盖，资源极其丰富，以典型的亚热带常绿阔叶林及亚热带暖性针叶林为主，部分地区还保存着大片的原生性常绿阔叶次生林。古树名木随处可见，晋朝罗汉松、唐代银杏、宋元香樟、明清枫栗等，都能在这里随处可见。

岳麓山

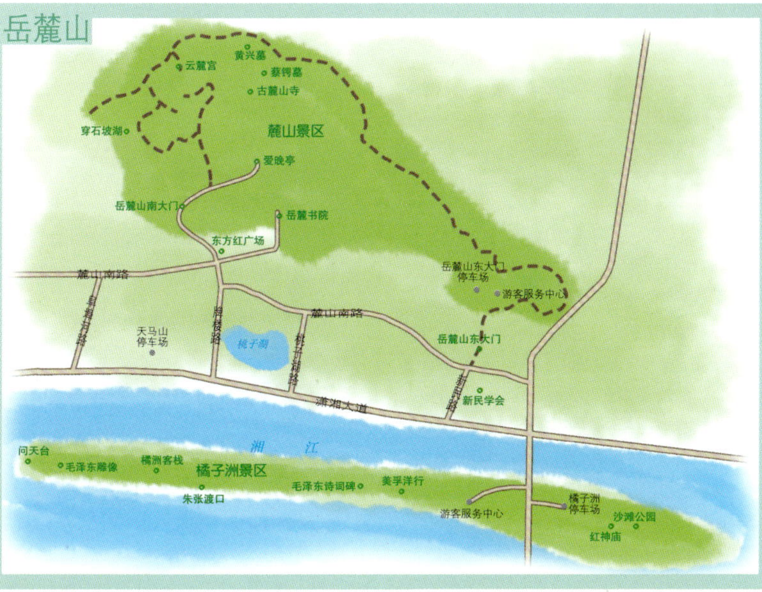

玩家 行程

(1)岳麓山南大门—爱晚亭—舍利塔—刘道一墓—覃理鸣墓—半山亭(休息)—蒋翊武墓—麓山寺—白鹤泉—印心石屋—云麓宫(归来钟)。

(2)岳麓山东大门—索道—极目山庄—禹王碑—长廊—响鼓岭鸟语林—印心石屋—麓山寺—白鹤泉—蒋翊武墓—刘道一墓—覃理鸣墓—爱晚亭—南大门。

天心阁

玩家 解说

岳麓山的山脉属南岳衡山，古人把岳麓山列为南岳七十二峰之一，称为灵麓峰。南北朝刘宋时《南岳记》载："南岳周围八百里，回雁为首，岳麓为足。"所以这里就起名叫岳麓了。据地质学考证，岳麓山是在古生代奠基的，形成于中生代，发展于新生代，距今已经有3亿多年的历史。

链接

禹王碑的来历

岳麓山云麓峰左侧的峰峦上，有一块著名的"禹王碑"，是岳麓山古老文化的象征，是宋代在这里摹刻的。这块碑石刻有奇特的古篆字，字分9行，共77字。相传4000多年前的洪荒时代，天下被洪水淹没，大禹为民治水，到处奔波，疏导洪流，竟"七年闻乐不听，三过家门不入"，最终制服了洪水，受到了百姓的尊重。

传说，大禹曾经到过南岳，并在岣嵝峰立下了这块石碑。宋嘉定五年（1212年），他游到了南岳，在岣嵝峰写了碑文，过长沙时请人翻刻在岳麓山的山巅上。宋代以后，碑被土所掩。明代长沙太守潘镒找到这块碑，传拓各地，从这以后，禹碑就非常闻名了。现在全国各地有10多处禹碑，据说都是由岳麓山禹碑复刻的，这也足以说明它的珍贵。

岳麓书院

岳麓书院是我国最早的高等学府，历史上曾有王夫之、左宗棠、曾国藩等名人光临此地，留下诸多佳话和诗书遗迹。

书院占地面积约21 000平方米，现存建筑大部分为明清遗物，主体建筑有御书楼、文庙、时务轩等，各部分互相连接，完整地展现了中国古代建筑气势恢宏的壮阔景象。

除建筑文物外，岳麓书院还以保存大量碑匾文物而闻名于世，如唐刻"麓山寺碑"、明刻宋真宗手书"岳麓书院"石碑坊、清代御匾"学达性天""道南正脉"、清刻朱熹"忠孝廉洁碑"等。

玩家 解说

北宋开宝九年（公元976年），潭州太守朱洞在僧人办学的基础上，正式创立岳麓书院。后来，该书院历经宋、元、明、清各代，至清末光绪二十九年（1903年）改为湖南高等学堂，之后又相继改为湖南高等师范学校、湖南工业专门学校，1926年正式定名为湖南大学。历经千年，这里依然有着较高的声誉，所以又称"千年学府"。

御书楼是体现我国古代书院会讲、藏书、祭

祀三大功能之一的藏书功能的主要场所，岳麓书院创建的开始就在讲堂后建有书楼，宋真宗皇帝赐书后更名“御书阁”，元明亦称“尊经阁”，藏书数量已逾5万册，《四库全书》《四部丛刊》《四部备要》等大型书籍均有珍藏。

文庙位于书院左侧，自成院落，由照壁、门楼、大成门、大成殿、两庑、崇圣祠、明伦堂等部分组成，岳麓书院祀孔子始于书院初创时期，天启四年（1624年）重修，正式称为文庙。其规格与各郡县文庙相当。

麓山寺碑亭位于园林南侧，明成化五年（1469年）始建。亭内著名的麓山寺碑是我国现存碑刻中影响较大的一块碑，由唐开元十八年（公元730年），著名书法家李邕撰文、书丹并镌刻，因文、书、刻三者俱佳，有“三绝碑”之称。

时务轩是为纪念清末维新派创办的时务学堂而筑的纪念性建筑，位于书院园林内，与百泉轩隔池相望。轩内现嵌有梁启超《时务学堂故址》碑，该碑字迹为1935年梁启超重游时务学堂旧址所书，另有数块名家碑刻。

链接

书院严谨的学规

中国书院一般都有学规。所谓学规，是书院订的用以规范生徒学习、生活行为的规矩章法。岳麓书院

麓山寺弥勒殿

的学规最早源于朱熹的《书院教条》，到清代乾隆年间，欧阳正焕任书院院长时，提出“整、齐、严、肃”四字并撰诗，刻在碑上嵌于书院讲堂右壁，流传至今。

岳麓书院学规：时常省问父母；朔望恭谒圣贤；气习各矫偏处；举止整齐严肃；服食宜从俭素；外事毫不可干；行坐必依齿序；痛戒讦短毁长；损友必须拒绝；不可闲谈废时；日讲经书三起；日看纲目数页；通晓时务物理；参读古文诗赋；读书必须过笔；会课按时蚤完；夜读仍戒晏起；疑误定要力争。

麓山寺

麓山寺又名慧光寺、万寿禅寺，位于岳麓山山腰，由敦煌菩萨竺法护的弟子竺法崇创建于西晋时期。麓山寺正门已有1700多年的历史，是佛教入湘最早的遗迹。

岳麓书院

云麓宫

云麓宫位于岳麓山的云麓峰顶，为道教七十二福地之一，建于明代，现存道宫房屋约600平方米。云麓宫四周古木参天，景色宜人，是游人品茶、观景、歇憩之地。

爱晚亭

爱晚亭始建于1792年，与醉翁亭、西湖湖心亭、陶然亭并称中国四大名亭，是革命活动圣地。亭形重檐八柱，琉璃碧瓦，亭角飞翘，自远处观之似凌空欲飞状。

链接

爱晚亭名字的由来

爱晚亭位于岳麓书院后的青枫峡小山上，八柱重檐，顶部覆盖绿色琉璃瓦，攒尖宝顶，蔚为壮观。原名"红叶亭"，后据唐代诗人杜牧《山行》而改名为爱晚亭，取"停车坐爱枫林晚，霜叶红于二月花"的诗意。

鸟语林

长沙鸟语林是岳麓山上最有活力的一个景点，占地面积3万余平方米。林内汇集了世界各地的珍稀鸟类400余种，是中南地区规模最大、鸟类品种最齐全的一家综合性鸟类主题乐园。林内有立体观景瀑布、天鹅湖、百鸟剧场、观鸟长廊、水禽游乐馆、儿童乐园等景点。

万景园

万景园占地面积约6600平方米，内有温室、花房等生产管理车间及一些游览性建筑。万景园除植物盆景外，还有山石盆景，桂林山水、张家界石林、黄山绝壁迎客松长年在园中安家落户。

橘子洲

被誉为"中国第一洲"

长沙市岳麓区湘江江心

乘坐地铁2号线即可到达

橘子洲又称橘洲、水陆洲，是湘江下游众多冲积沙洲之一，也是世界上最大的内陆洲。橘子洲头于1961年被辟建为橘洲公园，占地17公顷，有诗词碑、颂橘亭、"谁主沉浮"雕塑广场等景点。

橘子洲绵延数十里，狭处横约40米，宽处横约140米，形状是一个长岛，是长沙重要名胜之一。橘子洲主要景观包括百米喷泉、沙滩公园、毛主席青年艺术雕像等。

玩家攻略

（1）盛夏时节，游人们可在这里的江滨游乐园游玩。等到秋天到来的时候，游人们可到橘子洲去欣赏红叶。等到11月进入冬季的时候，就是人们到山里看冰凌的最好时节。

（2）现在橘子洲上建有公园，里面种植着数千株橘树，等到秋收季节，橘树上硕果累累，这时人们可以站在洲头上面极目远眺，真是一番宜人的景象。

链接

植物的乐园

橘子洲方圆6平方千米的橘子洲，生长着数千种花草藤蔓植物，其中名贵植物就有143种，有鹤、鹭、鸥、狐、獾等珍稀动物。橘子洲以自己独特的气候，三面环山，一面临水，气候湿润宜人，是花果生长的最佳区域。特别是橘子园，真可谓是春赏橘花洲，秋摘芳橘林，橘香十里，翠荫匝地。李子园、板栗园、茶园和枇杷、桃、梨、杏形成的经济林带，傍生着山楂、猕猴桃、金樱子、野葡萄、山海棠等成片的野生林果。

橘子洲烟花

百米喷泉

百米喷泉，位于橘子洲中，是一道亮丽的景观。百米喷泉喷水时，相当于30层楼高的"建筑"。每逢重大节假日和重大活动，湘江两岸居民站在潇湘大道和湘江大道上，可以看到橘洲景区正大门前，射向空中百米高的喷泉。

沙滩公园

沙滩公园，即沙滩体育休闲文化园，总面积约13公顷，是我国国内城市核心区第一个亲水运动休闲文化园。公园分户外运动休闲和室内运动休闲两大板块，包括橘洲沙滩广场、草地运动文化广场、硬地网球场、塑胶篮球场、沙滩排球场、自然天文露营基地、水上运动中心、运动俱乐部、文化休闲中心等。其中，橘洲沙滩广场是橘子洲唯一的亲水沙滩，平时开展沙滑、沙排、沙足等运动，有时还举办博览会、音乐节、啤酒节等活动。

毛泽东青年艺术雕塑

毛泽东青年艺术雕塑伫立于橘子洲头，总高32米，钢筋混凝土框架结构，以1925年的青年毛泽东形象为基础建造，是橘子洲景区最大的景观工程。该雕塑突出了毛泽东当时胸怀大志、风华正茂的形象，具有极其独特的历史、文化意义。

新民学会旧址

竹篱斜护的古朴农舍

长沙市新民路

新民学会旧址建于清朝末年，是一座有5间小屋的农家院。1918年，毛泽东、蔡和森、何叔衡等13人在此成立了新民学会，是当时湖南革命斗争的核心组织，也是"五四"时期成立最早的以学生为主体的进步团体。1986年，旧址按原貌复建，现为新民学会成立会旧址和蔡和森故居。其中，旧址内陈列有一张珍贵照片，是毛泽东、毛泽民、毛泽覃及其母亲文素勤的合影照。

链接

一张珍贵的合影

新民学会旧址内有一张照片，照片上面是毛泽东和弟弟毛泽民、毛泽覃围在母亲的身边，这也毛泽东母亲生前留下的唯一一张照片。20世纪50年代，毛泽东回韶山时，在陈列室看到了这张照片非常高兴，他忙问自己身边的工作人员："这张是哪里拱出来的？"因为毛泽东照过这张合影后，一直没有见到，这是他娘屋里的人精心保存下来的。1919年春，毛泽东将生病的母亲接到了长沙治疗，借住在蔡和森的家，毛泽东的母亲就一直由葛健豪照顾。毛泽东经常来探望母亲。这张照片就是毛泽东和他的两个弟弟来长沙蔡和森家，在周家台子附近照相馆留下的一张珍贵的合影。

海底世界 AAAA

中南地区最大的海洋主题公园

长沙市开福区长沙世界之窗南侧　乘132路公交即到　150元　0731-84256002

长沙海底世界是集观赏、休闲、科普于一身海洋主题公园，占地面积约7公顷，由海洋馆、极地动物馆、科教馆、水上乐园、儿童乐园五大功能区组成。集观赏、休闲、娱乐、科普于一身，是中南地区展示物种最多、节目内容最丰富、参与性最强、最具时尚感的海洋主题公园。在园内可以欣赏到"人鲨共舞"、俄罗斯水下芭蕾、白鲸吐圈、海象吹琴等十余套海洋特色表演。

玩家 攻略

（1）长沙海底世界海洋馆内每天都有精彩的海狮、海豹表演及潜水员喂鱼表演、美人鱼表演。科教馆以现代化高科技手段向每一位游客生动地介绍海洋知识。

（2）水上乐园是游人嬉水健身的胜地。儿童乐园能让孩子们在这里纵情欢乐。在园内可观看到英武彪悍的大鲨鱼、憨态可掬的大海龟、千姿百态的珊瑚礁、海螺、海星、海贝等上千种、数万尾形态各异、色彩艳丽的海洋生物等。

（3）除观赏外，园区还开设了自费潜水，游人可在这里喂食锦鲤、海龟、海豹，触摸鲨鱼、海星、鲎，亲密接触海豚、白鲸、海狮等多项

“鱼”乐活动，在观赏之余，亲身体验与海洋动物嬉戏、玩耍的无穷乐趣。

世界之窗 AAAA

参观各国建筑奇观

长沙市开福区三一大道485号　乘132路公交即到　200元　0731-84256888

长沙世界之窗是大型文化主题公园，占地40万平方米，景区的娱乐设施领时尚潮流、开娱乐先锋，集惊险性、刺激性、趣味性于一身，是迄今为止湖南省最大的旅游、影视、文化、娱乐基地。

长沙世界之窗主要景点有法国卢浮宫、埃及金字塔、新天鹅堡、仰光金塔、意大利比萨斜塔、法国四大喷泉、悉尼歌剧院、彩色三环山顶过山车、豪华双层旋转木马、亚历山大灯塔等。

玩家攻略

长沙世界之窗里面有很多惊险刺激的娱乐

长沙世界之窗

设施：有国内最大的大型彩色三环过山车、横跨欧亚两洲的欧亚高空滑索、童趣盎然的漂流河等十余种娱乐项目，会让游人尽情体验极限刺激，尽情释放青春激情。

游人可以观看五洲大剧院的《异域·风情》大型歌舞晚会，将非洲的神秘、亚洲的绚丽、欧洲的华贵、美洲的狂热演绎得传神逼真。这里的飞车表演惊心动魄，驯兽表演诙谐有趣。

玩家解说

景区的艺术表演荟萃中外宫廷和民间艺术，形成了一套完整的表演体系；表演场面充满着浓

湖南省博物馆馆藏国宝

湖南省博物馆藏品丰富。这里的文物展现了中国历史文化的传奇，堪称一绝。

御龙帛画：该帛画是战国时期的作品，长37.5厘米，宽28厘米，是于1973年在湖南长沙弹子库楚墓出土的。画面的正中间，画着一个戴高冠、穿博袍、佩长剑的男子，据推测应该是墓主人的形象。

直裾丝绵袍：该丝绵袍是西汉早期的服装，衣长132厘米，通袖长228厘米，袖口宽28厘米，腰宽54厘米，是1972年在长沙马王堆一号汉墓出土的。丝绵袍用黄色印花敷彩纱作面料，黄绢作缘边和衬里，里面装满了丝绵絮。衣服的形状是交领、右衽、直裾式，由上衣下裳两部分组成，领口挖成了琵琶形，袖筒比较肥大，下垂呈胡状，下裳底缘作等腰梯形。

黑地彩绘漆棺：该棺材在地底下埋藏了2000多年，是一件漆器艺术品。该棺材里面全是内髹朱漆，外黑漆为地，用朱、白、黑、黄、绿等颜色，绘出流动、奔放的云气。云气中有100多个形态各异的动物和神怪穿插其内，组成了57幅内容不同的画面，这就是汉代云气纹漆画的典型作品。

曲裾素纱蝉衣：该蝉衣是西汉早期的服装，衣长160厘米、通袖长195厘米、袖口宽27厘米、腰宽48厘米，衣重48克。多数学者认为贵为丞相夫人的辛追欲露华丽外衣纹饰。

大禾人面纹方鼎：该方鼎是中国唯一的以人面纹为饰的鼎，属于商代晚期的作品。该方鼎通高38.5厘米，口长29.8厘米，宽23.7厘米。颜色为碧绿，器身略呈矩形，口部略大于底部，两耳直立，四柱状足，足上部有兽面纹，器身外表四周饰半浮雕的人面。人面周围有云雷纹，人面的额部两侧有角、下巴两侧有爪。

商代豕形铜尊：该铜尊高40厘米，长72厘米，是湘潭九华出土的猪尊作野公猪形状。

湖南省博物馆

郁的人文历史氛围、高科技灯光效果和舞台设施；游人更能在这里观赏到狂烈热情的美洲拉丁歌舞、高雅轻快的俄罗斯歌舞、雅致细腻的日本歌舞等数十场精彩纷呈的节目。

国内首创的大型室外激光焰火音乐晚会《世纪之光》运用高科技手段，在声光共舞、水火交融中编织出一幅雄奇壮观、恢宏绮丽的艺术画卷。

湖南省博物馆 AAAA
综合性历史艺术博物馆

长沙市开福区东风路德雅路口

乘3路公交可到　9:00~17:00，每周一闭馆

0731-84415833

湖南省博物馆创办成立于20世纪50年代初，占地面积5.1万平方米。该馆馆藏文物丰富，尤以马王堆汉墓文物、商周青铜器、楚文物、历代陶瓷、书画和近现代文物等最具特色。

该馆藏品18万多件，其中一级品763件。藏品中有新石器时代的石器、陶器，商周青铜器，楚文物，马王堆汉墓出土文物，东汉至隋唐的湘阴窑和岳州窑青瓷，唐五代长沙窑釉下彩瓷器，唐人摹王羲之《兰亭序》卷和明末清初著名思想家王夫之的手迹等。珍品有宁乡出土的人面纹方鼎、象纹大铙、醴陵的象尊，湘潭的豕尊等商代青铜器及长沙马王堆3座汉墓中出土的3000多件珍贵文物。

马王堆汉墓
西汉初期诸侯墓地

长沙市芙蓉区古汉路

乘112路、204路公交可到

马王堆为西汉初期诸侯的家族墓地，因传为楚王马殷的墓地，故而得名。三座汉墓中，二号墓是汉初长沙丞相轪侯利苍，一号墓是利苍妻，三号墓是利苍之子。三座墓中以一号墓规模最大，墓坑南北长19.5米，深16米。

马王堆汉墓出土的漆器共约500件，计一号墓184件，三号墓316件。这是各地发现汉代漆器中数量最多、保存最为完好的一批。器类主要有鼎、匕、盒、壶、耳杯、盘、案和屏风等。漆耳杯占漆器总数的一半以上。漆器大部分是木胎，只有少数奁和卮是夹胎。装饰花纹多为漆绘的红、黑和灰绿等色。纹样则以几何纹为主，龙凤纹和草纹为辅。

玩家解说

马王堆汉墓2000多年来从来没有被盗过，一直保存完好，因此出土了大量的文物，特别是一号墓出土的历2000年不腐的神奇女尸及三号墓出土的大量帛书文献，为西汉初期历史考证提供了翔实的资料，震惊了世界。出土时，一号墓由于用白膏泥密封好，因此女尸历经2000年仍保存完好，被发现时，曾经还有气体喷出燃烧。

链接

马王堆未腐烂的女尸

在马王堆汉墓出土的女尸，名叫辛追，是长沙王丞相利仓的夫人。1972年从墓葬中出土时全身润泽，皮肤覆盖完整，指、趾纹路清晰，肌肉有弹性，是世界上首次发现历史最悠久的湿尸。

开福寺
始建于五代时期禅宗寺院

长沙市开福区新河开福寺路　乘坐地铁1号线即可到达　10元

开福寺是中国佛教重点开放寺院之一，

马王堆T形锦画

为禅宗临济宗杨岐派著名寺院，始建于五代时期，距今已有1000多年历史。寺院巍峨，布局严整，佛像齐全，毗庐殿并有贴金罗汉500尊。主要建筑有三圣殿、大雄宝殿、毗卢殿及两厢堂舍。主要景点有僧堂、放生池、清泰桥、钟鼓楼、法堂、禅堂、念佛堂、藏经楼等。

链接

开福寺的历史

开福寺为后唐明宗天成二年（公元927年）创建。当时长沙是封建割据的小王朝楚国的首都。楚王马殷及其儿子马希范为这里花了一大笔钱，设立会春园、建有嘉宴堂、拔楔亭等，作为文人饮酒游宴的场所，非常豪侈。将会春园的一部分施舍给僧人保宁，创建了开福寺；楚国共历五主，只存在五十七年，最后被一个封建割据小王朝南唐所灭。马氏亡国后，寺宇作为佛教活动场所一直留存下来，迄今已有1070多年的历史。

湘江风光带

国家水利风景区

长沙市湘江大道

长沙湘江风光带沿湘江南起规划中的长沙湘江黑石铺大桥，北至月亮岛北端，长约26千米。湘江风光带建于1995年，主要以休闲长廊和雕塑为主景，配以形式各异的小广场、景观小品、灯光亮化等配套设施，组合种植了多品种乔木和灌木，体现了江水两岸相互映衬的独特景色。景区包括20千米的湘江大道和16千米的潇湘大道，有生态游憩观光带、堤顶休闲观光带、浮雕广场、亲水广场等景。这里清风怡人，风景很美，尤其是晚上配上湘江的水以及两旁的灯，特别有意境。

玩家 攻略

（1）周末或者晚上这里人最为热闹，有唱歌的，弹琴的，跳舞的，在这里可以感觉得到所谓的“幸福感城市”。

（2）边江的人行道一路过去修建得非常好，各种碑、建筑在江边让这个湘江更有历史的韵味。一路很干净，还能看到巨大的毛主席年轻时候的雕像。

（3）可以在这里踩单车，非常惬意，只是有时候路况不佳，被行人、小车堵得水泄不通，很难通过。

天际岭森林公园

具有珍奇名花异草的园林

长沙市雨花区湘府路东段

乘16路、370路公交可到

天际岭国家森林公园占地140公顷，境内有山有谷，有平坦的草地、开阔的斜坡和碧波荡漾的湖面，还辟有樱花园、桂花园、茶花园、木兰园和花卉盆景园。先后引种栽植了千余种森林植物，建有中亚热带最大的珍稀濒危植物迁地保护区。园内山明水秀，万木争荣，空气清新，既是森林植物资源收集、引种、良种培育、加工利用的科研基地，又是公众休闲娱乐、康体疗养的科普教育基地。

玩家 解说

省植物园也是野生动物的乐园。1993年在园内成立了省野生动物救护中心，救护、驯养了丹顶鹤、梅花鹿、猫头鹰、黄腹角雉等一批珍稀动物。该公园还与世界自然基金会及芬兰国家森林与公园局合作建成“湖南森林和湿地生物多样性保护宣传教育中心”，通过声、光、电、标本、模型等方式，展现了丰富多彩的动植物世界及人与自然的关系。

玩家 攻略

（1）通过公园的声、光、电、标本、模型等方式，可以欣赏到丰富多彩的动植物世界及人与自然的关系。

（2）景区还有烧烤、露营、跑马、钓鱼、彩弹射击、卡丁赛车等一批特色森林旅游项目，游人可以尽情在这里体验。

湖南省地质博物馆

人工堆造的石灰岩溶洞

长沙市芙蓉区芙蓉中路389号

0731-89991350

湖南省地质博物馆是一座人工堆造的石灰岩溶洞，厅内布有湖南矿产分布大型沙

湖南省地质博物馆

盘，上面标记着湖南特有的钨、锑、铅、锌和高岭土、海泡石等矿产地200多处。几座独有的黄铁矿晶洞、辉锑矿晶洞、石膏晶洞，再现了自然界矿物生长发育状态。地球历史陈列厅陈列有转动着的巨大地球模型。这里共设有地宫室、宝玉彩石室、天文馆等9个展室。

南郊公园

享有“绿色明珠”的美誉

长沙市天心区南二环路猴子石大桥桥东

乘坐17路、23路公交即可到达

长沙南郊公园是一个经过20多年封山育林造就的森林植物公园，园内开辟了“梅亭”“翠竹坡”“长寿林”等10多个景点，以自然风光、植物造景为特色，充满野趣。另外，楼台亭阁、花坛水榭点缀其间，成为别具风格的山林公园。园内林木花草有香樟、杜鹃、银柏、黑松等名贵花木200余种。此外，这里还生产大量的园艺花卉，新开辟有秀峰、桃花林、梅化林等景区。

玩家 攻略

1.南郊公园里面有很多好玩的地方，游人就

长沙南郊公园

是在绿茵丛丛、凉爽舒适的树林里自由玩耍，都会感觉非常舒服。公园大门前还摆放着艳丽的花朵，园内亭台楼榭造型各异，有1万多平方米的休闲草坪，四季常绿。

2.园内经常有马戏表演。游人也可以选择在云海湖戏水，到南轩山庄、艺绿居聚餐，然后再到数红阁观景，跑马场遛马，烧烤乐园自烧自烤，这些都能让人尽情体验大自然的韵味。

3.这里还有多功能健身、娱乐场所“趣乐园”，更有速降、攀岩、铁索桥、浪板、森林攀爬、梅花桩等各种挑战自我、挑战极限的刺激娱乐项目。

赵汝愚墓

南宋宗室赵汝愚葬身地

长沙市天心区妙高峰北麓青山祠

赵汝愚墓占地约500平方米，坐南朝北。台地中部有椭圆形墓冢，以花岗石砌墓围，南面依山处砌着高约2米的围墙，东南角有门与外相通，北面临石基有石护栏，东西各立华表1根，石基中间有台阶30多级。基壁上嵌石碑，碑上首刻“南宋忠定赵福王墓”，下首刻“南宋庆元二年丙辰安葬，清宣统二年庚戌续修”，中间为清末长沙名士叶德辉所撰碑记。

链接

赵汝愚

赵汝愚是饶州余干（今属江西）人，宋宗室，官至右丞相，因被韩胄所诬，在自己被贬永州经过衡阳时遇害，后追封为福王，谥号为忠定。

王陵公园

综合性公园

长沙市岳麓区荣银北路咸家湖路口

王陵公园占地18公顷，其中山地7公顷余，水泥路为主干道和山上游道等近5公顷。园内有树木约120种，计2万多株。公园建设以自然景色为主，以人工造园艺术。

园内有长沙王吴芮家族墓群，现存3座汉朝王陵，还建有儿童游乐场、夜战乐园等

长沙王陵公园

设施。公园总体布局分为一线两区，一线，即环公园的主题景观步行道；两区，即历史文化保护区和生态文化休闲区。其中的历史文化保护区包括象鼻嘴、扇形山、狮子山3座山及旱溪沟的用地，属于汉王墓的保护范围。

北津城遗址

西汉至南北朝时期古城遗址

长沙市湘江西岸三叉矶

长沙汉代北津城遗址现存土城墙系夯土所筑，长约1700米，最高处15米，并有城门和护城河遗址。外围护城河残宽5~10米。距城墙以南200多米处有成片的汉代墓葬，并发现几处汉代建筑遗址，在筑城的夯土中发现有战国时期的铜器。

简牍博物馆

简牍专题博物馆

长沙市天心区白沙路92号

乘坐122路、311路公交即可到达

长沙简牍博物馆是目前世界唯一一座集简牍收藏、保护、整理、研究和陈列展示于一身的新型现代化专题博物馆。建筑风格采用魏晋时期高台建筑和中国现代园林建筑风格相结合的形式，主体建筑面积约14 100平方米。

简牍博物馆

该馆简牍藏品主要为1996年出土的14万枚三国孙吴时期纪年简牍和2003年发现的2万多枚西汉初年纪年简牍，另外，有青铜、漆木、书画、金银等其他藏品3500多件。一楼为保护库房，主要用于对简牍的脱水、保护和保存；二楼为展示厅，展示已经整理出来的简牍和近年来在长沙附近出土的其他文物；三楼为研究中心。

玩家解说

长沙简牍博物馆基本陈列名称为“文明之路——长沙简牍博物馆基本陈列”。该陈列由四个部分组成：

（1）《三国吴简》系统介绍三国吴简的形制、内容及12年来对该批简牍的研究成果，重点展示吴简中关于赋税、籍簿、司法、户籍、职官、纪年等主要内容，通过复原、动漫、宣传片等形式再现了古代简牍制作、生活及简牍发现、发掘场景。

（2）《中国简牍》部分主要通过图文和实物相结合的形式按时代序列介绍了战国至魏晋时期各地区简牍发现与研究的主要成果，使观众能清晰地了解中国简牍学的发展历程。

（3）《世界文字载体》部分，主要介绍世界各地自古以来文字书写载体的基本情况，使观众充分认识作为文明基本要素的文字在世界各地的承载与传播。

（4）《中国简牍书法》部分主要以图版形式介绍中国简牍书法的演变、发展和成熟过程。

另外，该馆的主要辅助陈列为《长沙出土文物精华展》，该展览由《青铜神韵》《湘楚瑰宝》《两汉遗珍》《瓷釉华彩》四个部分组成。

金盆岭九号晋墓

平面近似凸字形的砖室墓

长沙市南郊

金盆岭九号晋墓的墓壁向外弧出，甬道位于长壁的一侧稍偏，一端的墓室形状比较特殊，规模不大，墓室长近4米，中间最宽处3.06米，墓里面有各式瓷俑31件。此外，还有车、羊圈、仓、壶等青瓷器等。

玩家解说

青瓷器虽高仅20厘米左右，但形态逼真，服饰也随着身份的不同而各异，神态也因等级不一而有区别。这批青瓷佣中的骑马俑和马俑均鞍具齐全，马前有“当胸”，有3件马鞍，左侧靠前桥处有三角状的马镫。这是我国内地目前见到的最早的马镫。

蔡锷墓

杰出将领蔡锷之墓

长沙市白鹤泉左后方的山上

蔡锷墓由冢、碑、石祭器等组成，墓地周围筑有石阶，广植松柏。墓前左右有高大石级导入墓坪。冢以花岗石砌成，上为花岗石碑，高约6米，呈四棱形。碑正面嵌铜板，上面刻着“蔡公松坡之墓”。墓周嵌汉白玉或青石24块，墓前置石祭桌、石香炉、石鼓。

链接

蔡锷

蔡锷（1882—1916），原名艮寅，字松坡，汉族，湖南宝庆（即今邵阳市）人。蔡锷曾经发动反对袁世凯洪宪帝制的护国战争，是民国初年的杰出军事领袖，遗著被编为《蔡松坡集》。

湖南第一师范旧址

中国师范教育的摇篮之一

长沙市天心区书院路东侧

湖南第一师范的前身是城南书院，建于南宋绍兴三十一年（1161年），由宰相张浚携子张栻创建，1912年在此创建省立第一师范学校。1938年校舍毁于长沙大火，1966年重建，保持了原中西结合构筑风格，并增建了毛泽东同志青年时期革命活动陈列馆。校区占地6万平方米，建筑面积3.7万平方米。

湖南第一师范

链接

毛泽东在湖南师范

1913年春至1918年夏，毛泽东在该校第八班学习。他立志救国救民，刻苦读书，顽强锻炼身体，进行农村调查，主办工人夜学，创建革命团体“新民学会”。1920年秋至1921年冬，他先后被学校聘任为附属小学主事、师范部国语教员。这一时期，毛泽东已经秘密从事创建中国共产党和组建中共湘区委员会的工作。与此同时，中国近代革命史上的许多著名人物如何叔衡、蔡和森、李维汉、任弼时等均曾在学校学习或工作过。

湘区委员会旧址

中共湘区委员会秘密办公地

长沙市八一西路

中共湘区委员会旧址南北朝向，面积118.10平方米。旧址原为毛泽东和杨开慧的旧居，1921年秋至1923年4月，毛泽东、何叔衡等租用此地作为中共湘区委员会机关秘密办公地。这里内墙用木质板材所隔，门窗采用镂空的装饰手法，同时用青砖砌成外墙，圈绕院落，显得十分雅致。堂屋右边第一间房子是毛泽东与杨开慧的卧室兼办公室；右边第二间房子是杨开慧的母亲杨老太太的住房；堂屋左边第一间房子是客房；左边第二间房子是秘密会议室。

景点推荐

长沙郊区景点

杨开慧纪念馆 AAAA
红色旅游经典景区

✉ 长沙市长沙县开慧乡开慧村

杨开慧纪念馆由杨开慧故居、陵园、杨公庙、陈列馆四部分组成，占地8.4公顷，是湖南省爱国主义教育基地、湖南省妇女儿童爱国主义教育基地。杨开慧故居是一座古老的土木结构平房，分别设杨开慧生平事迹陈列室和毛岸英生平事迹陈列室。前方陵园正中塑建了一座高3.8米、重11吨的开慧烈士全身汉白玉像。

链接

坚强的革命战士

1930年10月，杨开慧潜回板仓看望母亲和孩子，不想被国民党密探发现，她被敌人逮捕时，连同8岁的儿子毛岸英和保姆孙嫂也一同被抓去。她带着长子毛岸英坐牢，面对穷凶极恶的国民党长沙警备司令部"铲共队"的种种威逼利诱，她坚贞不屈。当敌人要她公开宣布与毛泽东脱离夫妻关系时，杨开慧斩钉截铁地回答："要我与毛泽东脱离关系，除非海枯石烂！"

1930年11月14日，为了爱人，为了信仰，她拒绝与毛泽东脱离夫妻关系，毅然割舍下老母和3个幼子，在一片撕心裂肺的哭喊声中，从容地走向刑场，英勇就义于浏阳门外识字岭，年仅29岁。

杨开慧故居

杨开慧故居始建于清代乾隆末年，现存大小房间36间，土砖木结构，普通农舍建筑风格。整个故居占地约1400平方米，故居是杨开慧童年和少年时代成长及后来从事革命活动的地方。

陵园

陵园占地1.3公顷，1959年修建纪念亭、纪念塔于墓前。1969年杨母向振熙与之合穴，新建合葬墓于今地。从山脚至墓区由三层梯形平台相连，墓冢在最上层正方形平台之中，墓碑横置斜放。

杨公庙

该庙始建于清咸丰元年（1851年），现在仍有当时的文物流传下来。杨公庙整体保存较好，为四方形结构。房屋采用砖木结构建筑，上面覆盖青瓦，走廊用石柱支撑。整个杨公庙分为8个展厅。其中第一、二、三展厅展览了杨开慧生前使用过的一些物品，第四展室为杨昌济展室，第五展室为毛岸英展室，前厅陈列有杨开慧的简介和领导人的题词。

石燕湖公园 AAAA

绿色公园

长沙市长沙县跳马镇

8:00~17:00

石燕湖生态旅游公园森林覆盖率达98%以上，被誉为“天然大氧吧”。这里不仅自然景色秀美，还具有深厚的历史文化底蕴，有跳马涧、关帝古泉、少奇先祖墓等历史人文景观，另有地质学上著名的3亿年前泥盆纪跳马涧系标准组石。景区内金龟岛上有石燕塔、送子观音庙、五子登科数、听涛轩等自然景观，又有吊脚楼、树上屋、水榭座等休闲胜地。

玩家攻略

石燕湖公园内现有跑马、射箭、划船等娱乐活动。赛龙舟劈波斩浪众人划桨开大船，是石燕湖的一大特色项目。枫林尽染的金秋赛龙舟，体会一下与湖波碧浪搏杀的激情。动物表演狼狗、小熊齐上阵，狮、虎、熊、猴等野生动物让石燕湖充满了人与动物和谐共处的祥和气息，动物们每天有3次精彩表演。

黄兴故居

泥砖青瓦的民居建筑

长沙市长沙县高塘乡杨坨村凉塘

黄兴故居建于清同治初年，有房屋12间，占地面积约4300平方米，包括上堂屋左右正房和下堂屋左右正房及厢房、横屋过堂。正门有廖承志题书“黄兴故居”门额。门额上端彩绘文房四宝、梅兰竹菊吉祥图案，上下堂屋之间辟有天井，正厅前有6扇方格木门为屏，后有退屋，双坡屋顶，前栋屋脊正中塑福禄寿三星像。

链接

黄兴的一生

黄兴，中国资产阶级民主革命家，原名轸，字廑午，号杞园，后改名兴，湖南善化（今长沙）人。清同治十三年九月十六（1874年10月25日）生。黄兴早年入长沙城南书院读书，22岁中秀才。1898年入武昌两湖书院学习。革命时期曾用化名李有庆、张守正。

辛亥革命时期，时人多称其为黄克强。黄兴与孙中山常被以“孙黄”并称。1916年10月31日，黄兴于上海去世。1917年4月15日，受民国元老尊以国葬于湖南长沙岳麓山。著作有《黄克强先生全集》《黄兴集》《黄兴未刊电稿》及《黄克强先生书翰墨绩》刊行。

石燕湖秋景

河图观
保存完整的坤道观

长沙市长沙县少塘乡鳌龟村

河图观为武当山全真龙门派第十五代道士易本立于清朝同治二年（1863年）创建。光绪十五年（1890年）增修，1933年重建。道观现占地面积1400平方米，建筑面积800余平方米，主要建筑有牌楼、灵祖殿、丘祖殿、吕祖殿等。观院内还有一株稀有的古木名曰“甜茶树”，如果人们喝了这种茶之后，就会感觉有一种甘润彻骨的感觉。

樱花温泉山庄
五星级休闲农庄

长沙市长沙县黄花镇大路村

樱花温泉山庄占地面积20余公顷，山庄园区内风景秀丽、空气清新怡人，是长沙颇具规模的温泉旅游、生态农业休闲山庄。

山庄主要经营项目有温泉、游泳、桌球、棋牌、网球、拓展培训、农耕喂养体验、采摘等。山庄的农副产品有自种瓜果蔬菜、自养七彩山鸡、土鸡、土鸭、土猪、黑山羊，自种自产湘莲、糙米，自制各种腊制品等。

玩家 攻略

农家山庄的特色餐饮，是以各类自种无公害有机蔬菜、自养家禽，现场点杀、烹制而成的上好的美味佳肴。若是有人赶上夏季到来，还可品尝到用自种荷花制作的“全荷席”，别有一番滋味。

雷锋浮雕

雷锋纪念馆 AAAA
爱国主义教育基地

长沙市望城区雷锋镇雷锋村

河西溁湾镇乘坐219路公交车直达

雷锋纪念馆建于1964年，主要包括雷锋纪念碑、雷锋塑像、雷锋墓、雷锋事迹陈列馆等建筑，是一座现代化的一流展馆。纪念馆按功能可划分为凭吊区、展览区、碑苑区、雕塑区、青少年教育活动区、综合服务区6个区。展馆内的陈列内容包括照片2万多张、文物3000多件，内容翔实、资料丰富，展示了雷锋短暂、平凡而又伟大的一生。这里是游客瞻仰雷锋同志和学习“雷锋精神”的最佳去处。

链接

雷锋的苦难童年

雷锋不满7岁就成了孤儿，是邻居家的六叔奶奶收养了他。他为了帮助六叔奶奶家，常常上山砍柴，可是，当地的柴山全都被地主婆霸占了，他们根本不许穷人去砍柴。有一天，雷锋到蛇形山砍柴，被谭家地主婆看见了。这个地主婆指着雷锋破口大骂，要雷锋把柴运到她家，并抢走了柴刀，雷锋哭喊着要夺回砍柴刀，可那地主婆竟然举起柴刀，在雷锋的左手背上连砍3刀，鲜血顺着手指滴落在山路上。雷锋赶忙捂住伤口，忍住疼痛。这就是雷锋手背上留下3条伤疤的原因。

铜官古窑址
中国陶瓷釉下彩的发源地

长沙市望城区铜官镇至书堂乡古城村

窑址包括铜官镇和石渚湖两个窑区，相距5千米。铜官镇窑区沿江千米，有残存窑场多处，出土以碗最多。在考古发掘出的瓷器中，釉下彩绘和釉下彩饰占很大比例，有413件。瓷器胎多灰白，胎表大多涂有白色衬釉，瓷化程度高，纹饰有人物、山水、云气、花草、鸟兽等，美观大方。

曾国藩墓

曾国藩墓

晚清名臣曾国藩的墓地

长沙市望城区平塘镇伏龙山

曾国藩墓占地面积约300平方米，墓冢为三合泥拌碎石混合封堆，上铺砌花岗石，呈半圆形，底径5米，残高2米，茔地以花岗石墙围护。

曾国藩墓后立碑三通，白玉石碑心，刻楷书碑文“皇清太傅大学士曾文正公一品侯夫人欧阳夫人之墓”，附碑均为龙纹浮雕。墓前有拜台，祭坪约50平方米，东西各立石阙一个，分别刻“曾太傅墓东阙”“曾太傅墓西阙”字样，石梯通道沿桐溪寺围墙而下，与墓庐相连，通道边有石马、石狮、石虎及翁仲各一对。

链接

晚清重臣曾国藩

曾国藩，初名子城，字伯涵，号涤生，谥文正，汉族，出生于湖南长沙府湘乡县杨树坪（现属湖南省娄底市双峰县荷叶镇）。曾国藩是湘军的创立者和统率者。清朝军事家、政治家、文学家，晚清散文“湘乡派”创立人，晚清“中兴四大名臣”之一，官至两江总督、直隶总督、武英殿大学士，封一等毅勇侯，谥曰文正。

锦绣农庄

大型度假休闲农庄

长沙市望城区星城镇雷锋大道

锦绣生态农庄占地26.7公顷，园区分为酒店接待区、现代农业示范区、生态保护区、苗木种植区、养殖区，备有多种康体娱乐设施，有按国际标准建造的网球、司诺克、乒乓球、羽毛球场等；还有近2.7公顷水面的垂钓中心、竹林吊床、围棋、拔河等休闲设施；更有绝佳视听效果的卡拉OK舞厅；在这里还能够品尝到自种的蔬菜，让人尽情享受健康生活。

千龙湖度假村

充满乡土气息的度假区

长沙市望城区格塘乡

长沙千龙湖生态旅游度假区交通便利，环境幽雅，功能齐全，是休闲度假与观光旅游的理想场所。自2003年开发以来，千龙湖形成了休闲度假、蔬菜种植、生态山庄等整体配套体系，成为一座具有综合接待能力的大型度假区，主要有水上娱乐、垂钓休闲、分时度假、生态农业、生态林业、生态养殖6个不同类型的休闲小区。

玩家 攻略

来千龙湖休闲度假，有很多美景让人美不胜收：早上可以看到鱼跃鸟飞，傍晚可以观赏到五彩云霞，夜幕降临的时候可以观赏平湖映月，游人可在这里尽情领略田园的风情，呼吸久违的新鲜空气。

黑麋峰森林公园

自古号称“洞天福地”

长沙市望城区桥驿镇

黑麋峰森林公园园内植被丰富，植物种类有7个群系673种，列入国家重点保护动物的有30多种。黑麋峰主峰海拔590多米，为长沙近郊第一高峰，长沙地区四大佛教名山之一，山顶“洞阳古刹”香火不绝，声名远播。植物园还有丰富的古代石刻石雕。

靖港古镇 AAAA

长沙历史文化名镇

📧 长沙市望城区靖港镇 ¥ 78元

🚌 从望城汽车站乘坐小客车直达靖港

靖港古镇，曾经是淮盐主经销口岸和湖南四大米市之一，素有“小汉口”的美称。古镇区域内现有传统建筑1000余栋，面积20 000多平方米，主要为明清及民国时期的民居、商铺、会馆，保存较好。

靖港镇历史人文荟萃，集河流、庙宇、古建筑于一身，风景秀丽，旅游资源丰富。唐将李靖讨萧铣奠定基业，曾国藩的湘军与太平军当年在此交战，地下湖南省委办公遗址、红军高级将领刘畴西烈士、革命母亲陶承等的故居犹存，宗教场地杨泗庙、观音庙、紫云宫等远近闻名。靖港古镇东入口广场和西入口广场，其中西入口广场是靖港古镇的标志性广场，东入口广场紧临湘江，凸显了古镇400多年前的古建筑“紫云宫”的记忆。

半边街

长约1000米的麻石老街，因街中段临江有半边，又名“半边街”，是长沙地区保存下来最完整的一条古街。街上大多是清代建筑，由于20世纪70年代防洪将沩水河截流，靖港昔日千帆填满靖港码头的景象一去不复返。行走街上，还可寻觅当年一栋栋清代建筑风格的粮行、南货铺、竹木店、金银首饰店、药铺等建筑。

宏泰坊

宏泰坊，见证了靖港古镇昔日的商业辉煌，现已成为青楼历史文化博物馆。房屋建筑为砖木结构，木楼雕花，精巧别致，奢华的装饰重现当年的风花雪月。坊内展示了中国几千年的妓院文化，用图画、文字、雕刻、陶艺、实物等形式较全面地讲述了青楼历史的起源、发展和消亡。宏泰坊用很多古代名妓的感人故事赞扬女性的坚强与伟大，历史一去不复返，人们对这座青楼遗址应当也有了新的认识。

八音堂

八音堂，初名宁乡会馆，坐落在古镇保健街上。始建于1861年，高约4米，中有木楼戏台，厅中两根四方形花岗石柱将会馆隔成前台和后台大厅两部分。如今前台是一座休

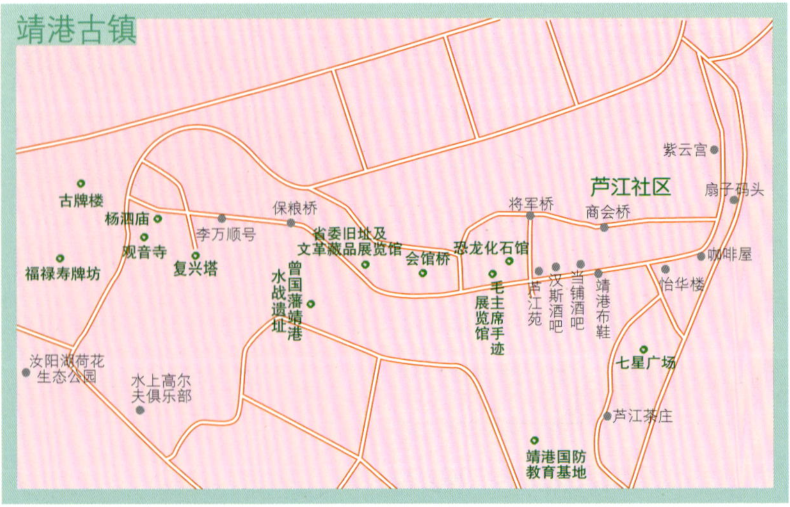

靖港古镇

闲茶楼，芦花水沏的云游茶总是备受青睐。后台是一个古戏楼。古镇的民间艺人唱着腔调十足的地方戏，或一曲弹词，或一段地花鼓，抑或是耍一段皮影戏，让人感受靖港原汁原味的韵律。

玩家 攻略

靖港镇民俗美食丰富多彩，有地花鼓、皮影、山歌、划龙船、放风筝等艺术形式；有木屐、纸伞、风筝、圆木等传统手工艺；有香干、火焙鱼、三月三日吃地菜煮鸡蛋、七月半烧包等美食和风俗。

位于镇西郊的汝洋湖荷花生态公园内，有“荷塘月色”、青少年农耕文化教育示范基地、桃花岛、芦苇荡等多个生态旅游点，是度假、休闲的绝好选择。

铜官窑遗址

唐代遗留的窑址

长沙市望城区铜官镇至石渚湖一带

铜官窑遗址，属于全国重点文物保护单位。此间沿湘江东岸5000米河滨，已发现瓷窑遗存19处，每处范围最小约300余平方米，最大约1万余平方米，共计约30万平方米。这里出土了大量的、品种丰富的瓷器品种。

百果园

休闲农庄

长沙市望城区黄金乡雷锋大道7千米处

百果园占地面积7公顷余，是一座以赏花、尝果、品茶、垂钓为主题的农业观光休闲园。这里四季皆产水果，春有草莓、樱桃；夏有枇杷、苹果、葡萄、杨梅与瓜类；秋有板栗、梨子、猕猴桃；冬有埃及糖橙、蜜橘、脐橙等，是一个生态环境优美、观光休闲配套齐全的现代农业高科技生态观光园。

景点推荐

浏阳旅游区

道吾山

“吾山雪霁”的观赏处

浏阳市市区北郊道吾村

道吾山古称白鹤山，是中外驰名的佛教圣地。景区有高峡平湖、千年古松、五老雪暴和千年禅寺，相传僧人宗智在此开山讲法，宗风大畅。道吾山主要景点有祖师岩、冷泉井、廻龙桥、引路松、挂剑泉等，这里还是革命的老苏区，世界闻名的花炮之乡。

玩家解说

道吾山泉瀑遍布、林木茂密，裸露的岩石无不奇形怪状，灵岫绝峤，素有一湖、三洞、六泉、十潭、十三溪、二十八岩、七十一峰的美景，其中“三绝”（引路古松群、千年古刹兴华禅寺、高山天湖）、“四奇”（烟雨、雾霏、云瀑、雪霁）更是久负盛名。

会师纪念馆

爱国主义教育示范基地

浏阳市文家市镇里仁学校

8:00～17:00

秋收起义文家市会师纪念馆原名“文华书院”，1901年更名为“里仁学校”，旧址前及两侧为开阔田野，后面山峦起伏，地势险要，物产丰富，为湘赣边区军事要地。旧址为一古老书院，有前殿、文昌阁、后殿、东斋、西斋等建筑物，当年起义部队写的革命标语保存完好，附近还有高岭战斗遗址，河口大屋革命漫画可供参观，旧址内另辟有湘赣边秋收起义文家市会师历史事迹陈列馆。

链接

秋收起义

1927年9月19日，毛泽东同志率领秋收起义主攻部队余部会师文家市，前委和师部驻扎在里仁学校。当晚，在里仁学校后栋教室，毛泽东同志主持召开了前敌委员会会议，果断地否定了继续攻打长沙的主张，决定转向敌人统治力量薄弱的农村保存和蓄积革命力量。

大围山 AAAA

湘东绿色明珠

浏阳市大围山镇

大围山国家森林公园面积4667公顷，境内群山环抱，土地肥沃，植被丰富，里面生长着许多国家珍稀动植物，堪称“天然动植物博物馆”。这里曾经是湘东最大的佛教圣地，多奇峰异石和流泉飞瀑，含马尾槽、龙须槽、船底窝、七星岭等7个景区。

玩家攻略

去大围山游玩一定要体验一下漂流。每年的6~9月份雨量充沛，漂起来会特别有趣。此外，大围山还有很多颇具观赏价值的森林景观，如有黄山松涛、翠竹烟云、枫林秋色、柳杉情怀、高山杜鹃、南国草原、鹅掌独秀、红继争艳等。

栗木桥景区

栗木桥景区是大围山的精华景区，海拔在650~960米之间，总行程1.7千米，空间沿溪伸展，或宽或窄，或大或小，整个景区的美就在于以龙泉溪为中心线的一条溪流，奇峰异石，流泉飞瀑随处可见。

七星岭景区

大围山以七星峰为最高峰，海拔1608米，七星峰南北两侧为浏阳河的源头，在海拔1200米范围内，群峰逐渐浑圆融合形成西宽东窄，长约17千米的带状台地灌丛草原，镶嵌着玉泉，天星等13个沼泽湖泊。

白面石景区

白面石景区是大围山的景区之一，其中五指石主要景点有高山杜鹃、五指石、白面石、护国白面将军庙，是自然景观与人文景观相结合的景区。在五指峰上是一个天然盆景园，每一棵矮小的灌木都是一个天然的盆景。

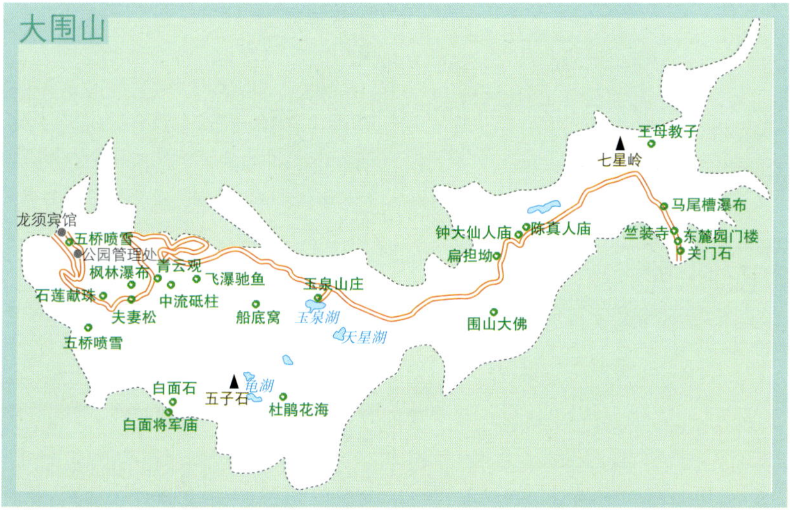

大围山

船底窝景区

船底窝景区，位于公园的中央地带，整个景区林木葱茏，是自然保护区的核心地带，景区全长2.1千米，是一个环形游道，景区的终点有一个分叉路口左边到玉泉寺景区右边至五指石景区。

马尾漕景区

马尾漕景区，位于公园的东部，景区以马尾漕溪流为核心，因瀑布多、气势雄伟而特色鲜明。该景区有龙王潭、琵琶漕、情从谷、殉情岩、龙虎滩等地，使人置身于"人随山水转，心往画中游"的境地。

玉泉寺景区

景区位于森林公园中央地带，地形开阔平坦，草原风光是其主要景观特色，著名的玉泉寺就坐落在该景区内。主要景点有玉泉湖、妇孺石、引水渠、古树群等，是避暑休闲、健身娱乐的高层次景区。

古风洞

湘东第一溶洞

浏阳市高坪乡

古风洞，又名仙人洞，幽深宏阔、壮观瑰丽，被古人称为"天造地设之奥区"。景区除幽深奇谲的巨形溶洞外，还有童趣盎然的游乐场，充满乡野情调的休闲屋、农家乐。

相传古风洞内连九洞，现开发的一、二、三洞，约800米深，悉悬华灯。首洞长百余米，宽20多米，高约10多米（最高处过20米）。洞中还可见到许多古人题刻，其中一处"乾隆十三年"的题记，笔迹清晰如初。古风洞附近还有天崖寨可以玩穿越、龙泉井、空岗山、肖仙岩、浏阳河漂流、株树桥水库等景观，是个极富山野情趣，堪称粗犷园林的旅游区。

花炮文化博物馆

中国花炮第一馆

浏阳市大瑶镇花炮工业园内

中国花炮文化博物馆为仿唐古建筑，青砖碧瓦、流檐画栋，蔚为大观。原阁前门尚存，古风依然，展馆分为四大部分"千年巡礼""传统工艺""现代科技""辉煌业绩"，记载了浏阳花炮的起源、变迁、发展和兴盛1400多年的历史。馆内收藏了明末清初的花炮印刷板、手推车等实物100多件，陈列各时期的照片200多幅，展示了花炮自诞生以来漫长而复杂、辉煌而壮丽的历程。

谭嗣同故居

谭嗣同15～17岁生活的地方

浏阳市北正南路

谭嗣同故居，始建于明朝末年，原为周姓祠宇，主体建筑占地2000多平方米。后由谭嗣同的祖父谭学琴买下，作为私第。故居坐西南朝东北，砖木结构，现存建筑面积760多平方米，三栋二院一亭，硬山顶，设封火墙，盖小青瓦，共有大小房舍24间，系典型的江南庭院式民宅建筑，布局严谨、富丽堂皇、雕梁画栋、工艺精湛，具有较高的艺术价值。

链接

谭嗣同

谭嗣同出身于封建官僚家庭。他的父亲谭继洵，官至湖北巡抚，是一个大官僚。谭嗣同幼年时期，因

谭嗣同故居家具

家庭环境特殊，受封建伦理道德的压抑，养成了他的反抗思想。他不守封建家庭的常规，四处游历，也接受了一些西方的新知识。1896年，谭嗣同的父亲为他捐了一个知府的职位，叫他在南京候补。他趁此机会向住在南京的佛学大师杨文会学习佛学。湖南巡抚陈宝箴在长沙办南学会，宣传新学，谭嗣同是一个主要参加者。

1898年在康有为的推荐下，光绪帝召他进京，做一个军机处的章京。章京是军机处的下级人员，但康有为所安排的章京实际上等于他所拟订的制度局的成员，是皇帝的智囊团，小内阁。才过了几十天，戊戌维新就失败了，谭嗣同也被顽固派杀害。他的主要著作被后人编为《谭嗣同全集》。

浏阳文庙

我国保存完整的孔庙之一

浏阳市市区圭斋路北侧

浏阳文庙，是仿曲阜孔庙的宫殿式古建筑群，庙宇面街背山，共有13个建筑单元，是我国保存完整的孔庙之一。浏阳文庙始建于宋，清道光二十三年（1843年）改建成现格局。中轴线上依次为泮池、石桥、棂星门、石阶、大成门、御道、祁阳石雕“卧龙抱珠”、月台、大成殿、御碑亭。两侧为辕门、回廊、钟鼓亭和偏殿。大成殿居高临下，重檐歇山顶，琉璃筒瓦铺面，青花瓷砖作脊，中置葫芦宝顶。大殿由32根花岗岩石柱支撑，分3层排列。

浩博农庄

理想的绿色健康旅游休闲胜地

浏阳市生物医药园西区

浩博农庄，占地面积33公顷余，融休闲娱乐、科普教育及农业观光体验为一体，是理想的绿色健康旅游休闲胜地。

农庄建有特色蔬菜园区、百果园、香草园、野趣园、拓展基地、山顶观景台等十多个景点。农庄里面内有自种有机果蔬基地6.7公顷，引进了国内外名、优、野、特果蔬几十种，驯化野菜10多种，如法国香菜、日本羽翼甘蓝、樱桃番茄、水果黄瓜、台湾观赏南瓜、田七、土人参、仙人菜等，还有新西兰猕猴桃、美国红提、椪柑、黄金梨、杏、桃、李等水果以及人工栽培的寒菌。

百里花木走廊

以花卉苗木为主导产业的旅游景点

浏阳市柏加镇的柏铃社区

浏阳市百里花木走廊，是柏加镇农业旅游示范点，浏阳河从这里贯穿而过。这里栽种的基本都是苗木，先后获得了“全国绿化千佳村”“长沙市信息化村”“长沙市先进基层党组织”“浏阳市文明村”“浏阳市文明村”“浏阳市信用村”等光荣称号。

景点推荐

宁乡旅游区

沩山风景区

长沙的"后花园"

长沙市宁乡市西部

沩山风景名胜区是一个集礼佛、度假、休闲、探险于一身的综合旅游区，这里自然风光秀丽，人文底蕴深厚，拥有"密印禅寺万佛之奇""千佛溶洞造化之奇""四羊方尊国宝之奇"等奇妙景观。

景区拥有以佛教文化区、青羊湖水上区、青铜文化区、千佛洞等四大核心景区，还有回心桥、来木井、养生池、仙人献宝、龙王井、芦花水、镜子岩、狮子岩、万人床、白果含檀等"沩山十景"。

密印寺

密印寺建于唐宪宗元和二年（807年），高僧灵佑禅师来沩山开法，经宰相裴休奏请朝廷御赐"密印禅寺"门额，建立了这座寺庙。

密印寺占地约9000多平方米，除禅堂为清顺治十二年（1655年）所建外，余多为20世纪二三十年代重建。万佛殿是密印寺内最著名的建筑，仿南岳大庙大殿建造，高29.7米，重檐歇山顶，内外38根柱，全为白色，花岗石，金色琉璃瓦顶。墙砖高尺余，每砖模制贴金佛像，镶嵌于四壁，备极庄严。

千手千眼观音文化公园

千手千眼文化公园占地100余公顷，有

世界上最大的露天千手千眼观音圣像，景区风光秀丽，周边特产丰富，是观光、朝拜、法事、度假和佛理学术研究的旅游胜地。

青羊湖

青羊湖属于典型的亚热带自然景观，有“高峡平湖”自然山水的风貌，万亩水面，烟波浩渺；两岸青山，静景成壁，白鹭翔飞，鱼翔碧水。湖中奇观突兀，水乡十里画廊、长滩洞、龙潭峡等景观宛如一幅世外桃源的美丽画卷。

刘少奇纪念馆 AAAAA

砖木结构的四合院式农舍

长沙市宁乡市花明楼镇炭子冲

0731-87094027

淡季8:00~17:30，旺季8:00~18:00

刘少奇纪念馆是以全国重点文物保护单位——刘少奇故居为依托建立起来的革命纪念馆。占地面积约34 000平方米，主要包括故居、纪念馆、铜像等纪念设施。故居是一座四合院式的农舍，有30多间房屋，陈列了190件展品。

纪念馆主馆系庭院结构，序厅后面为八间展览室，馆内有大小模型4个，复原陈列2处。客厅是一间横堂屋，有香烛柜、八仙桌、条凳等。邻横的堂屋是刘少奇三哥刘作衡的卧室。刘少奇故居专设有书房，此外，还有农具室、烤火屋、牛栏屋、猪栏屋等。

链接

刘少奇

刘少奇同志是伟大的马克思主义者，伟大的无产阶级革命家、政治家、理论家，党和国家主要领导人之一，中华人民共和国的开国元勋，是以毛泽东同志为核心的党的第一代中央领导集体的重要成员。

石龙洞

石灰岩溶洞

长沙市宁乡市崔坪乡石龙庵村

石龙洞，原名十三洞，处于风景秀美

刘少奇纪念馆

的石龙山下，相传由13个连环洞组成，故名十三洞。石龙洞是长沙地区景观最集中的石灰岩溶洞，洞内的石钟乳、石笋、石柱千姿百态，阴河、瀑布暗地横生，奇景迭出。洞内冬暖夏凉，是供人避暑、休闲的好去处。

灰汤温泉

素有“天然药泉”之称

长沙市宁乡市灰汤乡东务山下

长沙、宁乡有班车直达

灰汤温泉是我国三大高温复合温泉之一，已有2000多年的历史。温泉区面积约8平

方千米，温泉水量丰富。景区雨量适度，日照充分，空气新鲜，建有多座温泉山庄和度假村酒店。

玩家解说

经科学检测，灰汤温泉水质属高温碱性，碳酸氢钠型、氟硅酸矿泉水，pH值为9，矿化度为0.222~0.32/升，总硬度为0.387~0.96德度。水中含有钾、钠、钙、镁、铜、铁、硼、硅等20多种对人体有益的微量元素和重碳酸盐、硅酸盐、硫酸盐、氟化物等多种化合物以及氡气和硫化氢。温泉水质无色透明，具有硫化氢臭味。它既是宝贵的热能资源，又是一种难得的医用矿泉水。又因汤泉中含有氡气，地震研究科学家们可依据氡气的变化，为预测、预报地震提供可靠的材料。

裴休墓

唐代相国裴休的墓碑

长沙市宁乡市沩山乡清溪村

墓葬处在沩山的一脉端山的山腰，坐西朝东，以花岗石及青石砌成，直径4米，墓首竖花岗石刻“唐故相国裴休之墓”墓碑。碑左右有石刻对联：“亮节高风乾坤并老　慈怀道气天地长存”。

链接

唐相国——裴休

裴休为唐代孟州济源人，字公美，咸通初年（公元860年）官至吏部尚书，曾任湖南观察使，好佛法。为灵佑禅师奏建密印寺，裴家世代奉佛，裴休还为灵佑禅师奏建密印寺。晚年，裴休退居到宁乡祖塔的裴公庵，逝后和夫人一起葬在沩山。

金洲湖

金洲湖

具有多种湿地类型的旅游区

长沙市宁乡市郊

金洲湖公园总面积为1800多公顷，兼有湖泊湿地、沼泽湿地与人工湿地、水库、池塘、灌溉用沟渠等多种湿地类型，公园主要包括金洲湖湿地生态展示休闲区、鳝鱼洲生态岛景区、溜子洲生态植物景园区、珍洲水乡风情景园区和南太湖森林景观游憩区等5个主题景区。

迴龙山

自古即有“南楚灵山”之美誉

长沙市宁乡市麦田乡

迴龙山旅游区是湘中重要的佛教文化旅游景区，融休闲度假、观光游乐为一体。景区主峰迴龙峰山形逶迤，群峰耸翠，风景秀丽。山顶有一箕形盆地，作为佛家宝地，全国百大名寺之一的迴龙山白云寺即建于此。

链接

来过迴龙山的历史名人

历史上很多名人都曾来到这里游玩。乾隆皇帝曾在白云寺即兴题扇，毛泽东游学夜宿在这里，清左宗棠亲题“南楚灵山”，还有历代许多文人名士也在此题诗作匾，留下诸多溢美之词。

迴龙山白沙井

攻略资讯

- 交通
- 住宿
- 美食
- 购物
- 娱乐

长沙市区风光

交通

飞机

长沙黄花机场是国家一级机场，可供大中型飞机日夜起降，现已开通直飞北京、上海、广州、深圳、香港、曼谷等国内外40多个城市的航线。

机场位于长沙县黄花镇，距离市区约22千米，市内的民航大酒店有往返于机场的班车。

火车

长沙是全国交通枢纽，境内主要有长沙站和长沙南站两个火车站，每天发出或途经有近百列客车，通达全国各大、中城市。

长沙站：位于长沙市五一东路，每天发出或途经有近百列客车，通达全国各大中城市。市内乘地铁2号线可到。

长沙南站：位于长沙市东部雨花区黎托乡，主要是高铁的运作站点，有往返于北京、武汉、广州等地的大量列车。市内乘地铁2号线可到达。

汽车

长沙公路四通八达，主要有长沙汽车东站、长沙汽车南站、长沙汽车西站等汽运站，发往厦门、南京、上海以及省内各地。

长沙汽车东站：位于长沙市远大一路1021号，主要发往上海、南昌、合肥、厦门、南京等地。

长沙汽车南站：位于长沙市雨花区中意一路643号，主要发往省内各县以及广西等地。

长沙汽车西站：位于长沙市岳麓区西二环一段1619号，主要发往湘西和张家界等地。

市内交通

目前，长沙轨道交通运营线路共3条，长沙地铁1号线、长沙地铁2号线、长沙磁浮快线，线网覆盖长沙主城区全域和长沙县。

长沙火车南站

住宿

长沙是一座繁华的城市，宾馆酒店业非常发达。其中五一广场及八一路上是热门的住宿地。这里地段繁华、交通便利，无论游玩还是出行都十分方便。长沙宾馆房价适中，价格相对于其他大城市比较便宜，一些小旅馆、客栈的住宿条件也相当不错。

●长沙通程麓山大酒店

长沙通程麓山大酒店是一家三星级酒店，房间温馨典雅，设施齐全，另有麓山美食可以品尝。长沙市岳麓区枫林一路19号 0731-85863888

●长沙银河大酒店

长沙市银河大酒店拥有宽大床具，精巧卫浴，房间隔音效果极佳。此外，酒店还有湘、粤两系特色餐厅，娱乐、休闲项目一应俱全。长沙市五一东路85号 0731-84111818

●长沙广圣航空酒店

位于繁华的五一广场商业圈，芙蓉广场、黄兴路步行街、长沙博物馆将其环绕，可近距离感受长沙最具代表性的购物中心。

长沙市五一西路86号蝴蝶大厦 0731-84892888

●更多住宿去处

神农大酒店/芙蓉南路298号/0731-85218888

富丽华大酒店/八一东路88号/0731-82298888

美食

长沙是湘菜的主要发源地。香鲜辣酸是湘菜的主要特点。油炸臭豆腐和南门口的卤鸭架、卤鸭脖也是长沙极为诱人的小吃。

红烧肉

美食小吃

●长沙臭豆腐

这种臭豆腐色焦黄，外焦里嫩，鲜而香

长沙城市风光

长沙臭豆腐

辣。焦脆而不糊、细嫩而不腻、初闻臭气扑鼻，细嗅浓香诱人，具有白豆腐的新鲜爽口，油炸豆腐的芳香松脆。

●口味虾

又叫麻辣小龙虾、香辣小龙虾。是以湘江流域、洞庭湖地区和湘西山区等地方菜发展而成，色泽红亮，口感香辣鲜浓。八一桥下的“盛记”口味虾比较有名。

麻辣小龙虾

●嗦螺

嗦螺吃法是将其烹熟上桌以后，用3个指头掇起一个，放在小嘴里一吮，螺肉就进去了，而肠子之类的都弃之于外，清洁利落，鲜美可口。

嗦螺

●麻辣烫

选择自己喜欢的蔬菜，例如豆皮裹芫荽、黄螺、土豆片、海带片、蘑菇、藕片等，放入香辣的汤中煮熟，上桌即可食用。

麻辣烫

●口味菜

口味菜是近几年风靡星城的一种烹饪方式，以“料猛、味重”深得嗜辣的长沙人喜爱。老字号的几家口味菜馆基本都隐于不起眼，甚至有些破烂的居民楼中，尤以浏城桥下的“赵记”“钱四”与“小李口味”等名头响亮。

美食去处

长沙餐馆集中的地方有五里牌蒸菜一条街和罐罐一条街，长沙人自己喜欢去沙河街。此外，长沙还不乏一些规模宏大、口碑长盛不衰的大型餐馆和餐饮区，比较著名的有二环路友谊新村一带。湘江东岸风光带，有秦皇食府、好食上登大型餐馆。锦绣广场以及广电中心附近有号称中国最大的景观型餐厅——西湖楼。

西湖楼

购物

长沙工艺、土特产品素负盛名，味醇可口的湘茶，中国四大名绣之一的湘绣、瓷器等都是不可错过的精品。湘绣、中国红瓷器和菊花石雕被称为“长沙三绝”。

长沙特产

●菊花石雕

菊花石雕是浏阳市的独特手工艺品，用生成于2亿多年前的菊花石雕琢而成。浏阳菊花石雕被誉为“全球第一”，此石纹路形似菊花，花芯有单芯、双芯、三芯和无芯；花形类似于竹叶菊、绣球龙葵菊、蒲叶菊和金钱菊等。

菊花石雕

●湘茶

长沙地区盛产茶叶，长沙茶叶名品云集，最有名的有高桥银峰、长沙茉莉花茶和宁乡沩山毛尖。

●湘绣

湘绣是中国四大名绣之一，色彩鲜艳，形象生动，富表现力，质感强烈。湘绣艺人集多年经验，已经创造出用于刺绣花卉、山水、动物、人物的70多种针法，近年又创造出难度极大的“双面全异绣”。

湘绣

●铜官陶器

望城区铜官镇是全国五大陶都之一，产品有美术陶、建筑陶、卫生陶、日用陶、炻陶5大类，设计新颖精巧，既实用又美观。

长沙购物场所

黄兴南路步行街：是一条百年老街，是最能代表“老长沙”生活气息的商业街，也是长沙“草根之魂”。这里是长沙人、外地人眼中的必拼之地。

解放中路、文艺路口路段：整条街的店面无论是从服装的品质、款式，装潢的格调来说都比较有水准。但这里的东西比较贵。

文运街、长康路：是长沙市最集中的外单货集散地，紧随国际潮流发展动向，且在2009年更加明显，更具规模。不过这里可能淘到仿货。

金满地：金满地是一个成熟的购物胜地，从先锋厅逛到北正街，几乎已经看不到空店铺，总是人来人往的在这个地底城穿梭。

娱乐

长沙是一个娱乐业比较发达的城市。不仅有传统的湘剧、花鼓戏、皮影戏等艺术表演，现代KTV、夜总会也异常火爆，每当夜幕降临，满街华灯齐放，各地民间传统艺术表演与酒吧、歌厅等现代娱乐交相辉映，绚丽多彩，独具魅力。

演出

●橘子洲焰火

橘子洲周末焰火是目前国内时间最长的烟花燃放活动，每周六晚上在橘子洲专用燃放场所上演，每场燃放时间长20分钟，潇湘大道、湘江大道等湘江沿线和岳麓山顶是最佳观看点。

●红太阳之夜

《红太阳之夜》是长沙最好的旅游晚会之一，华丽的布景、气势恢宏的演出给人带来绝妙的视听盛宴。表演地是长沙最负盛名的剧院——田汉大剧院。✉ 长沙市劳动路与芙蓉路的交会处

休闲场所

●歌厅

长沙的歌厅文化历史久远，规模大、演艺活动丰富，历来是长沙人夜间休闲的首选之地。其中最具知名度的有位于中山路的琴岛歌厅、省展览馆内的红太阳歌厅。这些歌厅的主要表演形式有相声、小品、地方曲艺、杂技及各种歌舞表演，不仅种类丰富，而且演出具有相当水准。

●酒吧

深受年轻、时尚人士喜爱的娱乐场所，时髦的音乐、绚烂的灯光以及热闹的气氛，是年轻人放松心情、肆意挥洒的绝佳去处。五一广场附近的解放西路酒吧一条街，是来长沙旅游休闲者必去的一道独特风景线。

节日和重大活动

●端午节

端午节是长沙的一项重要的民间节日。每当这一天到来的时候，长沙人民为了纪念屈原特意举办龙舟竞渡比赛，人们从几十里以外向湘江、浏阳河、捞刀河两岸涌来，找适合观看的地方看。船上健儿随着锣鼓节奏，全都振臂扬波，奋勇争先，岸边就像是体育看台一样热闹，观看的人有很多，铳炮喧天，喊声动地。赛事一般会进行到傍晚，当比赛完了的时候，这里还会举办送龙王仪式。

●释迦牟尼诞辰

早在南朝的时候，人们就为释迦牟尼的生日准备庆典活动。到了这一天，人们通常用香水来给佛爷洗澡，南朝时即有是日以香水浴佛，共作龙华会之习。长沙自古就有造乌米饭（俗称青粳饭）的习俗。一些没有孩子的人，还会在这一天到佛寺里面许愿，让老天爷保佑自己能生儿子。

●杯官生日

杯官生日在古代还有一个名字叫天贩节。官也叫鄱官，相传是灾害之神。过去，每当这一天到来的时候，城里就会设很多醮，为的是抵御灾害。一般农家的人就会剪纸为田神，纸上还要涂上鸡血，然后再把它举到竹竿上，在每块麦田里全都插上一根，这就叫作敬官。有的还会在五更时将雄鸡杀死，然后放在田间开始祭祀。这种活动叫祭官，以求禳灾稳丰。读书人暴晒书画，妇女翻晒珍贵衣服。人们还会在寺庙的祠堂前翻晒经书族谱和菩萨袍服，所以，这一天又叫晒谱节。

橘子洲焰火

发现者旅行指南

长沙周边

（含湘潭、株洲、娄底、益阳）

概览

亮点

韶山

自然风景秀丽，同时还是毛泽东的故乡，全国著名革命纪念地和国家重点风景名胜区。

炎帝陵

素有“神州第一陵”之称，是炎黄子孙寻根祭祖、旅游观光的圣地。

神农谷国家森林公园

自然景观神奇而迷人，是不可多得的避暑、休闲、疗养和探险的胜地。

梅山龙宫

由九层洞穴上万个溶洞组成。洞内景观丰富，既有大量姿态各异的流石景观，又有美不胜收、玲珑剔透的石笋、石钟乳景观。

紫鹊界梯田

紫鹊界梯田总面积达1300余公顷，其地势之高、规模之大、形态之美，堪称世界之最。

湄江风景区

湄水清澈透明，两岸高峰耸立，怪石嶙峋，十里画廊是国内少见的地质地貌景观。

茶马古道

南方最完整的茶马古道遗存，保留了原生态的高山民居风光和峡谷风光。

必逛街道

白石商业步行街：地处湘潭传统的商业圈，金湘潭、潭城大厦都位居其中。白石公馆斜对面有康星百货商业广场；康星对面则是大洋百货，无论白天夜晚，都十分热闹。

线路

韶山、酒仙湖2日游

第1天，上午到韶山毛泽东故居、铜像广场、韶山毛泽东同志纪念馆等地参观，寻找毛主席当年生活过的足迹。下午参观滴水洞等自然风景。

第2天，上午前往酒仙湖，荡舟于小湖之上，然后到红军东冲兵工厂、洪秀全纪念馆走走；下午探秘堪称中国的“溶洞世界”和“洞穴博物馆”的溶洞群，欣赏大自然创造的鬼斧神工。

益阳生态休闲2日游

第1天，到达益阳，上午趁着天气不热到桃花江风景区游览，下午参观白鹿寺、

酒仙湖

梓山湖，傍晚走入花乡农家乐旅游区，体验农家生活。

第2天，到达沅江，上午到南洞庭，来到景区中的胭脂湖尽情游玩，下午重点参观德群庄园。

娄底2日游

第1天，上午参观娄星广场，下午前往曾国藩故居参观。第2天，游览波月洞景区，观赏石柱、石笋等景观。

为何去

长沙周边湘潭、株洲等地自然风光优美,民族风情浓郁。以韶山为代表的一批红色景区使其具有特殊意义。这里除了诸如神农谷、紫鹊界梯田、梅山龙宫等令人叹为观止的自然景观外,以炎帝陵为代表的一批景点又赋予它独特的人文魅力,让人神往不已。

炎帝陵

何时去

去湘潭旅游的最佳时期是春夏交替之时,或夏秋交接之际。此时的气候温和,是登高览景的最好选择。

夏荷

郴州一年四季都适合前来,但若是以体验漂流为目的,则要选择4月底至10月底前往。

娄底冬暖夏热,春末多雨,到娄底观光,最好在初春时节。此时娄底天气转暖少雨,不会因连绵阴雨打乱行程。

到益阳观光旅游秋冬季较好,此时与7月的降雨期错开,既能清爽出游,又逍遥自在,不必担心大雨耽误出游计划。

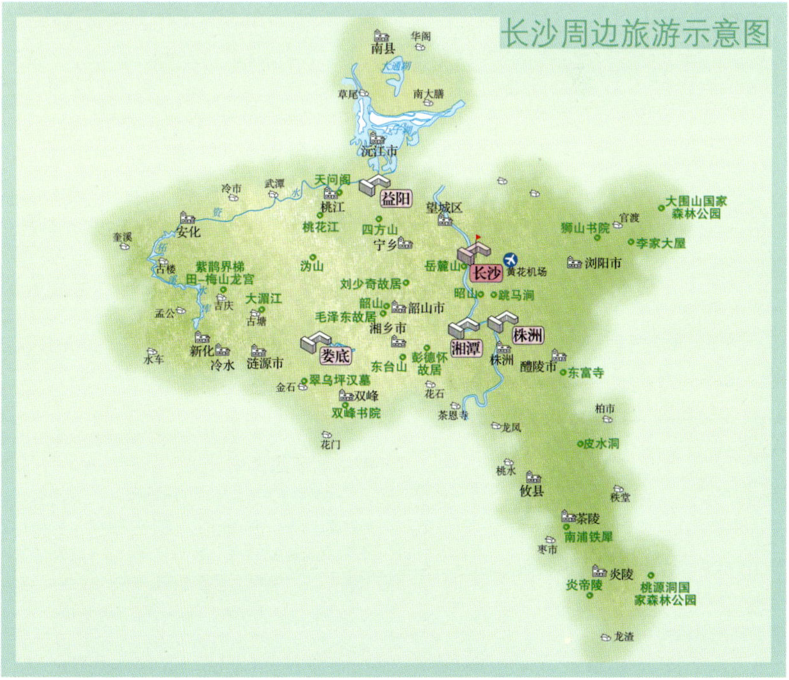

景点推荐 韶山风景区 AAAAA

韶山面积约115.3平方千米，相传虞舜南巡至此，赏心悦目，遂与妻臣在山上奏起韶乐，引得凤凰来仪，百鸟和鸣，韶山因而得名。韶山是一条狭长而灵秀的山冲，留下了许多毛泽东的遗迹和纪念建筑。

韶山风景名胜区各景点可以分为3个级别：一级景点有南岸、毛泽东纪念馆、毛泽东铜像、滴水洞、诗词碑林、毛泽东纪念园等；二级景点有毛泽东父母墓、青年塑像、烈士陵园、青年水库、韶山水库、映曦台等；三级景点有银田寺、韶山学校、观音石、车箩石壁、云富索、十八罗汉山、黑石寨等。

韶山市清溪镇和韶山乡

0731-55678558

玩家解说

韶山旧有著名"四绝""八景"。"四绝"是：六朝松（唐、宋、元、明、清、民国，每个朝代一株，现已死去一株，只剩五株）、飞来船、四方竹、白石泉；"八景"是：韶峰耸翠、塔岭晴霞、仙女茅庵、凤仪亭址、胭脂古井、石壁流泉、顿石成门、石屋清风。这些景物都载入了《湘潭县志》《湖南省志》《广舆记》《卧游册》之中。

链接

韶山名字的由来

相传四千多年前，舜帝南巡道经此山，遇南来寻夫的娥皇、女英二妃，舜帝欣喜若狂，便在山上举行盛典庆贺。随从奏起宫廷中悠扬悦耳、婉转动听的《韶乐》，引凤来仪，百鸟和鸣，当地百姓也闻声而至。后人为了纪念这件事，在山上修建了"引凤亭"，韶山由此得名。

毛泽东故居

伟大领袖毛泽东出生的地方

毛泽东故居上屋场坐落于茂林修竹、青翠欲滴的小山冲中。房屋系泥砖青瓦，土木结构，是南方常见的普通农家住房。有房屋18间，东边13间小青瓦房为毛泽东家，西4间茅草房原系毛姓公产，居中堂屋共用。

1950年以后经多次修葺毛泽东故居恢复原貌，1965年9月28日，郭沫若题匾“毛泽东旧居”，换下原匾。1982年经党中央批准，将“旧居”改称为“故居”，1983年6月27日，改挂邓小平题写的“毛泽东同志故居”匾额。

毛泽东故居的室内陈设尽可能按照毛泽东当年在此住时的原样布置，有些用具系原物。屋前有毛泽东少年时代劳动过的田地、禾场，游泳过的池塘。

链 接

毛泽东和韶山

1893年12月26日，毛泽东诞生于韶山，并在此度过了童年和少年时代。1910年秋，毛泽东离家外出求学，1920年毛泽东父母相继去世，以后他弟妹也跟随他出外从事革命活动，1925年偕夫人杨开慧到家乡开展农民运动，并在此建立了中共韶山支部，1927年回乡考察农民运动，1959年回到阔别32年的故乡探望，视察了故乡人民的生产生活情况，看了故居的父母墓，写下了著名诗篇《七律·到韶山》。

私塾旧址

青砖青瓦式建筑

毛泽东读私塾的旧址于1972年9月1日被定为省级重点文物保护单位，是游人必到之处。室内除按当年式样复原陈列外，还先后新增了毛泽东鎏金像展览、私塾复原陈列和“毛泽东与他的儿女们”图片展览。

玩家 解说

私塾内的毛泽东青铜鎏金像，系洛阳市孟津县平乐乡上古村村民史纯厚费巨资，历时3年制成的。金像高64.6厘米，重约50公斤，1994年5月正式展出。

私塾墙上挂着巨幅彩绘孔子像，两边有木刻黑底金字对联：“学而不思则罔；思而不学则殆”。画像前置一巨大几案，正面彩绘孔子周游列国图、师徒讲学图。进门后的正厅，新设了青年毛泽东的蜡像，是韶山唯一的一尊毛泽东蜡像。

链接

伟人的童趣

毛泽东在此读书时，先生邹春培要其填红蒙字，他不填，要自己放手写。他读过的课文都能背诵。一次，先生外出，嘱咐学生温习功课。毛泽东将课文背熟后，便邀几个同学到屋前池塘游泳。先生回来见此，非常生气，命学生对对子，对不出就要打手心。当先生说出“濯足”时，毛泽东即以“修身”相对，先生十分赞赏毛泽东的聪慧。

毛泽东纪念馆

展示毛泽东革命思想的地方

馆名为“韶山毛泽东同志旧居陈列馆”，馆牌由郭沫若书写。纪念馆有8个基本陈列室和3个专题陈列室。另外，还附有一个中南海丰泽园毛泽东故居复制陈列。

纪念馆建筑面积6000多平方米，是一座水泥砖木混合结构，整座建筑物创造性地把湖南乡间农舍格调同苏州园林风格相结合，集庄严、朴素、美观于一身。该馆收藏有关毛泽东生平和韶山人民革命斗争的文物、资料1万多件，一级品400多件。

玩家 解说

纪念馆在刚开始盖起的时候，当时有4个陈列室，展出毛泽东青少年时代至创立井冈山革命根据地时期的文物和史料。1965年又增辟3个陈列室，展出毛泽东在土地革命战争时期自1965年间革命活动的文物和史料。纪念馆1969年扩建，陈列室增至9个，自1982年，展出毛泽东家庭和毛泽东生平业绩，1982年11月，陈列馆更名为“韶山毛泽东同志纪念馆”，次年4月2日，邓小平题写馆名。

毛泽东故居

毛主席铜像广场

有宏伟的铜像

毛主席铜像广场面积5000多平方米，呈扇形，由台基、直径10米长的像座前坪、左右两侧绿化带、场内灯光、花坛组成，并安装了避雷、防地震等设施。

广场上毛泽东铜像铸造十分成功，毛泽东身躯高大、体态稳健，身穿中山服，双手握书卷，置于胸前，神采奕奕，眼睛流露出深藏在心底的欣慰和笑容，脚穿一双大头皮鞋。从这尊铜像上，人们能够感受到毛泽东同志的坚毅、沉着、自信。

滴水洞

三面环山的狭窄谷地

¥ 50元

滴水洞是一个三面环山，一面以一小山涧为出口的狭窄谷地，长约2千米。由于谷深青幽，就像是一个洞，山上一泉水从岩石滴下，故称“滴水洞”。这里原为毛泽东祖父的居住地，山洞西北的一个山嘴，传说过去常有老虎在这里歇息，所以叫“虎歇坪”，现有两只卧虎石雕。

滴水洞门楼依山造势，顶部垂着深灰色的石钟乳，中间覆盖着紫藤、络石、乌萝，古趣盎然，上题“滴水洞天”4个朱红大字。门楼建在水滨的崖边，韶山水库波光粼粼，岩边松柏劲拔，给游人以先声夺人的感觉。

玩家 解说

毛泽东酷爱家乡山水，1959年回韶山，在洞口韶山水库游泳时曾经就说过：“将来我老了，退了休，在这地方搭几间茅屋子住。”1960年即在此动工兴建别墅。参照中南海毛泽东住房式

样，仿俄式建筑保暖防寒特点，建造了一、二、三号主体工程。毛泽东回韶山时，一号为毛泽东住；二号共24间，为陪同的中央负责人休息处，与一号紧相连；三号距一号有100多米，为卫士及其他人员居所。

松山一号楼

这栋堡垒式的别墅掩映在苍松翠柏之中，前面是圆形的拱门，额曰“故园”，采用毛泽东手迹。这栋房子1959年下半年动工兴建，次年竣工，建筑面积550平方米，里面设有主房、副房、秘书室、会客室和娱乐室等。

玩家 攻略

从拱门进去，里面别有洞天，只见古松遮天盖地，修竹婆娑婀娜，腊梅硬朗瘦劲，樟木苍翠欲滴，非常适合闲适小憩。

链接

松山成大作

1959年6月25日下午，毛泽东回到故乡，就住在松山一号。次日，他起了个大早，在人们尚酣睡时踱步于林间小径，迎山风，听鸟鸣。26日晚，他在这里设宴招待父老乡亲，宴会后，毛泽东与乡亲们来到寓所，留下一张珍贵的合影。夜深了，他仍然毫无睡意，提笔铺纸，写下了《七律·到韶山》，这是毛泽东一生中唯一的一首咏叹故乡的瑰丽诗篇。

虎歇坪

虎歇坪在滴水洞别墅二号楼的西边山上，又叫牛形山，原名大石鼓，山顶有毛泽东祖父墓。1986年12月28日，在对毛泽东祖父墓进行整理时，埋在地下已经50多年的墓碑重见天日，碑文为：“中华民国元年壬子夏月吉日镌，显考毛公翼臣老大人之墓；内辛山外戌山，男贻昌，孙泽东、铭、淋敬立。”

诗词碑林

当今世界罕见的碑刻

毛泽东诗词碑林是为纪念毛泽东诞生百年而建立的。整个碑林由100块汉白玉、大理石、花岗岩和天然石组成，依山走势，形状各异，错落有致，雕刻精美。在这100块碑体上每块雕刻着一首诗词，以表示毛泽东的丰功伟绩流芳百世。

在这100首诗词中，有毛泽东亲笔手迹66件，其余34件，由赵朴初、朱乃正等34位著名书法家代书。100块碑按照毛泽东写作的时间先后，分为青少年时期、大革命时期、抗日战争时期、解放战争时期和新中国成立以后5个时段排列。

玩家 解说

这些碑刻的形状各不相同，一般100块碑体有100个形状，有的像冉冉升起的红日；有的像悬挂半空的皎月；有的像迎风招展的红旗；有的像熊熊燃烧的火炬；有的像重峦叠嶂的山峰；有的像银装素裹的雪原；有的像奔腾不息的战马；有的像系着红缨的长矛；有的像巍峨耸立的宝塔；有的像古色古香的楼阁……这些碑刻是按照诗意建造的，诗赋碑体吟，汇天下碑林之精华，融诗情画意为一体，千姿百态，各具风采，有着神奇美丽而令人陶醉的魅力。

毛泽东纪念园

荟伟人足迹之精华

¥ 60元

8:00~17:00

毛泽东纪念园占地约20万平方米，拥有大小建筑近100处。其中复制的微缩景观主要有28个，包括著名的南湖游船、延安宝塔、西柏坡、清水塘湘区委员会旧址、武昌农运所故居、遵义会议旧址、茅坪故居等。纪念园从多个侧面反映了毛泽东一生的革

毛泽东纪念园

命历程，是纪念、教育、游览等主题游的好选择。

玩家 解说

园内韶山毛主席纪念堂为主要展区，陈列了用优质汉白玉精塑的毛泽东坐像和他家六位亲人的站像，形象逼真，叫人难以忘怀；毛泽东在不同时期的近200幅图片展，会把你带入毛主席征战建业的岁月。

纪念园还建有别具一格的游乐场所——龙源洞迷宫，动植物造型园，按1:1复制的石头干娘及八仙过海、七仙女下凡等造型，增加了景园的浪漫色彩。

毛氏宗祠

毛泽东创办的最早的农民院校

毛氏宗祠是韶山毛氏家族的总祠堂，建成于清乾隆二十八年（1763年），建筑为砖木结构，面积约700平方米。祠堂房屋分为3进，第一进为戏楼，有戏台、化妆室、小厅、厢房等建筑；第二进为中厅，是全族办公、讲约、祭祀、摆酒宴的地方；第三进为敦本堂，里面供奉有毛氏历代祖宗的牌位。

韶峰

韶山八景中的第一景

¥ 80元

韶峰亦名仙女山，是南岳衡山72峰中的第71峰，海拔518.9米，因有“韶乐”的传说，故又被誉为“音乐之峰”。韶峰耸翠是韶山八景中的第一景，她秀丽挺拔，以雄伟陡峭居湘乡、宁乡、韶山交界处。登高远眺，韶山风物尽收眼底，令人心旷神怡，有天高地远之感。

链接

韶峰上的古寺庙

韶峰顶上唐时有韶峰庵，后来又修建有仙顶灵庙，俱毁。1993年在峰顶修复了古寺庙，由中国佛教协会会长、著名书法家赵朴初题词：韶峰古寺。寺庙分上下两层，下层为一大厅，厅正中南向塑有舜帝金身，北向则为娥皇、女英，舜帝显得雍容慈祥，二妃眼含凄切。舜帝左右靠墙处，有彩塑四大金刚，三面墙顶塑有二十四位诸天、十八位罗汉，神态、装束各异，栩栩如生。

清溪景区

有毛泽东青年时代塑像

清溪景区主要景点包括：青年毛泽东塑像、韶山烈士陵园。景区内的韶山烈士陵园在天鹅山上。这是一座没有灵柩的陵园，有塔、亭、馆、台、群雕等建筑。

从陵园通过宽广的英雄路就可到达毛泽东青年时代塑像广场，塑像总高为12.26米。毛泽东身着长衫，神采奕奕，左手叉腰，右手有力地挥向前方，右脚稳健地迈出一步，表现出毛泽东“指点江山”“欲与天公试比高”的气魄和唤起工农千百万，同心干革命的伟大形象。

毛氏宗祠

景点推荐

湘潭周边景点

昭山

湘潭市的北大门

湘潭市区东北约20千米

市内乘115路公交即可到达。

昭山挺立在湘江东岸，是湘潭市的北大门。北宋大书画家米芾将这一景观绘成《山市晴岚图》，列为潇湘八景之一，昭山自此声名大震。昭山主要景点有昭山禅寺、前山古道等。每逢雨后新晴，或是旭日破晓，万丈霞光洒在山间，雨气氤氲、色彩缤纷。站在昭山山巅四望，湘江滚滚从山脚流过，兴马洲白沙泛银，像一条巨舰破浪而来，景色十分壮丽。

玩家解说

昭山作为风景胜地，其实并非始自宋朝。相传早在西周时期，周昭王南巡荆楚，曾在昭山盘桓多日，并殁于此处。据史书记载，昭山旧有屏风夕照、拓岭丹霞、桃林花雨、双井清泉、老虎听经、狮子啸月、古寺飞钟、石港远帆等景致。

昭山禅寺

禅寺始建于唐代，宋时称昭阳殿，清乾隆二十三年（1758年）置产重修。寺内辟有玄宫、玉皇阁、观音堂、关圣殿等。山寺左右后侧有棵千年银杏，树高30多米，枝叶繁茂，浓荫蔽日。

前山古道

昭山著名的古道，始建于清乾隆四十二年（1777年），至嘉庆六年完成，前后达25年之久。古道全长13 110余米，耗用花岗岩5000多块，贯穿昭山前山与后山，其风景秀丽，多姿多彩。

玩家解说

据说古时昭山商贾云集，富绅众多，而当时

昭山香火鼎盛，前往昭山的游客、香客众多，上山极为不便，于是由湘潭宋氏倡导，组织潭、善二邑（即今株洲市、湘潭市、湘潭县、长沙市、长沙县等地）绅士捐资修建了前山古道。

齐白石纪念馆
馆内有大量珍贵的齐白石作品

湘潭市雨湖区大湖路2号

齐白石纪念馆占地面积约10 000平方米，为纪念杰出的人民艺术家齐白石而建。馆内收藏齐白石国画作品和早期雕花作品数十件，还有近、当代名家书画作品数百件。

齐白石纪念馆系两层楼仿木砖瓦庭院式建筑群，具典型的湖湘名居风格。这座现代化纪念馆包括齐白石艺术人生陈列、齐白石绘画藏品、齐白石木雕藏品、齐白石篆刻藏品、齐白石后人及弟子的作品共5个展厅，展线长70多米，常年陈列齐白石书画真迹及白石先生研读过的书籍及用过的文房用品等。

仙女山
湘潭四大名山之首

湘潭市西北约20千米

仙女山，是湘潭四大名山（仙女山、昭山、金霞山、隐山）之首，有一条花岗石级盘山而上，通峰接顶。仙女庙建立在仙女山之上，分三重殿阁。各有门坊，依山而筑，雕梁画栋，气势恢宏。庙门上书“龙安寺”3字，门联“四朝灵迹；三楚大观”，为清代书法家何绍基所书。

玩家 解说

山门后为武王庙，门前有石狮一对，庙中供祀关云长塑像。中殿为娘娘殿，殿堂左右，有东西两厅。东厅正面悬挂《仙女山碑记》；四壁有历代官员及游客的题字题诗；西厅有僧人住房和游客休息室，壁上有八仙浮雕，工艺精巧。西厅外有两池，一为放生池，一为天鹅池，四壁石隙浸水，久旱不竭。后殿为祖师殿。山上还有一坡地叫骑马岭，相传北伐将领唐生智，曾来此骑马观山。

链接

仙女山传说

“仙女山”的得名缘于一个传说：据说大约在宋代时，山下住着一对婆媳。一天，婆婆突然晕倒过去，醒来时眼前一片漆黑。为了治好婆婆的眼睛，媳妇天天上山采药。一次，她坐在一棵大树下休息，刚闭上双眼，便恍恍惚惚看见一位年轻美貌的姑娘，手捧一个鲜红的大蜜桃向她走来说：“你把这桃子带回去给婆婆吃了吧，她的眼睛就会好的。”媳妇满心欢喜，从睡梦中惊醒，睁眼一看，自己手中果然有一鲜桃，而姑娘却已无影无踪。说也奇怪，婆婆刚吃完桃子，双目便重现光明。大家都说这是婆婆心好，媳妇孝顺，感动了救苦救难的仙女。此后，为了表达对仙女的崇敬，人们就把这座山称为“仙女山”了。

壶山
荟萃湘潭人文景观的名山

湘潭市西端的河口与涟水汇合处

壶山因形似一把巨大的茶壶而得名，东晋永昌年间，名将陶侃领兵驻扎于此，留下了许多遗迹，因此又称陶公山。

据说陶侃曾在山上建有小茅屋，并在周围开荒种菜。江边一座刀砍斧削般的峭壁，上有“江山胜迹”4个大字，是唐初邑人为纪念陶侃的功绩而刻的。陶公墓就建在不远处的山冈后，墓碑题曰“晋都督陶桓公墓”，墓联为“媲衡山千秋不朽　偕湘水万古流芳。”

石头寺

石头寺，又名石塔寺，唐初，太宗顾命大

臣褚遂良因反对高宗立武则天为后，被贬为潭州都督。他疾愤忧国，为石头寺书写“大唐兴寺”石额一块，以示匡扶大唐天下之意。石头寺自此改称唐兴寺。

现今寺宇已经全部毁坏，“大唐兴寺”匾额存于唐兴学校内，为书刻珍品。唐兴寺历为风景胜地。寺旁的唐兴桥，已经有千年历史。原名壶山桥，唐后改现名，为湘潭市现存最古老的壶山石桥。

玩家 解说

该寺原寺宇的规模较大，周以围墙，山门在寺东金鸡桥，入门有钟鼓楼，正门外有铁顶六角石塔，前殿供奉弥勒佛，后列四大天王和十八罗汉，匾额“皆大欢喜”。正殿供奉释迦牟尼佛、药师佛、地藏王菩萨，后殿供奉千手观音佛。殿后有一院落，水阁凉亭、苍松翠柏、桐花海棠，十分可观。寺额“大唐兴寺”为唐书法家褚遂良所题，隐含匡扶大唐之意。

陶侃故居

晋都陶侃故居叫陶公山，还能够找到当年陶侃生活的足迹。茅屋的前左侧有块洼地，积雨水而成池，是陶侃饮用吸水的地方。因常有猫儿在池边捕捉小鱼，故名“猫儿池”。此外，这里还建有陶侃的衣冠墓。

玩家 解说

陶侃的衣冠墓建于元初，葬墓建造得非常简陋。从江边沿石级而上，靠左围墙有双合墓庐门，门框上嵌有石匾，上刻“陶公墓室”4字。进门右道一排三间青瓦平房，是守墓人的住所。墓前石栏杆，栏杆左右有石柱，上刻“媲衡山千秋不朽 偕湘水万古流芳”的对联。

链接

陶侃小传

陶侃是一代名将，在东晋建立过程及稳定东晋初年动荡不安的政局上，他颇有建树，同时也是我国晋代著名诗人陶渊明的曾祖父。

湘潭文庙

封闭式院落建筑

湘潭市雨湖区城正街

市内乘坐6路公交可到

湘潭文庙始建于宋绍兴年间，元时毁于兵祸。明洪武二年（1369年）重修。明正德十一年（1516年）因避水患迁建于现址，规模扩大数倍。

文庙为封闭式院落建筑，庙前有学宫坪，俗称“学坪”，坪前有大明壁，壁上有“宫墙万仞”4个大字。正门曰奎星门，内有半月形泮池，东、西、南各有一座石坊，穿过正中石坊是大成门，名宦祠、乡贤祠、忠孝祠分别列于两侧。

玩家 解说

1926年，工农运动兴起，湘潭县第一届学生代表大会在文庙召开。1927年，中共湘潭县委书记杨昭植烈士被害于学坪，故该处具有一定的革命纪念意义。1982年，湘潭市人民政府定文庙为市级重点保护单位。1993年将庙宇修缮一新。文庙现为湘潭师范学院南院校舍。

关圣殿

曾为祭祀关羽的场所

湘潭市雨湖区平政路

关圣殿坐北朝南，占地面积约4000平方米，清康熙时山西众商公建。当时既为祭祀关羽的场所，又为山西、河南、陕西等五省旅潭商人的会馆，称北五省会馆。

关圣殿

现存的关圣殿，初建时不仅有山门前殿、春秋阁和后殿等宫殿式建筑，而且山门外河边还建有码头，殿后有田土、菜园、水塘等。清乾隆以来，多次进行全面整修，规模更加宏伟。“文革”期间，关圣殿遭到破坏。1983年省人民政府重申其为省级重点文物保护单位，并开始了较大规模的修复，重建了钟鼓楼、牌楼等。

玩家解说

关圣殿整个建筑分前中后三进。前进自成一具院落，前栋为山门和戏台，牌楼正门写着楷书“关圣殿”，两侧门分别写着楷书“河岳”、“日星”二字，牌楼上浮雕有“二龙戏珠”“童子望月”和“刘海戏金蟾”等人物故事。中进为大殿春秋阁及钟鼓楼等附属建筑，南北与前后进相接，东西为高耸的封火墙所阻。大殿为宫殿式建筑，高16米，长24米，宽14米，盖黄绿两色琉璃瓦，全部花岗岩石基。中进前后墙上刊有10多块石碑，记载着湘潭开埠以来商业繁荣的史实及关圣殿的重修原委和殿房田产数目等。

鲁班殿

泥木工人集会、活动的场所

湘潭市雨湖区自力街兴建坪

鲁班殿初建于清乾隆年间，1915年重修。重修后庙堂宽阔、殿门高耸、雕塑精美，一直是泥木工人集会、活动的场所。殿正中奉鲁班镀金塑像，两厢奉关公和财神像。

现在鲁班殿保存比较完整的是殿门上“湘潭古城全景图”泥塑。此图分3部分。右部为文昌阁至小东门图景，原文昌阁的全貌清晰可见。中部为古城城内至窑湾图景，蜿蜒的城墙和观湘、文星诸城门以及城墙上的城楼、垛口都一目了然。城墙处是半边街的吊楼，凡三街六巷，均形貌逼真。左部为杨梅洲图景，市街房屋，别具风格。在这些景物下面，是浩荡的湘江画，这图实为研究湘潭古城发展的重要资料，也为游人寻古访幽提供了情趣。

玩家解说

该殿进门有戏台，相传农历五月初七日为鲁班诞辰，泥木工人于此集会纪念。1926年，湘潭成立泥木工会，以这里为会址。后来开办公办小学，专招泥木工人子弟入学。

链接

班门祖师——鲁班

鲁班是我国古代一位出色的发明家，2000多年以来，他的名字及有关他的故事，一直在人民群众中广为流传。我国的土木工匠们都尊称他为祖师。

鲁班很注意对客观事物的观察、研究，他受自然现象的启发，致力于创造发明。他擅长建造“宫室台榭”；曾制作出攻城用的“云梯”，舟战用的“勾强”；创制了“机关备制”的木马车；发明了曲尺、墨斗、刨子、凿子等各种木作工具，还发明了磨、碾、锁等。由于成就突出，建筑工匠一直把他尊为“祖师”。

海会寺

具有各种佛像的寺院

湘潭市雨湖区大湖街侧

市内乘21路公交可到

海会寺始建于元末明初，建筑面积约4760平方米，盛时长驻僧众百人。该寺共有大殿3个，前为弥勒殿，中为韦驮殿，后为大雄宝殿。右侧是斋堂，左侧是禅房，后厢房为方丈住地。大殿正中，有主佛3尊，即释迦佛、阿弥陀佛、药师佛。主佛两旁，站着阿难尊者和迦叶尊者。大殿两厢有24位诸天、十八罗汉。

海会寺

刘烈士祠

辛亥革命烈士刘道一的祠堂

湘潭市雨湖区城正街

刘烈士祠是辛亥革命后临时革命政府为纪念辛亥革命烈士刘道一而修建的祠堂。刘烈士祠原来的房屋四进共40多间，现存后进7间，通过整修，已焕然一新。祠堂正厅悬挂有孙中山、黄兴悼烈士的挽诗。此外，尚有其他的文物100多件，供人瞻仰。

链接

刘道一小传

刘道一（1884—1907），字炳生，近代民主革命者，原籍湖南衡山，后隶籍湘潭。留学日本时，与秋瑾等组织十人会秘密团体，倡言革命，又参加冯自由在横滨组织的洪门天地会，被封为“草鞋”（将军）。光绪三十一年（1905年）加入同盟会，任书记、干事等职，次年回国，联络会党、新军，发动萍乡、浏阳、醴陵武起义，不幸事机泄露，被捕牺牲，遗体葬于长沙岳麓山。

望衡亭

相传是由陶侃所建

湘潭市湘江北岸石嘴垴陶公山下

望衡亭于1932年修建，相传晋时陶侃曾在此建“望岳”“钓鱼”二亭，以后还出现过“黄叶亭”“观湘楼”等，但均已塌毁。后人根据陶侃“望岳”之义倡建了“望衡亭”，该亭全系花岗石垒砌。亭上的一副对联“地维天柱此孤石　岳色江声萃一亭”，至今仍然清晰可见。

唐兴桥

湘潭市现存最古老的石桥

湘潭市雨湖区窑湾陶公港与湘江交汇处

唐兴桥是湘潭市现存最古老的石桥，始建于秦末，原名壶山桥。唐高宗时河西郡公褚遂良谪守潭州，后罢官。隐居石头寺，故更名“唐兴桥”，暗示武则天必败，唐朝必兴之意。

该桥长32米，宽8米，河水与陆地高10米，全部用花岗岩片石干砌，桥左右两侧设有各长20米的扶栏，栏杆上首雕刻有狮、虎、猪、牛、兔等动物。

雨湖公园

湘潭的“第一公园”

湘潭市雨湖区湖园路33号

市内乘11路、21路公交可到

雨湖公园水面13万余平方米，草坪2万多平方米，现在雨湖里面的主要景点除了原有的湖中修筑的风格迥异的七星、八仙两座桥梁，还新建了儿童乐园、水榭、风车等设施。此外，还修复了原有的发源殿、岸花亭、夕照亭、双璧坊等名景。现在的雨湖公园已经成为市民和外地游客娱乐、休闲的中心场所。园内还经常举办花卉、书画、摄影等展览。

链接

“双璧坊”的来历

关于雨湖公园“双璧坊”的来历有这样一个故事：清嘉庆年间，有民女二人，时称“艳慧双绝”，被骗入湘潭的妓院，二人坚贞不屈，在夜里投雨湖而死。当地人于是为二女在雨湖旁设立牌坊，由当地的探花石承藻题墓为“双璧冢”，署坊上写着“双璧无瑕”，一时诗人盛为吟咏。

和平公园

以“绿”为主色调的公共憩地

湘潭市雨湖区建设北路

和平公园占地约36公顷，是一个以独特的森林气候、优雅的自然环境为景观的公共憩地。园内遍植梓、樟、楠与玉兰、银杏等乔木100多种，地栽盆景、花卉、丝竹600余种，4万多株。陆地覆盖率已达80%以上，占总面积70%以上为林地，突出了公园以“绿”为主的特点与功能。园内的主要景点有：盆景园、动物园、旱冰场、百花台、儿童游乐园。儿童游乐园别具特色，大型电动飞机、秋千、吊环、座栏、溜溜板、碰碰车等。

菊花塘公园

各季呈现不同的造景园艺

湘潭市岳塘区东泗路

菊花塘全园以植物造景为主，春花烂漫，夏荫浓郁，秋色绚丽，冬景苍翠，季季都有各异的景观。主要植物有以色彩鲜艳见长，有以芳香馥郁著称。公园占地14公顷，分区采取大小相间，幽畅变换，开合交替，虚实组合，组合成多样化的园林空间。

玩家解说

菊花塘公园的群芳竞秀区，主要以蔷薇科植物为基调。该区的季相景观是春天，以月季圃为中心，并设有木香花架、水池、休息亭、花池、花台等，四周设海棠园、樱花坡、桃、梅、枇杷等，较小的灌木布置于水边路旁，繁花似锦、绚丽多彩，非常适合游人小憩。

湘潭公园

风景优美的休闲好去处

湘潭市雨湖区建设北路一侧

湘潭公园总面积70 000平方米。现已建成初具规模的中型公园。园内树木葱茏，繁花似锦，以百花台为中心，四周分别建有花圃、动物园、花卉展室、旱冰场、小卖部、荷池、茶室、长廊等。这里环境幽静，是市民节假日、工余时游憩、娱乐的好地方。

雨湖公园

杨梅洲水上公园

以水上游玩为主题的公园

湘潭市雨湖区杨梅洲

杨梅洲水上公园是一座融园林、文化、旅游观光于一体的新型公园。园内树木葱茏、鸟语花香，野趣盎然。每当秋冬落水，沙纹如绮，落雁也有很多，登洲望远，点点渔帆，浮现在远远的江面，简直就像是一幅秀美的图画。游人在江面上游玩，感觉定会很好。

湘潭烈士陵园

纪念湖南革命烈士的地方

湘潭市雨湖区建设北路285号

湘潭陵园于1954年修建，占地2公顷，正中建有革命烈士纪念塔一座，塔后有殡仪馆、吊唁厅、陈列室、灵位室。园内遍植苍松翠柏，橘林花果点缀其中，环境幽静雅洁。

玩家解说

陵园安葬着革命牺牲的烈士和对革命有贡献的老红军老干部，其中有中国人民解放军解放邵阳时阵亡的指战员90余人，有为清匪反霸和社会主义建设时期献身的干部和战士，还有大革命时期牺牲的张碧云等烈士。

彭德怀纪念园

为纪念彭德怀光辉一生而建

湘潭市湘潭县乌石镇

在湘潭市乘班车到湘潭县乌石镇即可

彭德怀纪念园以铜像、纪念馆为主体，占地13公顷。这里主要有浓缩元帅光辉一生的“彭德怀生平业绩”陈列、彭德怀故居、展示元帅勇往直前、无私无畏英勇气概的彭德怀铜像、德怀亭、埋藏元帅铮铮铁骨的德怀墓等景点。

彭德怀纪念馆依山而建，总面积3100平方米。纪念馆采用中国传统庭院式布局，围绕序厅，疏密有致地设立了4大展厅共8个展室。序厅为一个宽敞的八边形，正墙由三组红色高浮雕组成，分别表现了血战罗霄、百团大战、抗美援朝。正中一座半身圆雕，塑造了解放战争中的彭德怀。

“彭德怀生平业绩”陈列：精选306张照片，157件文物，采用声、光、电等多种表现手段，生动、艺术地展现了彭德怀充满史诗般的英雄业绩和崇高伟大的人格魅力，高度浓缩再现了彭德怀战斗的一生、辉煌的一生。

彭德怀铜像

彭德怀纪念馆前耸立着的彭德怀铜像，由全国著名雕塑家程允贤设计。铜像坐西北朝东南，身穿元帅服，立于铜像广场中央。像重3.8吨，通高8.1米，寓意彭德怀元帅是中国人民解放军的主要缔造者与领导者之一。

德怀亭

德怀亭原亭建于1988年，是仿古结构，呈双层八角状，高10.25米，占地面积49.5平方米，亭中陈一圆桌四鼓凳，两边6柱有靠椅相连，亭坊间有彩绘58幅，做工精巧、形象逼真。金黄色的琉璃瓦盖面，凤尾爪角八面翘起，琉璃宝顶上安有黄铜避雷针，除实用外还起着装饰作用。

彭金华·彭荣华烈士墓

彭金华·彭荣华烈士墓坐落在湘潭县乌石镇彭德怀同志故居右侧100米许的小山之上。墓坪宽约200平方米，墓体总高4.1米。碑名略呈方形，高2米。顶呈棱形。碑外有护栏，长3.2米，宽2.9米。

乌石景区 AAAA

全国红色旅游基地

湘潭市湘潭县乌石镇乌石村

0731-57838100

9:00~17:00

乌石景区是全国红色旅游基地，全国爱国主义教育示范基地。乌石景区同时也是共和国元帅彭德怀的故乡。景区占地面积150公顷，与韶山、花明楼相毗邻，构成了湘中伟人故里红色旅游线。乌石景区主要景点有故居、纪念馆、铜像广场、抗美援朝史料馆、德怀墓、烈士墓、乌石峰、楠木冲水库、乌石果园等。

乌石峰

乌石峰海拔373米，乌石峰的山上，除乌石峰庙外，还有老虎岩、水池、流泉等自然景观。老虎岩，洞内宽阔，陈有石桌、石凳。出口在5千米的隐山桃花洞。峰下有黄泥、王家、苏家、赵家4坪，传说为易华各部练兵场所。以黄泥坪最大，面积达百余亩。

玩家解说

据清代《湘潭县志》记载，乌石峰是古代一军事要地。元末，南方红巾军领袖陈友谅的参政易华（湘乡人）曾屯兵于峰顶，并在此与周围建立乌石、白石、青山、营盘、珍珠等48寨，以抵抗明军，拒不降服，故乌石峰又名乌石寨。易华在乌石一带劫富济贫，群众关系很好，朱元璋派杨璟进攻，久攻不克，易华讹言投水而死，焚寨而去。

彭德怀故居

链接

乌石峰的传说

相传乌石峰从前曾与衡山争长，后报信岭上告，玉皇便派天兵天将运来乌石压顶。相传乌石峰最初高出衡山3尺。玉皇闻讯，便暗派雷神将乌石峰削低6尺，峰上石头也被雷电击成黑色，所以取名叫乌石峰。

彭德怀故居

彭德怀故居建于1925年。故居为穿斗式构架，硬山顶，堂屋门楣上嵌有邓小平亲笔题写的横额门匾。主体一栋6间，两边各3间，名曰“三华堂”。1958年和1961年，彭德怀曾两次回乡做调查，并在故居内住了35天。故居槽门两边，有彭德怀1961年手植的柚子树和柑子树；槽门外不远处是彭德怀当年带领乡亲们开的水田和捐资新修的千元塘；东北侧有彭德怀母亲墓，西南山丘上则是彭金华、彭荣华烈士墓。附近还有乌石学校，校名为彭德怀亲题，1976年由浦安修根据彭德怀遗愿资助重建。

彭德怀墓

彭德怀墓位于乌石峰下，坐北朝南，墓高约5米，宽7.4米，整体呈棱形。其中，墓体、墓基成76度夹角，寓意彭帅享年76岁；墓体、墓基相交底边长1.898米，寓意彭帅诞辰为1898年；墓墙为花岗岩长城造型，不仅寓意彭帅个性有棱有角，而且表明了他对中国革命的巨大贡献。墓周松柏苍翠，气氛庄严肃穆，是游客凭吊元帅的理想之地。

碧泉潭

游览吟咏的好去处

湘潭市湘潭县锦石乡

清嘉庆《湘潭县志》云：“唐天宝间，石岩中泉忽涌出，色如靛蓝，投物水中，皆成碧色。”碧泉之名始于此。碧泉潭清泉流通涌溢，清澈见底，流出的水形成一条小河入涓江。自古以来，该水域的鱼虾生长速度快，色鲜味美；生长的水稻茎秆挺拔健壮，籽粒饱满。

隐山

湘潭四大名山之一

湘潭市湘潭县排头乡

隐山又名龙王山，山上胜迹颇多，概括起来有一寺、一墓、两祠、两树、四池、八桥，远近驰名。如今，隐山脚下新建了一座储量1万多立方的石坝水库，又栽植了翠绿的新林。

晓霞峰

衡山72峰之一

湘潭市湘潭县中路铺镇境内

晓霞峰属南岳衡山脉系，山脉逶迤，南

至天马山，北抵天子坟山，擎天耸立、气势磅礴。晓霞峰峦嶂中有三峰，凹凸匀称排列，形如笔架，故又名笔架山。山高海拔451.3米。其间林谷深邃，小竹丛生，素饶竹笋，故亦称饶笋山。山上主要有两个寺院，一是中林寺，一是圆通寺。

齐白石故居

齐老曾经生活过的地方

湘潭市湘潭县白石乡

齐白石故居，位于晓霞峰一个叫白石铺的月牙形山塘旁，建于清咸丰年间，占地200平方米，坐西朝东，一排3间，南北又各3间土墙茅屋。20世纪60年代，北3间拆除，正屋后又接建3间，屋面全部换瓦。

链接

齐白石小传

齐白石原名纯芝，字渭清，后改名璜，字濒生，号白石，别号借山吟馆主者、寄萍老人等。他家境贫寒，自小学艺，从木工、石匠到画家、名人，经历了80多年艰难的艺术生涯。他擅长花鸟鱼虾的工笔画和金石、书法，在全球书画界颇负盛名。

湘潭农博园

农业观光旅游胜地

湘潭市西郊姜畲镇泉塘子

湘潭农博园是一处陶冶情操、健身娱乐的休闲场所。农博园包括白鹭湖和青山两部分。以青山为主峰，分别沿着白鹭湖两岸，从南向北延伸至杀人坳汇合。

湘潭农博园以特有的农业自然风光，成为湖南省农业观光旅游胜地。若沿灌区干渠逆水而上，即可尽览湘中丘陵田园的无限风光，享受大自然的无尽清新。

岱子山遗址

龙山文化的早期遗址

湘潭湘乡市城西40多千米的龙石河畔

岱子山新石器时代遗址面积近2万平方米，遗址的主要文化层次属于长江中游龙山文化早期，距今约4500年。它是目前发现的长江中游龙山文化最早的一个遗址。

齐白石故居

岱子山遗址共出土了80多座墓葬，墓坑清楚，排列井然，坑内满布碎炭渣和砍碎并经过烘烤的动物骨骼，但未见确凿无疑的人骨。随葬器物也置于坑内，推测极有可能是二次葬。墓葬的随葬品，除少量的生产工具石铲、石凿、石锛之外，大多数为陶质生活用具，常见的有陶鬲、杯、壶、罐、盆、小釜等。

云门寺

湖南省第一个县级博物馆

湘潭湘乡汽车站西南侧

云门寺始建于北宋皇祐二年（1050年），因当时寺门有石碑两座，色清温润，相传为耿山所产之碧玉，故名石碑寺。明永乐九年（1411年）改名为云门寺。云门寺占地约0.7公顷，其主要建筑有前殿、中殿、大雄宝殿和观音阁。1959年，湘乡县人民政府以其为馆址，建起了湖南省第一个县级博物馆，请郭沫若先生题写了馆名。

博物馆建馆近40年来，收藏文物及资料达7000件以上。经过清理和重新鉴定，定名和编号者计有瓷器532件、陶器716件、字画

水府庙

414件及古籍、碑帖、文献368件和各类金属器物942件、玉器421件、雕刻工艺品107件。其中一级品7件、二级品17件、三级品238件，具有珍贵的文物价值。

水府庙 AAAA

被誉为“湖南西湖”

湘潭湘乡市水府旅游区

0731-52266686

湖南水府庙旅游区地处湘中，以湖南水府庙水库为主体，水陆交通十分便利，具有极好的交通优势和区位优势。

景区内大小岛屿星罗棋布，水清、山静、石奇、洞幽、岛秀、库叉幽曲，构成一幅美妙绝伦的生态乐园图，是水上娱乐运动、休闲度假、赏历史文化风情与山水风光的理想宝地。

褚公祠

纪念书法家褚遂良的祠堂

湘潭湘乡市城东隅夏梓桥街

褚公祠，是一个古老的祠堂，是湘乡人民为纪念唐代大书法家褚遂良修建的。唐都督褚公笔池为湘乡旧八景之一，名“笔沼春云”，现仍存两件珍品，一是正殿前右廊壁间所嵌褚公《大唐三藏圣教序》碑（现移至湘乡市博物馆）；二是门廊左侧有石幢，高约2米，元至治元年（1321年）立。

链接

褚遂良小传

褚遂良，唐朝著名书法家。他的书法融汇汉隶，丰艳流畅，变化多姿，与欧阳询、虞世南、薛稷并称初唐四大书法家。相传虞世南死后，唐太宗叹息无人可以论书，魏征称赞说：“褚遂良下笔道劲，甚得王逸少体。”他的传世书迹有楷书《孟法师碑》《雁塔圣教序》《伊阙佛龛》等。

东台山

湘乡八景之“东台起凤”所在地

湘潭湘乡市城南经济开发区

东台山国家森林公园总面积370平方千米，山体秀美，形如仪凤翔空，赞曰“东台起凤”，故名凤凰山。

东台山有很多人文古迹，原有的文塔、八角亭、凤凰寺有千余年历史；唐代恒氏二女炼丹求仙的晒药石、洗药井，旁侧的天书石独具神韵；紫树玄台，风景别致；领袖台、将军坨挺拔秀丽，气势雄伟；引凤桥、门楼群，古色古香，构造绝妙，独一无二；凤凰山庄集楼阁亭榭、碑林书画、奇花异草、山珍野味于一身，引人入胜，耳目一新。

东台山国家森林公园除恢复重建旧景点外，新建了多个富有传统教育意义的景点。形成以凤凰山为主体，以毛泽东青少年时期活动为主线，融旅游观光、科学考察教育、文化娱乐、体育等功能于一体。

东山学校

毛泽东当年就读的学校

湘潭湘乡市城南涟水南岸东台山麓

东山学校原名东山书院，光绪十六年（1890年）由10名乡绅集资修建。现东山学校仍保持1910年的风貌，校舍坐北朝南，青砖围墙，正南一段为照壁，开东西两座台门。

东台大门上的红底金字大匾，是毛泽东1958年9月10日为“东山学校”题写的校名。

牛形山战国墓

湖南中部最大的战国墓葬

湘潭湘乡市区东北

牛形山战国墓形似卧牛，因而得名。这一带战国墓葬密集，是湘中地区战国时期墓葬最集中的地区之一。

1975年和1976年对其中两个毗邻的高大土冢进行了发掘和清理，并定名为牛形山一号和二号战国墓。两座墓葬的随葬品，有漆器、木器、陶器、竹编织品、铜品、玉器、琉璃器和其他器物等近300余件。

玩家 解说

漆器中的彩绘漆几，造型精巧、色彩鲜艳、纹饰秀丽、线条流畅，几面呈长方半弧形，两端有3条细长的足。几面上髹以发亮的黑漆为地，上用棕、红、黄漆彩绘夔凤相缠的纹饰，四周以三角形云雷纹陪衬，云雷纹中填以金色。足上绘夔凤颈首，下饰三角形云雷纹。其他如彩绘漆案、圆形奁、豆和耳环及彩绘虎座凤鼓架等都非常精致，玉器等保存也很完整。

碧洲公园

绿影婆娑、游人如织的公园

湘潭湘乡市滨河北路

东山学校

碧洲公园所在的孤洲草木丛生，每逢春夏，芳草萋萋，绿柳低垂，扁舟横渡，极富花态柳情、山容水意之美，故洲又称碧洲，渡曰芳渡。“碧洲芳渡”旧为湘乡八景之一，以风光绮丽、景物迷人著于史志。历代文人墨客，多有咏唱。

万福桥

湖南省颇有名气的大型石拱桥

湘潭湘乡市西南5千米处的洙津渡

万福桥是一座古老的石拱桥，经过多次修缮，现在长约166米。桥东建“楚南大观”牌坊一座，牌坊下立“万福桥”石碑一块。1967年，湖南省韶山灌区工程指挥部在万福桥东面添建了“洙津渡槽”，谭震林先生亲笔题赠“飞涟灌万顷”5个大字，更显出了这座巨型渡槽“楚南大观”的光彩。

链接

万福桥的由来

清代以前，湖南民谣说：“走尽天下路，难过洙津渡。”《南中纪闻》载：“洙津渡渡夫最刁，客担经涉，受其逼诈者无不切齿。”对此，邵阳人徐公明非常气愤，决心变卖家产，广募资金，在渡口修一座桥。据说修桥时徐公明的一片苦心感动了神仙下凡，每天上工的有百人，而就餐的仅99个。还有，大桥整体组装时，发现尚缺一块石料，一时难以办到，后经神仙指点，说烧茶老妪为工匠洗涮衣裳用的石板可行，拿来

碧洲公园

一试，分毫不差，大功告成之日，桥取名“万福”，即为万民造福之意。

褒忠山
有“湘中第一山”的美称

湘潭湘乡城西约30千米处

褒忠山海拔800多米，相传有邱氏二女终身不嫁，于此山修道成仙，故原名“贞女山”。宋末，乡民刘荣叔起而抗元，踞山不屈，最后兵尽粮断，舍身绝崖。后人为纪念他，褒奖忠义，遂改名“褒忠山”。

玩家 攻略

如果游人沿着密林小道盘桓而上，峰回路转，见一巨石上刻有“白云关”3个大字，此即白云出入之关口。每当白云“出关”，则关下云雾弥漫，而山头晴朗碧透；若白云“入关”，则山头云遮雾盖，而关下清明如镜，是褒忠山奇观之一。

石鱼山
湘乡八景之一

湘潭湘乡市湖山乡

石鱼山，又名石鱼屏，曾誉称“石鱼彭鬣”，为湘乡八景之一。1000多年前，我国古代卓越的地理学家郦道元在《水经注》中这样记载过：“涟水东入湘乡，历经石鱼山，山高数十丈，广十里，山下多元石，色黑而理若云母，凿开一层，辄有鱼形，鳞鳍首尾，宛若刻画，长数寸，鱼形备足，烧之作鱼膏腥，因以名之。”

韶山灌区
大型引水工程

湘潭湘乡市洋潭水库

韶山灌区拦截涟水上游集水面积约5050平方千米，逼使涟河水进入韶山灌渠。韶山灌区渠道有总、南、北、左、右干渠及宁乡、韶山分渠，共长240千米。

韶山灌区不仅有灌溉、发电、通航之利，也是很好的景观。那些渡槽、隧洞等都极有观赏价值，如“白浪滔天”“三湘分流”“普田一虹”“双江纵横”“楠竹长虹”“石牛横渡”等渡槽，“龙跃关”“山舞银蛇”等隧洞，都是很好的人文景观。

朝阳山
革命纪念地

湘潭湘乡市中沙镇朝阳村

朝阳大山山势奇伟，周围数十里绵亘着大大小小的山头，众星捧月般地把它的主峰朝阳峰捧上半空。朝阳峰以美丽的云海著称。这里的云海瑰丽奇幻，夏日雨后或清晨，站在山顶上，便可看到云从谷底冉冉升起。黄公略故居就深藏在峰顶的怀抱里。故居内有3个陈列室，通过众多照片、画幅和先烈的部分遗物，展示出这位英雄短暂而光辉的一生。

景点推荐

株洲周边景点

方特欢乐世界 AAAA

被誉为“东方梦幻乐园”

株洲市株洲云龙示范区

280元

株洲方特欢乐世界以科幻和动漫为最大特色，可与当前西方最先进的主题公园相媲美。

株洲方特欢乐世界由20多个主题项目区组成，如飞越极限、星际航班、恐龙危机、生命之光、海螺湾、逃出恐龙岛、维苏威火山、聊斋、宇宙博览会、火流星、探险乐园等十几个主题项目区组成，包含主题项目、游乐项目、休闲景观项目以及配套服务共计200多项。

玩家攻略

这里有国际一流的高空飞翔体验项目“飞越极限”，大型动感太空飞行体验项目“星际航班”，大型火山探险项目“维苏威火山”，大型恐龙复活灾难体验项目“恐龙危机”，大型主题漂流“逃出恐龙岛”，让人琢磨不透的中国传统神话的神奇演绎“聊斋”，色彩斑斓如梦似幻的“海螺湾”等，对于喜欢刺激的朋友，探险乐园里有大摆锤、波浪翻滚、勇敢者转盘、探空飞梭等大量让人尖叫的大中型机械类体验项目。

大京风景区
融多种景观为一体的休闲地

株洲市芦淞区市郊东南

大京风景区将山、水、林、禽同生共荣的自然景观与古庙遗迹为主的人文景观相结合，集游览、度假、娱乐于一体。景区有仙峰岭、京水湖、屏风岭三大景区，拥有“金轮古寺”“谷音清溪”“山水佳处”“百鸟天堂”4个一级景点，“仙峰胜境”等10个二级景点，“双井清泉”等20个三级景点。此外，这里还新建了京湖度假村、大京山庄、醉仙楼、栖凤园、京湖酒楼等。

神农公园
兼具园林和炎帝文化特色

株洲市芦淞区建设中路

神农公园前临建设路，背倚湘江，是株洲市规划最早、建园时间最长，以炎帝文化为特色的综合性公园。全园占地面积约32公顷，共有乔木37 500多株，绿化覆盖率85%，园内的主要景点有神农阁、长春苑、津津园、听雨亭、影壁亭、唱晚亭、湖心亭、钓鱼台、庆园桥、回眸桥等景。

玩家 攻略

园内有著名的“神农八景”：高阁迎曦、水榭闻琴、龙池濯月、桃坞钓晚、荷香听雨、曲径凝芳、修篁绕翠、江天咏雪，已经编入湖南省景点名录中，且每个景点都配有诗词，是公园园林景观的代表。

神农城

石峰公园
被誉为新城“绿宝石”

株洲市石峰区建设北路

乘67路公交可到

石峰公园占地153公顷，公园建有“清心斋”“听月亭”“松涛廊”“望江亭”“寻梦山庄”等散点园林小品。园内柳暗花明，美不胜收。亭台楼榭，小桥流水之间四季花红叶绿，芳香四溢，五彩缤纷。在这个花园中，分别设以景命名的双莲池、蔷薇廊、胜春坡、红雨溪、溢香院，各景点错落有致，步移景异，游人到了这里，会感觉到神清气爽，耳目一新。

株洲神农城
神农文化展示和传播基地

株洲市高新技术开发区

市内乘坐106路公交即可到达

株洲神农城总占地面积约198公顷，主要景点有神农太阳城、神农塔、神农湖、神农大剧院、神农艺术宫、神农坛、神农大道、神农渠，是一个集文化、旅游、商业于一身的新型城市开放空间。

炎帝广场
大型文化广场

株洲市天元区天台山路西端

公交108路可以到达

炎帝广场占地面积约17公顷，广场分为文化景区、绿化景区、集会广场等7个功能区。各功能区通过规划的放射状和圆弧状道路网，组成前导、核心和背景3个景观序列。

炎帝广场核心部分文化景区，位于中轴线上，主体建筑高近20米的炎帝塑像。环绕巨型塑像，有象征“太阳之神”的基台和寓意炎帝精神与日月同辉的弯月状喷水池，有以歌颂炎帝丰功伟绩为主题的大型浮雕和图腾柱。

炎帝广场

神农园

高科技种植园及养殖园

株洲市高新区邓城村

神农园是在原有耕地基础上开发出的高科技种植园及养殖园，是一个融农业科技、旅游观光、休闲娱乐为一体的新型产业基地。园内有楠竹群建筑物、农家四合院、泰式竹楼、傣家竹楼等景点供人观赏、休闲，能满足现代都市人返璞归真、回归自然的心理需要。

罗哲烈士墓

墓碑由毛主席亲笔题名

株洲市天元区马家河乡

罗哲烈士墓的正中墓碑阴刻毛泽东主席手书的“罗哲烈士之墓”，两旁为墓志，墓冢朝西偏南，三沙土筑成，墓围上方竖汉白玉石碑3块，边框与碑顶饰花岗岩。

链接

罗哲小传

罗哲，字以恒，马家河打板塘人。1902年生，1926年任中央农民运动讲习所教员，由毛泽东介绍加入中国共产党。1927年初，任全国农民协会筹委会秘书，协助毛泽东筹备全国农民协会工作。1928年被捕，被国民党反动派杀害于长沙。

空灵岸

湘江沿岸著名风景之一

株洲市区南10千米处

空灵岸，位于湘江西岸伞铺乡磐石村，距县城南5千米。早在民间，空灵岸有和尚岩、石钟山、悬钟岩、狮子岩等别称。

南北朝梁武天监七年（公元508年）建空灵寺，中奉观音大士像，故又名观音岩。1987年重修空灵寺，依岩修筑山门、栈道、三圣殿、藏经楼、大雄宝殿等建筑。1990年，继续修葺房屋、旅游等基础设施，扩大规模，形成人们旅游、观光、拜佛的理想场所。

玩家攻略

（1）空灵岸更奇的是，与空灵岸遥相对峙的江心一洲，名曰“空洲”，又称“箭洲”，形似一支硕大无比的长箭竖浮碧波之上。空洲四面环水，上有阡陌村落，沿岸绿柳依依。

（2）空灵岸洲上设有娱乐场所和度假村，洲边还在平坦沙净地段设有天然游泳场。

九郎山

湘中山水胜地

株洲市石峰区北部

九郎山景区内资源丰富，有200公顷人

湘江沿岸风光

工杉木、13公顷笋竹良种观赏园、近7公顷荷花池及气势雄伟的枫树寨，富有传奇色彩的九郎寺、白马垅、猴子石、乌龟岸、九节龙、天河漕、花果山、朱树潭、巾帼英雄秋瑾故居。

九郎山方圆数十千米，奇峰逶延、古木繁茂、清泉叮咚、百鸟啾鸣，实乃湘中山水胜地，目前已被省市政府辟为九郎山森林公园。如今的九郎山已是石峰区垂钓、餐饮、娱乐、休闲于一体的"农家乐"式庭院经济户的聚集地。

十九人堆
十九烈士同葬的墓地

株洲市渌口区渌口镇

"十九人堆"封土堆长25米，高0.7米，墓前立有麻石墓碑，其碑上刻有"十九人坟墓民国十七年杨家园众姓立"等字。

该封土堆是在1928年1月12日，渌口地区工农自卫军攻打渌口团防局失利，被抛在杨家山的19具尸体，后经由杨家园的民众积极筹款购置棺木，将19具尸体同葬于一冢，称"十九人堆（冢）"。

朱亭古镇
朱熹讲学之地

株洲市渌口区朱亭镇

朱亭古称浦湾，南宋乾道二年（1166年），大理学家朱熹偕同张栻同游南岳，途经朱亭，在港上木桥边歇宿，应当地人士请求，结亭讲学。后人纪其事，便将朱、张讲学之处称为"朱亭"。主要景点有朱张桥、龙潭书院、紫阳阁、挽洲岛、一苇亭、祖师殿、汪家井、天子岭和马蹄印、麻石街、龙潭书院遗址、鲁班殿、龙潭湾等。

朱亭镇

先农坛

保存完整的古建筑

✉ 株洲醴陵市东正街

先农坛，又名神农殿，1906年为祭祀炎帝神农氏而建。第一次国内革命战争时期，这里是中共醴陵地方执行委员会和醴陵县农民协会所在地。

殿建在白色花岗石铺砌的台基上，共三进，大门为三拱石框木板门，墙壁为清代常见的山字形上覆琉璃筒瓦出檐，两端翘尾，丹色墙体，门外沿台基有石护栏，由两侧石阶导入。墙额刊石竖题“先农殿”3字。前厅有当年农民协会的办公室和毛泽东考察农民运动时在此居住的房间，室内床铺、桌椅、油灯、笔砚等物，均按原样陈设。

李立三故居

李立三青少年时生活的地方

✉ 株洲醴陵市渌江乡

李立三故居始建于19世纪80年代，占地面积2355平方米，建筑面积922平方米，坐东朝西，黄色围墙，八字柴门，门额题“芋园”，有房屋32间，为土木结构的单层庭院式民居。进柴门15米为正屋，大门石刻门额由原中共中央总书记胡耀邦题“李立三同志故居”。

链接

李立三小传

李立三（1899—1967），中国无产阶级革命家，中国共产党的优秀党员，新中国的创建者之一，原名李隆郅，湖南醴陵人，先后入渌江中学、长郡中学和广益中学，经罗章龙介绍，响应“二十八画生”征友声明，同毛泽东会见，广益中学毕业后，到护国军当兵。

1919年9月李立三赴法勤工俭学，在克鲁梭的史乃德钢铁厂当翻砂工，并积极参加留学生的爱国运动，李立三在文化大革命中受到了迫害，1967年6月22日含冤去世，终年68岁。1980年3月，中共中央为李立三平反昭雪，召开追悼大会。

渌江书院

株洲办学最长、影响最广的书院

✉ 株洲醴陵市左权路

渌江书院始建于宋淳熙二年（1175年），是株洲办学最长、影响最广的书院。渌江书院三面环山，面向渌水，占地近7000平方米。渌江书院早年从东正街青云山下迁至西山，宋明皆为学宫，清乾隆十八年（1753年）正式命名渌江书院。现为教师进修学校，保存有前头门讲堂、内厅、日新斋、又新斋等原有建筑及一些名人留下的篆刻碑文。

李立三故居

玩家解说

渌江书院原址在醴陵市青云山，南宋孝宗乾道三年（1167年）及宁宗庆元三年（1197年），理学大师朱熹两度踏进渌江书院的院门。明代理学家王守仁明正德元年（1506年）因言事贬谪贵州龙场驿丞，途经湖南，慕名而来渌江书院，浏览之余讲讲学，盘桓多日，渌江书院因此名声大噪。

陶瓷陈列馆

以釉下五彩瓷闻名

株洲醴陵市市区

湖南陶瓷陈列馆成立于1958年。其前身为醴陵城关镇陶瓷馆，是一座中西合璧的三层建筑，馆藏品3000多件（套）。以釉下五彩瓷为主打展品。现已成为全国少有的集展品、资料、信息于一身的陶瓷博物馆之一。

链接

毛主席的“胜利杯”

醴陵窑为毛主席烧制的第一批专用瓷是“胜利杯”。1958年中共湖南省委奉命为中央首长试制一批茶杯，省委派专人到醴陵瓷器工业公司和陶瓷研究所交代了这一光荣任务，随即中央办公厅又派人送来一个毛主席在延安使用过的无花、无盖、瓷质粗糙、颜色灰白的桶状茶杯。经陶瓷研究所高级工程师梁六奎反复设计修改，增加杯盖，还创造出杯底带釉工艺（即目前醴陵窑独有的釉脚工艺），共试制6款造型式样，先后4次送长沙鉴定，终于烧制出既实用又美观的茶杯。1958年7月2日，首批送往北京中南海的茶杯共60件，其中釉下花30件、白瓷30件，杯底印有“湖南醴陵”楷体字样及和平鸽标志。同年8月19日，根据湖南省委通知又补送了60件，从此毛主席用上了家乡特制的瓷器。

主席瓷

东富寺

毛泽东同志考察农民运动旧址

株洲醴陵市东富镇

东富寺始建于明代，经由清嘉庆二十一年（1826年）重修，为砖木石结构，硬山式顶。

东富寺有五进院落。一进正面是3张大门，进大门为戏台，戏台面向二进，台前有坪，可容观众千余人。二进为包公殿，殿前檐下设约2米高木栅。殿内有方形石柱4根。柱基复盆方鼓形，红漆天花板成拱形。殿左有门通三进佛堂。佛堂左右有厢房、天井，中有圆形门通四进。四进中为厅堂，左右为厢房，厅堂与厢房间左右各有一个天井。五进地势较高，有砖砌踏步进入文昌阁。

左权将军纪念碑

党的模范左权的纪念碑

株洲醴陵市城区西山

左权将军纪念碑高3米，基座屹立着左权将军塑像，像高5.5米，基座前方正中嵌大理石碑，镌刻邓小平题写的“左权将军纪念碑”7个大字。基座后嵌入大理石质地“左权同志碑志”，碑志为彭德怀于1942年10月10日撰写，1987年7月1日中共醴陵市委员会，醴陵市人民政府重镌。纪念碑后立有一道碑墙，嵌有周恩来、朱德、贺龙、董必武、叶剑英等人的纪念左权将军的题词碑刻。

链接

左权小传

左权（1905—1942），字叔仁，出生于湖南醴陵。中国工农红军和八路军高级将领。1942年5月，侵华日军发动五一大扫荡，左权于战斗中阵亡，时任八路军副参谋长。左权牺牲后，周恩来称他“足以为党之模范”，朱德赞誉他是“中国军事界不可多得的人才”，为纪念左权，晋冀鲁豫边区政府决定将辽县改名为左权县。

景点推荐

茶陵周边景点

慧科生态园

全国水土保持科技示范园区

株洲市茶陵县马江镇

株洲慧科生态园占地面积267公顷，园区建设以发展特种养殖为依托，以发展经济果木林为主导，以休闲观光为龙头，主攻园林绿化为主要内容。

该园种植各种名优特水果和油茶88公顷（其中油茶53公顷，各种名优特水果33公顷），绿化及移栽精品苗木约20公顷，高标准新修小二型水库三口，山塘三口，坡改梯土梯田67公顷，修建排水沟5800余米。新建年出栏2000头生猪的栏舍一栋，以及科普科教培训中心、休闲小屋、水上乐园、产品仓蓄等建设项目。

茶陵铁犀

古人为镇压河妖而作

株洲市茶陵县城关镇

茶陵铁犀建于南宋绍定五年（1232年），犀高1.1米，重约3.5吨，系用亚共晶白口生铁分3次浇铸而成，其状似牛，俗称“铁牛”，它至今仍乌黑锃亮，光彩熠熠。

玩家 解说

外地人来茶陵，必看茶陵铁牛。“茶陵铁牛”指的就是茶陵铁犀。茶陵铁牛名声很大，早在1953年，就被湖南省人民政府公布为文物保护单位，1984年，省人民政府重新公布。毛泽东同志称赞茶陵籍老红军时就说过："茶陵的同志很勇敢，很会打仗，茶陵铁牛嘛！"20世纪80年代有部取材于茶陵土地革命时期斗争故事的电影《归乡》。故事中的铁牛镇的"铁牛"，原形就是"茶陵铁牛"。

云阳山 AAAA

神农文化的发祥地之一

株洲市茶陵县城西郊

从株洲中心汽车站出发，乘坐汽车到达茶陵

45元

云阳山是神农文化的发祥地之一，同时又是湘东宗教文化活动的中心，相传为南岳圣帝的避暑山庄，历代佛道之士视为神仙福地，素有"古南岳""亚衡山"之称。公园内森林植被主要包括马尾松林、杉木林、楠竹林、天然针阔叶混交林。

森林公园是国家级自然保护区，由云阳山、天堂山、杨柳山等几大山峰组成，旅游资源丰富。主要景区有半山亭休闲度假区、樟木冲游乐区、天池景区、罗汉洞景区、神农故封景区、云阳仙景区。主要景点有云阳仙、观音岩、五雷池、张良试剑石。

玩家解说

云阳国家森林公园是炎帝神农文化的发祥地，是湘东宗教文化活动的中心，茶陵是明、清四大学生刘三浯、李东阳、张治、彭维新的故乡，是中国革命的摇篮——井冈山根据地六县之一，是中国第一个工农兵红色政权的诞生地，还是毛泽东、朱德、彭德怀、陈毅、谭振林等老一辈无产阶级革命家浴血战斗的地方，因此，茶陵和云阳国家森林公园是湘东黄金旅游线上的一个重要节点。

工农兵政府旧址

重要红色旅游景点

株洲市茶陵县城关镇前进村三角坪

茶陵县工农兵政府旧址占地约10 520平方米，是全国红色旅游30条精品路线第8条中

茶陵工农兵政府旧址

的重要景点，湖南省的重要红色旅游景点，株洲市市级文物保护单位。原系南宋至清代的县（州）署衙，始建于宋代中叶之末。

列宁学校旧址

创办于新中国成立前

株洲市茶陵县秩堂乡毗塘村

列宁学校旧址，前身为毗塘书院，1930年6月，茶陵县委在小田寨下坪召开了茶陵县第一次工农兵代表大会，成立了茶陵县苏维埃政府，并做出了创办茶陵县列宁高级小学的决议，制订了校规校训和校歌，决定对区、乡政府保送来的工农子弟免费入学。

该校为革命培养了大批人才，新中国成立后扩大为初级中学，1958年辟为纪念地，后复名为列宁学校。

九渡冲遗址

第四次反"围剿"战斗遗址

株洲市茶陵县高陇镇九渡村

1933年5月6日，国民党军63师为补充军需，派出4个营、1个骑兵连，通过九渡冲前往茶陵城接运物资，谭家述领导的红八军茶陵独立团获此情报后，与63师激战于此，战斗至7日才结束，共毙敌500余人，俘敌千余，缴获机枪、步枪1000多支，受到中共中央军委

的嘉奖。通过这次战斗，红八军补充了军需，战斗力大大增加，有力地策应中央苏区粉碎了蒋介石的第四次反革命“围剿”。

苏维埃政府旧址

最早建立的县级苏维埃政府之一

株洲市茶陵县严塘镇

此宅原是地主土豪的深宅大院，在打土豪过程中，被红军占领，作为苏维埃政府所在地。宅子共两层，每层约有20个左右的房间。这些房间里有的有灶台，有的有床，有的有锹与蓑笠，大多数房间有2个以上的门通往其他房间。宅子两端对称，前有大厅，后有小院，占地面积约600平方米。

1931年4月，茶陵县苏维埃政府迁此。该建筑系前后2栋，中有天井2个，房间24间，当时的“茶陵县苏维埃政府”门牌、“财政部、文卫部、军事部”等机构及室内地图、宣传画和内外标语保存完好。

烈士陵园

缅怀先烈的阵地

株洲市茶陵县城关镇

茶陵县烈士陵园始建于1952年，占地总面积约8.70公顷，自建园以来，先后建成革命烈士纪念碑、无名烈士塔及纪念亭2座、纪念阁1座、门庭1座。

1959年，在烈士陵园内建成茶陵县革命纪念馆，设有陈列室10间，陈列面积1740平方米。这里又改建了东大门，完善了纪念亭阁的名匾、楹联，新建了烈士英名长廊、浮雕及环园路等，进一步丰富了红色文化内涵。

酒仙湖

中国重要的生物基因库之一

株洲市攸县酒埠江镇的东南部

酒仙湖风景区，面积约193平方千米，景区保持着近乎原始的生态环境，动植物资源丰富。酒仙湖水库始建于1958年，1960年合闸蓄水、湖区集水面积为610平方千米，深水航道为24千米。酒仙湖是攸县酒埠江旅游区的核心景区，湖面积150平方千米，含酒仙湖、宝宁寺等多个景点。

景区内湖光山色、飞瀑流泉、密林幽溪、峡谷天桥、奇洞阴河、绝壁天坑、化石古迹等景观要素齐全，景观奇险壮丽，尤以岩溶洞穴、地下河、瀑布、天生桥典型独特。这里的溶洞景观丰富、造型奇特，化学沉积物多达十几种，还有大量地下河冲刷、堆积及洞中崩塌堆积景观，堪称中国的“溶洞世界”和“洞穴博物馆”。

桃源谷

桃源谷古河道全长2000余米，谷内植被茂盛，溪流潺潺，碧潭飞瀑，奇禽异兽出没，空气清新，真乃天然大氧吧。

酒仙湖

阳升观

阳升观始名朱阳观，始建于唐天宝七年（公元708年），是我国开创较早的名观之一。为唐宋以来屡经敕旨而建，是南齐重臣张巴玉在此修道成仙的道场。

玩家 解说

阳升观前殿有王、马、殷、赵4神像，中殿有司空神像3尊，左右有金、吾2将侍立，两旁置捉、缚、枷、锈4种神像，横眉怒目，状甚可畏。后殿供道教至高3神像：上清、玉清、太清，是为三清殿。又有如来、观音、十八罗汉等佛像陈列院内，表示“佛道同欢”。近百年来，屡遭破坏，神像全部被毁，中殿重檐被拆，宋徽宗敕令御碑被炸，铺屋和后殿已夷为平地。从幸存的部分建筑艺术看，保留唐宋风格。

链接

阳升观与唐玄宗的故事

唐王乾祐撰《司空山实录》载，当年五月十三日夜半，唐玄宗夜梦一神人，身着红霞之衣，带领一侍者浮空而下，对皇帝说：“臣在楚南攸县司空山，其山曾是臣修行之地，今臣以证仙品，每念水土以为陛下护国安民。中有仙坛，荒废年深，陛下今为明君，幸与臣整个祠宇，选有德行道流住持，永作灵山，使绵延国祚，福庇万民。”

第二天，唐玄宗感梦中之言，遂命官吏检索郡国图籍，得知攸县于梁天鉴二年（公元503年）八月十五日午时，有南齐张巴玉司空全家拔宅升天的史实，大为惊叹。遂下敕勘查，所属司空山内古迹仙坛，起立祠宇。不出数月，宫宇建成，录史张祐奏请玄宗皇帝赐名。因此山在南岳朱陵洞之南，古以山南为阳，于是皇帝赐批“朱阳观”之名。之后，朝廷又命地方官在观域范围内开田150亩（10公顷），又以皇上名义，选攸县洞灵观尹大初、升云观李子贞、严真观陈少留等道士为朱陵观住持。

酒埠江水库

酒埠江水库风景区总面积约830平方千米，水库的湖面碧波万顷，帆影点点，当人们泛舟于湖中，会看到天水共成一色，感觉就像进入了画卷中一般。

仙人桥

仙人桥属喀斯特地貌，桥面长约20米，石桥下洞高60余米，两头窄中间宽，如同天造地设，世所罕见。清人洪浩曾写诗这样赞美仙人桥：“两峰对出碧云中，一水潺潺路绝通。好似女娲留片石，补天未已补山空。”

东冲兵工厂

红军的重要军事堡垒之一

株洲市攸县鸾山镇漕泊新联村

漕泊东冲兵工厂旧址始建于20世纪20年代初期，旧址原为程家祠堂，占地面积192平方米。

东冲兵工厂是湘赣根据地最早的、现今又基本保存下来的为数不多的兵工厂之一，它是江西莲花一支枪纪念馆的前身。旧址内外墙壁上仍保留了当时10多幅红军革命标语，十分珍贵。

玩家 解说

井冈山革命根据地时期，攸县的柏市、漕泊为红军革命根据地。该兵工厂为保卫井冈山革命根据地提供了强有力的武器支援，随后，兵工厂周围相继修建了军营、指挥部、列宁小学、红军医院等，形成一个相对集中的红色根据地，一时之间，这里成为红军的一个重要军事堡垒。兵工厂的成立，也招来了敌人的疯狂围攻。为保卫根据地，彭德怀、谭震林、萧克等红军将领都曾在此浴血奋战。

酒埠江水库风光

链接

兵工厂的革命历史

1930年春夏，中共湘赣省委派人到攸县帮助建立了苏维埃政权。1930年秋，攸县工农兵苏维埃政府在漕泊出水冲正式成立，并着手建立地方武装。在东冲三斗岭下原程家祠堂内，创建了东冲兵工厂，并利用周围隐蔽的溶洞，开辟了修造车间。兵工厂集中了苏区铁、木、银匠30余人，打造梭镖、大刀、匕首，雷火枪、松树炮，并为红军修理枪械。红军东冲兵工厂武装的苏区军民，多次打退敌人进攻，扩大了革命力量，同时也遭到敌人数次围剿。为保存革命实力，1932年冬，东冲兵工厂迁至江西省莲花九龙山，并以其为基础建立了湘赣省军械厂。

南岸列宁室

接受革命传统教育的基地

株洲市攸县峦山镇南岸村

1932年6月，中国工农红军湘赣独立一师三团奉命来到峦山南岸，为组织干部战士学习马列主义，向群众宣传革命道理，将此地辟为“列宁室”，室内书写了最早初译的《国际歌》歌词、《少年先锋队之歌》歌词，至今清晰可见。

六十分烈士墓群

埋葬革命烈士的墓群

株洲市攸县网岭镇大新村

六十分革命烈士墓群分布于大新、龙形、陶和三村交界的山头上，共计24冢。中华人民共和国成立后，攸县政府和当地群众为烈士修筑了坟台和烈士纪念塔，1985年，攸县人民政府公布为县级文物保护单位。2008年12月，由株洲市人民政府公布为市级文物保护单位。

谭震林旧居

展示谭震林生前用品的宅居

株洲市攸县城关镇珍珠巷

谭震林旧居是一处明清风格的古建筑，兴贤堂建于清道光十三年（1833年），三间三进，分设前、中、后三殿，前殿为梁架结构，青石拱门，中殿为木柱梁架结构，左右次间及正间、后柱间均为板壁花格门窗，两前柱上方各饰一倒立奔鹿对峙，拾级进入后殿。与中间的文昌庙和左边的仓圣庙连接为一个整体。

谭震林铜像

谭震林墓

按谭震林生前遗愿所立的墓

株洲市攸县中心大道西攸洲公园

谭震林墓，面积9280平方米，整个墓园分三个区域：停车区、铜像区、墓葬区。整个墓园周边种植女贞、红桧木及草坪，绿化面积30%以上。铜像位于墓前20米，像高3.8米，头戴青绒帽，身着风衣，双手后握，凝视前方。黑色大理石贴面，由谭震林子女及亲友所立。

链接

谭震林小传

谭震林同志，杰出的无产阶级革命家。他把自己的一生全心全意地奉献给了中国人民的解放事业和社会主义现代化建设事业。在半个多世纪的革命生涯中，他跟随共产党伟大领袖毛泽东同志，为壮大革命武装力量、创建革命根据地、夺取中国人民解放事业的胜利，建立了不朽的功绩。

谭震林不仅是一位优秀的政治、军事领导人，还是一位严师益友。他十分关心干部和士兵，对下属从不用命令教训的口吻说话，但他批评起人来却非常严历，有时会叫被批评者下不了台。谭震林也非常乐意接受来自下级的批评，勇于承担责任。

酒埠江

我国东部峰丛地貌的代表

株洲市攸县东部

酒埠江国家地质公园，地处湘赣交界的罗霄山脉中段西侧，面积193平方千米。公园是一个以溶洞、地下河、天坑、峡谷、天生桥、瀑布、湖泊、古生物化石等地质遗迹景观为主体，辅以丰富的生态景观和人文景观，融科学价值和美学价值于一体的大型综合性地质公园。

玩家解说

园区发育着典型、独特而完整的岩溶峰丛谷地地貌和溶洞、地下河系统。是我国小区域内岩溶地貌体系最完整的地点之一。

地表和地下岩溶地貌形态多样，景观丰富，有峰丛、溶丘、溶谷、盲谷、洼地、漏斗、石林、石芽、天生桥、天坑、竖井、溶洞、地下河等，发育特征鲜明，组合有序，形成过程、发育阶段、发育规律和发育特点体现系统而完整。

炎帝陵

炎帝陵 AAAA

素有“神州第一陵”之称

株洲市炎陵县鹿原陂

78元

炎帝陵景区总面积111.86平方千米，是中华民族始祖炎帝神农氏的陵寝，享有“神州第一陵”之誉，堪称全球华人的“精神家园”。景区建筑规模雄伟，建筑风格金碧辉煌，景点众多，包括炎帝陵殿、神农大殿、御碑园、皇山碑林、天使公馆、圣火台等。这里距今已有1000多年，现为国家级风景名胜区、全国重点文物保护单位，是炎黄子孙寻根祭祖、旅游观光的圣地。

玩家解说

炎帝是中华民族的始祖之一，又称赤帝、烈山氏，距今约4000多年前生于姜水之岸（今陕西宝鸡一带）。他与黄帝结盟并逐渐形成了华夏族，这才有了今天的炎黄子孙。

链接

炎帝的三位母亲

相传炎帝的母亲叫女登，一天晚上，她梦见天上的太阳落在怀里，感到又温暖又舒服。过了一年零八个月，女登生下一个红球，红球在地上滚了几滚之后裂开，中间坐着一个胖乎乎的男孩。大家非常高兴，认为是太阳神降生。

女登和大家一起去采果实，把孩子放在一块大石头上，让他晒太阳。谁知孩子睡醒后，感到又热又饿，便哇哇大哭起来，哭声惊动了山中的生灵，这时，岩鹰飞了过来，为孩子遮阴扇凉。接着，山鹿也跑过来，为孩子喂奶。孩子歇荫纳凉，吃着鹿奶，又甜甜地睡着了。此后，每当女登离开孩子时，鹰和鹿都很快过来照顾护理。人们认为鹰和鹿也是炎帝的母亲，孩子得到三个“母亲”的精心养育，很快就会说话走路了。

炎帝去世后，为了纪念炎帝的三位母亲，人们雕刻石鹰、石鹿，安放在炎帝墓冢左右，和炎帝同等祭祀。北宋乾德五年（公元967年）修建炎帝庙时，将石鹰、石鹿移放在主殿前方的左右两侧，至今未动。

炎帝陵殿

炎帝陵殿始建于公元967年，1654年毁于香火，1986年6月重新修复。炎帝陵殿分为五进：第一进为午门；第二进为行礼亭，亭前

炎帝陵大殿

矗立着"炎帝陵"汉白玉碑；第三进为主殿，殿堂正中厝放香樟木雕塑的炎帝神农氏金身祀像；第四进为墓碑亭，中央竖汉白玉墓碑；第五进为陵墓。

神农大殿

神农大殿坐落在炎帝陵殿中轴线东侧，建筑面积约1400平方米，清式仿古建筑，神农大殿面宽37米，进深24米，由大殿、东西配殿、连廊和两个四方亭组成，是一座气势恢宏、古朴典雅，集寻根谒祖、旅游观光、科研考察和进行爱国主义教育于一体的综合性圣殿。

玩家解说

大殿外廊挺立着10根高浮雕蟠龙石柱，蟠龙栩栩如生，石柱为福建花岗岩整石制作。"神农大殿"匾额为中国书法家协会主席沈鹏先生题写。神农大殿中央立有炎帝石雕像，一手拿谷穗，一手握耒耜，雕像高9.7米，为福建光泽红花岗岩雕琢。神农大殿以南依次建有祭祀广场、朝觐大道、龙珠桥、朝觐广场、咏丰台、龙珠大道、圣德广场等建筑。

御碑园

御碑园坐落在炎帝陵殿中轴线之北，大殿后墓碑亭两侧有拱门道路可通。御碑园建筑面积280平方米。园内古松参天，林木蓊郁，曲径幽谷，气象万千。主要景点有碑廊、九鼎台、回归碑和《神农功绩图》壁画。

碑廊

碑廊是御碑园的主要建筑，分列碑园东西两侧，为硬山卷棚式仿古建筑。壁上镶嵌明清御祭文碑51块，宋、明、清、民国和中华人民共和国等历史时期有代表性的记事碑5块，共56块。现在最早的御祭文碑是明洪武四年（1371年）朱元璋登基告祭文碑。

圣火台

圣火台位于神农大殿南龙珠山，是1993年为点取首届"炎黄杯"世界华人华侨系列龙舟赛圣火而建，台高40米，台中央立有高3.9米的褐红色点火石，正面刻有朱红象形体"炎"字，就像是燃烧的火炬。

玩家解说

台面三层呈宝塔形，每层高0.6米，直径分别为9米、6米、3米的梯形圆台，底层铺设花岗岩石板，外护正方形花岗石栏板，边长100米，取天圆地方之义。2002年建设炎帝陵公祭区，圣火台原来的南北石阶已经被废，换之从台西辟一石砌台阶，共132阶，下面与咏丰台相连接。

神农谷 AAAA

非常适宜疗养的森林公园

✉ 株洲市炎陵县十都镇

¥ 101元

神农谷国家森林公园景观集山、水、石、林于一身，显著特色体现为奇、险、雅、

神农谷风光

趣，享有“绿色宝库”“动物乐园”之美称。园内分为甲水、田心里、东坑、桃花溪、平坑等景区，公园自然景观神奇而迷人，且各具特点，再加上怡人的气候、清新的空气，使这里成为不可多得的观光休闲、避暑探险胜地。

龙潭天河

镜花溪与孟华溪汇合，水量激增，流成一条天河，其势如奔腾野马，劲不停蹄，一往直前。激流时而为横卧巨石所阻，咆哮如雷，惊心动魄；时而从高处跌落，水落石穿，形成深不可测的石潭，潭中白浪滔天，水花翻滚，传说水中有龙，故名龙潭。

珠帘瀑布

瀑布从41米高的悬崖上飞流跌下，水珠四溅，迷雾蒙蒙，且在瀑布左边的悬崖上有一酷似美女的石壁，给人以美好的遐想；而且珠帘瀑布景点的负氧离子在经测定的国家森林公园中含量最高，是保健疗养的绝佳场所。

龙母生双子

龙母生双子是一虬曲苍劲的古钩栗树，树主干胸围2.1米，高19米，其根部孪生两棵树，树干浑圆，直插蓝天，故当地人称之为“龙母生双子”。树的根部因被溪水冲刷，大部分裸露，盘根错节，如同巨蟒，其主根紧紧抱着一方巨石，故又名“树抱石”。

桃花溪景区

桃花溪景区绝壁峙立、潭瀑相连，山上竹林茂密，溪边杜鹃盛开，典型的木柱吊楼民居风格独特，是一处非常不错的游览、休闲之地。景点主要有珍珠潭、姊妹瀑、猴林、竹园、民俗村、天女散花、杜鹃报春等。

平坑景区

平坑景区古木参天、瀑布壮丽、庙宇古老，景观极其丰富多彩。主要景点有平坑瀑布、七姑仙、三面回音、枫叶知秋、牛角垅民居等。

东坑瀑布

东坑瀑布落差170余米，成三叠下泻，蓝天、青山、绿树间，似一道白练当空飘舞，又如一条云带飞身下潭。春夏时节，水量急增，天河倾泻，一级撞击一级，惊心动魄；枯水季节，一线瀑布则有如轻纱薄绢缥缈其间。

石板滩

溪中遍布巨石，有的宽如平台，可坐数十人，有的圆若累卵，立于飞泉险滩之中。右岸有一巨石，上面天然生成一个两米见方的水池，石板滩两岸山势险峻、林木茂盛，山溪自绝壁夹缝中穿过，溪流奔涌，透过几道山梁，仍然涛声如雷。

狮子岩

狮子岩是桃源洞内知名度最高的山岩，由龙潭天河及西群山组成，立身于田心里居之前。山岩酷似一头昂首东望的雄狮，狮头是数百丈高的巨岩形成，雄狮前爪扑伸，前方有一圆形小山，林木葱郁，形如绿色绣球，大自然的鬼斧神工塑出了“狮子滚绣球”的胜景。

芳草鹿原

芳草鹿原位于桃源洞宾馆西南2.5千米的横泥山，海拔1800米，沿山脊一带，可远眺东坑瀑布雄姿。崇山峻岭之上托出一块千亩草甸，十分罕见。草甸内芳草丛竹，当中有一个10米见方的水池，各种灌木、藤蔓、杜鹃、圆锥绣球沿草甸边沿生长，并栖息着成群的红嘴相思鸟和画眉。因为这里可以经常看到群居的野鹿，故名芳草鹿原。

飞茬

飞茬位于公园北部的九曲水。在半圆状石壁环绕之中，一线水流喷破而出，直泻潭底，高达100米，在四周山势烘托下，显得娟秀可爱。更奇的是在板页岩石缝中，栖息成百上千的石燕，游人至此，客声惊燕，环飞鸣叫，蔚为壮观。

红军标语博物馆

中国第一家红军标语专题博物馆

株洲市炎陵县

炎陵红军标语博物馆是经湖南省委、省政府批准，并报中宣部备案的重点文化工程。该工程共分两部分：第一部分为博物馆主体建筑，第二部分为文化广场，总建筑面积3890多平方米。博物馆仿江南清代祠堂式建筑，主体分为两层。该馆兼具爱国主义和革命传统教育、旅游参观、文物收藏、学术研究等多项功能。

玩家 解说

当年，工农红军在炎陵城乡书写了大量宣传标语，仅保存到现在的红军标语就有150多处，可辨别的书写部队番号达66个之多，是全国保存红军标语数量最多、最完好的地区。

炎陵的红军标语有3个鲜明特点：一是历史地位高，它是中国共产党领导中国革命进程中的第一批标语，写标语是毛泽东同志亲自部署的。二是内容丰富，凡是在井冈山革命根据地开展的各项革命斗争，都有标语。三是番号多，凡是参加过井冈山斗争的所有部队都留下有红军标语。

这些红军标语书写时间跨度超过7年，表现形式丰富多样，既有口号标语，又有对联、打油诗，甚至漫画，其中有部分标语还是毛泽东等老一辈无产阶级革命家亲自拟定的，具有极高的史料价值。

洣泉书院

全国百个爱国主义教育基地之一

株洲市炎陵县霞阳镇

洣泉书院，始建于宋代，原名烈山书院，清嘉庆二年（1797年）增修斋舍，因县境内有耕熟岭，山下出泉，清纯不染、涓涓不息，是为洣水之源，学者诚如泉水，则百川归海，无所不包，故改名为洣泉书院。

书院属三进两厢式，一进为天井式室内庭院，两株古桂花树，每至八月满院芳香；二进是中厅，为讲堂，先生在此讲课授业，中厅和东厢房已辟为陈列馆；三进是后厅，中设孔子神位，两侧为先生寝房。

玩家 解说

1997年省文物局将该书院定为“中国工农红军在炎陵县革命活动纪念地”并改馆，注入三部分宣教内容，以图文并茂形式再现历史事实，对外开放展出。第一部分为《中国工农红军革命活动纪念馆》；第二部分为《十八年改革开放建设成就展》；第三部分为《炎陵县博物馆炎陵名人陈列》。

洣泉书院

景点推荐

娄底周边景点

石马公园

诗情画意的山地自然式园林

📧 娄底市娄星区湘阳街

石马公园得名于旧称“石马山”，总面积约22.5公顷。公园设计是以山地为主的自然式园林，其中山地约占3/5。全园由游览观赏、娱乐休闲、服务管理三大部分组成。功能分区明确，动静有别，既互有穿插，又互不干扰。公园的景观布局以石马阁为主景，御马湖为主体。石马阁为五层，高18米左右。御马湖面积约4公顷。

石马公园的绿化以香樟为主，依山就景配植有钟山柏、广玉兰、白玉兰、桂花、水杉等数十种树木。这些乔灌木为公园创造了一个既具有野趣，又富有诗情画意的山地自然式园林。

妙笔峰

因远看如毛笔而得名

📧 娄底市娄星区郊区4千米

妙笔峰是一座险峻的山峰，从底部均匀上缩，尖端如削，远看就像一支饱蘸翰墨的毛笔，故名“妙笔峰”。山上古木参天、修竹拂云，泉韵清幽。山麓有一石岩，名“豹谷洞”。每当残月西沉，东方露白时，洞口白雾缥缈，恍若仙境，古人名为“豹洞晓雾”，为旧时娄底八景之一。

洪家山森林公园

湘中休闲娱乐的“后花园”

娄底市娄星区双江乡境内

洪家山森林公园属亚热带常绿阔叶林区，公园集山、水、洞、林和人文景观于一身，是山青水碧的人间仙境，休闲度假、旅游观光的好去处。

整个森林公园由120多座山头组成的洪家大山，层叠起伏、林木苍翠，空气清新、景致独特。另有险幽奇深的圣仙洞、保存完好的华池洞，还有红军虎将贺国中烈士的故居。

圣仙洞

有奇特钟乳的石洞

娄底市娄星区北端的双江乡境内

圣仙洞十八洞以圣仙洞、子牙洞、白果洞居首。洞内有正宫殿、观音殿、水晶殿、万家灶、千层塔等景观，还有隐龙宫、舍身岩、南天门、北天门、银河口等较小的洞，与主洞连通，景面壮观。洞内另有一水潭，水色甚优，投石无波，潭中有肥鱼可供垂钓。

圣仙洞

湄江 AAAA

国内诗画意境的经典代表

娄底涟源市湄江镇周边

在娄底市内有直达景区的大巴车

通票150元

湄江风光秀丽、山水奇特、景观齐全，集山、水、洞、峰、泉、瀑及岩溶湖于一身，景区内富有代表性的景点有观音崖、莲花池、塞海、合掌崖、古棕崖、香炉峰、祝融峰、神仙桥、龙泉峡、清流潭、双龙洞、仙人洞等。

湄江溶洞数量之多，种类齐全，在国内十分少见。十里画廊是国内少见的独特地质地貌景观，具有地质构造科研价值。

玩家解说

湄江风景区里面有很多独特的自然风光。仙人府的薄层状灰岩类硅质岩形成的溶洞，国内罕见；观音岩下的莲花涌泉是由地下溶洞裂隙形成的涌泉，终年不断，且有5个泉眼，似沸水哗哗，引人入胜；藏君洞国宝厅的石桩，高达16米，围径需12人合抱；古神州是一处较大的溶洞，四层自生桥，造型奇特，得天独厚；香炉山的风动石，一人用手可摇动，但几十人推不倒；香炉山一石八景，也是一处绝妙天成的岩石雕塑。

天生桥

天生桥为一座典型的碳酸盐岩三孔自生桥。其桥南为一座单孔桥，高40米，为内仙桥，过小溪，便见一座双孔桥，高50米，为外仙桥，两桥扭曲连为一体，组成一个三孔立交桥。溪流从桥下通过，桥旁有4座小石峰，像4个桥墩，构成一座好似即将完工的多孔天生桥。该天生桥在目前碳酸盐岩溶天生桥中极为独特。

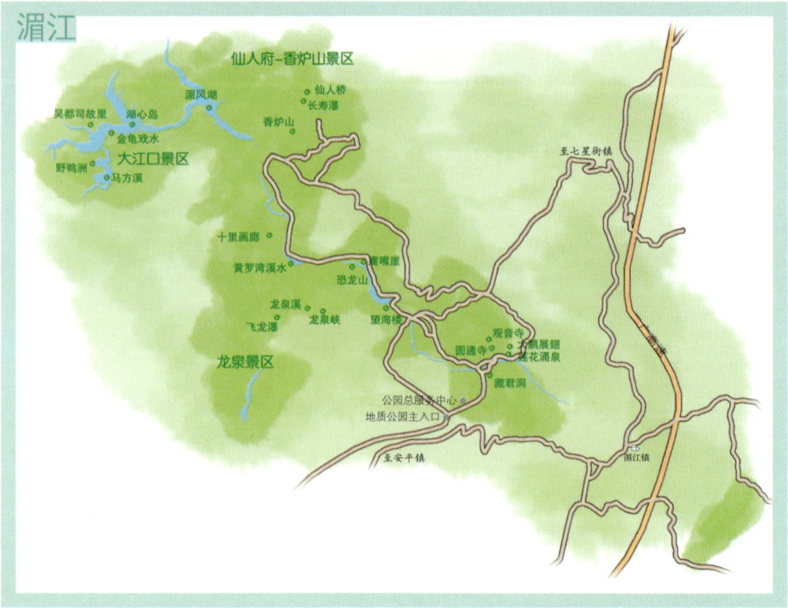

莲花涌泉

莲花涌泉位于观音崖藏君洞景区内，为一大流量的上升涌泉，为一终年不断水的涌泉。泉水从5个环抱的泉眼中涌出。此泉分布在莲花池中，远看似莲花朵朵，荡漾池中，近看如沸水翻滚，为我国目前发现的几个奇特上升泉中的一个，是一处具有典型地学意义的水体景观。

古神州

古神州为湄江公园内一大型溶洞，洞长约28 000米，内有高大洞厅20余个。其特点是洞厅高大宽敞，景点奇特，气势壮观。它由“开国大典”“五湖四海”“蓬莱岛”“九州万国桥”“中华第一石瀑”“九天银河”“布达拉宫”“塞外戈壁滩”等17个洞厅组成。

湄江

玩家 解说

洞内尤为壮观的是“九州万国桥”。该桥为一壮观的4层自生立交桥。该溶洞长200多米、宽50米、高70余米，是一处呈35度倾角的大厅。厅内由燧石团块组成42座大小不一的石桥，自上而下相互连接成一个“之”字形。整体桥面宽者达2米，窄则仅有尺余，桥下低可过人，高可通车，桥内时有流水通过，穿桥过洞；桥与桥之间或横生小桥，或竖生腰桥，纵横交错，令人称奇。

洞中有很多形态各异的桥，第一层桥，至少10座桥孔可过卡车，桥面大多可拖板车，从第一层桥沿崖壁螺旋而上，达第二层桥。在第二层桥上远望，后面是玲珑、美妙的“蓬莱岛”，前面是壮观的立交桥。目前此景在全国岩溶洞穴中尚属唯一，是我国目前发现的规模最大、独一无二的洞内自生桥群。

藏君洞

藏君洞为一大型天然溶洞，洞内洞中有洞、洞中有河，迂回曲折，地下河流水潺潺，溶洞分布在石炭系中、上统碳酸盐岩中，洞内钟乳石十分丰富，石笋、石柱、石幔、石楼、石像比比皆是。石钟乳千姿百态、绚丽多彩，景观奇秀、珍品奇绝，是我国少有的大型碳酸盐岩溶洞穴之一。目前已开发的4000米洞穴中，由12个大的溶洞群构成，由洞口往里有护君堂、惠帝殿、两重天、南巡厅、不夜城等溶洞景观区。

观音崖

观音崖为一个岩溶环抱的半圆形峭壁，海拔高度近500米。观音崖原为落水洞，因地壳上升，不断崩塌而形成，目前崖壁上仍发育有观音洞、藏佛洞、罗汉洞、盘蛟洞、藏经洞等绝壁5洞。

十里画廊

十里画廊又名黄罗湾峭壁，被誉为“三湘一绝”，峭壁巍峨挺拔、气势恢宏，沿涓江西岸呈南北向展布，悬崖断面近乎直立，仿佛一座巨大的长城屏障，悬崖峭壁上因风化作用形成色彩绚丽、多姿多彩的奇异画面。其色彩随季节、晨昏变化，构成一幅色彩斑斓的十里画廊，可谓华夏一绝。

仙人府

绝妙的山水溶洞景观

娄底涟源市

仙人府景区位于涟源市。这里以绝妙的山水溶洞景观取胜，是当地一处避暑消夏、探险寻幽的好去处。仙人府景区主要景点有洞中飞瀑长寿瀑，洞中一线天，世间绝景三孔立交仙人桥、洞内舞厅、南天门、东方维纳斯等。

聚仙厅

聚仙厅为仙人府内的第一大厅。厅内碧水浮舟，忽明忽暗，厅顶如碗状，厅内呈长方形，壁立的洞壁如舞台挂幕，由里向外层层紧缩。此厅相传九天玄女聚众仙女载歌载舞之场所，故名聚仙厅。

在洞内150米处，左壁上有一幅由纯白钟乳构成的精美宛如敦煌壁画的“仙人起舞”图。舞姿优美，飘然欲下，在仙女的脚下是一幅高18米，长24米的“天马临空”浮雕。鞍辔俱全，神形俊逸。

仙人府

东方维纳斯

东方维纳斯是一尊酷似村姑的白色钟乳石，当地人称其为“秀姑出浴”，游客则说成是“东方维纳斯”。这尊钟乳石高约1.5米，通体洁白。女性的胸部、肋部、股部十分明了，曲线优美。侧身面对游客，断臂、藏头，似羞非羞。

千年古棕

古棕崖为仙人府景区第一个景点。此崖绝对高度320多米。据同治《安化县志》记载，湄江共生长有10余棵峭壁古棕。此棕已年过千载。现在看去，千年古棕的根部全部暴露壁外，好像干枯，但叶部青翠欲滴，随风摇曳。棕树本长于湿润环境，峭壁长棕可说一奇。

神仙桥

神仙桥景区以一个极其高大宽敞的仙人洞为主，洞口有一座天然石桥，凌空飞架，高50米，跨度30余米。景区以内还有天弹待发、迷魂巷、炮台峰、断头台、元帅勒马、慈母背子等景观。

曾国藩故居 AAAA

被誉为中国“乡间侯府”

娄底市双峰县东部的荷叶镇富托村

50元

曾国藩故居富厚堂，又名毅勇侯第，是曾国藩的侯府，主体建筑近1万平方米，是典型的沿中轴线对称的明清回廊式建筑群体。其代表性建筑，主要有“白玉堂”“黄金堂”“万年堂”“大夫第”“富厚堂”等。

曾国藩故居始建于清同治四年（1865年）。整个建筑像北京四合院结构，包括门前的半月塘、门楼、八本堂主楼和3座藏书楼，还有咸丰七年（1857年）曾国藩亲手在家营建的思云馆等，颇具园林风格。富厚堂的精华部分是藏书楼，藏书量曾达30多万卷，系我国保存完好的最大私家藏书楼之一。

九峰山

因九峰并列而故名

娄底市双峰县荷叶乡镇

九峰山由飞形山、铁钉寨、双乳峰、正托峰、新亭子、乌飞山、木鱼岭等九峰组成笔架形排列，由此而得名九峰山。它为弧山地形，主山脉呈弯曲的“一”字形，从西北走向东南。这里为野生动物的栖身和繁衍创造了良好的条件，药材、楠竹资源也很丰富。

蔡和森纪念馆

国家三级博物馆

娄底市双峰县复兴路247号

蔡和森纪念馆总建筑面积约1600平方

曾国藩故居

蔡和森纪念馆

米，正门上方是聂荣臻元帅题写的馆额。馆前为蔡和森广场，竖立9米高的纪念碑，碑文由陈云亲笔题写，顶层为蔡和森立身塑像。

馆内陈列有蔡和森从青少年时代勤奋学习到为中国革命奋斗终生的文物、照片、著作等140多件。1995年3月30日，蔡和森诞辰100周年纪念日，馆前蔡和森、向警予、蔡畅、葛健豪4人群塑破土奠基。同年，该馆被确定为湖南省爱国主义教育基地。

链接

蔡和森小传

蔡和森（1895—1931），湖南双峰人，中国无产阶级杰出的革命家、中国共产党早期卓越领导人之一，著名政治活动家、理论家、宣传家。

1895年3月30日，蔡和森生于上海，1913年进入湖南省立第一师范读书，期间同毛泽东等人一起组织进步团体新民学会，创办《湘江评论》，参加五四运动。1919年底赴法国勤工俭学，1921年10月回国，在党的三大、四大上当选为中央局委员，参与中央领导工作。1927年5月在中共五届一中全会上当选为中央政治局委员、常委，随后又兼任中共中央秘书长。1931年6月因叛徒出卖在香港被捕，同年8月在广州英勇就义，年仅36岁。

蔡和森故居

留有蔡和森生活的印记

娄底市双峰县井字镇

蔡和森故居建于清朝末年，总面积550余平方米，是蔡和森、蔡畅同志故居。1900年5月14日，中国妇女运动卓越领导人蔡畅诞生在这里，并与哥哥蔡和森在这里度过了8年多的童年时光。1985年邓小平题写的“蔡和森故居”金字红木匾悬挂于故居大门。

故居陈列物品中有许多是原物，卧室中的床、书桌和衣柜，堂屋中的方桌和板凳，厨房中的大水缸和碗柜，农具室中的石磨、水车和大木耙等，都曾经留下过蔡和森、蔡畅的印迹。

洛阳湾古建筑群

气势壮观的建筑群

娄底市双峰县杏子铺镇

古建筑群建于明朝永乐年间，古建筑群由关圣殿、观音阁、龙王阁、文昌阁四大建筑组成。四者背山面水，互为犄角，连成一体，整个建筑朱栏画栋，亭角峥嵘，气势雄伟壮观。

溪口水库

游人观赏游览的绝佳场所

娄底市双峰县与湘乡市交界处

溪口水库常年库容量为3.7亿立方米，库区气候适宜，资源丰富，交通方便，景点迷人。库区内上有白鹭湖，下有白鹭山，左朝天门佛，右临青龙潭，中立天马山，有75处自然景观。此外，万罗仙境还有18个主洞、48个分洞，情景交融、形状逼真，可尽供游人观赏游览。

景点推荐 新化周边景点

梅山龙宫 AAAA

号称“天下第一洞”

娄底市新化县油溪乡高桥村

98元

0738-3931888

梅山龙宫是个大型地下溶洞群，为层楼空间结构，包括9层洞穴1万多个溶洞，号称“天下第一洞”，以洞府云天、哪吒出世、非重力沉积物、水中金山等溶洞景观著称于世。

此洞目前已探明长度2800多米。洞府分为六大景群，即“龙宫迎宾”“开天辟地”“龙凤呈祥”“碧水莲宫”“天宫仙苑”“梅山风情”；洞体造型奇特，组合多样，景观丰富多彩，举不胜举，既有流石景观，又有石笋、石钟乳景观，还有断面形态和蚀余小形态景观。同时，洞内通风良好、空气清新，被誉为“溶洞极品，洞穴奇葩”，是游客参观、休闲、避暑、摄影的理想之地。

玩家解说

洞内有大量形态各异的流石景观，美不胜收。其中更有四大溶洞景观之绝：一是洞府云天绝世景观，其层楼空间结构，规模宏大、布局天成、水陆遥相呼应。二是哪吒出世绝世景观，一个从中裂开的巨大的天然钟乳石莲、一叶剥

落的花瓣及带有红色血团的哪吒肉身组成。三是形似雾凇的白色非重力水沉积物绝世景观。四是水中金山绝世景观，景点顶部有数百万根洁白无瑕、美妙绝伦的鹅管和姿态各异、层次分明的钟乳石，底端是一巧妙天成的瑶池，池底水平如镜，池的一侧是一座自然形成的拦水坝。

链接

梅山龙宫的由来

相传黄帝登熊山，将灵毓葱茏的九龙峰点化成9条青龙，沿9股清泉游入可通五湖四海的九龙池。9条青龙游入资水，被梅山汕溪石竹湾的溶洞所吸引，高兴得在水中游、洞中舞，久久不愿离去，一住就是几千年。新化古称梅山，后人便把这个岩洞叫作梅山龙宫。

龙宫迎宾

龙门敞开迎贵宾，门顶宫灯高挂，流光溢彩；两旁门帘收卷，轻纱拂动；右门边还有把门将军庄严站立着，像仪仗队员欢迎贵客；龙王在左门边摆出了龙宫之宝——翡翠碧玉雕成的“幸运石”，预示着人们家门隆昌、子孙发达。

碧水莲宫

碧水莲宫是梅山龙宫地下河形成的景区，这里水碧峡深，全长453余米。这里是最低一层洞穴，它的上面还有七八层。这条地下河非常有特色，因为一般洞中地下河由于流水冲刷，钟乳石景观比较少，这条地下河不仅河道弯曲幽深，神秘莫测，富于变化，且两岸还有很多形态各异的钟乳石。

哪吒出世

该景观由“哪吒”肉身、天然钟乳石莲及“花瓣”组成，像极了神话故事中哪吒出世的场景。其中，天然钟乳石莲在灯光映衬下显得形象逼真，栩栩如生，令人为之称绝。

龙宫大厅

大厅门口是一朵巨大的钟乳石石莲正从中绽瓣盛开。其上方还飘出了一个红色血团。这情景和哪吒出世时的情景非常相似，因此得名哪吒出世，特别是旁边这片巨大的脱落的莲花瓣，似乎可分可合，更是其他洞穴所没有。

梅山龙宫

龙宫仙苑

龙宫仙苑景区是梅山龙宫的第五层洞穴，是目前开发的最高一层洞穴。那里是一个美妙绝伦的世界，里面的钟乳石都处在发育时期，特别是里面的鹅管，晶莹透亮，极其珍贵。

水中金山

水中金山气势磅礴、妩媚多姿，堪称梅山龙宫最美的景点。其顶部有数百万根鹅管和钟乳石。其中鹅管洁白无瑕、美妙绝伦，钟乳石姿态各异、层次分明；其底端是一块瑶池，水面清澈如镜。最为奇妙的是，鹅管和钟乳石倒映水中后形成的巨大“金山”，看起来五光十色，如梦似幻，令人叹为观止。

紫鹊界梯田 AAAA

稻作文化遗留下的奇迹

娄底市新化县水车镇境内

68元

紫鹊界高山梯田，位于雪峰山脉奉家山系中部，海拔500~1100米，以紫鹊界梯田为中心，共有梯田3730余公顷，其中连片梯田在1300公顷以上。紫鹊界梯田依山就势而造，共400余级，最早起源于先秦，距今已有2000多年的历史。其地势之高，规模之大，数量之多，形态之美，全国罕见，堪称“旷世奇观”。紫鹊界集壮美、大气、险峻、飘逸于一身，气势雄伟壮观，形态变化万千，享有“梯田王国”之美誉，是游客观赏梯田景观的绝佳地。

玩家 解说

据考证，紫鹊界梯田始于秦汉，盛于宋明，至今已有2000余年历史，是苗、瑶、侗、汉等多民族历代先民共同创造的劳动成果，是南方稻作文化与苗瑶山地渔猎文化交融糅合的历史遗存，是人与自然的伟大杰作。

梯田地处古梅山腹地，古梅山经过漫长演化、沉淀、创新与融合形成的多民族共同沿袭的独特地域文化——梅山文化，在这片热土上经久流传。这里民风淳朴，苗瑶风俗依然如故，梅山山歌、民歌、情歌妇孺皆知、广为传诵，草龙舞、傩舞风格古朴、原始神秘，民居建筑、地方饮食、武术、宗教等个性突出、富有浓郁的地方特色，都具有极高的旅游观赏价值和历史文化研究价值。

龙普梯田

龙普梯田景观，从东部高山上往南远眺，梯田密布于山山岭岭之间，气势磅礴、曲线婀娜，巍巍壮观。尤其是清晨，阳光洒满田畴，面与线显得更加突出，点缀于田园阡陌间的座座板屋，炊烟袅袅，融入薄薄轻纱晨雾之中，营造出一种近处清楚，远处朦胧的意境。水奉公路在这片梯田中盘旋。

瑶人冲梯田

西部的瑶人冲梯田，过去是瑶人居住的村落，现在高山上仍留有两处瑶人岩屋和堆砌石屋遗址。瑶人冲梯田两条山脊一个凼，形成一个“凹”字形。西端的山梁，从山底一直延伸到山顶，多达200余级。

石丰梯田

石丰梯田从灵公庙往下看，则是另一番景象，梯田盘绕于座座小山之上，犹如众星捧月。若继续往西前行即到黄鸡岭，再回过头看石丰梯田，其形状其壮美更让游人赞叹不已，而黄鸡岭20公顷贡粮田、老庄梯田、龙湘梯田又无限地沿着山势延伸。

长石梯田

长石梯田是紫鹊界最壮阔，层次最丰富，形态最美观的梯田。漫山遍梁，层层重叠，每一层都是一道细碎精巧的涟漪，每一叠都是一片清净如鳞的波纹；近看阡陌纵横，仰观梯田整齐如登天云梯，俯视水面闪亮，田埂蜿蜒曲折，如泼墨山水画。

新化紫鹊界梯田

白水梯田

白水梯田顺着山势弯曲或凹或凸、或大或小、或长或短、或明或暗，有的如弯月成叠，直至苍穹；有的如长蛇狂奔，满山遍野，一条条蜿蜒的田埂，曲折有韵，仿佛在神仙的画笔下隐隐而出，绘成变幻的弧线。

紫鹊界漂流

一流原生态漂流

娄底市新化县奉家镇

紫鹊界原生态漂流全程约6.8千米，落差高达80多米，经过背聋眼、大黑塘、飞水洞等大大小小10余个景点，沿途两岸古树参天、沟谷幽深，全程看不到一丝人为的痕迹。河道沿天然之峡谷湍流或平缓而下，两岸绿树成荫，让游客尽情享受激流的豪情，山水之乐趣、探索自然之奥妙，被著名旅游专家誉为全国一流生态漂流。

大熊山

难得的自然植物园

娄底市新化县北端

大熊山集青山、秀水、古林、奇洞与古老神奇的人文文化于一身的旅游风光特色。大熊山拥有湖湘面积最大的原始次生林，其面积约120公顷，是中南地区最大的物种基因库，有我国特有的香果树、柏乐树、银鹊树等珍贵古树；原始红豆杉、金钱松等20多种国家级保护树种；云豹、金钱豹等国家一级保护动物；最为称奇的是熊山古寺的银杏王，树冠160平方米，树高28.5米，树龄1400多年，有“中国银杏王”之美称。大熊山还有许多珍稀飞禽走兽，如豺狼、花面狸、穿山甲、山鸡、锦鸡、画眉等。

油溪河漂流

中华峡谷第一漂

娄底市新化县吉庆镇

油溪河是新化境内资江的第二大支流，被称为“中华峡谷第一漂”。河两岸危崖高耸、峭壁对峙、林木葱茏、怪石密布，大小山峰石岭数百座。河内水流湍急，河床幽深、险滩繁生、深潭迭出。这12千米漂程中，要过28座山、34壁岩、48面滩、39回湾、27要峡、12道门、46个潭，落差近200米，全国首创自由漂与激情漂相结合。

奉家桃花源
桃花源原型地

娄底市新化县西部奉家镇

据专家考古论证，奉家山的地貌特征及其古文化特征与《桃花源记》及《桃花源诗》貌合神符。这里体现的平等自由、自然生息的独特地域文化，是人类追求完美精神境界的理想产物。这里主要有占地约13公顷的秦人百乐园、桃花源游客中心、桃花源真迹景区、水上游乐园和自然山水景区五大功能区。

北塔
登塔顶看尽梅城古貌

娄底市新化县城北资水西岸

北塔身为青砖料石结构，塔高42米，八角形，角上嵌石舫，状如翘角，覆铁瓦，铸铜顶，塔正门书“北门锁钥”四字，两边有对联，塔中有相对螺旋砖阶直升塔顶，共492级，塔内7层，层层壁画、书法及捐款人姓氏石刻。登塔凭窗，远处群山叠翠，脚下资水流碧，梅城古貌尽收眼底，历来名人登临，赋诗甚多。

波月洞
鬼斧神工的溶洞

娄底冷水江市北部

波月洞，是一座规模宏大而颇具观赏与科研价值的石灰岩溶洞，同时也是世界上鹅管最多的地方。

波月洞洞穴之长、之高、之阔，熔岩之奇、之怪、之美实属罕见。1700米溶洞钟乳丛生，石笋兀立，石柱如林，石幔如幕，悬吊垂挂，姿态万千，满目珠玑，美不胜收。由上、中、下3个层面的洞穴群组成，全长约1700米，已开发石厅27个。以前是求雨的地方。

大乘山
景观甚多的名山

娄底冷水江市禾青镇和三尖乡境内

大乘山面积约333公顷，地形起伏大，沟谷切割深，山体高耸，重峦叠嶂、气势磅礴。山体雄伟、地势陡峭，岩石林立、树木葱茏，大乘佛教以此为源地。山上景观甚多，有七步金桥、鸭子上树、水晶琼阁、瑶台望日、龙鼻喷水、铜锣潭瀑布等众多的景点。

波月洞

景点推荐

益阳周边景点

奥林匹克公园 AAAA

被誉为“银城之光”

益阳市赫山区康富南路3号

乘5路、30路公交即到

0737-6203106

益阳奥林匹克公园为承办湖南九运会兴建的大型综合性体育设施，含一场三馆：体育场、体育馆、羽毛球综合训练馆、游泳馆。场地占地面积500亩，整体地幅呈矩形，东西长700余米，南北宽约360米。这里是一个自然与人工交融，现代建筑与丘陵景观有机协调的体育主题公园。

山乡巨变第一村 AAAA

展示周立波生平事迹的地方

益阳市谢林港镇清溪村

乘6路公交车可到

山乡巨变第一村，以周立波故居为载体，以中国现代乡土文学和中国农村巨变为主题，以农业合作化和传统农业为背景，展示周立波生平事迹和文学成就，再现传统农业向现代农业转变的历程，充分挖掘和利用清溪村的自然生态资源，发展乡村生态旅游促进社会主义新农村建设。

周立波故居建于清乾隆五十三年（1788年），为土木结构，总面积约700平方米，为清式风格的民居，现存正院三正一偏和西院正住房。1997年益阳市人民政府将其列为市级重点文物保护单位，2002年5月已完成故

白鹿寺

居第一期修复工程，并正在收集其文物，在故居建立周立波遗物陈列馆。

链接

周立波在益阳的生活

周立波是从益阳这片热土上走出去的我国具有深远影响的著名作家。周立波出生、结婚都在这座故居，并于20世纪五六十年代在这里体验生活，从事写作。他的代表作《暴风骤雨》《山乡巨变》曾影响和教育了一代人，其中《山乡巨变》就是在这里完成写作的。

梓山湖高尔夫俱乐部

一流高尔夫俱乐部

益阳市赫山区梓山湖水库旁

0737-2228888

梓山湖高尔夫球场总占地160公顷，由国际知名设计师倾心打造，已建成18洞、72杆的标准球场，总长7140码。俱乐部拥有完善的休闲配套设施，包括园林式五星级度假酒店、商务中心、中西餐厅和多功能宴会厅、高尔夫专卖店、运动休闲中心等，集高尔夫运动、休闲、社交、商务等功能于一身。

白鹿寺

益阳最大的一座寺庙

益阳市城区会龙路58号

白鹿寺始建于唐代宪宗元和年间，距今约1200年。古寺鼎盛时期有四进，第一进为弥勒佛殿，左右为四大天王；第二进为观音殿，左右为佛学堂；第三进为大雄宝殿，左右为十八罗汉，左厢房为禅堂，右厢房为斋房；第四进为药师殿、藏经楼。

链接

白鹿寺名字的由来

白鹿寺的名字，缘于一个神话故事。唐代名相裴休，贬任荆南节度使时，曾几度来益阳，小住在古木葱郁的江边山上。裴休博学多能，喜欢佛学，夜深人静，他便在山上秉烛夜读，朗朗的诵经声，引得一只仙白鹿驻足聆听，每晚只要经声响起，仙白鹿就飞来听经。一天晚上，白鹿听经的秘密被人发现，仙机泄露，再也不见有白鹿复来。为纪念仙白鹿听经，山民便把白鹿驻足听经的风水宝地，命名为白鹿山，在山下建了一座庙，取名为白鹿寺。

会龙公园

一个天然的植物园

益阳市赫山区会龙路

会龙公园占地面积18 600平方米，融名胜古迹和现代园林建筑于一体。山巅有东晋古刹栖霞寺，遇缘和尚墓塔。有第一次国共合作时期国民党的重要将领，北伐战争中牺牲的陆军少将邓宝延墓。有辛亥革命老人、反对北洋军阀的重要将领周则范墓。现代园林建筑有别致的八角亭、六角亭、假山等。

栖霞寺始建于东晋孝武帝太元年间（公元4世纪末），系由印度僧人不如密多尊都所建，原名宝泉寺。据传明建文帝因宫廷动乱，被逼出走，在此削发为僧，后人重修时，以其曾为帝楼，故改名为栖霞寺。

北峰山

自然景观完好的景区

益阳市赫山区谢林港镇

益阳北峰山森林公园是在原益阳百竹园的基础上建成的省级森林公园。公园总面积2.7平方千米。区内有山峰20多座。

全园共分成四大景区，其中，百竹园景区有名人竹园、经念竹园、竹类种植园、湘妃竹园、竹传说典故园、竹文化博物馆及茶花园、色叶园、盆景园、百花园、水上乐园、休闲垂钓中心等游览项目。

北峰山景区主要包括古寺建筑群、思源亭、听经台、净濯泉、紫竹林观音居、空中楼阁、天外人间、枫林泊、伴龙堤等游览景点。

寨子仑

进行爱国主义教育的绝佳场所

益阳市南郊15千米处

寨子仑是一处名不虚传的古战场遗址，相传从三国时起直到抗日战争时期，这里曾发生过多次战事，至今山上还留有历历可寻的烽火台、古炮台、阻马石、滚石、八卦阵、高垒深堑、暗堡掩体和击鼓坪、料草堂、洗马池、哨所等多处遗迹。

百竹园

具有浓郁竹乡风情的休闲地

益阳市赫山区桃益公路旁

益阳百竹园以竹类植物基因保存，珍贵竹种繁殖与培育，弘扬中国竹文化为主要目的，集科研推广、休闲度假、文化娱乐等于一身。这里除以展示竹类植物为主要特色外，还建设有百花园、茶花园、梅花园、盆景区等专业园区和苗木花卉生产区。此外，这里的儿童游乐场、水上游乐园、竹乡风情园、休闲山庄、管理服务等配套设施齐全。

桃花江竹海

绣在桃江大地上的水彩画

益阳市桃江县桃花江镇

可在当地火车站乘坐旅游巴士直达景区

桃花江全长58千米，现在主要景观有凤凰山、桃花湖、羞女山、浮邱山、洪山竹海和罗溪瀑布等。其中尤以桃花江竹海出众。它是竹乡桃江一颗闪光发亮的绿宝石，独具竹乡特色的景观，已纳入全省和全国“竹乡之旅”旅游线。

玩家攻略

1.来到桃花江竹海旅游区，一定不要错过这里的竹海景观，可以登临竹海红楼，极目远眺。这里的遍山翠竹，满山翠绿，方圆4667公顷，那山连山、坡连坡的景象真乃全国罕见。

2.到洪山竹海森林公园游玩，一定要带些竹类的旅游纪念品回去，如鲜嫩质白的竹笋、竹干、香茶等。还有编织精巧的小花篮、小飞碟及小巧玲珑的竹文具盒、竹根雕等。

百竹园

屈子祠

屈子祠占地近2000平方米。这里建有屈子祠陈列馆，分为屈原在桃花江的足迹、深切的怀念、不朽的诗篇三部分进行介绍，并立有大碑石，刻有《天问》和《离骚》。陈列馆四周有佛教堂，雕有祖师菩萨、观音菩萨，朝拜者络绎不绝。

东林祠

东林祠建于唐代，是唐代著名将领尉迟恭所建，近年迁址修复。它坐落在金盆200米山坡处，占地1000余平方米。这里祠宇宽阔，终年香火不断，是历史上佛教圣地。

羞女峰

羞女峰位于桃花江北岸，是大自然的杰作，主峰高375米。所属羞女山，临江一面，大小有7个山头，就像是山女的身体，远望羞女峰，看她那线条分明的下颌高高翘起，青云般的长发软软地飘垂，一双粉臂舒展地张开，匀称的长腿，两膝微微弯曲，双脚浸入清清的江流。俨然是一尊充盈于天地之间的少女浮雕。

罗溪瀑布

罗溪瀑布位于桃江县石井头岁溪与龙潭桥交界处。瀑布源于吉安仑，汇合诸多的细流，形成一条常年不竭的山溪，淙淙汩汩，后被飞崖所阻。此崖依山势屹立在山腰，宽约100米，高近100米，两侧微弯，中间凹进，状若双合门。溪流从两门之间倾泻而下，跌落石槽。石槽长数十米，鬼斧神工。溪水从石槽中奔泻，待石槽消失即如白练飘挂而下，落入深潭。继而自潭中溢出，成水帘悬挂下跌。此瀑布三溢三跌，总高约160米，飞流而下，其声如雷鸣，震动山谷，是一完整、壮观的大瀑布。

罗溪瀑布

洪山竹海

天下一绝的竹海景观

益阳市桃江县东南

洪山竹海风景区东与桃江美人窝度假村相连，南以桃益一级公路为界，西与桃灰公路相邻，总面积760多公顷。这里丘岗波浪起伏，间有峰脊，一般海拔100~250米，最高海拔雪峰坳335.4米，最低海拔37.0米，4667公顷竹林气势磅礴。这里四季常青、空气新鲜。尤其是在春天，漫步在橘园小道上，就会闻到扑鼻的香味，从橘园回来，身上都会沾满花香。

德昌公园

爱国主义教育基地

益阳市南县南洲镇九都山上

德昌公园，位于南县城西的九都山。九都山是红军名将、红六军军长段德昌的家乡，为纪念这位为中国革命做出杰出贡献的红军将领，南县人民把公园命名为德昌公园，主要由陵园、景园、游园三部分组成。德昌公园陵园的主要建筑有段德昌铜像、段德昌烈士纪念碑、烈士墓、怀英亭和博览馆。陵园东侧为游园，建有儿童游乐场，游泳池，子奇塔等游乐观赏设施；陵园北部为洪山禅寺，梵宇僧楼，香烟缭绕，游人不绝。

链接

段德昌小传

段德昌是中国工农红军杰出指挥员、军事家。字裕后，号魂，1904年生，湖南南县人。1925年6月加入中国共产主义青年团，同年转入中国共产党。1926年6月毕业后，参加北伐战争。

1927年大革命失败后，他在南县、华容、石首、公安等地进行革命活动。曾介绍国民党军湖南独立第五师第一团团长彭德怀加入中国共产党。1931年4月任红三军第九师师长，指挥部队连战连捷，被湘鄂西苏区军民誉为“常胜将军”。是年秋，在国民党军大规模“围剿”下，红三军被迫离开洪湖苏区。他率第九师担负阻击、断后等艰巨任务，转战3500余千米，于12月下旬到达湘鄂边。1933年牺牲，年仅29岁。

德群庄园

生态农业科技园

沅江市市区南部

德群庄园为湖南省农业旅游示范点，是一个融优质葡萄种植、名贵种苗培育、栽培技术培训、园林绿化、农业观光休闲于一体的生态农业科技园。德群庄园前身为德群葡萄种植园，专业种植葡萄，已有20多年研究、试种、示范的历史。

目前庄园内共有名贵花木1200多个品种，其中世界珍稀花木有50多个品种，著名的有植物活化石银杏、金叶国槐、金合欢、金桂、银桂、丹桂、美国红叶石楠等。庄园内还修建了垂钓池、网球运动场、游泳池、宾馆等配套设施。

南洞庭湖湿地保护区

国际公认的重要湿地

益阳沅江市境内

南洞庭湖湿地和水鸟保护区面积约168 000公顷，属于洞庭湖的一部分，素有“洞庭鱼米之乡”“中国苎麻之乡”“中国芦苇之乡”“江南宝地”的美誉。南洞庭湖湿地生态旅游区由万子湖原生态湿地风景区、胭脂湖休闲度假区、两江五湖景区和赤山岛风景区四个特色各异又紧密相连的部分构成。其核心区在沅江市境内的鲁马湖，面积达80多平方千米。南洞庭湖主要景点有万顷芦荡，百里柳林、万洲迷宫、湖上草原、芦花飞雪、自然渔村等。

南洞庭湖湿地和水鸟保护区的生物种类极其丰富。是白鹳、白鹤等许多水禽的重要栖息地。也是国家一级保护鱼类中华鲟的栖息地。该湿地对长江的洪水调蓄作用极其重要。

玩家 解说

保护区中生长着湿地植物863种、鸟类164种、鱼类114种。其中国家一级保护动物有中华鲟、白鹤、白头鹤、中华秋沙鸭等10多种。湖洲芦苇面积达2.4万公顷，是世界上最大的苇荻群落。湖洲上生长的野芹菜、野藜蒿、芦笋和蓼米被誉为“洞庭四珍”，是地地道道的野生绿色食品。

洞庭湖湿地

琼湖公园

水上的欢娱世界

✉ 益阳沅江市入园路

琼湖公园，以水面为667公顷的琼湖水域为主体。它被一条垂柳依依、长约千米的湖心路划成南北两半，辟为上下两个琼湖，公园的游乐设施，大都设在上琼湖。琼湖风光秀丽，湖中有岛，岛中有湖，湖边树木葱绿。这里四季鸟语花香，还能看见湖边的古朴亭阁，倒影在湖中闪现。

洞庭博物馆

在上琼湖的西湖边，有一座引人注目的洞庭博物馆。它的馆藏文物十分丰富，收藏有各个朝代的珍贵字画2000多幅。各个文化期的青铜器、陶器、瓷器4000多件，收集有洞庭湖的鱼类、标本114种、水生植物标本71种。尤其是博物馆还设有一间特殊的展室，室内陈列着身高2.47米的世界巨人姑娘曾金莲生前穿过的衣裤、鞋子，用过的课桌、床铺。

网箱养鱼游乐区

这里是把20平方米一口的网箱，一口口连起来，排列在水中，饲养鳜鱼和鲫鱼的地方。网箱排列在琼湖水上，横看成排，直看成行，阵势十分壮观，是难得的生态渔业观光区。游客可以划着小船，停靠在网箱边，静观鱼群游乐捕食；也可垂钓于网箱，钓一条大鲫鱼。然后在湖上餐馆加工煮熟，自己钓鱼自己吃。

更多本旅游区景点

花乡农家乐旅游区：位于赫山区黄泥湖乡仙蜂岭村。现在已经有300多户花农，107公顷花卉苗圃，170多个品种，产品畅销省内外。目前，旅游区内有农家乐户28户，其中特色鲜明的有杨梅山庄、李家庄、望江园、江岸春、长青园、天然阁等。

鱼形山水库：位于赫山区沧水铺镇319国道旁。鱼形山以大坝为中心，开办了众多休闲娱乐项目，在湖中办起了一座水上娱乐中心。附近还有一处赫山现代农业示范园，水库总面积有280余公顷，常年蓄水量为2500万立方米。

碧云峰：位于赫山区沧水铺镇境内。碧云峰古称熊湘山，又称清修山、青秀山，是衡岳72峰之一，峰高海拔502米，周围100多千米，有“一峰截天碧，云气浸衣裳”的气势。因碧云峰全山形似九江匡庐，故自古有“小庐山”之称。

斗魁塔：位于赫山区资江南岸。该塔是在清乾隆十二年（1747年），由益阳知县高自位创建斗魁塔，塔高7层，全部用花岗条石砌成，内有旋梯，人们可以攀着旋梯登上塔顶。

洞庭湖博物馆

斗魁塔

景点推荐

安化周边景点

茶马古道 AAAA

有“高山之城，茶马遗风”的美称

益阳市安化县江南镇

安化茶马古道风景区古称“梅山蛮地”，是梅山文化的发祥地，素以南方最后一支马帮和最完整的茶马古道遗存著称于世。这里保留了原生态的高山民居风光和峡谷风光，景区有川岩江、关山峡谷、洞市老街、永锡桥等景点，可谓有山皆奇，有水皆秀，鬼斧神工，妙境天成，尤其以“中国南方最后的神奇马帮”和“世界茶王——千两茶”而闻名四方，是一处融山水风光和历史文化为一体的风景区。

茶马古道风景区下辖3个分景区：关山峡谷游览区、高城文化体验景区、川岩景区。关山峡谷以“雄、险”见长，适合探险攀爬体验，惊险刺激；高城是体验高山人家民俗民风及安化茶文化的景区，适合休闲度假，是厌倦城市喧嚣的人们可以“让心放下的地方”；川岩景区景观秀美奇特，阴凉而幽雅，被称作“骑在马背上的峡谷”，带给人骑马观光的独特体验。

玩家 解说

街区内的名胜古迹、手工作坊、经典展馆、宗教建筑、民俗风情、休闲场所让人流连忘返，构造了小桥流水风光旖旎，泛光夜景气势磅礴的景象。景区内有各类风格的民居特色客房和度假酒店，同时，恢复昭明书院为景区的图书馆，开辟恒益堂老药店药膳体验等项目，把西栅打造成为一个食宿游购逐渐完备的新型古镇社区，游人走入其中，感觉就像是进入了一个古镇一般，给人一种返璞归真的感觉。

玩家 攻略

茶马古道里面有很多具有挑战性和刺激性的娱乐项目，如骑马走古道、户外探险、空中栈道攀岩等，是户外爱好者很好的选择。当人们在这里释放完自己的激情后，可以坐下来“野炊”，品尝糍粑、烤红薯、擂茶、甜酒、皮丝、坨子等当地特色小吃，在山水中品尝美食，别有一番滋味。

陶澍故里

近代地主阶级改革派领袖的故居

益阳市安化县小淹镇

陶澍故里是由朝廷拨银兴建，陵园占地3.3公顷，内有总督府、太保第、乡贤祠、赐书楼、石雕龙凤门、双玉飘香、引水石渠等。在陶澍故里人文风景区还遍布着仙龙吐珠、风雨迎宾、仙蛙对峙、纱帽传奇、七星闪光、龟蛇戏斗、石龙过江、三公抢印等奇异的自然景观。进门左侧为陶澍墓，墓前有墓表、石俑、石马、石虎、石兔，显得庄严肃穆。

链接

林则徐的上司——陶澍

陶澍（1778—1838），湖南安化人，字子霖，号云汀。嘉庆进士。道光年间官至两江总督，兼江苏巡抚、两淮盐政，任内督办海运，剔除盐政积弊，兴修水利，设义仓以救荒年。病逝于两江督署，赠太子太保衔。谥文毅。著有《印心石屋诗集》《蜀輶日记》等。

陶澍是鸦片战争前中国近代地主阶级改革派的核心和领袖。林则徐、贺长龄、姚莹等都是陶澍的下属，魏源、包世臣等是陶澍的幕僚，汤鹏、龚自珍、黄爵滋等则视陶澍为师友；陶澍的《蜀輶日记》是当时最重要的经世著作之一，探讨了六省关于水利、漕河、财政、盐务、治安、兵防等方面的问题，对当时和后世都产生了巨大影响。

雪峰湖

有“小三峡”之称

益阳市安化县柘溪镇

雪峰湖原名柘溪水库，湖两岸重峦叠嶂，山崖对峙，有“小三峡”之称。这里共有神湾、宝塔山、福寿山等景区。景区内以中低山体为主，山水相间，加上周边的一些自然风光、人文景观及地质遗迹，组成一个综合性的旅游胜地。

风景区风光迷人，有自然景观：平湖明镜、双溪对口、烈马回头、百鹤穿天、百鹤瀑布、阳光岛、飞月岛、圣帝山云雾、相思岩、林海涛声等45处。人文景观：橘园览胜、茶山乐园、度假山庄、香棚水车、大溶民俗村等22处。生物景观：金鸡、七彩锦鸡、画眉、八哥、穿山甲、果子狸、娃娃鱼等20多种。这些景观都有各自的风格和品位，观赏性很强。特别是尚存6亿年前的冰碛，举世罕见。

雪峰山

资江与沅水的分水岭

益阳市安化县苍场乡

雪峰山因山顶常年积雪而得名。雪峰山是湖南境内重要的山脉，长350千米。主峰苏宝顶，海拔1934米，位于黔阳与洞口之间。次高峰白马山，海拔1781米。植被为亚热带常绿阔叶林及各种杉木为主，垂直分异明显。

链接

六步溪自然保护区

六步溪自然保护区是雪峰山北部唯一一块保存完好的原始次生林。区内海拔最高1130米，最低海拔258米。

早在明代，这儿古木遍地，飞禽遮天，走兽成群，渺无人烟。清乾隆己未年（1739年），有位土家族老人贺兴邦带着妻子躲进这个深山，打猎、开荒，独立营生。后来越来越多的人来到这里。相传贺兴邦打猎时，有一次从山上追出6只山鹿，过溪以后，只见石板上留下了行行鹿步脚印，却不见鹿影。他惊讶，认为这是6只神鹿，再也不敢去追。此后，小村就得名“六步溪”了。

保护区内蕴藏着极其丰富的物种资源，现初步查明区内共有木本植物103科，338属，1022种。特别突出的是国家二级保护植物榉树、刺楸在六步溪自然保护区内成群落分布。例如：南方红豆杉、银杏、柏乐、香果树、篦子三尖杉杜仲、楠木、鹅掌楸、红椿、香榧、金钱豹、云豹、白颈长尾雉、黄腹角雉、穿山甲、果子狸、豺、大灵猫、小灵猫、毛冠鹿、麝、锦鸡、水獭等。

六步溪保护区

唐家观村

千年古村

益阳市安化县东坪镇

唐家观村是国内罕见的历史悠久且保存完整的古建筑群，有“五山半露青山外，三水环抱唐家观”的自然景观。

唐家观历史文化人文景观较为丰富，有借字炉、兴隆亭、王爷庙、回龙寺、九乡庵堂、吉氏宗祠、廖氏宗祠、湘乡公馆、邵阳公馆、青石板街、耶稣教会、福音堂、万寿宫等，其中唐家观还有刘少奇同志来安化开展地下工作曾住过的“廖如愿炭行”。

红岩

世外桃源的小洞天

益阳市安化县城北部

红岩风景区以红岩湖为中心，景区与桃花源风景一脉相连，共分向阳、红岩、小桃源、仙池四大景区。

这里青山环抱、碧水长流、环境清幽、鸟语花香，是一个休闲度假的好去处。特色景点有举手触青天的摩天岭、神态逼真的夫子岩、九狮环抱的九狮山、跨度158米的单拱渡槽“向阳飞虹”、原始古朴建于宋代的“百花山寨”、深山老林中别具一格的“木屋新村”，还有洞口九门、洞内九厅的九连溶洞等。

青龙洞

安化众多古洞中的一枝奇葩

益阳市安化县马路口镇

青龙洞全长约35千米，洞口高40余米，宽20余米，光滑如削，一条永不干涸的溪流从洞中汩汩流出，溪水在光滑的石头上缓缓流淌，将岩石流成一个个深深浅浅的水窝，宛如一幅幅爽心悦目的山水画。青龙洞内的钟乳石、石柱、石幔、石瀑等晶莹剔透，特别是天河石瀑，高50余米，气势雄伟壮观。

梅城

古城中的亮丽美景

益阳市安化县梅城镇

梅城风景区包括梅城、乐安等乡镇所辖范围及主要景观所在地，其主体是“梅山文化”发源地。梅城八景为梅城景区的一个重要组成部分，即伊水拖蓝、双塔对峙、回龙抱水、笔架凌霄等八处景观。人文景观有文庙、武庙、联元塔、北宝塔、扶王纪念堂、培英堂、毛泽东题词纪念碑。

孔圣庙

孔圣庙又叫文庙，总面积3100平方米。庙分三院，前院有棂星门，门前有新月形泮池，俗称月光塘。中院有大成门，门分三道，中门形制高大，左右掖门称“金声”“玉振”，门左为名宦祠，右为乡贤祠。殿后为后院，供亚圣孟子之神位，殿前有天井、拜台、石柱、石栅等。院内空地120平方米，植金银二桂于左右，今存金桂。屋顶盖橙黄琉璃瓦，饰龙、凤、狮、麟于檐角，金碧辉煌。

武圣庙

武圣庙又叫武庙，在今安化一中校园内。其大殿与文庙大殿并列，相距约200米。殿前置“关圣帝君”神像。周仓、关平侍立左右。殿顶盖碧玉色琉璃瓦，与文庙交相辉映。殿前有园池，池前为前门，两旁置石狮一对。

安化旅游交通示意图

乐安桥
益阳第一古长桥

✉ 益阳市安化县城

乐安桥的结构为九墩、二台、六十八扇亭式，长17米，为益阳第一古长桥。明万历二十年（1592年）始建，清道光三年（1823年）重建。此桥建成后，行旅称便，泽及邑里。一时"安居乐业，人文蔚起"，加之始建者为李乐安，故名"乐安桥"，1987年改建为公路桥。

木孔土塔
有"焚字塔"和"惜字塔"之称

✉ 益阳市安化县大福镇大尧村的一条溪边

木孔土塔始建于清光绪十六年（1890年），土塔除塔基是用青石条垒砌之外，其塔身全是用三合土筑成，六方四级，高12米，塔檐都覆盖青瓦，垂檐彩绘蔓草。上层的6个翘角上都塑有蹲着远眺的神兽，下悬各式泥塑风铃。该塔的最下层是空的，仅在朝南一方有一门形洞口（即塔门）。

玩家 解说

据考证，该塔始建于清光绪十六年（1890年），其塔门两侧还写有一联曰："大块文章咸臻化境　尧天日月共仰光华"。由此，人们便称之为"大尧土塔"。根据以上塔联，人们便可知当时当地人修建此塔的目的。

三星塔
保存完好的古塔

✉ 益阳市安化县大福镇旋湾塘

三星塔建于清同治四年（1865年），塔身六角七层，用乳白花岗石砌成。第一层仅置一门，其上皆设三门。每层底部均用青石板铺垫，仅留长宽各80厘米方孔以作通道。第一孔靠南，第二孔靠北，交错而上。塔身檐角皆饰龙纹石雕，塔顶置3根石柱，柱端缀3颗石球，远眺如三星拥簇。该塔建筑工艺细腻，坚实伟岸，保存完好。

洞市老街
一条长达500米的青石板街

✉ 益阳市安化县洞市乡

洞市老街在"柘湘"公路未通前，曾是"前乡"到"后乡"，新化到安化的必经要道。从明清至新中国成立后一段时间的数百年里，这里商贾云集、店铺如林、作坊遍布。运输商品的"竹排"首尾相接长达里许（有两百多条），"德盛隆""瑞福祥"商号的木柜台油光发亮，高不见里，充满大家霸气。

云台溶洞
云台溶洞群的一个支洞

✉ 益阳市安化县，云台山东侧山脚的观鱼冲

云台溶洞的洞口较低矮，初步探明的距离约达3000米，洞内可见高差约达50米，层数最多处为5层，大小厅、堂、廊、道有60余处。洞内石钟乳、石笋、石柱、石钟乳鹅管、石幔等岩溶凝聚物林林总总，景观形态多姿多彩，令人目不暇接。龙泉洞是云台溶洞群第一期开发的重点，初步命名有48个景点，规划为3个景区，即"灵泉景区""龙宫景区""金莲景区"。

洞市老街

攻略资讯

- 交通
- 住宿
- 美食
- 购物
- 娱乐

城市夜景

交通

火车

湘潭境内主要有湘潭站、湘乡站和韶山站等火车站。湘潭站位于湘潭市区的车站路，始发的车辆较少，中途停靠的车辆较多。

郴州拥有郴州站及郴州西站，其中郴州站是京广铁路上的特等站，大部分列车都在这里停靠，郴州站在市中心附近，市内乘坐14路公交可到达。郴州西站主要接发武广沿线高铁列车，车站离市区较远，18路公交车可达。

娄底火车站位于娄底市氐星路北端，市内乘坐1路公交车可达。

株洲火车站

益阳火车站位于赫山区迎宾西路，主要有往来于广州、怀化、上海等地的列车，市内乘6路公交可到。

汽车

湘潭汽车中心站位于雨湖区韶山中路（电话0731-58208789），湘潭汽车东站位于岳塘区芙蓉东路108号。

郴州市公路交通发达，市内主要有2个汽车站：一是位于国庆北路的郴州汽车总站；二是位于开发区万华大道的天龙客运站。

娄底汽车站位于城区西北，距离火车站2千米，有发往长沙、张家界、深圳等地的班车。另外，娄底市还有规模较小的汽车南站，主要有开往长沙、邵阳和娄底各县的班车。

益阳汽车北站位于资阳区马良路，主要发往沅江和其他北面的县市；汽车东站主要发跨省长途车。

住宿

湘潭

湘潭市住宿方便，可以选择住在市区，这里宾馆众多，交通便利，出行、购物都比较方便。想要深度游览韶山景致的游客，则可在韶山附近宾馆住宿。

湘潭的酒店

●湘潭美高梅国际大酒店

酒店地处湘潭市建设中路与福星路交会处繁华商业中心，是湘潭市首家引进国际酒店管理品牌经营的奢华星级酒店。酒店内设总统套房、家庭套房、商务套房、单人间、双人间等多种房型，设计艺术风格浓郁，奢华典雅、浪漫温馨。✉ 岳塘区建设中路3号 ✆ 0731-55966666

●嘉园大酒店

湘潭市嘉园大酒店房间设施齐全，精致高雅，并有专设的无烟楼层，双驾豪华观光电梯。✉ 湘潭市雨湖区韶山东路18号 ✆ 0731-52877777

●盘龙山庄大酒店

酒店地处湘潭市河东新城中心，毗邻商业繁华区；交通也极为便利。湘潭盘龙山庄大酒店是集客房、餐饮、会议、商务、娱乐于一体的国内顶尖的园林式酒店。✉ 岳塘区河东红旗大道1号 ✆ 0731-52518888

株洲

株洲市住宿较为方便，目前株洲从星级酒店到普通招待所，可供选择的范围比较大，而且株洲酒店价格不像其他旅游城市那么高昂，一般星级酒店的标准间价格都在100~200元，性价比很不错。

●华天大酒店

株洲华天大酒店地处株洲市高新产业开发区长江广场，与炎帝广场、中心广场连为一体，距火车站和京珠高速仅5分钟车程。酒店交通便利、设施齐全、环境优雅。✉ 株洲市天元区长江北路1号 ✆ 0731-28819999

●东都大酒店

株洲市东都大酒店地处荷塘区繁华地带，邻近万达影城、荷塘购物广场，环境舒适，交通便利。✉ 株洲市东都文化广场红旗中路9号 ✆ 0731-28348888

●福尔莱大酒店

酒店按照欧洲商务酒店理念设计建造，极具浪漫情调及人文关怀。酒店餐厅环境优雅、格调温馨，还拥有多功能大、中、小型会议室，商务中心和健身房。✉ 株洲天元区长江北路368号 ✆ 0731-28666666

福尔莱大酒店

娄底

娄底有很多大大小小的宾馆，游人能够按照自己所需选择适合自己的住宿方式。除市区外，新化是娄底市旅游业发展最好的县。这里的住宿条件也很不错。

●东方明珠大酒店

酒店是一家按高星级标准建造的综合型商务酒店，地处于娄底市中央商务区，毗邻娄底市市政府、人文科技学院，交通便利，环境幽雅。娄底市氐星路人文科技学院旁 0738-8379999

●华泰大酒店

华泰大酒店造型独特，清静高雅，拥有总统套房、大使套房等高档客房。房间配置齐全，拥有多个风格美食餐厅。娄底娄星区月塘街火车站东南侧100米 0738-8378188

●鹏泰和一大酒店

酒店毗邻友谊阿波罗商场，家润多超市及九亿步行街和春园步行街，为宾客购物和出行提供极大的便利。娄底市长青中街37号 0738-8931111

益阳

益阳的酒店很多在旅游景点附近，价格合理、服务上乘，游人可根据自己的喜好选择。

●益阳罗马国际大酒店

酒店距离火车站6千米，地理位置优越。酒店设有中西餐厅、风味餐厅、宴会厅及十多个风格各异的餐饮包厢。益阳市赫山区益阳大道2号 0737-8388888

●益阳华天大酒店

益阳华天大酒店在益阳市的中心地段，交通便捷，距火车站和汽车站均只有5分钟的路程，周围邻近梓山湖公园、奥林匹克公园等景区。益阳市赫山区康富北路2号 0737-4228888

●旺府商务酒店

旺府商务酒店是一家融住宿、餐饮、康乐等服务为一体的综合性涉外酒店。酒店客房配置齐全，环境十分舒适。益阳市赫山区益阳大道东178号 0737-2268888

美食

长沙周边地区美食同样具有典型的湘菜风味，各种菜肴以鲜辣著称。特色菜肴有白辣椒炒腊肉、青鱼下巴甩水、大奎上牛肉等。此外新化雪花丸、新化杯子糕、洞庭腊野鸭条等风味小吃也值得一尝。

美食小吃

●白辣椒炒腊肉

白辣椒炒腊肉是湘潭的一道传统菜。白辣椒炒腊肉的制法：将腊肉洗干净，切成薄片，另外将白辣椒切碎，先将腊肉用油炒一下，然后将白辣椒拌到其中再炒一两分钟即可。

辣椒炒肉

●青鱼下巴甩水

“青鱼下巴甩水”是用青鱼头部两面的下巴和尾巴制作的，色泽浓油赤酱，形状美观，两片整块不碎的下巴，扒在几条鱼尾两旁，似活鱼浮水一样，醇厚入味，肉质鲜嫩肥糯，卤汁紧包，受人喜爱。

●东江盐焗鸡

东江盐焗鸡醇黄色，苹香滑嫩，原汁原味，加入多种配料使鸡肉浓香扑鼻。其多汁的特色让人回味无穷。

东江盐焗鸡

●大奎上牛肉

大奎上牛肉自清代以来就享誉郴城，以其肉香、味美、回味悠长而闻名，为宾馆、家庭、休闲、馈赠亲友的最佳食品。

大奎上牛肉

●永兴唆螺

永兴唆螺是一种地方风味小吃，又名“喝螺”。永兴唆螺汤鲜味美、清香脆嫩，

香辣田螺

清火开胃、爽口宜人。永兴唆螺在食用时需手持将螺口对住嘴，吸气唆（喝）取，螺肉即出，故名“唆（喝）螺”。

●新化雪花丸

新化雪花丸，以肉馅外表包裹的糯米宛若白灿灿的雪花而得名。雪花丸子形状如一个个绒绒的雪球，热腾腾散发的香气中又带有微甜，待到一口咬开，却是红嫩嫩又酥又软。

新化雪花丸

●新化年羹萝卜

新化年羹萝卜，皮薄肉厚，块大如皂，摆上桌面白晃晃似肥肉，吃起来却清爽可口，油而不腻，且具有消食、醒酒、化痰、顺气的功用。

●新化杯子糕

新化杯子糕状如元宝，大如婴拳，味香甜，色透明，分黄白两种。黄以红糖、米糖调色，称金元宝；白以白糖或糖精拌和，称银元宝。其形有凹凸两样，凹形称肚脐糕，质密而嫩，嚼之如炖蹄筋；凸形称杯子糕，一口咬开，满是峰巢气眼，既耐嚼又爽口。

●三合汤

三合汤是梅山传统的地方名菜，品尝三合汤不仅可大饱口舌之福，而且可以领略一下梅山文化的深厚和神奇。三合汤选料相当讲究，最好要用水牛牯之牛血，厚实之牛肚及黄牛牯里脊肉为主料。牛肉、牛肚猛火热油翻炒后，加入米酒酿、生姜、红椒粉后出锅。牛血稍炒，久炒则不嫩。最后三者合之。味辣、汤沸、味道鲜美。

三合汤

● **洞庭腊野鸭条**

洞庭腊野鸭条以熏腊野鸭为主要原料，去骨切成条块，拌以水芹、生姜、精盐、芝麻油等作料。菜肴柔中带韧，香味浓郁。

● **南县麻辣肉**

南县麻辣肉在当地流传已有100多年的历史，是由当地的土猪肉精制而成，而不是豆制品。麻辣肉的麻也不是花椒的意思，而是使用高品质芝麻油的麻，属于高蛋白、低脂肪即食型产品，口感柔韧、芳香可口、肉味独特。

美食去处

郴州市区美食去处有大江南、粤港海鲜城、华天美食广场等。娄底饮食以新化为甚，素有“吃在新化”之说。雪花丸、年羹萝卜、杯子糕等特色风味都能在新化吃到。益阳有很多特色美食，主要集中在南县、沅江等地。

购物

长沙周边地区商区繁华，各种店面鳞次栉比、众多商品令人目不暇接。琳琅满目、颇具湘潭特色的手工艺品荟萃。槟榔、湘莲、汝城白毛茶等土特产品也值得一买。

● **槟榔**

槟榔的果实可食，南方一些地方的人有咀嚼槟榔的习惯，越嚼越香，醇味醉人。槟榔也是一种药材，有止泻治痢、杀虫去积等功效，别名“洗瘴丹”。

● **湘莲**

湘潭有“中国湘莲之乡”的美称，是历代皇室贡品，“寸三莲”驰名中外，是莲中珍品。湘莲被誉为中国南方“人参”。

● **汝城白毛茶**

汝城白毛茶，又名毛茶，茶叶大，白毫特多，叶芽粗壮。冲泡后茶液色泽红润浓鲜、芳香自然，饮后喉底回润。

槟榔

● **临武鸭**

临武鸭起为历朝贡品，中国八大名鸭之一，具有肉质细嫩、高蛋白、低脂肪、味道鲜美等特点，是旅游购物必买之物。

● **龙须草席**

龙须草席光滑柔软、色泽清雅、花纹秀

丽，给人以素静大方的感觉。睡在上面，冬不凉身，夏能爽汗，特别适合老幼体弱者夏天使用。因其柔软，最宜在软床、软座上铺设，又可任意折叠，便于旅行携带。

●永兴冰糖橙

冰糖橙曾荣获世博会“金奖”，在永兴街头路边几乎随处可买，但是一定要品味才行，因为有些是从株洲运过来的橙子，味道会酸些，没有本地产的香醇之味。

永兴冰糖橙

●安化黑茶

因产自安化县而得名，是中国古代名茶之一。安化在明代前期参照四川乌茶的制造方法，加以改进，制成黑茶。黑茶滋味醇和，有松烟香。

●安化擂茶

安化擂茶起始于汉、盛于明清。擂茶制作用料很讲究，全是选用自家产的上好茶叶，按一定比例加入大米、豆、花生、芝麻、甘草、菊花、艾叶等物，制作过程也是纯手工，是最货真价实的无污染绿色饮料。

娱乐

长沙周边是多民族地区，在长期的社会发展中，形成了独特的文化艺术和传统风俗。至今仍广为流传的戏剧有昆剧、越剧、花鼓戏等。此外，这里的现代化娱乐场所也很多，让人在其中尽情感受都市生活的惬意。

《日出韶山东方红》：是毛泽东一生及中国近代革命的舞台演绎版本，是韶山最值得观看的歌舞剧演出。地点：韶山东方红大剧院。门票：198元起。

团圆节：纪念瑶族先祖6男6女受封婚配，团圆成亲之日。每年农历七月十五日，瑶人杀牲庆贺，喜气洋洋庆祝节日。等到黑夜的时候，人们会敲锣打鼓到村外燃烧篝火，舞动火龙火狮，围堂歌舞，直到深夜甚至通宵达旦。

火把节：又名星回节，每年夏历六月二十五日举行。它是白族人民在秋收前，预祝五谷丰登、人畜兴旺的活动。火把节的内容丰富多彩，主要有祭祖、扎火把、拜火把、点火把、耍火把、跳火把等。

中国水府水节：湘乡市在2004年成功举办了第一届水府水节，主要有“万人百车”神奇水府游、经贸洽谈等主题活动，以后每年在湖南水府旅游区举办。

湘潭赛龙舟：于每年端午节举办，节前即开始报名，湘潭每到赛龙舟的时候常常出现街空巷净的局面，河上百舸争流，河畔观众们的欢声雷动，热闹非凡。

湘潭赛龙舟

发现者旅行指南

岳阳

概览

亮点

■ **岳阳楼**

紧靠洞庭湖畔周边的历史遗迹众多，范仲淹脍炙人口的《岳阳楼记》更使它著称于世。

■ **君山岛**

岛上古木参天、山清水秀，历史遗迹遍布全岛，名茶君山银针出产地。

■ **张谷英村**

中国历史文化名村，为中国保存最为完整的江南民居古建筑群落，至今已存在了500多年。

■ **东洞庭湖自然保护区**

东洞庭为远古时代云梦泽的遗迹，湖面宽广，烟波浩渺，是我国7处被列入《世界湿地公约》的国际重要湿地之一。每年2~3月都要举行观鸟旅游节。

■ **汨罗玉笥山**

相传战国时楚国大诗人屈原，当年流放于沅、湘时曾居于此山，山中有屈子祠和“玉笥八景”。

■ **必逛街道**

汴河街：是岳阳楼旁新开发的仿古风情街，在这条街上，各种手工艺品琳琅满目，古玩、字画、蜡像，应有尽有。

线路

■ **岳阳城区1日游**

上午，先到岳阳楼公园，仔细观赏一下我国古代建筑的奇特之处，还可以在这里适时地拍些照片做纪念。

下午转到不远处东洞庭湖自然保护区，呼吸一下湖面清新的空气，在大自然的怀抱中尽情享受这里怡人的风光。

■ **岳阳周边2日游**

第1天，上午先到君山岛游览，拜二妃墓、观龙涎井，切身感受洞庭湖之烟波浩渺。下午前往岳阳县大云山，游览道书中所说的第二十五洞天。

第2天，早起前往汨罗玉笥山，参观屈子祠，骚台，感受屈原的词赋魅力，接着前往任弼时纪念馆。

洞庭湖

为何去

岳阳，古称岳州、巴陵，衔远山，吞长江，西邻八百里洞庭，是一个融名山、名水、名楼、名文、名人为一体的宝地。岳阳不仅历史悠久，而且文化灿烂。伟大的爱国诗人屈原、诗圣杜甫，还有李白、韩愈、白居易等都曾来到这里，留下了许多动人的篇章。范仲淹的《岳阳楼记》更使这里名扬天下，成为长久不衰的旅游胜地。

屈原碑林

何时去

岳阳地处洞庭湖畔，属于亚热带季风性气候，气候湿润温和，城市空气新鲜，雨量充沛。5 ~ 10月是到岳阳旅游的好时节。此时可赏玩湖水、观赏荷花，岳阳热闹的旅游节日如龙舟节、荷花会也均在此时间段举行，不可轻易错过。

荷花盛开

区域解读

区号：0730
面积：约15 087km²
人口：约573.33万人

地理 GEOGRAPHY

区划

岳阳市辖3个区（岳阳楼区、君山区、云溪区）、2个县级市（汨罗市、临湘市）、4个县（岳阳县、华容县、平江县、湘阴县）。

地形

岳阳市地势东高西低，呈阶梯状向洞庭湖盆地倾斜。东部为山丘区，幕阜、连云两大山脉撑起了东部地势；中部为丘岗区，地表起伏不大；西部为平原区，有滨湖平原和江湖平原。岳阳的最高点为平江县连云山主峰，海拔1600米，最低点为黄盖湖，海拔21米。

岳阳市水系发达，河湖密布，水资源丰富。除一湖四水外，较大的湖泊还有横岭湖、鹤龙湖、胭脂湖等。

气候

岳阳属亚热带季风性湿润气候，四季分明，春秋气温多变，夏天热量丰富，日照时间长，秋天降温迅速，月朗风清，冬季严寒期短，较舒适。但是由于岳阳的地貌类型多样，所以湖区跟山区的气候状况有一定差异。

岳阳地区4～6月受夏季风影响，雨水丰沛，易受水灾；7～9月，因受太平洋副热带高压带控制，炎热少雨，多有伏旱现象，出游需谨慎。

历史 HISTORY

历史大事记

●先秦时期

据临湘市沅潭镇长源村旧石器时代遗址出土文物考证，距今20万年前，已有原始人类在此地狩猎、生活。

楚文王元年（公元前689年），楚徙都郢后，将罗子国遗民由枝江迁于汨罗江南岸，筑城名罗城（故址在今汨罗市城西北约4千米处）。

楚顷襄王二十一年（公元前278年），秦军攻破楚国都城郢。夏历五月初五，屈原在汨罗江怀石自沉殉节。

●两汉时期

西汉文帝四年（公元前176年），贾谊被贬为长沙王太傅，赴任途经汨罗，撰《吊屈原赋》。

东汉建安十五年（公元210年），孙权将汉昌、下隽等县建为汉昌郡，为岳阳建郡之始。

建安十五年（公元210年）至建安二十年

汨罗江畔

（公元215年）间，鲁肃率万人屯驻于此，修巴丘邸阁城，相传鲁肃在洞庭湖操练水军所建阅军楼，即为岳阳楼前身。

●唐宋时期

唐开元三年（公元715年），中书令张说出任岳州刺史，“每与才士登楼赋诗，（岳阳楼）自尔名著”。此后，唐代有李白、杜甫、刘长卿、韩愈、刘禹锡、元稹、白居易、李商隐、李群玉、郑谷等30多位诗人写有40多首有关岳阳楼的诗篇。

唐元和末，湖南观察使崔侯取消“贸易不准出境”旧法，湖南自此商贾流通，岳州成为湘岭要冲，百越、巴蜀、荆襄之会。

北宋庆历四年（1044年）春，滕子京任岳州知军州事。五年春，滕子京重修岳阳楼。六年九月十五日，范仲淹作《岳阳楼记》，为后世所传诵。

南宋初年，武陵人钟相聚众起义，踞洞庭湖滨岳阳、华容、湘阴等19县，称楚王，发展到五六十万人。后钟相被擒杀，余部由杨幺率领，坚持斗争。绍兴五年（1135年）二月，南宋政府军队破起义军洞庭水寨，杨幺败死。

●明清、现代

明洪武四年（1371年），岳州城因旧址增筑，开掘护城河，置岳州卫指挥使，负责武昌至沔阳、长沙、常德的江防守备。

清光绪二十五年（1899年），清政府开辟岳州为通商口岸。

1928年7月22日，老一辈无产阶级革命家彭德怀同志在平江举行声势浩大的起义，使岳阳成了现代革命的发祥地之一。

名单 岳阳历史名人

东汉太傅胡广

岳麓书院山长周式

明朝内阁首辅、“楚中三杰”之一杨一清

晚清重臣、洋务运动领导者左宗棠

清外交家郭嵩焘

现代著名教育家范源濂

中国共产党领导人之一任弼时

任弼时塑像

文化 CULTURE

岳阳天下楼

“洞庭天下水，岳阳天下楼”，宋朝范仲淹的一句“先天下之忧而忧，后天下之乐而乐”，让岳阳楼名扬四海。

岳阳楼矗立于岳阳市西门城墙上，俯瞰洞庭，遥望君山，北通巫峡，南极潇湘。相传其前身为东汉吴鲁肃的阅军楼。南楼、西城楼、洞庭楼、洞庭连天楼，都曾是岳阳楼的称谓。大诗人李白赋诗“楼观岳阳尽，川迥洞庭开”之后，才终于定称岳阳楼。这座1700多年历史的楼曾经维修50多次，现在的岳阳楼为1984年重修，沿袭了清朝光绪六年（1880年）的形制。

岳阳楼为平面矩形，正面三间，周围廊，三层三檐，通高近20米。屋顶为四坡盔顶，屋面上凸下凹，为中国现存最大盔顶建筑，覆黄琉璃瓦，翼角高翘。楼前两侧左右与楼品字并列，有三醉亭和仙梅亭作为陪衬。雕梁画栋，极尽工艺之美。

岳阳楼不仅风光秀丽，楼宇轩昂，更是一座文物、艺术的宝库，其中蕴含的文化内涵，也是人文衡阳的核心元素之一。唐代诗人喜登楼赋诗，寄情山水，李白、杜甫、李商隐等大诗人都曾登临岳阳楼，写下了成百上千语工意新的名篇佳句。文物中，有名的属诗仙李白的对联“水天一色，风月无边”，其次是清书法家张照书写的《岳阳楼记》雕屏。12块檀木板组成的木雕屏篆刻着《岳阳楼记》全文，文章、书法、刻工、木料均属珍品，人称“四绝”。各个年代的对联从8个字的到百余字的，内容形式多样。

现在，以岳阳楼为主体的景区内还有三醉亭、仙梅亭、怀甫亭、小乔墓、吕仙祠等景点。伴着洞庭的湖水，遥想历史的沧桑，岳阳楼书尽天下事，是值得一去的胜地。

屈原与汨罗江

汨罗江，是屈原投江殉节之地，也是诗的故土，余光中先生的诗中曾说，“蓝墨水的上游，是汨罗江”。汨罗江的文化意义已大于其地理意义，而江畔的龙舟文化和端午习俗更是世界文化艺术宝库中的明珠。

汨罗江在洞庭湖东侧，属洞庭湖水系。其干流长253千米，流域面积达5543平方千米，为东洞庭湖滨湖区最大河流。屈原在遭奸佞诬陷被放逐江南后辗转来到汨罗江北岸的南阳里、玉笥山居住9年，创作了《天问》《离骚》《九歌》《哀郢》《怀沙》等光辉诗篇。这些现实主义和浪漫主义相结合

雕刻

的作品，对中国文学艺术产生了极其深远的影响。

屈原投江殉难处，名曰河泊潭，有石碑记其事。相传当年，两岸百姓为阻止鱼吃掉屈原的身体，都在此处投放粽子给屈原飨食，另外还举行大型的民间龙舟赛，以驱散江中之鱼，这便是赛龙舟的由来。2000多年来，汨罗江畔一直流传着“向天公”“五月端阳”“月亮光光”“汨罗江上水倒流”“仙匠铸金头”“十二疑冢”等数十个民间传说故事。

2005年，端午节申遗成功，汨罗江畔端午习俗成为我国众多节日习俗唯一入选人类非物质文化遗产名录的节俗。汨罗江畔端午节一般从农历五月初一开始到十五日止，在此期间，人们办盛宴、吃粽子、插艾挂菖、喝雄黄酒、赛龙舟，活动丰富多彩。

“路漫漫其修远兮，吾将上下而求索”，屈原的精神长久地停留在汨罗江畔，给人力量和鼓舞。

链接

龙舟文化

相传龙舟文化年代已久，春秋战国时期的青铜钺，便刻有龙舟竞渡图案。有学者指龙舟演变自百越的独木舟，百越独木舟是以蛟龙为图腾。在不同的地方，龙舟竞渡则有不同寓意，比如，贵州苗族庆祝插秧和预祝五谷丰登、纪念近代民主革命家秋瑾或古代英雄岩红窝；越南人纪念陈朝大将陈庆余抗元等。而其中流传最广的，还是楚国人为了纪念投江自尽的屈原。

龙舟竞渡运动现已传播到40多个国家和地区，龙舟竞赛业已形成一种文化氛围，成为东方的狂欢节。端午时节，人们都换上隆重的盛装，参加龙舟竞渡，江中锣鼓喧天，号子声震四方，鞭炮声、锣鼓声、笑闹声响成一片，热闹非凡。

洞庭宝物——君山银针与银鱼

民以食为天，每个地方都有自己的特产和名品，洞庭边的岳阳，出产的自然都是岳阳名品。其中，君山银针茶和洞庭银鱼都是不得错过的宝物。

屈原

君山银针生长在气候温和、雨量充沛、土壤肥沃的君山岛上，盛称于唐，始供于五代，自清乾隆四十六年（1781年）开始，岁贡18斤，足见此茶之珍贵。

君山银针色泽金黄，芽壮匀齐，银茸密附，甘醇清爽。用开水冲泡时，芽尖朝天，直挺竖立，悬浮杯中，茶叶三起三落，堪称茶中奇观。君山银针之所以品相与别的茶大不相同，跟它特殊的炒制方式分不开。君山的炒制在外形上不做任何修饰，而是保持芽体的原状，只在色香味上下功夫。茶芽要经过十道工序才制成成品茶，历时72小时，还要按芽头肥瘦、曲直、色泽明暗进行分级，十分讲究。

再说银鱼，据清《巴陵县志》记载：“银鱼产自洞庭湖岳阳君山水域，中外名产矣。”这种圆条状的鱼，洁如水晶白如银，体形细小而透明，不但肉质细嫩，且富含蛋白质，并具有滋阴补肾之功效，堪称淡水鱼中的上品。无论是鱼取熟猪油煎炒或以素肉、鸡蛋烹汤，还是将银鱼晒干后，掺汤和煎炒，抑或直接用鲜银煮粉丝，都是鲜美无比。白居易言“庭前供白子，天然三寸长”，可见小小的银鱼从唐代起就成了席上珍品。传说清朝乾隆皇帝下江南时，也要银鱼佐餐。

景点推荐

岳阳城区景点

岳阳楼 AAAAA

千古名楼

岳阳市岳阳楼区洞庭北路

市内乘10路、15路公交即可到达

7:00~18:30　70元

0730-8830338

雄踞洞庭湖畔的岳阳楼，相传为三国时东吴大将鲁肃所建，唐朝时始称岳阳楼。现存形制沿袭的是清光绪六年（1880年）的建制。该楼高约25米，为四柱三层纯木结构，飞檐盔顶，构制雄伟、独特，气势壮阔，仿佛一只鲲鹏呈凌空欲飞状。其中，盔顶式楼顶为“如意斗拱”托举而成，在我国古代建筑史上绝无仅有。登临岳阳楼，既可感受它的蔚为壮观的气势，也可将八百里洞庭的湖光山色尽收眼底，壮观不已。

玩家解说

岳阳楼相传为三国时期吴国鲁肃的阅兵台，整个建筑没有用一颗铁钉，一道横梁，很有特色，在中国古典建筑史上极为罕见。楼内有两份范仲淹的《岳阳楼记》木雕精品，但为一真一假，几乎难以分辨，唯一的区别就是赝品有一字与真品不同。赝品保存至今，历时200年，也已成为文物了。

岳阳门

岳阳门建在岗丘上，上跨雄伟的岳阳

楼，下临浩渺的洞庭湖水，显得格外的壮观。岳阳门，高约4米，宽2米多，长近42米。岳阳门是由巨型花岗岩条石砌成的拱形门洞，刻在青石匾上有三个金色大字“岳阳门”。

玩家 解说

古时候，岳阳有5座城门：东门是湘春门，南门是迎薰门，北门是楚望门，西门就是岳阳门，还有一座小西门。现在，除岳阳门保存至今外，其他各门都已被废。

链接

岳阳门的历史

岳阳门的历史要从三国时算起。那时人们修筑了巴丘城，城垣跨岗越岭，西临洞庭，地势十分险要。以后各代，人们都在这里设立了城池，再没有迁移过。唐代孟浩然的“气蒸云梦泽，波撼岳阳城”，杜甫的“江国逾千里，山城仅百层”，描写的就是这里。后来这里每年都被废毁着。到了民国时，这里就剩岳阳楼下这一段近百米的古城墙了。据记载，这段城墙还是清乾隆四十年（1775年）时重修的。

三醉亭

三醉亭，传说因吕洞宾三醉岳阳楼而得名，是一座仿宋建筑的方亭，为岳阳楼主楼辅亭之一。占地面积约136平方米，高9米，为二层二檐。顶为歇山式，红柱碧瓦，门窗雕花精细，藻井彩绘鲜艳，外形装饰华丽。

仙梅亭

仙梅亭位于岳阳楼南侧，为岳阳楼主楼辅亭之一，与三醉亭相对应。仙梅亭是一座呈六角形，二层三檐，檐角高翘，纯木结构，玲珑雅致的小亭。亭子占地面积44平方米，高7米。上盖绿色琉璃筒瓦，状如出水碧荷。

岳阳楼

在建筑风格上，可将其归纳为木制、三层、四柱、飞檐、斗拱、盔顶。

楼是纯木结构，整座建筑没用一钉一铆，仅靠木制构件的彼此勾连。

楼顶为层叠相衬的“如意斗拱”托举而成的盔顶式。

台基以花岗岩围砌而成，台基宽度17.24米，进14.54米，高度为0.65米。

楼体斗拱结构复杂，工艺精美，几非人力所能为，当地人传说是鲁班亲手制造的。

楼坐西朝东，构造古朴独特，高度19米，共有三层飞檐。

玩家 解说

仙梅亭初建于明朝崇祯年间。当时，推官陶宗孔重建岳阳楼时，同建此亭，并命名为仙梅堂。到清乾隆四十年（1775年），岳州知县熊懋奖重建岳阳楼时，在遗址上复建其亭，同时改仙梅堂为仙梅亭。同治六年（1867年），由总督曾国荃拨岳卡厘税对岳阳楼全面重修时，仙梅亭也得到一次较大的修葺，并将仙梅亭改为留仙亭。时隔不久，知府张德容在重建岳阳楼时，又将留仙亭复改为仙梅亭。新中国成立后，此亭又经过多次修缮，一直保持了原来的面貌。

怀甫亭

怀甫亭坐落在岳阳楼院内临湖五坪台，建于1962年，是为了纪念诗圣杜甫而建。怀甫亭是一座玲珑典雅，坐南朝北的方形小亭。它占地约40平方米，高7米，4根水泥铸构的大柱，四周环以栏杆。

小亭上部为纯木结构，翘首脊饰精美，藻井彩绘鲜艳。亭中竖有石碑一方，正面刻有杜甫的画像和《登岳阳楼》诗，背面刻着他的生平事迹。北面檐下悬挂着一块樟木匾额，“怀甫亭”三个字苍劲古朴。

小乔墓

小乔墓又名二乔墓，在岳阳楼北面。墓府为当时军府花园。墓地环境幽静，花木繁茂，墓顶植女贞二株。坟前墓碑高约1米，上书“小乔之墓”。1993年又于墓南侧增建小乔墓庐，四周建有围墙。墓园内有照壁。正面刻有宋苏东坡手迹：“遥想公瑾当年，小乔初嫁了，雄姿英发。”墓冢为圆形封土堆，墓周有游道，并增加石栏护围。园内建筑，为砖木结构，覆以青色琉璃，具有江南园林风格。

汴河街

汴河街位于岳阳楼主楼之前，全长300余米，以岳阳楼文化、洞庭文化、巴陵文化为主题，是目前国内面积最大、功能最全、风景最美的一条传统风貌特色仿古商业街。汴河街上建筑古朴而典雅，极具观赏价值；沿街可品尝到风味小吃，购买到特色工艺品；在这里凭栏眺望，还可将洞庭风光尽收眼底。

鲁肃墓

东吴功勋卓著的政治家鲁肃之墓

岳阳市岳阳楼区

鲁肃墓坟堆耸立如丘，高8米，占地面积为800平方米，周围砌有石栏杆。墓地的四周没有石栏，墓前立石碑坊，墓前竖石碑一块，文为“吴鲁公肃墓”。

墓顶建小亭，有石级可达墓顶。墓周环行道边砌花岗石护栏，南、北两面有石级可登墓顶，墓顶建红柱黄瓦六方小亭，高6米，占地20平方米。两侧为墓庐，现在已经开辟成展室向游客介绍鲁肃的生平事迹。距墓碑8米处建有高3.5米，宽4米的四柱三开间石构牌坊。

链接

鲁肃

鲁肃（172–217），字子敬，临淮东城（今安徽定远）人，中国东汉末年东吴著名军事统帅。他曾为孙权提出鼎足江东的战略规划，因此得到孙权的赏识，于周瑜死后代替周瑜领兵，守陆口。东汉建安二十二年（217年）去世，享年46岁。

金鹗山公园

文化休息娱乐乐园

岳阳市岳阳楼区南湖大道西侧

乘5路、29路公交即可到达

金鹗公园规划面积为58公顷，属低山丘陵地形，最高峰海拔97米，登上其顶，可俯览全城。这里的主要古迹遗址有金鹗书院、吴三桂驻军营垒、谢登之墓、桃花洞、奎星洞、文昌亭等，主要景点有望岳亭、玉兔亭、翠谷亭、弯月桥、孔圣园等，是一处南北园林特色交织、自然风光与湘楚文化融为一体的休闲游览胜地。

圣安古寺 AAAA

具有悠久历史的寺院

岳阳市岳阳楼宜登路

圣安寺耸立于大龟山，气势宏伟，飞檐斗角，金碧辉煌。圣安寺创建于唐贞观年间，距今已有1300多年的历史，寺院里面常年飘荡着悠扬的《大悲咒》，平和的诵经声和缭绕的檀香烟，依路而进，寺院由山门、天王殿、大雄宝殿、观音殿等部分组成。

链接

宝昙方丈

圣安寺能有今天这样的辉煌，不得不感谢南岳高僧宝昙方丈。1997年，他带领着首席弟子怀梵法师来岳阳重建，圣安寺才又恢复了唐代时候的模样，宝

圣安寺牌坊

昙方丈于2008年9月15日在长沙圆寂。他的一生，为我国佛教事业做出了很大贡献。

宝昙法师1925年8月出生在湘乡市巴江乡，俗名赵燉煌，1934年在南岳后山野鸡潭礼镇宗上人正式削发出家。宝昙大和尚曾经担任过中国佛教协会常务理事、湖南省人大代表、湖南省佛教协会副会长以及南岳南台寺、湘乡云门寺、岳阳圣安寺方丈。自1997年以来，宝昙方丈舍巨资100万元，在原址椤伽北峰征地6.7公顷，由其弟子怀梵法师筹资千余万元，重建成如今的圣安寺。

天王殿

天王殿是圣安寺的重要构筑之一。它由天王殿、钟鼓楼、藏经阁组成。殿内香烟旋绕，供有弥勒佛像，佛像袒背露腹，手掐念珠，笑口常开，弥勒佛像两侧，供着四年夜大护法神将，俗称“四年夜大金刚”，又称四年夜大天王。

大雄宝殿

大雄宝殿在天王殿与念佛堂之间，殿里面供着三尊大佛，中间的佛是世人所说的佛教教主“释迦牟尼”，释迦佛左边拿宝塔的佛叫东方净琉璃世界教主药师佛；手上捧有莲花的叫作西方极乐世界教主阿弥陀佛，大殿两角，一为文殊菩萨，另一为普贤菩萨。

慈氏塔

湖南最早的古塔遗存之一

岳阳市岳阳楼区洞庭湖边西南

慈氏塔始建于唐开元年间，现存为宋朝孟珙主持重建。塔为砖石结构，楼阁式，高39米。塔基由麻石铺砌，塔身用青砖砌筑。自第二层起，每层四面均有小佛龛。每层檐角设小钟，塔顶置铁刹相轮。

岳阳文庙

当年岳州“百废俱兴”的壮举

岳阳市岳阳楼区岳阳二中校园

乘坐16路公交车可到

岳阳文庙作为宋至清时期古建筑，建于1046年，现仅存大成至圣殿及两庑廊舍，大殿高16米。庙中原有泮池、状元桥、回廊、大成殿，现仅存大成殿，其屋檐起翘，极具宋代建筑风格。特别是殿内16根横木，在石墩和大柱之间，垫有一个约30厘米厚的鼓形横木，名叫木质，为古代建筑中所罕见。

东洞庭湖自然保护区

长江中游的明珠

岳阳市岳阳楼区

在岳阳市西门的岳阳楼码头乘游轮可达

东洞庭湖是洞庭湖系中最大的湖泊，年平均过湖水量达3100多亿立方米。保护区面积190 300公顷，1992年被列入“世界重要湿地名录”，主要保护对象为湿地和珍稀鸟类。保护区鸟类资源非常丰富，仅候鸟就有150多种。其中有国家一级保护动物白鹤等10种，二级保护动物天鹅等20余种，为我国乃至全球重要的湿地和候鸟保护区。

玩家 解说

保护区是我国著名淡水湖洞庭湖的一部分，受长江和湘、资、沅、澧诸水系的水量周期升降影响，形成了水、沼泽、浅滩和低岸等复杂的自然地形。洪水带来的营养物质经过沉积，又给水生动植物的繁衍提供了条件，再加上地处中国冬季候鸟越冬和夏季候鸟繁殖结合部，鸟类资源非常丰富，为我国乃至全球重要的湿地和候鸟保护区。

南湖

一幅活生生的丹青画

岳阳市岳阳楼区南郊

南湖水面面积达1200公顷。湖面终年碧波荡漾，幽静雅洁，湖岸多湾，港湾曲折，有“一龙赶九龟”的地貌造型，现在被列为省自然风景保护区和国际龙舟赛场。南湖风光极其秀丽，西通洞庭，南临赶山、龟山、北接金鹗山、白鹤山，湖水漫延交错。

玩家 攻略

每年岳阳汨罗江国际龙舟节都在这里举行。游人泛舟湖上，可饱览湖光风月。附近建有

岳阳洞庭湖

中心酒店和度假村，还设有各种游船。南湖内岳阳乐园是湘、鄂、赣三省颇具现代化水平的游乐中心。全园共有30余个游乐项目。既有以惊险刺激闻名的“激流探险”“小赛车”“惯性滑车”等项目，也有多姿多彩、妙趣横生的“太空飞碟”“儿童游戏城”等儿童娱乐设施。

宝慈观

按照古代样貌重修的道观

岳阳市岳阳楼区华一水库附近

宝慈观原址位于城东15里，桃花山延叠的石门山下，相传仙人孔开保在这里炼道升飞，晋人张惊喜隐于峰下，学道仙去。宋代“三门道士”蒋程龟、孙雪聪化募重修，后又经历代加修，有飞升台、炼丹池、仙人洞等古迹。

宝慈观最盛时有48殿，道观在明朝前被毁后又几经修补、重建，到1958年建华一水库时完全拆除。1997年在水库库尾建了宝慈观，但规模较小。

链接

宝慈观传说

相传宋朝有一名姓张的侍郎告老还乡经过洞庭湖时，看见了满湖的荷花。张侍郎来到荷花边，荷花却马上后退了，张侍郎觉得非常奇怪，于是就随着荷花追赶，当追到桃花山麓时，荷花就不见了。张侍郎认为这必定是神仙点化，就拿出退休金和平时积蓄，在荷花隐处修建宝慈观。

岳阳南湖

景点推荐

岳阳北部景点

君山岛 AAAAA

天下第十一福地

岳阳市君山区洞庭湖中

乘15路旅游专线车　¥ 78元

君山岛古称洞庭山、湘山、有缘山，是八百里洞庭湖中的一个小岛，与千古名楼岳阳楼遥遥相对，总面积约0.96平方千米，由大小72座山峰组成。这里原有36亭，48庙，5井，4台，清末和民国年间先后被毁，现已修复了二妃墓、湘妃祠、柳毅井、传书亭、朗吟亭、酒香亭、杨幺寨、龙涎井、飞来钟等。还新建有洞庭山庄、茶楼、酒店。

链接

君山岛的传说

那一年，秦始皇南巡至洞庭湖，当时洞庭湖上狂风大作，恶浪滔天，官船行走缓慢，如果风浪继续加大，很可能有沉船的危险。鉴于这种情况，秦始皇下令避避风浪再走。可是，八百里洞庭横无涯际，到哪里去寻找避风的码头？正当文武百官焦急万分之时，前方突然出现一座小山。这座山便是君山，当时叫湘山。船工迅速转舵将船驶向君山。很快，船靠君山岛，秦始皇在百官的拥簇下来到岸上躲避风浪。当时，风浪搅得始皇惊魂不定，使得一向专横的铁腕人物内心十分恼怒。他叫来侍臣问道："此乃何地？"侍臣答："此山名君山，湘君女神之所在，故作此患。"秦始皇听罢大怒："天下皆为朕所有，一国岂有二君乎？此有君之理？"百官劝他去山上拜一拜湘君，求湘水神宁波息浪，但始皇不从，并下令船上3000军士伐尽了君山岛上所有的树林，放火烧尽了岛上的庙宇、亭台。至此，还不解恨，他又掏出九龙镶金的玉玺，对准岩石用力盖去，并命湘水女神不再为患。然而，秦始皇的专横并不能阻止大自然的风暴。这场大风暴足足刮了两天两夜才告平息。

二妃墓

二妃墓全称虞帝二妃之墓，在君山斑竹山西头。墓为圆形石砌，前立石柱，上雕麒麟、狮、象，中竖墓碑"虞帝二妃之墓"，碑前置一石刻香炉。香炉下几级台阶处有一条1.5米宽的祭道，祭道两旁石碑上刻有东汉刘向"印心石屋"文。

链接

二妃墓传说

相传，舜践帝南巡狩猎的时候，舜帝的两个妃子见自己的夫君出去很久都没有回来，就四处寻找来到了洞庭君山，忽闻舜帝逝世的消息，不禁肝肠寸断，忧伤成疾，不治身亡，葬于君山。

龙涎井

龙涎井在君山龙舌山前沿，为君山五大名井之一。井口直径0.84米，口上围一环龙云纹石圈，外围砌环状，纹饰三层。井内赭黄色岩石形象龙舌，泉水从岩石上注入井内，一点一滴，好似涎水。

洞庭庙

洞庭庙为二进庭院式，青瓦红墙，雕龙画凤，前有九龙引柱。一进正殿挂“洞庭庙”匾，内坐洞庭王爷武像：一手加额，一手托明珠，目光前视，仿佛正在调节阴阳，抑止洞庭风浪。二进为“凝碧宫”，内设洞庭王爷生活场景。一、二进相连的屏墙上刻有《柳毅传》。整个庙宇占地500平方米，气象宏大。

链接

洞庭庙的由来

相传洞庭王爷是一黑脸大王，是唐代书生柳毅的化身。据传柳毅传书后，洞庭龙君为了报答柳毅救女之恩，要将三公主嫁给柳毅。柳毅认为救人于危难之中乃做人之本分，不可因此为己谋利，便婉言谢绝了。柳毅出宫后，倾慕柳毅的龙女扮成渔家姑娘，与柳毅结为夫妻，婚后才道破实情，与柳毅重返洞庭水府，柳毅被封为洞庭王。龙君担心柳毅这白面书生镇不住水妖陆怪，便命钱塘君做了个怪面具，让柳毅白天戴着巡查湖岸，晚上脱下面具再回家。

一次，柳毅巡湖一直忙到深夜，回家时忘记取下怪面具，一踏进家门便再也取不下来了。于是柳毅便由白面书生变成了黑脸大王。柳毅在洞庭湖畔做了很多好事，人们为了纪念他，便在君山修建洞庭庙。凡过往洞庭湖的人都要进庙烧香，祈求平安。

柳毅井

柳毅井旁为橘林，距太湖不足200米。相传神话故事《柳毅传书》的柳毅就是从此井进入龙宫的，并以此得名。井至今已有千余年历史，南宋《吴郡志》即已记载此井。井圈为浮康石凿成，苔痕斑驳、古趣盎然。井似不深，可俯身探鞠，而旱涝无盈沽，风要亦不浊。井水香甜津润，异于它井，历史上为东山名泉之一。

湘妃祠

湘妃祠坐落在二妃墓的东北侧。它临近东洞庭湖，远映岳阳甑箪山，后以苍松翠柏为屏，祠宇为三进庭院式。这里的建筑多为清式砖木结构的单檐殿宇，两边为砖石结构的骑马墙。三进殿宇采取相对闭合空间的布局手法；总建筑面积约1000平方米。

传书亭

传书亭又叫鸳鸯亭，位于柳毅井后2米的高台上。筑亭的时间甚早，今天的传书亭是1979年根据《柳毅传书》的神话传说重建的。

亭为两个长方形交错组成的多角形建筑，全亭为钢筋水泥结构，占地面积约16.8平方米，由10根柱架支撑亭顶，高6米，上覆绿色琉璃瓦，六个翘首饰有鳌鱼，将景区点缀得更为美观。两亭连为一体，组成双顶鸳鸯结构，自成一种古朴幽雅的风格，象征着龙女与柳毅的爱情，从而寄托了人们的理想和愿望，丰富和加强了《柳毅传书》故事的感染力，给游人增添了游园的乐趣。

禹山游览区

大禹曾经登临过的地方

岳阳市华容县南

20元

禹山风景区四处被青山环抱，这里碧水相映，风景秀丽，最高峰禹山110多米，早在唐朝就修建了禹山庙。庙宇雄伟，香火溢鼻。在禹山庙东侧有一个“姊妹山”，山腰有一块40平方米的开阔地，唐代始建的文昌阁就在这里。

链接

登禹山的历史名人

禹王治水曾经登过这座山。唐肃宗曾经登上过这座山而祭祀。乾隆帝在万岁台上对山又进行过祭拜。杜甫、黎淳、孙宜、李云阶、谢文轨、陈伯良、唐栗山、唐松云等历代诗人均留下了不朽的诗联。

华容烈士陵园

全国爱国主义教育基地

岳阳市华容县华容大道东路

华容烈士陵园是一个集烈士褒扬、传统教育、旅游休闲、娱乐于一身的全国爱国主义教育基地。这里经过40多年的建设与发展，先后建起了革命烈士纪念馆、纪念亭、门楼、陵园路、林园山庄和何长工塑像及将军墓区。

2000年12月8日，何长工诞生100周年纪念日，革命历史博物馆正式建成开馆，馆内收藏着华容籍老将军朱绍清、方立中、何长工等诸多革命历史名人的遗物和华容多年来陆续出土的历史文物，为游客提供了生动的革命传统教育素材和历史悠久的华容文明。

陆城古镇

文化古迹众多的古镇

岳阳市云溪区东北部

陆城古镇历史悠久，长江航道紧绕古镇西北经过，与荆州、岳阳、赤壁等三国旅游胜地一水相通，素有“千年古镇”“历史重镇”等美誉。相传三国时期，吴国将领陆逊屯兵于此，筑土城为营垒。

陆城境内文化古迹众多，近郊的铜鼓山商代文化遗址曾是商代一处军事要塞。雄踞长江南岸的临湘矶大矶头是陆城保存极完整的古建筑之一。石矶呈圆弧状，占地约1980平方米，矶石上浮雕造型及叠砌等工艺都极为精细。屹立于江边儒矶山上的临湘塔，高达33米，七级八方，檐角上翘，全由砖石砌成，是陆城的古建标志。陆城的民居古建群，对称性分布于一条老街上，保存完好的共有30余栋。

陆城古镇依山傍水，风光旖旎，名蜚湖广的“陆城八景”曾倾倒无数往来的商旅和行人。

五尖山森林公园

一座突出于丘陵的大山

岳阳临湘市郊1千米处

五尖山森林公园，前身是1958年建立的五尖山林场，整个公园有山地面积1800公顷，森林覆盖率达98%，立木蓄积总量计10

万立方米。公园由轿顶山、鹰嘴山、周家山、望城山和麻姑山五个山峰组成，故名五尖山。整个山脉呈东西走向，最高海拔约588米，整个公园分四大景区，即望城山、花岗楼、柴家冲、百步梯。

张谷英村

江南民居古建筑群落

岳阳市岳阳县张谷英镇　50元

张谷英村为中国保存最为完整的江南民居古建筑群落，其建筑规模之大，建筑风格之奇，建筑艺术之美，被誉为“天下第一村”，至今已存在500多年，目前保留1700多座明清建筑。

张谷英村为汉族聚居群落，整个建筑群由当大门、王家塅、上新屋三大群体组合而成。古建筑群始建于明嘉靖四十一年（1562年），清代两次续建。现有巷道62条，天井206个，总建筑面积达5万多平方米，共有大小房屋1700多间。

玩家 攻略

（1）如果游逛到晚上还没有回去，可以在张谷英村住下，这里有旅店提供给游客。

张谷英村

（2）在村里的小饭店吃饭，价格比较贵，可以在村民家里吃，或是在张村小镇汽车站附近的餐馆里吃饭，价格、口味应该更好一些。

（3）村里的特产是黄豆做的油豆腐，在豆腐坊可以观看做豆腐的全过程，约需5个小时，或许还能听到豆腐师傅讲的张村故事。

链接

张谷英村来历

相传14世纪60年代，有3个神秘人结伴而行来到幕阜大山的余脉渭洞山区。这3人，一个姓张，名谷英；一个姓刘，名万辅；一个姓李，名千金。3人中，张谷

张谷英村当大门

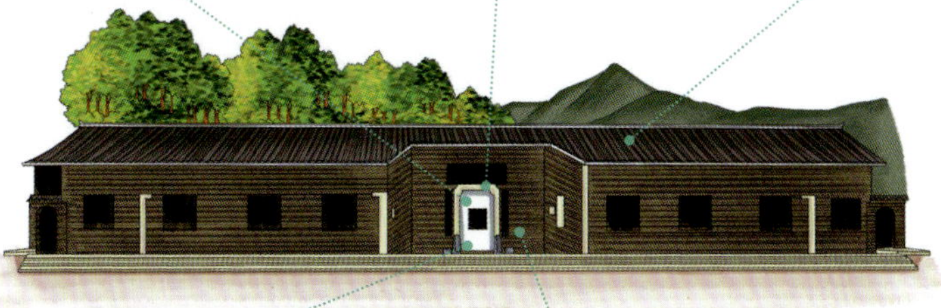

张谷英村俯瞰

英懂风水，沿途定盘择地，遴选风水，最后被渭洞的奇峻风光所吸引，于是就在这里相中了3块宝地。按地势风水，这3块地一块主财、一块主丁、一块主仕。

张谷英任由同伴先挑。刘万辅选定了主财一块，期望四季发财，成为豪富之家；李千金选定了主仕一块，期望步入仕途，成为官宦之家；所剩一块主丁的，自然属于张谷英了。于是，他们各自在自己选中的风水宝地上造宅安居，繁衍生息。果然，主财的发了财，主仕的做了官，主丁的张氏则成了方圆百里的名门望族，绵延了26代，一代代繁衍了8000多人。张谷英的子孙们为纪念这位创业始祖，将这个大屋子取名为“张谷英”。

天井

大屋场中最大的一个天井，大约有22平方米，既可采光，又可通风。天井内有一座花岗岩砌成的花坛。天井一角的地下有下水道，雨水可从下水道一直流到渭溪河里去。老人和孩子们可在屋前的天井里乘凉和嬉戏。一般天井的左右两侧房屋对称。正面的会客堂屋比较高，屋里冬暖夏凉。正屋后面是偏房，用作牛栏、柴房、谷仓等。

当大门

所谓当大门，取意于大门两侧的石鼓，也就是门当。门当越大，就表示家族越旺、家势越大。门上方的横梁叫“户”，表示一户人家，当大门的门户上刻有太极图形与门当彼此呼应。二者合起来就叫作“门当户对”。

龙珠石

龙珠石直径约3米的天然巨石为女娲补天时所遗，恰恰与张谷英村大屋后龙形山龙口相对应，故称龙珠石，同时也与其身后的古建筑群一同形成了龙戏珠的格局。

畔溪走廊

畔溪走廊建于清顺治十二年（1652年），是连接江西和岳州的古驿道。傍溪而铺的是一条走廊。廊里展有一条青石板路，沿途通达各门各户，衔接每一条巷心。从那些古老的建筑和留下的足迹，可见当年是多么的繁华。

大云山

道书中的第二十五洞天

岳阳市岳阳县境内　￥ 38元

大云山古称“暴山”，道书中称“第二十五洞天”，古之神仙所居大云山主脉面积40平方千米，自古为江南名胜、道家洞天，世称盘旋七十二峰。山中的石庙全部以石条砌成，雕刻精巧，庙后有望江亭。

大云山融森林休闲、观光避暑、宗教朝拜于一体。其中核心游览面积约340公顷，规划为祖师殿和真君殿两大景区，48处景观景点。

祖师殿

祖师殿始建于唐代，宋代岳州通判石光，退隐大云山，劈谷学道而成仙，是为大云山赤脚祖师，与真武祖师并列，故为祖师殿。祖师殿系全石结构、古朴精良，有灵宫殿、祖师殿、玉皇殿、望江亭等建筑。

三战三捷石刻

1939年日寇攻战长沙，在大云山与国民党第九战区副司令兼二十七集团军司令杨森展开激战，杨森在此打了大胜仗。1942年8月，杨森上了大云山，写下了三战三捷巨幅字样，刻于隆与宫外石壁上，每个字2.2平方米。

景点推荐

岳阳南部景点

汨罗玉笥山

有关屈原的名胜古迹

岳阳汨罗市区西北约4千米

相传战国时楚国大诗人屈原，当年流放于沅、湘时曾居于此山，故山中的名胜古迹，大多与屈原有关。玉笥山的主要名胜古迹有屈子祠和“玉笥八景”。玉笥八景分别是骚台、濯缨桥、独醒亭、桃花洞、寿星台、望爷墩、绣花墩、剪刀池。前5景与屈原有关，后3景与屈原的女儿有关。

屈子祠

屈子祠，又名三闾祠，是为了纪念中国伟大爱国诗人屈原而修建的。始建于汉，重修于清乾隆十九年（1754年），建筑面积约1650平方米，但檐硬山顶砖木结构，三间三进，整个建筑具有典型的江南古建筑风格。这里拥有13幅屈原生平业绩写照的浮雕，过道镶嵌有许多石碑，为后人凭吊的词赋。

骚台

骚台建于屈子祠移建时。相传屈原的辉煌不朽诗篇《离骚》《九歌》《怀沙》等即写成于此地，人们常传，屈原在这里写的文章，文采飞扬，足资观赏，所以这里得名为“骚台”。

招魂堂

招魂堂堂高7米，面积80平方米，歇山顶，四角飞翘。堂内四壁有《招魂》诗意的浮雕8幅，堂中刊《招魂》及《大招》分碑16块，分别由中国书协顾问周而复，理事陈复澄等先生书写。

汨罗江
具有典型的江南水乡风貌

岳阳市平江县、汨罗市、湘阴县境内

汨罗江离岳阳70多千米，发源于江西幕阜山，全长253千米，最后流入洞庭湖。汨罗江两岸粉墙村舍，桃红柳绿，民风淳朴，水草肥美，具有典型的江南水乡风貌，那里有屈原墓、屈子祠等古迹。

链接

屈原与汨罗江

战国末年，楚国诗人屈原因为反对楚怀王和楚顷襄王的对外政策，被流放至汨罗江畔的玉笥山。在这里他写出了一生中最重要的一些作品（如《离骚》《天问》等），将楚辞这一体裁发扬至前所未有的高度。前278年，楚国都城郢（今湖北省江陵县境内）被秦国攻占，屈原感到救国无望，于农历五月初五自投汨罗江。

玉池山
素有“三山十洞八平湖”之美誉

岳阳汨罗市南端

玉池山主峰达摩岭海拔约777米，为长沙北往第一山，是一个人文景观与自然风光浑然一体的风景区。山中有双狮、伏家、望塔、梓木等大小洞穴，境内有白鹤洞水库、望塔水库、赛英水库、小洞水库、关山水库、青坑水库、苦窖水库、小暑洞水库等8座水库，是理想的休闲游览之乐园。

任弼时纪念馆 AAAA
融爱国主义教育与观光旅游为一体

岳阳汨罗市弼时镇唐家桥村

从岳阳市区有直接到达弼时镇的中巴

任弼时纪念馆景区面积达8万平方米，由铜像广场、任弼时生平业绩陈列馆、任弼时故居等部分组成。铜像广场占地面积约2500平方米。广场前方有毛泽东所题的“任弼时同志的革命精神永垂不朽”的高大幕墙，中央为7.1米高的任弼时同志铜像。纪念馆展出有近200件珍贵文物和400多幅照片，分6个专题展示了任弼时同志在建团、建党、建军、建国四个方面的丰功伟绩。

链接

任弼时小传

任弼时，伟大的马克思主义者，杰出的无产阶级革命家、政治家、组织家，中国共产党和中国人民解放军的卓越领导人，以毛泽东同志为核心的中国共产党第一代领导集体的重要成员。

汨罗八景洞
神妙的洞天福地

岳阳汨罗市八景乡

八景洞风景区是湖南省32个风景名胜区之一，总面积47.7平方千米。这里有奇异优

任弼时纪念馆塑像

美的自然景观和悠久灿烂的历史文化，是旅游、休闲、度假、回归自然的绝佳景地。

全区共有山林4600公顷，3座总蓄水量达1亿立方米的水库——蓝家湖、向家湖、八景湖。早在清代乾隆年间，这里就因佛果寺、八丈飞瀑、龙王潭、日月盆、双狮抱球、蛤蟆石、观音试掌、龙形古松八大景观而得名。

湘阴文庙

始建于北宋的文庙建筑

岳阳市湘阴县城

湘阴文庙始建于北宋庆历八年（1048年），现有建筑为清乾隆九年（1744年）重建，由“玉振金声”冲天坊、泮池、状元桥、“太和元气”坊、大成门、大成殿及厢房组成，是一座保存较为完整的县级文庙，建筑艺术精湛、风格独特。

福寿山

养生天堂、度假福地

岳阳市平江县福寿山镇境内

福寿山古称虎兽山、福石山，是平江县境内第三高峰，海拔约1555米。景区境内地形复杂，森林植被繁茂，自然景观资源丰富奇特，有全国罕见的千年寿藤、世间难觅的摇钱树、落差达800米的瀑布群，以及至今无人走通的白莲教大本营遗址暗道和10多尊明代石佛、200多座自唐始历代留下的舍利塔等景观。神奇的地理环境和独特的森林气候，使福寿山成为一个集秀丽、险峻、神奇于一身的综合景区。

杜甫墓

诗圣杜甫墓葬

岳阳市平江县安定镇

杜甫墓主要包括墓、祠和诗社三个部分，共占地0.7公顷，总建筑面积约3865平方米，墓祠合一，独具特色，构成一组极具文物、史学、观赏价值的古建筑群。现存杜甫墓为清光绪九年重修，仍保存修复时记载原貌。墓顶是坚固的原石板结构。此外，旁边附有石板，后面附有后园，杜甫墓前10米有杜公祠至今保存原貌，1885年祠后增建“铁瓶诗社”，为清代诗人张岳龄、李元度等修建。

石牛寨

链接

诗圣杜甫

杜甫（公元712—公元770），字子美，自号少陵野老，巩县（今河南巩义）人，盛唐时期伟大的现实主义诗人。他忧国忧民，人格高尚，他诗艺精湛，在中国古典诗歌中的影响非常深远，被后世尊称为“诗圣”，他的诗也被称为“诗史”，与李白合称“李杜”。

石牛寨

由怪石、奇峰、石洞组成的石世界

岳阳市平江县大坪乡

石牛寨方圆十多平方千米，石牛寨西部有一巨石，形如黄牛，故名石牛山。这里旅游资源丰富，集青山、秀水、怪石、险岩、瀑布、漂流、泉水、深潭、古树、古桥于一身，森林茂密，植物资源丰富，旅游资源景点分布广泛。现寨上尚有水城、石臼、石城墙、石城门、练兵场等古迹。

磐石洲
旅游、休闲、避暑胜地

岳阳市平江县平伍公路侧畔

磐石洲呈半圆形，面积4平方千米，有皇封岩、将军山、望夫岩、九龙山等许多旅游景区。磐石洲历史悠久，曾出土珍贵文物“青铜兽面尊”，明末清初保存下来的石鼓、石狮、宝塔、纸雕窗花，以及由48只天井组成的古代建筑群。

平江通讯旧址
新四军支队入皖南抗日时所建

岳阳市平江县嘉义镇

1938年2月新四军第一支队一团从平江开入皖南抗日前线，在嘉义镇设立“新四军留守处”（后改为通讯处）。1939年6月12日，由于叛徒出卖，蒋介石突然袭击，制造了震惊全国的“平江惨案”，烈士英勇就义在虎形岭。

嘉义地区在长期革命战争中牺牲的共产党人和革命群众达2万多人，烈士墓志铭刻着“虎岭有幸埋忠骨，汨水含情慰英灵”，旧址1977年复修后，按原貌作了复原陈列，并建烈士陵园。

平江起义旧址
爱国主义教育示范基地

岳阳市平江县城一中校园内

平江起义旧址原为1867年所建的天岳书院，这里占地面积约3000平方米。大门上方为清代著名学者李次青所书“天岳书院”四个大字。大门内壁正中有陈云同志手书的“平江起义纪念馆”匾额。书院坐南朝北，为清代砖木结构建筑，共有讲堂三间，院长住房两间，斋房50多间及天井、过道等建筑。建筑宏伟，古朴庄重。旧址保留有当年平江起义的主要领导人彭德怀、滕代远、黄公略的住房和会议室，都是按原貌恢复成列

平江起义旧址

的。平江起义士兵的营房，陈列了起义官兵的床、穿过的服装和鞋、使用过的武器。武器中除了有大刀、长矛外，大多是步枪。

玩家 解说

平江起义旧址始建于清康熙年间，清朝末年实行“新政”，改革教育制度，废除了科举制，天岳书院改为平江小学堂。辛亥革命后，又改为平江高等学堂。新中国成立后，改为平江第一中学，直到1985年，该校迁出。因此，从清朝直到1985年，平江起义旧址一直是平江著名的教学机构，为平江培育了大量人才。

连云山
岳阳市最高峰

岳阳市平江县

连云山又名纯山，海拔1600米，为岳阳市最高峰，山脉呈东北西南走向，山内沟壑纵横，森木密茂，常有云气覆盖其上。因其远远望去，就像是山峰插入云端一样，再加上只有天高气爽的时候才能看见此山，因此得此名。

连云山峡谷漂流位于湘东北第一高峰——连云山的崇山峻岭深处。这里河道蜿蜒曲折、峡谷幽深，漂流河道长约8千米，全程漂流需2个多小时，为开展二人自助皮艇漂流的绝佳之地。

攻略资讯

- 交通
- 住宿
- 美食
- 购物
- 娱乐

石牛寨

交通

火车

岳阳站：位于岳阳楼区站前路342号附近，日均办理旅客列车70余列，主要为广州站到发及京广铁路的各类旅客列车。市内乘5路公交车可达。

岳阳东站：位于岳阳楼区巴陵路最东端，为高铁站，主要有发往长沙、武汉、广州等地的高铁。乘坐游1路公交可到达。

汽车

岳阳汽车站：位于岳阳楼区巴陵中路，主要是发往市内各地的车辆和省内省外长途，如温州、北京、上海等地。电话：0730-8245517。

住宿

作为一个旅游城市，岳阳最不缺的可能就是宾馆了。岳阳市的酒店大多集中于火车站附近，这里有很多快捷酒店，干净卫生。背包年轻一族可入住经济实惠的招待所、旅社。南湖公园附近环境清新，游客可根据需求考虑入住。

●泰和大酒店

酒店邻近岳阳楼公园、沿湖风光带、君山公园，位置绝佳，在住宿的同时即可观赏美景。岳阳市巴陵中路 0730-8278888

●幸福e家客栈

一家经济型快捷连锁酒店，坐落在岳阳风景名胜区沿湖风光带中央，地理位置优越。酒店装修温馨时尚，十分舒适。岳阳市洞庭北路237号，岳阳楼对面 0730-8280111

●岳阳万佳酒店

岳阳万佳酒店毗邻火车站，交通十分便捷。酒店餐厅为岳阳首家文化特色主题餐厅，装饰豪华、舒适洁静，入住酒店的宾客更可便捷品尝到各种美食。岳阳市岳阳楼区站前路342号，近火车站 0730-3225699

●更多住宿去处

中银大酒店/岳阳市站前西路1号/0730-8270666

中达大酒店/岳阳市站前路/0730-8281685

国际大厦/岳阳市南湖大道1号/0730-8224811

金海大酒店/岳阳市南湖大道/0730-8241787

中银大酒店/岳阳市站前西路1号/0730-8270666

美食

岳阳位于洞庭湖畔、湘水之滨，来此自然要好好品尝一下洞庭湖水产。洞庭湖产鱼都是淡水鱼，比起海滨的鱼类口味又有不同，其品种繁多，味道多样。

岳阳的各酒家都很善于烹鱼，当地的“巴陵全鱼席”颇有特色，席上所有的菜肴都由鱼制成，但都各具风味，当地鼎鼎大名的君山银针鸡片也不容错过。

美食小吃

●火焙鱼

平江小鱼鱼肉细腻、柔嫩；烹调之法多样，可炸可煮；油炸后香脆可口，煮汤后，配以辣椒、青菜，鲜味十足。

●君山银针鸡片

君山银针鸡片即用鸡肉和君山银针茶滑炒而成，成菜白绿相间，鸡片鲜嫩，银针清香，其味极佳。

●虾饼

虾饼是岳阳的风味小吃，采用洞庭湖一带出产的鲜虾拌以面粉糊炸制成的，具有味鲜香嫩、焦脆可口的特点。湖南理工学院旁边的小吃街、岳阳步行街常有卖虾饼的小摊位，那里的虾饼性价比高，喜欢吃虾的游客不妨去尝一尝。

●蝴蝶过海

因鱼片经过烫涮以后形似蝴蝶，所以得此名。食用时将鱼片放入沸滚的火锅中烫熟捞起，蘸调味料食用即成。成菜鱼肉细嫩，汤汁鲜美，出烫现吃，非常适口。

●回头鱼

回头鱼在岳阳当地比较有名，许多餐馆用火锅或干锅做回头鱼，剩下的鱼杂一并放入锅中，鱼肉鲜嫩、鱼杂营养，很多外地游客慕名前去。据当地人说，回头鱼是一种长得很丑的怪鱼，将这种丑鱼做成可口美味的佳肴也是岳阳人的一种乐趣。

虾饼

岳阳美食去处

●丑小鸭全国连锁岳阳总店

正宗的钱粮湖土鸭，配上秘制的酱料，火锅越煮越入味，鸭肉很嫩，口感非常好，辣的非常入味。其他火锅和小炒各有特色，蔬菜清淡口感好，不油腻。地址：花板桥路四化建，近天伦城步行街 电话：0730-8612013

●洁雅小南方俏巴鱼馆

店面横跨汴河街两旁，作为旅游景区内的饭店，规模比较大。干锅俏巴鱼是店内特色菜，堪称鱼中的极品，皮焦肉咸，入口后回味无穷。地址：岳阳楼区汴河街8号

购物

岳阳特产众多，在岳阳可以购得纯正的君山银针茶、银鱼、兰花萝卜等土特产品。另外，岳阳的传统名产还有羽扇、岳州青瓷等，都非常值得购买。

岳阳特产

●君山银针茶

产于洞庭湖中的君山岛，色泽金黄，芽壮匀齐，银茸密附，甘醇清爽。用开水冲泡时，芽尖朝天，直挺竖立，悬浮杯中，每一茶叶含一小珠，宛如舌含珠，又如万笔书天，继而缓缓下沉杯底，三起三落，堪称茶中奇观，为历代贡茶。

●岳阳银鱼

岳阳银鱼没有鳞片，银白透明，不但肉质细嫩，而且蛋白质含量丰富，人们吃银鱼的方法，一般是将鲜银鱼取熟猪油煎炒或以

素肉、鸡蛋烹汤，或用银鱼煮粉丝；银鱼晒干后，掺汤和煎炒也各有特色。

●兰花萝卜

兰花萝卜又名“蓑衣萝卜”，它是明末清初由洞庭湖区盛产的皮薄、肉嫩光洁的鲜萝卜为原料，辅之以辣椒粉、盐创制而成，并且加辣椒粉、香油卤制而成。

●湘莲

湘莲是岳阳的名产之一，不但粒大饱满，洁白圆润，而且质地细腻。清香鲜甜，营养丰富。将莲子与冰糖并烹而成的冰糖莲子，是岳阳筵席上的佳羹。

●岳州羽扇

岳州羽扇是以洞庭湖一带的天鹅、野雁、鹰、鹳鹤等名贵鸟类的羽毛制作而成。羽毛经过清理、梳洗和分类，然后按其形状、毛色和质地，用银丝巧织成千姿百态、五颜六色的羽毛扇。扇骨上雕有精致的图案，扇面铺满红绿绒毛，再喷上香料。还有以马鹰毛制作的掌扇，羽轴坚而柔，羽丝细而韧，玉质的扇柄，再系上玲珑的玉坠，显得庄重雅致。

●岳州青瓷

岳州青瓷久负盛名，历史悠久。具有造型古朴大方，晶莹润泽，清淡雅致等特点。现在产制的岳州青瓷产品釉色葱翠，光泽柔和，饰以浮雕花纹，给人以古朴高雅、气质非凡之感。它不需彩绘贴花、镶金画银，具有独特的民族风格。

●川山毛笔

川山毛笔已经有100多年的历史，主要产品有北狼尾寸、中小楷狼毫和长锋大、中、小楷羊毫，还有提笔、条幅、碗笔、斗笔、瓷画笔等。狼毫笔采用北狼尾、兔尖等高级材料精工制成。

岳阳购物场所

岳阳步行街：全名岳阳东茅岭商业步行街，地处岳阳市中心商业圈。步行街周围有多个大型购物中心，买特产也可以到这些正规商场超市，品质有保证。步行街里还有很多小吃店，逛街累了可以找个小店吃东西休息一下，也可以沿街找点特色小吃，边吃边逛两不误。

娱乐

岳阳是一个秀美的休闲城市，有山、有水、有名胜古迹，岳阳楼、君山岛等旅游胜地名扬中外，于是岳阳成了休闲度假的好去处。歌舞厅、茶馆、棋牌室、摇吧等娱乐场所，在岳阳形成了一道亮丽的风景，市区中心每隔三五个铺面就有一个酒吧或茶楼。

荷花会：岳阳团湖拥有333公顷野生荷花，每逢春夏之交，满湖碧色映清波；仲夏时节，只见“接天莲叶无穷碧，映日荷花别样红”；8~10月，莲蓬成熟，红男绿女，篷舟穿梭，莲歌对答，其乐融融。

南湖画舫：南湖湖水清澈明净，湖内小岛峙立，湖岸群峦起伏。游人泛舟湖上，可饱览湖光山色，何其悠哉。

汨罗江龙舟赛

发现者 旅行指南

常德

概览

亮点

桃花源

陶渊明笔下奇文《桃花源记》中所描述的世外桃源原型，其山水田园之美、寺观亭阁之盛、诗文碑刻之丰、历史传说之奇，举世闻名。

柳叶湖

湖南最大的山、水、城三位一体的生态型休闲度假区，每年5～9月，成千上万只白鹤与白鹭在蓝天碧水间翩翩起舞，成为柳叶湖一道奇特亮丽的风景线。

壶瓶山

被誉为“植物王国”“天然动物园”，神秘的北纬30度在此穿过，境内珍木异草遍野。

常德诗墙

诗墙荟萃了中国当代名家的诗词、书法、美术精品，是世界最长的诗、书、画、刻艺术墙，已被收入《吉尼斯世界纪录》。

诗墙公园

夹山森林公园

融森林、宗教、茶道、闯王陵园等为一体的综合性旅游景区，园内群峦叠翠、万木争荣，空气清新、环境幽雅，以人文历史悠久，自然风光秀美成为江南名胜。

花岩溪

景区山环水绕，重峦叠嶂、沟壑相连，有上千亩的原始混交林、五溪湖、龙凤湖、黄冲鹭林等景。

线路

桃花源1日游

由常德前往桃花源。上午，游桃花山，用相机摄影机拍下这难忘的一刻。

下午，到桃源山看日落，晚上住在秦人宅，体会这里的大好月色。

桃花源大桥

常德经典2日游

第1天，重点游览桃花山，有好的景色一定要拍照留念，傍晚到桃源山看日落，晚上住在秦人宅。

第2天，游览秦人村和桃花山，之后按来时线路回常德，下午游览常德诗墙、笔架城、滨湖公园等景点。

为何去

常德历史悠久，历来被称为“洞庭明珠”和“湘西门户”。这里山川秀丽，史书称“常德为风景之国”，桃花源更是古今游览胜地。常德不仅风景优美，人文积淀也很丰厚，屈原、陶渊明、李白等文人骚客都曾在此寓居或游历，留下许多脍炙人口的华美诗章。

桃花源大门

何时去

常德四季分明，春秋时节气候宜人，夏天较为炎热，避开冬季的寒冷与夏季的高温，春季是至此旅游的最佳季节。春季不仅气候宜人，还可以赶上桃花源3月28日开始的桃花节，此时桃花山景区前面万树桃花盛开，煞是好看。

油菜花田

区域解读

区号：0736

面积：约18 189.8km²

人口：约584.5万人

地理 GEOGRAPHY

区划

常德辖2个区（武陵区、鼎城区）、1个县级市（津市市）、6个县（安乡县、汉寿县、临澧县、澧县、石门县、桃源县），市政府驻武陵区。

地形

常德市，位于湖南省北部，素有"荆楚要地，黔川咽喉，湘西门户"之称。

常德地貌大体构成是"三分丘岗、两分半山、四分半平原和水面"，地势西北高东南低。西部有"湖南屋脊"之称的壶瓶山。东南部是地肥水美的西洞庭湖平原，平均海拔在50米以下。中部过渡地段为丘陵。

湖南四大水系中的沅江和澧水流经常德，境内有大小河流430多条，水网密布，有广阔的天然湿地。

气候

常德市属副热带湿润气候，气候温和，四季分明。境内热量丰富，雨量丰沛，春天气温多变，云层密布，夏季酷热且长，秋季寒冷多雨，冬季严寒。降雨集中在4~8月。

历史 HISTORY

历史大事记

●先秦时期

公元前30万年，常德地区就有原始人群在沅、澧二水流域的平原山川生活、聚居。

战国时期，楚国三闾大夫屈原放逐潇湘，行吟沧浪水畔，遇隐逸渔父，二人互答，吟下"世人皆浊我独清，世人皆醉我独醒"等千古绝唱。

秦昭襄王三十年（公元前277年），秦蜀郡守张若"伐取巫郡及江南"，在今武陵区城东建筑城池。常德有城，自此开始，迄今已有2200多年历史。

●三国时期

公元208年冬，刘备率军攻取本属曹魏集团的武陵。武陵城成了刘备集团粮饷军资的贮存和供应中心，商贾活动随之繁兴，为常德后来成为湘西北商业重镇奠定了基础。

●唐宋时期

乾德元年（公元963年）三月，北宋将领李处耘奉令赴武陵镇镇压反抗者，令士兵将俘获体肥者杀而食之。武陵军民大恐，放火烧毁朗州（今常德）城以为御。战乱过后，武

桃花源风光

陵人重建常德城。

●元明清

明崇祯十六年（1643年）二月，农民起义军李自成部攻占澧州（今澧县），矛头直指常德。驻守常德城的明偏沅将官周晋因兵力不敌，闻讯惊恐，令士卒放火烧毁常德城，以焦土抵御农民军。大火半月不熄，常德城第二次惨遭毁城之劫。

清顺治五年（1648年），李自成大顺军部将马进忠收复常德城后，巡抚堵胤锡令马进忠让出常德城。马进忠拒不让出，双方形成对垒局面。后马进忠将城内百姓驱逐出城，纵火烧毁全城后撤离。此为常德城第三次惨遭毁城之劫。

清康熙十三年（1674年）二月，吴三桂攻占常德，坐镇常德城指挥六省叛军与清军对垒达5年之久。康熙十八年（1679年）二月，清兵来攻常德，时吴三桂已死，其部卒不支，焚城而逃。此为常德城第四次惨遭毁城之劫。

●近现代

1926年7月，北伐军攻克长沙，其第八教导师师长周斓率部驻常德。原驻湘鄂西一带的黔军军阀袁祖铭易帜参加北伐，也率军进驻常德。然袁动机不纯，入城内发生激烈战斗，袁军不敌后疯狂报复，放火烧街、奸杀无辜、抢劫商行。常德第五次惨遭战火毁城之劫。

1928年2月4日，唐生智的湘军第三十五军何键部和十八军叶琪部，被桂系军白崇禧和程潜的“西征军”追击，退守常德城。西征军第十四军陈嘉佑追至城下，双方展开攻防激战，各在城外城内拆屋、挖街、筑垒，派捐、抢粮、拉夫，抢劫商家店铺，放火烧屋。常德城惨遭第六次毁城之劫。

1943年11月至1944年1月，侵华日军驻华中（湖北）第11军司令官横山勇，挟10万余兵力，发动“常德歼灭战”，此次战役中，中国军方伤亡6万余人，日军方伤亡4万余人，会战以中方的胜利告终。

城头山遗址

常德会战

1943年10月，日军为了扭转太平洋战场的被动局面，在华东战场接连发起进攻，继攻陷湖北沙市、宜昌之后，日军第11军出动约10万人渡过长江大举进攻常德，意图趁机夺取洞庭湖区域的粮棉资源，达到“以战养战”之目的。

为了不使日本军方的意图得逞，国民党军方派遣第六战区和第九战区结合部抵抗作战。战争于11月2日零时打响。日军从东起华容、西迄松滋长达300多千米的战线上，兵分东、中、西三路，水陆齐驱，向常德包围推进。11月18日，常德保卫战在涂家湖打响，中国守军第57师虽顽强抵抗，然前哨阵地不断后撤，最后退守常德城。

11月24日，日军3万多主力部队形成了包围常德城郊之势，日军在上有飞机、下有平射炮配合之下，又施放毒气。日军由东、北两门突入城内，双方展开逐屋逐巷的战斗。第57师在师长余程万带领下坚守。12月2日晚，在已成火海的常德城师部指挥所“仅300米左右”的弹丸之地，士兵剩下300多人。最后，余带领104人突围。3日，常德大西门失守，全城沦陷。

这期间，第六、第九战区各部队在外线加紧作战，相继收复慈利桃源、陬市等地。12月4日并力反攻常德，9日攻入市区。14日，日军全线撤退。至当月下旬，第六、第九战区部队收复全部失地。

常德会战以中国军方的胜利告终。这是抗日战争时期最大规模的会战之一，也是抗战以来最有意义的胜利之一，在整个抗日战争乃至第二次世界大战中都具有一定地位。

常德会战给常德人民带来深重的灾难，全城除东门外广德医院和天主教堂因教会悬挂有西班牙国旗标志免遭轰炸尚存一小片房屋外，从四铺街到东门口至大西门，昔日繁华的十里长街，战后一片残垣断壁。

名单 常德历史名人

寒素博学的三国吴会稽太守车胤

资产阶级革命家、国民党早期主要领导人宋教仁

著名的无产阶级革命家、教育家林伯渠

近代民主革命家、“中华民国”开国元勋蒋翊武

著名历史学家、教育家翦伯赞

现代女作家丁玲

丁玲塑像

桃花源陶渊明祠

文化 CULTURE

水流花放，路转峰回——桃花源

陶渊明在《桃花源记》中为世人描述了一个隐秘的人间仙境，也壮大了常德的归隐文化。

桃花源南倚巍巍武陵，北临滔滔沅水，得洞庭之湖色、纳潇湘之灵秀，以其山水田园之美、寺观亭阁之盛、诗文碑刻之丰、历史传说之奇而誉满中外。这里有武陵渔郎沿溪行欲穷其林的涓涓细流，陶渊明采菊东篱饮酒悠然的菊圃，王质观棋烂舸的遇仙桥，缅怀先哲的集贤祠，古色古香的桃花观，还有那避秦时战乱不知魏晋的秦人村。如此的自然地理条件加上古代先哲的高风亮节，自然形成独特的文化氛围。

上古唐尧时，中原名士善卷先生因不愿接受虞舜的让位而南下，初隐居在与今桃花源一水（沅水）相依、相距仅40多千米的今常德德山，常游历桃源山一带，在湘沅之地传播璀璨的中原文化。人们把他隐居的山称为“德山”，民间有言，“常德德山山有德”，说的便是这桃花源的归隐文化。

常德丝弦

常德丝弦是流行于常德、桃源一带的民间曲艺，以扬琴、琵琶、三弦、京明、二胡等弦乐器为伴奏乐器，所以叫丝弦。

常德丝弦，源于明代江苏、浙江两省流行的时调小曲。明清之际，携伎往来贸易的商贾将这些时调小曲传入常德，与常德方言融合，逐渐演变发展为常德丝弦。大约在清代中叶；常德就出现了丝弦班社，盛极一时。传至清末民初，常德丝弦渐被黄色音乐和新起的京剧所代替而日趋衰落。新中国成立后，常德丝弦得到新生并有很大发展。

常德丝弦传统演唱形式是坐唱，大都是演唱有故事、有人物的长段丝弦，传统曲目有《贵妃醉酒》《双下山》《扫松》等。

演唱者分别扮演生、旦、净、丑等不同角色，并兼操乐器。其中掌鼓者兼指挥，把握整个演唱的节奏。如果演唱曲目中的角色多于演唱者时，则每人除担任一个主要角色外，再分别兼任。现在，不仅有单人演唱、双人演唱、群唱，而且还作为丝弦戏搬上了舞台。同时有了专门的乐队，不再用演员兼任乐师。伴奏乐器也随之增多，除原有乐器外，又加上了高胡、长三弦，低音提琴等，给常德丝弦的伴奏增添了色彩。

景点推荐 桃花源风景区 AAAA

桃花源是东晋大诗人陶渊明笔下奇文《桃花源记》所描述的避秦绝境原型，后人所称"世外桃源"真迹，距今已有1600余年的历史。其山水田园之美、寺观亭阁之盛、诗文碑刻之丰、历史传说之奇，举世闻名。

桃花源风景区共分为桃花山景区、桃源山景区、桃仙岭景区、秦人村景区，四大景区各具特色。

常德市桃源县

128元

桃花山

以红树青山、斜阳古道著名

桃花山景区现有面积约2平方千米，有30余景，主要景点有桃花溪、碑廊、方竹亭、水源亭。

桃花溪

桃花溪又名武陵溪，景名"桃花流水"，为桃花源八景之一，发源于桃源山和桃花山，经五柳湖汇入沅水。其中饮誉千古的支流为桃花山临仙涧。其涧不宽而落差高，大旱不绝。每逢桃林落英缤纷，桃花流水，风流独胜。

碑廊

碑廊位于桃花山景区菊圃与方竹亭之间。面阔26米，进深2.8米。廊亭皆四角四脊。藻井绘饰龙凤天花。靠墙横列自唐迄明著名古碑18块，规格悬殊，高低不一。李群玉、杜牧、胡曾等所题唐碑，因年深月久，字迹模糊。唐王昌龄、明袁宏道、江盈科等诗词碑刻为复制品。全廊构件精美，色调和谐。瓦底苔藓映绿，屋面楠桂垂芳。

方竹亭

方竹亭原名桃川八方亭，周围陡坡相峙，古木参天，建于明万历年间，清代更名方竹亭。亭高6.3米，粉墙碧瓦，白色戗脊，攒尖屋冠。外观八方八角，圈门圈窗；内看顶若穹窿，无梁无柱。屋面桑麻拥绿垂青，墙上苔藓斑驳，为桃花源现存最古老的建筑物。

遇仙桥

遇仙桥位于方竹亭南，原桥为一块自然崩落危岩横卧于涧，结构天成，堪称仙迹。明天启年间，桃源主簿孙廷蕙主修单孔石卷桥，顶阔4.8米，长13.6米。清初，湖广提督俞益谟增建风雨桥亭。其四方卷棚之下，均悬挂以仙事为主题的红底金雕图案，穷工绝艺，精美非凡。屋顶鱼龙吻脊，并加饰仙人、群兽。桥头楠桂芳翳，桥下青萝垂涧。仰斜阳古道，迭水垂帘。俯视关山数度，洞天如闭。

水源亭

水源亭始建于元代，历久朽坏。明嘉靖中，常德知府林应亮于此建亭题“洞口长春”，后倒塌。清康熙四十八年（1709年），复建伴霞亭，后亦毁。光绪十八年（1892年），知县余良栋续建，命名“水源亭”。

灵龟潭

灵龟潭又名桃花潭，位于桃花山景区水源洞下。其直径约4米，濂垂潭涌，飞琼溅玉。古木苍萝蔽日，盛夏骄阳若秋。潭中古多鹰嘴龟，绿毛龟。潭畔偶有六眼龟和蟒。凡天气湿热，风雨欲来，潭边蠕形动物离隐，龟则出穴觅食。

秦人古洞

秦人古洞东洞口嵌“秦人古洞”石匾，为清代桃源知县余良栋所题。洞门半启，“初极狭，才通人”。洞内有支洞8个，迷离往复，烟岚四合。洞总长160多米，其中主洞60米。出西洞门则“豁然开朗”，别有乾坤。西洞门口立有“不足为外人道也”的碑刻。

白云轩

白云轩原名豁然轩，依崖临壑，阶下危栏曲径交错。清光绪十八年（1892年）曾于此修建豁然亭。1914年桃源县知事杨瑞鳇题“别有洞天”匾额。1980年重建更名白云轩。硬山屋顶，观音兜山墙，面阔12米，高5米，含一明间两次间一落翼。

桃源山

道教的圣地，文化的中心

桃源山景区面积约2.5平方千米。西晋末叶桃源山上始建桃源观，中唐逐渐扩大，到北宋而称极盛，展示道宫聚紫、高阁流霞、渔舟唱晚、仙气缭绕的沅湘风

桃花观

情。主要景点有天宁碑院、桃川宫、空心杉、问津亭等。

天宁碑院

碑院总占地面积9600平方米，自入口起，迄至第三平台后墙月亮门，其主要建筑为石桥、石牌坊、石双环亭、百寿图、巨型石碑、“桃源仙境”缩影假山池，陶渊明《归去来辞》巨型石碑、汉白玉壁画群、六角石亭、书画堂、石碑坊等。空间穿插渗透，步移景易。

桃川宫

桃川宫占地面积约4公顷。明嘉靖《常德府志》记载：“桃川宫，晋人建。”唐代重建改称“桃源观”“禁山开秘宇”“禅门接紫霞”。宋淳化元年（公元990年）增修“望仙阁”。宋政和元年（1111年）增建“景命万年殿”福星经楼，寿星钟阁，斋寮、廊庑、方丈等。政和二年（1112年），宋徽宗钦赐“桃川万寿宫”匾，名增誉叠。之后相继建成武当行宫、三清殿、龙虎殿等。数十座宫、阁、楼、亭组团布局，弥山跨谷，辇道相属。

问津亭

问津亭传为武陵渔郎问津之处。位于桃花溪口，黄闻山麓。清光绪十八年（1892年）知县余良栋曾于此建亭，以陶记“后遂无问津者”句命名，并立“问津处”石碑于亭内，碑极高大，石质坚硬，书法遒劲，游者多喜摩读。

桃仙岭

一幅典型的田园风光画

桃仙岭景区现有面积1.5平方千米，景区里有巍峨的牌楼、灿烂的红桃，就像是一座人间仙境。主要景点有桃花源牌坊、双星亭、浴仙池、花影池等。桃仙岭是神话的故乡，娱乐的中心。

双星亭位于悠然园东峦，为杉皮圆顶双环亭，红柱青栏，龙凤天花。居高临下，因借景界辽阔，为观览桃花山和桃源山胜状的最佳视点。近周桃、李、桐、茶翳接，梯田垒土相嵌，季相如同锦绣。

秦人村

先秦文化一枝独秀

秦城与桃花山临仙涧隔分水岭毗邻，由城墙、城楼、街坊和展览厅四部分组成，总建筑面积约2250平方米。朱砂色仿砖城墙，白色拦马，圈式将军门框。护城河上跨铁索吊桥。吊桥两侧塑立护城兵俑。青瓦玄柱，城楼与长天远山共色。街坊26间铺面，简窗陋室，黑色杉皮屋顶。每列街坊均匀竖立复层楼阁式瞭望哨亭3个。秦人村景区主要景点有：秦人古洞、豁然台、秦人居、奉先祠等。

秦人宅

景点推荐

常德南部景点

常德诗墙

世界最长的诗书画刻艺术墙

常德市武陵区沅安路

乘2路公交至武陵广场下车即到

常德诗墙是一座用来防洪的文化工程，是沅江独特的人文景观。诗墙全长3千米，以沅江防洪大堤为载体，分六大篇章，选刻自先秦以来有关常德的诗作和中外名诗1267首。当代诗、书、画界誉它为“三绝诗书画”“亘古展开的艺术长卷”“明邦首创”“中华一绝”，被誉为“世界最长的诗书画刻艺术墙”。

诗墙上武陵阁、春申阁、排云阁、渔夫阁四大楼阁耸立，既是防洪闸口，又使古城增添深厚的文化底蕴，显得古香古色。平日，旅游参观者络绎不绝；夜幕降临和晨曦乍吐，这里更是游人如织，被常德人誉为休闲第一处。

玩家解说

诗墙分《百代沧桑》《名贤题咏》《武陵佳致》《兰芷风华》《华夏新声》《五洲撷英》六大篇章，由全国包括港澳台在内的940多名书法家书写，真、行、隶、篆、草集于一墙，精彩纷呈。其间刻嵌43篇精美的中外石壁画。各大篇章墙名和篇名，分别由我国当代著名书法家赵朴初、沈鹏、萧娴、张仃、臧克家等题写。曹禺、舒同等人也分别做了“武陵风流”“风景这边独好”等题签。

链接

诗墙与吉尼斯

2000年9月5日，上海大世界基尼斯总部正式对其命名“世界最长的诗书画刻艺术墙”。

诗墙以其丰富的文化内涵、积极向上的思想内容和精美的艺术形式吸引着八方来客。台湾著名诗人余光中称它为“诗国长城”“半部文学史”；国家版权部门认为它具有很大的开发利用价值。2000年，中华诗词学会和中国诗人（新诗）分别组成考察团赴常德实地考察，赞誉诗墙为“环球第一墙”，是中国当代文化建设极具创造性的伟大工程，开创了当代文化建设特别是碑林文化建设的先河。

常德博物馆

有较多楚汉文物精品展览

常德市武陵区武陵大道南侧

可乘坐19路公交车到达

博物馆是常德全市文物资料收藏、研究、保护中心，由主馆和南北专题馆三部分构成，主馆为四合院仿古式建筑，现馆藏文物3万余件。

在馆库藏文物中，最具特色的是常德史前文化遗址中出土的文物，有50万年前的打制石器、距今9000年的彭头山文化遗址中出土的陶器、常德皂市下层文化和常德汤家岗文化遗址中出土的各式陶器和石器。另外，常德楚汉文物中的錞于铜兵器、各类铜镜和漆木器也称得上是楚汉文物中的精品。

整个馆舍全部按照国家文物局关于文博一级风险单位要求，实施了安全技术防范工程。陈列有《常德历史文物展览》《中日常德会战展览》《日军常德细菌战展览》《中华根展览》《常德名人馆》。南北专题馆与主体馆相连接，北边是常德民俗馆，展示常德的民俗风情；南边是常德美术馆，展示本市与外地艺术家的各类书法、美术、摄影精品佳作。

玩家解说

常德博物馆收藏了各级各类文物、照片、图书、文献资料共5万余件，其中已经鉴定为国家一级文物的70余件，二级文物494件，三级文物450件。目前，已完成三级以上文物的文本信息和影像采集工作。在馆库藏文物中，最具特色的是常德史前文化遗址中出土的文物。另外，常德楚汉文物中的錞于铜兵器、各类铜镜和漆木器也称得上是楚汉文物中的精品。汉以后的精美文物中，有目前我国出土的最大、保存最完整的北宋大铜镜，有被评为年度“全国十大考古发现”的晋代刘弘墓中出土的各类玉器、瓷器、铜器及元代的瓷枕和种类齐全、造型精美的元代金银器。

德山公园

城区最大的城市公共绿地

常德市武陵区善卷路

德山森林公园拥有较为完整的森林植被和山水风光。园内古树参天，遮阴蔽日，六溪十八涧逶卧其间，并与枉水相依。公园因拥有深厚的文化底蕴而著称于世，其中山林

武陵阁

文化、园林文化、考古文化、善卷文化、屈原文化、湖湘文化以及革命历史文化等，早已闻名遐迩。

荣定王墓
建筑宏伟的墓地

常德市德山北麓

明荣定王墓坐落在德山，是明宪宗之孙、荣恭王之子朱翊珍及其李、杨二妃之墓，1956年由湖南省文化部门发掘，该墓建筑宏大，是研究明代历史文化的重要文物资料，属省重点文物保护单位。

笔架城
形如笔架的城垛

常德市武陵区武陵大道与人民路交会口

笔架城因其状如笔架而得名，由并列的三角形五个城垛构成，中间一垛最高，为3.75米，两侧稍低，为2.75米，再两侧又低。壁厚0.37米，底部总长为9.06米，皆为青砖砌筑。

会战将士公墓
爱国主义教育的基地

常德市武陵区青年路东侧

常德抗日会战阵亡公墓就是为安葬固守常德城而殉难的国民党74军57师将士而修建的。这里占地面积30 000平方米，公墓气势雄伟，正门有纪念牌坊，进门两边各建有纪念亭，正中对大门坪内建有10米高的纪念塔。纪念塔后是一大方石台，前面建有琉璃瓦宫殿式的纪念堂，堂后是圆形和方形大墓，埋葬着殉难烈士忠骨。

链接

再现抗日军队当年勇

1943年11月16日，日本侵略军分三路猖狂进攻常德城，当时驻守在常德的国民革命军第74军57师在黄埔军校学生余程万师长率领下扶老携幼，疏散百姓，誓死守住常德城，先后在河洑、水星楼顽强地阻击了由水、陆进犯的日军。日军气急败坏，集中28门大炮，20多架飞机，狂轰滥炸，全城一片火海，经过20多天的浴血奋战，内缺粮弹，外无增援，57师爱国官兵牺牲殆尽，城池失陷。常德各界人士纪念抗日阵亡将士，发起募捐，于1994年3月修建此墓。

笔架城

柳叶湖度假区 AAAA
生态型城市旅游休闲度假区

常德市武陵区柳叶大道东段

乘38路公车可达

柳叶湖是湖南省最大的山、水、城三位一体的生态型城市旅游休闲度假区，总体规划面积约138平方千米，是目前全国最大的城市湖泊之一。

柳叶湖旅游度假区的整体布局分为一带、两心、十二片，呈现出“一带串明珠、双心起锦绣”的空间形态，一带即环湖景观带，两心即戴家岗度假中心区、太阳山山地游览中心区，十二片即老堤障水景度假区、神路冲高尔夫度假区、极限竞速运动区、仙人洞山水浏览区、白鹤山生态游览区、花山文化浏览区、月亮山自然游览区、蚂蟥溶湿地游览区、万寿水乡田园风情区、东江农耕渔

柳叶湖

业体验区、响水垱生态果林区、罗湾丘岗田园区。

链接

柳叶湖的文化神韵

柳叶湖具有丰厚的文化底蕴。这里是石板滩石器时代和炮楼山新石器时代遗址，是荆楚文化的发祥地之一；这里留下了屈原、刘禹锡等名人先贤的足迹和许多脍炙人口的诗篇；这里是嫦娥奔月、后羿射日、刘海砍樵等神话传说的发源地。近些年，通过举办"亚洲皮划艇锦标赛""全国短道汽车拉力赛""湖南泛洞庭湖龙舟争霸赛"等一系列重大赛事，极大地提升了柳叶湖、常德市的人气和吸引力。

河洑国家森林公园

楚南一带佛家名山之一

常德市武陵区河洑乡

河洑国家森林公园总面积355公顷，为楚南一带的佛家名山之一。河洑山内有大小山岭50多个、沟谷40余条，不仅是人们度假、旅游观光的胜地，而且是革命传统教育、科普教育、素质教育的大课堂，还是不可多得的绿色会议中心和疗养胜地。

这里名胜古迹众多，仙源关、息侯祠、金鹿洞、虚白庐、卓刀泉、女儿坟，特别是太和观、崔婆井、犀牛口及月亮井，各具特色，新辟的度假村、野炊岭、樱花岭则情韵各异。

玩家攻略

（1）水上乐园：水面面积5.3公顷，新建快艇、水上摩托、碰碰船、游乐船、游泳池、钓鱼台等。

（2）篝火露营：在现有的基础上扩建，进一步完善服务体系，增添新的项目设施。

（3）儿童乐园：占地面积1.3公顷，内设对儿童具有一定趣味性和吸引力的娱乐项目，如过山车、多功能滑梯、荡椅等。

（4）射击：利用现有的军事打靶场，面积2公顷，新建弓、弩、彩弹、气枪等射击内容，并完善配套设施。

链接

曾经的抗战圣地

河洑山不仅是千年古战场，也是抗日战争纪念地，尤其是1943年冬，被世人称为"中国饭碗之战"的中日常德会战。当年河洑山作为古城常德的一线战场，我方守军在3天内共击退日军3000多人的20余次进攻，毙敌过千，但终因敌众我寡，国民党57师171团二营500余名官兵，全部在河洑山螺丝岭以身殉国，壮烈捐躯。

河洑国家森林公园

太和观

道教祖始观，始建于南北朝，雕梁画栋，宝顶华盖。千余年来，观内香火缭绕，钟鼓不断，每年农历八月十五都有一次盛大的庙会。凡来太和观求神敬香的善男信女，三步一磕、五步一拜。

九盏灯

在螺丝岭东南方山顶上，有九个水池，最大的一个水池近50平方米，并一年四季有水。有趣的是这九个水池每到夜晚均有光亮，远远望去，似九盏灯火，在微风中时隐时现，故有九盏灯之美谈。

犀牛观鱼

河洑山下的沅水畔，有一呈剪刀形黑色卧石，酷似一头巨大犀牛张开的嘴巴，故有"犀牛口"之称。山嘴浸水部位的岩石伸出水面二丈有余，山似犀牛尖角，有时候在某个雪后初晴的日子，有成千上万的头缀红点的鳊鱼从此游入沅江，其景蔚为奇观。

滨湖公园

拥有浓郁水乡特色的公园

常德市武陵区

滨湖公园占地面积约28公顷，公园内树木葱茏、百花吐艳，湖水碧波涟涟，曲桥凉亭、小榭楼台，处处体现了浓郁的水乡特色。园内保存着国家重点保护文物——铁经幢。铁经幢是一座宋代铸成的塔形建筑，上刻经文，原来在德山山麓，后迁至滨湖公园。

西洞庭湖

优良的天然大氧吧

常德市汉寿县境内东南部

118元

西洞庭湖湿地公园是国家重要生态环境建设项目和国家生态环境保护项目，公园总面积3.6万公顷，区内数万亩自然芦苇林，是众多野生动物、珍稀水禽的栖息地，每年有成千上万只候鸟在区内越冬。其中有白鹭等国家一、二级保护鸟类20多种、鱼类100多种，中华鲟、白鲟、银鱼、胭脂鱼等更属国家珍稀保护物种。水涨为湖、水落为洲，湖汊幽深，鸟翔半空，渔潜水中，还有湖洲草甸、杨幺水寨、洞庭古堤、青纱帐观鸟台特色旅游资源，是优良的自然大氧吧和中国南方最理想的湿地生态旅游胜地。

西洞庭湖风光

花岩溪 AAAA

以山和水的自然美动人心弦

常德市鼎城区城南60千米处

常德南站、桃花源有专线车可到

花岩溪风景区原为花岩溪林场，与桃花源景区隔山相望。在花岩溪40平方千米的景区内，山林面积达2670公顷。在广阔的森林中有以杉、梓、松为主的植物80科，其中南方红豆杉、柏乐、银杏等珍稀植物受国家保护。以楠竹为主的十多种竹类中的罗汉竹、实竹、紫竹、龟纹竹等为珍奇观赏竹。中药材300多种，受省、市保护的珍贵药材有杜仲、厚朴、乌药等十多种，野生动物百多种，受国家保护的有金钱豹、穿山甲、红腹锦鸡等十多种。

景区中心往东北不到3千米的黄冲、木山岭一带是白鹭的家乡，被誉为“鹭城”，是花岩溪景区一大奇观。每年春天，几万只白鹭从南方飞来，在这里安家落户，生儿育女。但见林海树梢，白鹭成群，就像下了一场鹅毛大雪，把山林装饰得分外美丽。

五溪湖

五溪湖因罗家溪、花岩溪等五条溪流入内而得名。湖上游有麻家溪隧洞与龙凤湖连通，蓄水面积600公顷。湖中有十多个奇妙的岛屿，号称“五湖列岛”，这些岛屿形状不同，大小不等，彼此距离有远有近。最大的乌龟岛面积有1.3公顷。岛上成片的优质油菜蔚然成林，叶色深绿油亮，十分可爱。

胜公寨

胜公寨原名胜公山，后更名为胜公寨。胜公寨山顶有两块平地，清代以来，曾三次在此建寺。清道光年间建寺后，清兵恐为太平军所得，将寺毁灭。同治六年（1867年），当地乡民又集资建寺，寺前有戏台。1918年，寺为匪据，后来冯玉祥率部剿匪时又将寺焚毁。此后，第三次建寺，因管理不善，年久失修而于抗日时期自然倒塌。现在山顶寺和戏台原址尚有遗迹可寻。

银盘山

银盘山因其状如盘，故此得名。这里山水清幽，景色宜人，山上建有集品茶、餐饮、游艺、住宿于一身的银盘山茶庄。

神公寨

神公寨原名牛马寨，这里依山傍水，满山修竹，青翠欲滴。这里竹的品种多，除了楠竹外，还有罗汉竹、实竹、凤尾竹，特别是还有供人观赏的方竹和拐竹，方竹枝干细小，看起来是圆的，摸起来是方的。拐竹则是竹

花岩溪

节曲曲折折，实为竹林奇观。

龙凤湖

龙凤湖原为官冲坪里一小湖，1958年冬修建的逆江水库，将龙凤湖包容其中，后将水库改名为龙凤湖，这里蓄水面积74公顷。水库大坝在浪岭山下，长220米，高38.3米，十分壮观。湖东麻家溪有隧洞长652米，与五溪湖相通。

常德古风民宅

常德古风民宅是一片别有风味的村舍，18户民宅错落有致地掩映在青松翠竹之间。这些民舍一律是桐油木屋，盖的小青瓦，古香古色。

原始次生林

这里的各类植物达300多种，参天古木枝繁叶茂，遮天蔽日，奇美挺秀，蔚然可观。这里还生长着银鹊、水杉、银杏、杜仲、厚朴、乌药等名贵珍稀植物和中药材。

跃进湖

沿岸满是秀色的湖水

常德市鼎城区港二口镇境内

跃进湖聚雨面积12.5平方千米，蓄水面积306公顷。水库大坝在桅子岗处，长263

米，坝高25米。大坝处湖面开阔，湖畔山上种了雪梨、苍溪雪梨、棺溪蜜柚、板栗、柑橘等时鲜水果，称为千亩花果山，还有上万亩的楠竹。

玩家攻略

（1）每当深秋时节，成熟的橘子挂满枝头，在阳光照耀下，金光闪闪，芳香袭人。

（2）跃进湖湖水清澈，在好天气的傍晚，湖水总是碧蓝碧蓝的，那波光粼粼的湖面仿佛有一种轻微的悦耳的声响。平时，湖边的青山倒映在水中，在蓝天白云的映衬下，显得十分迷人。在湖上泛舟，如同荡漾在浓郁的诗意中。

清水湖旅游度假区 AAAA

自然风光秀美的度假休闲地

常德市汉寿县太子庙工业园北侧

在常德市内乘坐去往汉寿县的汽车即到

清水湖旅游度假区占地400公顷，以山、湖等自然景观为依托，已建成钓鱼基地、天然游泳池、龙舟竞渡、水上步行球、吊脚楼餐饮和住宿等旅游项目。还有波音737飞机参观点、空中索道、丛林演习场、高尔夫球场、国际会议中心等设施。这里集观光、园林、休闲、娱乐等功能于一身，是一处非常不错的休闲娱乐场所。

宋教仁故居

近代民主革命家宋教仁的居住地

常德市桃源县漳江镇渔父村

宋教仁（1882—1913），字遁初，号渔父，湖南桃源人。中国资产阶级民主革命先行者之一，“中华民国”主要缔造者之一，民国初期第一位倡导内阁制的政治家，曾任中华民国临时政府唐绍仪内阁农林部总长。宋教仁故居曾毁于“文革”，现在遗址基础上按原貌修复。该村风景秀丽，环境优美，是近代民主革命家宋教仁的诞生地。此处作为民主革命先行者之一宋教仁的出生地，是游客缅怀伟人的好去处。

链接

震惊中外的“宋教仁案”

1913年初，宋教仁任国民党代理理事长，成为当时国民党的实际掌权者。其后在“中华民国”国会大选中，国民党大获全胜，成为国会最大党。作为党首的宋氏，政治前途如日初升。3月20日，打算北上参加竞选的宋教仁，在上海火车站被杀手刺杀。接着，宋教仁在医院做了手术，但情况并未好转，于22日凌晨不治而亡，年仅32岁。事后，警方经追查确认凶手为武士英，并牵涉出内阁总理赵秉钧、青帮大佬应桂馨和内务府秘书洪述祖等人。但是，真正的幕后凶手是否为袁世凯，至今仍有争论，这就是震惊中外的“宋教仁案”。“宋案”发生后，各界名流纷纷为其哀悼。孙中山为宋教仁题写挽联曰：“作公民保障，谁非后死者；为宪法流血，公真第一人。”

星德山

以“奇观”最为突出的名山

常德市桃源县境内

星德山海拔842.5米，集自然、人文景观与深厚的文化底蕴为一身，景色以奇观、奇松、奇石、奇峰著称。山上景点众多，包括星子宫、七星岩、绝壁映山红等。其中，星子宫地处星德山顶峰筑宫，建成于明洪武三年（1370年），规模宏伟，古色古香；七星岩在每年秋冬季节的特殊时辰，会与天上的北斗七星遥相呼应，构成“天地联景”奇观。

星德山

景点推荐

常德北部景点

珊珀湖

以出产珍珠闻名的湖泊

常德市安乡县大鲸港镇

珊珀湖又名大鲸湖，位于亚热带季风湿润区，雨量充沛，水位稳定，且有调节闸与电排控制自如。湖泊宽阔、港汊少，西北深东南浅，湖底呈锅底形。湖形与湖水的理化指标与日本著名风景胜地——琵琶湖相似。原为古云梦泽的一部分，自明清以来逐步围垦所致，现为生态养殖场。

玩家 攻略

游人们可以乘船游弋湖上，或在碧波万顷中耕耘，或者就如利箭入平展如镜水中，游人们在岸边不见高楼庙宇，只能看见层层绿色藏青，就像是看见了一幅朴实的田原风景画。

黄山头森林公园

历代名人骚客的旅游之地

常德市安乡县黄山头镇

黄山头国家森林公园地处湘鄂两省边界交接处，总面积100平方千米，主要有谢公墓、忠济庙、南禅寺、犀牛望月、白龙井、连理枝、仙人掌、云麓宫等黄山八景。

黄山动植物资源极其丰富，动物种类有獾、果子狸、松鼠等。各种植物1000多种，其中水松、金钱松、菩提树为珍稀树种。黄山盛产蜈蚣、骨风、对月草等名贵中药近百种。

链接

文人墨客的旅游胜地

黄山头国家森林公园所在地，自古以来就是历代名人骚客的旅游之地。战国时的屈原、梁朝的沈约、唐代的柳宗元、宋朝的范成大、明朝的袁宗道、清朝的陶澍等曾到此游历。元朝颜耕道、明朝吴宗儒、清代赵纯翁和潘湘等都曾题有《黄山赋》。唐代大文学家柳宗元在山上忠济庙居住数日，结识了江南才子段洪古，并即兴为"南禅寺""忠济庙"分别题匾，墨迹尚存，传为佳话。

嘉山

孟姜女和车胤的家乡

常德市津市市新洲镇

在津市市乘坐5路公交车可到

嘉山不仅是孟姜女的故里，还是车胤的家乡，当地一直有这样的说法："嘉山佳境数风流，才子佳人天下独。"嘉山原名翠绿山、孟姜山，总面积2平方千米，景区内集平原、河洲、丘陵景观和历史人文景观于一体，景色奇丽，被誉为"嘉山胜境"。这里名胜古迹众多，而嘉山晨景、月景、雪景更是堪称"三绝"。此外，嘉山周围还有春秋战国时期的古墓群。

链接

正直的车胤

车胤，字武子，平郡新洲车渚（今常德津市市）人。他先后担任过东晋的中书侍郎、侍中、国子监博学、吏部尚书等职，死后谥忠烈王。车胤学习刻苦用功，"囊萤夜读"即是他的故事。据《晋书》载，车胤做事不拘俗套，敢于创新；还能说会道，当时人说，"无车公不乐"。晋安帝隆安四年（400年），车胤升为吏部尚书。当时，东晋王朝皇权日趋没落，内斗不断。会稽郡世家子弟元显骄矜放荡，车胤建议朝廷遏制。不料事情泄露，元显逼迫车胤自尽。临死前，他大怒道："我难道是怕死吗？我只求一死以露权奸！"其死后，举国为之悲哀。

城头山葡萄庄园

展示湖南特色田园魅力的庄园

常德市澧县城头山附近

城头山葡萄庄园占地面积约21.2公顷，

城头山葡萄园

集提子生产、科技示范、生态环保、观光旅游于一体，充分展示了澧阳平原独特的田园风光和现代农业魅力。先后获"国家农业综合开发科技示范园""湖南省级农业旅游示范点"等荣誉称号。此外，这里还为游人提供休闲、拓展、健身、娱乐等服务。

玩家攻略

到葡萄园旅游，游人可像葡萄园的庄民一样，下到园中去采摘葡萄，尽情享受在都市生活中难找的田园乐趣。

城头山遗址

中国发现年代最早的古城址

常德市澧县车溪乡南岳村境内

城头山古文化遗址距今6000多年，是中国目前发现的年代最早、保存最完整、内涵最丰富的古城址之一。其中发现的距今6500多年的水稻田遗址，是当今世界上发现的历史最早、保存最好的水稻田遗址。遗址文化包括：城垣、城门设施、早期环壕和后期护城河；居住遗址、制陶遗址、祭坛遗址、道路遗址和墓葬遗址；城垣底层的水稻田遗址。

林伯渠故居

天供山森林公园

前身是国营澧县天供山林场

常德市澧县金罗镇涔水河畔

天供山森林公园总面积730多公顷，园内主要景点有夫人寨、天供寺和仙女洞三处。仙女洞分三层，面积2万平方米；夫人寨是李自成兵败江南时高夫人安营扎寨之处。这里的古战场、兵寨、饮马井、练兵场、下马墩等遗迹犹存。天供寺始建于唐代，山、寺因为女娲补天的传说得名。

孟姜女祠

孟姜女痴情的见证

常德市澧县城南嘉山

孟姜女贞烈祠由明代工部尚书李如圭所建，1954年曾经毁于火灾。今存山门、大殿，后殿为20世纪70年代以来，县文物事业管理处集资复建。望夫台、绣竹、石镜依然尚存。另存石碑一方。

玩家攻略

嘉山山顶遗有望夫台，岩台上留有一双尖尖的脚印，半山腰还有一圆石头，面平如镜，传说孟姜女常在此梳发，现为石镜之称，游人不妨一睹为快。

林伯渠故居

林伯渠度过青少年时代的地方

常德市临澧县修梅乡凉水井村林家大屋

林伯渠故居始建于清道光年间（1821—1850），1985年按原貌修复，建筑面积约857

孟姜女哭长城

关于孟姜女哭长城的故事，古今有很多说法：

一说认为，孟姜女哭长城的故事纯属虚构，因为山海关长城修建于秦朝以后，秦始皇时代修筑的长城，距山海关北去数百里。既然当时当地并无长城，哭长城之事自然是子虚乌有。

另一说认为，孟姜女的故事发生在春秋时期。据《左传·襄公二十三年》记载：齐庄公四年（公元前550年），齐伐卫、晋，回师攻莒时，齐大夫杞梁战死。相传杞梁妻迎丧于郊，哭夫10日，城墙为之崩塌。后世以讹传讹，把杞梁妻说成是秦始皇时代的人，演绎出哭长城的故事。

有人指出，孟姜女哭长城的故事，是随着历代时势和风俗不断变化而变异的。战国时，齐都盛行哭调，杞梁（后演化为喜良）战死而妻迎柩，便是悲剧的素材。西汉时，盛行阴阳五行、天人感应之说，杞梁妻的悲苦便造成了城崩山裂的感应。至六朝、隋唐间，乐府中有送衣之曲，于是又增添了送寒衣的内容。可见，孟姜女哭长城的故事，是在长期的文化演变中逐渐丰满起来的。

修筑长城是历代封建王朝各种劳役中最为残酷、最具代表性的一项劳役，从春秋至明，近2000年漫长的岁月中，长城屡修屡补，强征了无数的民夫，任何时候都可能产生像孟姜女那样的遭遇。因此，孟姜女和范喜良，是劳动人民在承受无限劳役中塑造出来的两个典型人物，集中表现了千百万下层百姓被劳役逼得家破人亡、妻离子散的灾难。动人的哭长城故事，是对封建统治阶级暴虐行为的控诉，也是对被奴役者不畏强暴、坚贞不屈精神的歌颂。正如南宋名臣文天祥在孟姜女塑像旁书写的楹联：“秦皇安在哉，万里长城筑怨；姜女未亡也，千秋片石铭贞。”这当是中允之论。

平方米，是一座典型的清代民居。林伯渠出生于此并在此度过了童年、青年时代。故居坐北朝南，为3进硬山顶砖木结构，有正房14间，杂室5间。里面设有6个陈列室，陈列内容为林伯渠不同时期的照片、图片和文物资料等。故居整个建筑古朴典雅，一派庄重肃穆的气象。

链接

林伯渠小传

林伯渠（1886—1960），原名林祖涵，字邃园，号伯渠，祖籍湖南安福（今临澧县）。与董必武、徐特立、谢觉哉、吴玉章并称为“中共五老”。曾任“中华民国”湖南省署秘书兼总务科长、孙中山大元帅府参议、中共第六军党代表兼政治部主任，苏维埃中央政府国民经济部长、财政部长、陕甘宁边区政府主席，中央人民政府委员会秘书长，全国人大常委会副委员长等职。

壶瓶山

观光休闲胜地

常德市石门县境内

壶瓶山为湘、鄂两省分界山，海拔达2000米以上，神秘的北纬30度在此穿过。这里珍木异草遍野，已探明植物达6500余种，被誉为“内藏万金的绿色宝库”；这里珍禽异兽丰富，已发现野生动物350多种，包括国家一级保护动物7种，国家二级保护动物41种；这里的水水质清澈，非常纯净，7条溪流形成100余处瀑布，其中最具观赏性的是象鼻子沟、纸棚河、黄莲河等处的瀑布。壶瓶山景色秀丽，环境优美，空气清新，是一处观光休闲、摄影探险的胜地。

壶瓶山漂流

壶瓶山漂流位于湖南最长的一条峡谷——龙文峡，目前开通的漂流线长20多千米，即神景寨至文峰一段，河流湍急，20多处急湾、50多个险滩，落差近90米，漂流途经龙洞飞瀑、蛟龙潭、蛇湾、凉风岩、思儿潭、雄狮卧波、三碗酒等十多处景观，漂流全程约需2小时。

玩家攻略

壶瓶山漂流在大山峡谷里，游人想要漂流的时候，只需穿好橘红色的救生服，登上橡皮舟，就可以在群山中漂流于湖南屋脊上了。一路蜿蜒奔腾，绕山过滩，在高高的山腰飘舞，就像是飞天翩翩的裙带。漂流船在波峰浪谷中起伏，在山光云影间升腾，游人也就飘飞在三巅了，全程体验下来，会感觉非常刺激。

黄虎港

黄虎港风景区位于生态旅游区的东南部，区内峡谷狭窄、幽深，两岸岩石陡峭险峻，绝壁高矗，更有剩头堡铁索桥惊险骇人，峡谷两岸森林茂密，猴子成群，为峡谷探幽、漂流的理想之地。

东山峰

东山峰景区与“湖南屋脊”壶瓶山隔山相望，主峰呈东北—西南走向，方圆51平方千米，峰顶海拔1516米，形成“一山有四季”“十里不同天”的山地气候特征，是避暑休闲旅游的理想之地。

玩家攻略

游人可赶早登上主峰山顶瞭望台看日出、观云海；参观南方最成功的梅花鹿人工养殖场，在茶园里采茶；还可到全省最高海拔水库免费垂钓；还有独具风味的“农家乐”。人们可以在这里品尝到无污染、土家味浓的腊肉、特色小菜和野菜。

南坪河

南坪河景区包括壶瓶山主峰、黄莲河峡

壶瓶山风光

谷、道教圣地云雾山，是湖南屋脊登山体验区，提供主峰攀登、观光、看日出、赏云海等多种体验。

壶瓶山主峰高达2098米，素有“湖南屋脊”之美称。山顶植被茂盛，春夏登临，可见高山杜鹃、红花木兰争相竞艳，堪称一绝。

壶瓶飞瀑

“壶瓶飞瀑”为“常德十景”之一。壶瓶山的瀑布数量众多，千奇百怪，包括飞瀑、喷瀑、滚瀑、帘瀑、线瀑等，每一处瀑布都十分雄伟壮观。

怪泉

壶瓶山的泉水很神奇，有温泉、喊泉、米汤泉、鱼泉、浑清泉、惊泉、偏泉、不溢泉等，其中喊泉泉水随人的喊声潮涌而出；惊泉一旦受到爆竹声震动时，泉水会喷射数十米高。

龙王洞

妙趣横生的洞中奇景

常德市石门县

65元

龙王洞景点密布，景观奇特，洞中有水，洞中有洞、洞环水绕、可谓步步有景、处处藏珍，十里曲洞、十里迷宫、十里玉琢、十里彩屏。这里的景点主要有朝龙殿、河马岩、凌霄殿、玉皇顶、锁龙潭、孽龙峡、槐荫仙树、神龙护宝、瑶池仙境、迷宫、醉仙台等。

洞中景观大都显得湿漉漉，水灵灵、嫩生生，有的白如琼雪，有的黄如纯金，有的艳若新橙，且有阴河潺潺，清泉汩汩，细流叮咚，可谓声色并茂，水陆交融，形成了洞中鲜嫩柔美的和谐天地，具有一种妩媚的青春美。

玩家攻略

（1）龙王洞前是一平如镜的龙涎湖。洞中荡桨340米，不仅可以领略水上洞天的幽趣，沿途还可饱览玉影池、芙蓉阁、象鼻岩、三足象及水下蓬莱等奇妙风光，令人情趣横生，心神怡然。

夹山寺

（2）穹顶洞壁的钟乳石投影水面，与水中晶莹玲珑的奇石浑然一体，在彩色灯光的照耀下，愈显绚丽多姿，使人恍若步入龙宫仙境。泛舟进洞400多米的时候，舍舟登岸，但见钟乳石千奇百怪，倒悬洞顶，更兼头顶滴水如琴，脚下清泉如瑟，令人游兴愈浓，流连忘返。

夹山森林公园

邑郊园型森林公园

常德市石门县二都乡　60元

夹山国家森林公园规划区域面积约1530公顷，园内群峦叠翠、万木争荣，空气清新、环境幽雅，以人文历史悠久，自然风光秀美成为江南名胜，这里集佛教圣地、茶道源头、森林风光于一身，以“猿抱子归青嶂岭，鸟衔花落碧岩泉”的自然风光闻名。主要有闯王陵园、夹山寺等景点。

夹山寺

夹山寺又名灵泉禅院，始建于唐咸通十一年（公元870年），而后历代屡加修缮，今存建筑主要有九曲桥、钟鼓楼、大雄宝殿、藏经楼等。该寺是佛教禅宗祖师讲经说法之所，宋代高僧圆悟克勤在此住持说法，其评唱的《碧岩录》被誉为天下“禅门第一书”。

闯王陵园

闯王陵园占地2公顷，由陵寝、陵卫、明楼、神道、神厨、碑廊、永昌池、大顺桥、野拂塔、纪念馆、紫石牌坊等建筑组成，是游客凭吊和缅怀“闯王”的绝佳去处。

攻略资讯

- 交通
- 住宿
- 美食
- 购物
- 娱乐

常德风光

交通

飞机

常德桃花源机场位于常德市区西南方向的许家桥附近，目前已开通至北京、上海、广州、深圳、海口等航线，游客可乘机场大巴至武陵大道中段的民航售票处。

火车

常德火车站位于武陵区南坪路，长沙至张家界、宜昌、襄樊，广州至张家界、襄樊均在常德火车站停靠，从广州至常德还有直达列车。公交9、14、24路都可到达。

常德火车站

汽车

常德公路交通体系极为发达，连接东西的319、207国道线横贯全市，市内各大长途车站每天都有班车发往省内外，十分方便。

常德汽车总站：位于常德市武陵区南坪路，电话：0736-7088388。

常德客运北站：位于常德市市辖区，电话：0736-7222771。

住宿

常德市内宾馆众多，火车站一带较为集中，条件也比较好，这里还靠近汽运总站，出行十分方便。若去桃花源游玩，可在景区附近的小桃源招待所住宿，或者住在景区内秦人宅宾馆。另外，桃花源对面有许多当地人开的旅店，干净舒服，价格低廉，还有热水洗澡。

●泽云酒店

酒店靠近常德大道，周围是繁华的商业街，靠近火车站，出行也十分方便。酒店装修传承中国古典文化和延续古代传统建筑底蕴的人文典藏，以明清花梨木家私陈设，庄重典雅，彰显古朴沉韵。✉ 常德武陵大道北段泽云广场，近常德大道 ✆ 0736-7129999

● 常德共和酒店

常德共和酒店自然环境得天独厚，前临千里碧波，终日绿树环绕；朝可观十里烟柳，晚可赏万顷夕照，拥有度假酒店中少有的景致。酒店独特的风帆形设计，将现代气派的酒店大楼与柳叶湖自然风光巧妙地融为一体，构成一座特大的城市后花园。✉ 武陵区柳叶大道东段柳叶湖旅游度假区，近柳叶湖 ✆ 0736-7138888

美食

常德地处湖南西北，饮食结合湘菜香酥、酸辣、软嫩的特点与本地的饮食文化融合，美食独成一味。在常德菜中葱、姜、蒜缺一不可，而多选当地土特产为原材料也是常德菜的一大特点。喝擂茶、吃粑粑是常德人的饮食习惯。最有名的风味美食有曹哥酱板鸭、常德米粉、常德清真菜。

美食小吃

● 蒿子粑粑

蒿子粑粑是常德市许多地方人民喜食的一种具有独特风味的食品。每年3月，群众采来粑粑蒿的嫩叶，洗净，然后拌以黏米和糯米粉，放入锅内，用旺火蒸熟，再用石碓舂烂，并掺入适量的芝麻和辣子酱，然后切成小块，放在雕有各种表示吉祥图案的木模内，做成扁平溜圆的粑粑，蒿子粑粑黏性很强，吃起来香甜可口。

蒿子粑粑

● 常德米粉

常德米粉历史悠久，闻名三湘。米粉经过特殊工艺制成，洁白、浑圆、细长而富有弹性，只要用开水烫热，加上作料后即可食用，吃起来润滑可口、风味独具。

常德米粉

● 酢粑肉

桃源县有名的食品之一，至今已有两千多年历史。将用以做酢粑肉的猪肉切成块，拌上已和好的大米汤料子，放进坛子用黄泥封住坛口，次年春插前后即可食用。因为酢粑肉在坛子里腌制了半年，味正香浓，特别受当地人喜爱。

美食去处

去常德吃牛肉粉肯定首推百年老店“清真第一春”，那里才是正宗的。还有一家，能吃辣的人可去品尝“九子香辣蟹”。常德宾馆快餐店的“牛排粉”是下南门地区的一绝，大块的牛排骨，吃得非常带劲。

购物

山水丰美的常德物产丰富，甜美的柑橘色泽金黄，香甜爽口，汁水细腻，富含多种营养成分；另外，还有著名的麻蓉酥、滨湖板鸭、桃花石等，都是馈赠亲友的旅游上品。

常德特产

●石门柑橘

石门柑橘产自石门县山区独特的土壤气候环境中，果实每年9~10月间成熟，外形扁圆，大小均匀、整齐美观、果皮色泽金黄、含糖量高、甜香爽口，是常德有名的特产之一。

●麻蓉酥

麻蓉酥糖产于津市，为湖南历史悠久的传统产品，至今已有200余年历史，主要用麦芽糖、芝麻仁等原料制成。

●广积米

常德广积米，是由湖南省常德市广积米业有限公司生产的优质大米。广积米业有限公司采用世界先进的生产设备和生产工艺流程生产的广积牌芙蓉贡米、中国香米、江南软米、顶上泰香米、有机米五大系列产品，获得国际食品博览会金奖。

●滨湖板鸭

滨湖板鸭是由有安乡湖区特色的滨湖麻鸭精心制作而成，肉质鲜嫩，蛋白质含量高，味香可药用，食后有清凉解热之功效。

●桃花石

桃花石色彩绚丽，是一种优质的石料。桃花石品种不下100种。颜色有红的、黄的、绿的；花纹有大花、小花、波状花之分。石质细润，适宜制作雕刻工艺品。用桃花石雕刻的坐狮，形象生动，小的可作案头陈设品，大的高1米以上，是我国古建筑大门两旁常见的装饰。用这种美石制作的各种摆设和文案用品，令人赏心悦目。

常德购物场所

常德步行街：位于武陵区的常德步行街是湖南省第一条步行街。这里店铺林立、精品云集，各种服务设施完备。华灯初上时，步行街宛如一条五光十色的彩练与武陵阁、武陵大道交相辉映，美不胜收，是常德购物的绝好去处。

娱乐

常德现代化的娱乐设施齐备，娱乐项目一应俱全。常德人也热衷于各类大众娱乐活动，每当傍晚时分，漫步于常德的街头巷尾，常会发现男女老幼齐欢乐的场景。

桃花节：桃源县种植的桃花品种达30多种，每年春暖花开时节，桃红柳绿，繁花似锦。每年的3月28日举行桃花节，历时一个月，此时桃花山景区前面万树桃花盛开，煞是好看。

柳叶湖荷花节：柳叶湖每年夏天荷花盛开时，都举办荷花节。在这里，游客们可以观看荷花节文艺演出，观赏到名贵荷花，品尝“全荷宴”，并在“荷花集市”上购买到以荷花、莲子为原料的“荷花集市”土特产。摄影爱好者可以前往拍出精美的作品。

桃花石

发现者旅行指南

张家界

概览

亮点

武陵源风景区

有大量奇特险峻的峰林石柱，集神奇、钟秀、雄浑、原始、清新于一体，被誉为"扩大的盆景，缩小的仙境""中国山水画的原本"。

天门山

因自然奇观天门洞而得名，被誉为世界最美的空中花园和天界仙境。

大庸府城

由8座楼群组成，为明清时期土、苗、白、瑶、侗等少数民族建筑风格，有朝天楼、天街、虎溪、虎乳铜雕、照壁、府衙门、朝阳楼等景点。

土家风情园

由土家建筑群落、民风民俗展示、文艺演出等功能区构成，存留有土司城堡、摆手堂、毕兹卡圣火堂等著名建筑，是了解土家文化的最佳去处。

茅岩河旅游区

包括茅岩河平湖景区和茅岩河漂流。漂流项目有惊无险，两岸青山绿水，被誉为"百里画廊"。

线路

张家界武陵源3日游

第1天，游览张家界国家森林公园，上午游览金鞭溪尽情游览美潭奇峰，下午到黄狮寨，不要错过拍照，然后再去砂刀沟，这里的游览野趣横生，让人大为痛快。

第2天，接着细细游览水绕四门、十里画廊、天子山等，晚上住在附近的宾馆。

第3天，游览索溪峪景区，上午在黄龙洞看嶙峋怪石，下午去观赏百丈峡的深切雄险；然后再游普光禅寺，细细体会我国佛家寺院的经典。

黄龙洞

张家界市区1日游

早餐后，前往土家风情园，看精美的土家族建筑、观看原汁原味的土家文艺节目。随后去大庸府城，体验多民族风情。

午后，参观普光寺，之后去军声画院，从独特的砂石画中，欣赏中国画的神韵。

为何去

土家族哭嫁

张家界原称大庸，有气功之乡的美誉。武陵源以神奇峻峭的石英砂岩峰林、艳丽多姿的溶洞奇观被誉为“人间仙境”和“立体山水画”。这里还有天门山、茅岩河等众多美景，所有旅行中你想要的体验，在这里都可以得到满足。

何时去

宝峰湖

张家界四季风景各异，全年都适合去旅游。春季的张家界芳草鲜美、落英缤纷，溯金鞭溪，游十里画廊，探黄龙洞，体会武陵人进入桃花源的惊喜；夏季树木茂盛，郁郁葱葱，是避暑、漂流好时机。但夏季降雨集中，登山需注意安全；秋天的张家界天高云淡，层林尽染，此时正是猕猴桃、蜜橘等美味水果成熟的时节；冬季银装素裹，山舞银蛇，别有风味，为踏雪、寻梅好时机。

张家界旅游示意图

区域解读

区号：0744

面积：约9 653km²

人口：约170万人

主要少数民族：土家族

地理 GEOGRAPHY

区划

张家界市下辖2区（永定区、武陵源区）、2县（慈利县、桑植县），市政府驻永定区。

地形

张家界，位于湖南省西北部，地处云贵高原隆起与洞庭湖沉降区结合部，地貌类型多样，有山地、岩溶、丘陵、岗地和平原等，地势西北高，东南低，沿澧水向东南倾斜。八大公山保护区内斗篷山海拔1890.4米，为境内最高峰。

张家界市境内溪河纵横，水系以澧水和溇水为主，澧水干流在桑植县南岔以上有北、中、南三源。

天子山神兵聚会

气候

张家界市属中亚热带季风湿润气候区，冬季常受冷气团控制，寒流频繁，多雨雪冰霜；夏季多上升气流，易凝云致雨。夏秋高温酷热，春季阴湿多雨。

张家界降雨量大，雨水多集中在5~8月，在这个季节出行需携带雨具，注意防雨。

历史 HISTORY

历史大事记

●古代时期

从张家界市发现的石器时代遗址和商周文物看，早在原始社会、奴隶社会，张家界市境内已有原始人类繁衍生息，包括土著人活动。据《后汉书》载，起源于武落钟离山的巴人曾建巴国。

春秋末年，楚人在慈利筑白公城。

公元前221年，秦始皇设置郡县，张家界一带属黔中郡慈姑县，县治在慈利县官塔坪（即今蒋家坪乡太平村）。

东汉光武年间，政府增加租赋，征用徭役，激起武陵地区土家先民的反抗，导致爆发十多次民族战争。规模最大的是相单程起义，起义军曾聚集1万多人，终因饥困等原因而被朝廷招安。

张家界

三国时期，吴景帝孙休于永安六年（公元263年）见嵩梁山洞门大开玄朗如门，以为吉祥，便改嵩梁山为天门山。

宋开宝四年（公元971年），向克武被授予柿溪宣抚使的土官，这是张家界境内最早的土司王。

●近现代

1949年中华人民共和国成立，张家界市全境解放。

1994年4月，大庸市更名为张家界市。

1992年，武陵源被联合国教科文组织列入《世界遗产名录》。

名单 张家界历史名人

清末民初武术家杜心武

共和国元帅贺龙

民国时期经济学家卓炯

无产阶级革命家廖汉生

文化 CULTURE

张家界的土家族文化

土家族是张家界历史上最悠久的世居民族，土家的文化风俗也是张家界文化中最吸引人的部分之一。

张家界的土家族虽然有跟汉族融合的趋势，但仍保持着本民族特殊且丰富的民

天子山空中田园

族文化，如土家族有自己独有的宗教“土老司”。他们过“赶年”和哭嫁节，即女儿出嫁的时候用哭的方式以示结婚的喜庆；土家族独有的歌舞艺术——梯玛神歌、茅古斯、摆手舞，现已被列为非物质文化遗产。独有的古代军乐器——虎钮錞于，是始于商周和春秋战国时期的古代军乐器，是武陵山脉土家族地区特有的标志。土家族独有的织锦工艺——西兰卡普，是中国三大名锦之一。而最有名的土家特色，要属桑植名歌和土家吊脚楼。

土家虎钮錞于

桑植民歌是国家级非物质文化遗产，它起源于原始农耕时期的生产劳动，其特点是淳朴、真挚的情感而扣人心弦，曲调丰富多变，旋律优美动听。桑植民歌分为山歌、小调、礼仪歌、傩腔等，涵盖了传统民歌的多种体裁。其曲式结构严谨，曲体多样，尤其是衬词的运用，使民歌在烘托气氛、揭示人物内心情感等方面达到了极高的艺术境界。此外，桑植民歌特殊的润腔方法和气声演唱技巧，极大地丰富了民歌演唱理论，为声乐演唱提供了独特的范例。代表性曲目有《板栗开花一条线》《四季花儿开》《门口挂盏灯》《冷水泡茶慢慢浓》《马桑树儿搭灯台》等。这些民歌像张家界风光一样，在世纪之交快步走出深闺，向大江南北，向世界各地展示其迷人的风采。

土家吊脚楼是土家族的住宅。土家族大都居住在山坡陡岭，由于这种地势关系，住房多采用吊脚楼形式。在住宅两端立4根木柱，沿着山坡的走向搭成木架，在与正屋地面平齐的高度上搭横木，盖上木板，三面装半装台的板壁或木走廊，以草或杉皮作顶盖，楼下四面皆空，可用作堆积肥料，也可以临时拴牲口，楼上一般是闺女做鞋、绣花或乘凉的地方。吊脚楼通风防潮，阳光充足，是土家族别具特色的建筑之一。

吊脚楼源于古代的干栏式建筑，是鄂、湘、渝、黔土家族地区普遍使用的一种民居建筑形式，距今已有四千多年的历史。它作为一种特殊的物质文化现象，犹如一部凝固的古歌，多层次、多侧面、多角度地反映出土家族的历史发展、文化心态和创造才能。除具有自身的实用功能外，还具有一定的审美特征。

如果你想了解土家吊脚楼的建筑艺术，王家坪土家吊脚楼民居风情带和“土家风情园”都是不错的去处。

土家风情园

景点推荐 武陵源风景区 AAAAA

武陵源风景区地处湖南省西北部的武陵山脉中段，由四大风景区组成，分别为张家界国家森林公园、索溪峪自然保护区、天子山自然保护区、杨家界风景区，总面积约391平方千米。武陵源具有比较原始的生态系统，有罕见的砂岩峰林地貌景观，含3000多座形状奇异的山峰、800多条溪涧，以及岩溶洞穴、瀑布群和天然森林。1992年12月，武陵源风景区被列入《世界遗产名录》。

链接

张家界国家地质公园

张家界国家地质公园由武陵源砂岩峰林区、天门山岩溶台原区、茅岩河九天洞岩溶峡谷洞穴区和桑植县芙蓉龙化石保护区组成，总面积3600平方千米，其中核心部分是著名的张家界风景区，面积约573平方千米。

这个公园包容了砂岩峰林、石门天桥、沟壑、岩溶峡谷、岩溶洞穴、泉水瀑布、溪流湖泊和沉积构造地层剖面、古生物化石等丰富多彩的地质遗迹，其千姿百态、变幻莫测的地貌景观，既是令人神往的旅游胜地，又是名副其实的"地质博物馆"。

张家界森林公园 AAAAA

中国第一个国家森林公园

张家界市武陵源区境内　0744-5611109

张家界市有旅游专线汽车可达　225元

张家界森林公园东连索溪峪，北邻天子山，面积130平方千米，是中国第一个国家级森林公园。它集神奇、钟秀、雄浑、原始、清新于一身，以岩称奇。园内连绵重叠着数以千计的石峰，奇峰陡峭嵯峨，千姿百态，或孤峰独秀，或群峰相依，造型完美，形神兼备。

张家界国家森林公园现已开放黄石寨、金鞭溪大峡谷、鹞子寨、袁家界四大景区以及金鞭溪、黄石寨、鹞子寨、琵琶溪、砂刀沟、后花园、朝天观等7条旅游线。

公园景区森林覆盖率达98%，木本植物93科，517种，比整个欧洲所有的木本植物种数多一倍以上。其中属国家级保护的珍稀树种有珙桐、银杏、香果树、鹅掌楸等。这里鸟类有41种，兽类有28种。其中属国家保护的珍稀动物有红嘴相思鸟、长尾雉、水獭、猕猴、麝、貉等，被誉为“天然动物园”。

玩家 攻略

（1）整个景区有很多入口，常用的有森林公园门票站、武陵源门票站、天子山门票站，多数游客通过前两个入口进出景区。景区门票4天有效，4天内可以不限次数地进出景区。想将景区内的绝大部分区域都玩遍，至少需要3天时间。在张家界森林公园内游览，主要采用观光车和步行相结合的形式，各大区域之间通过旅游观光车连接，区域内步行游玩。

金鞭溪

（2）这里有3000多座奇峰拔地而起，形态各异，似人似物，神形兼备，令人叹为观止，喜欢摄影的游客一定不要错过抓拍。

（3）该公园里面是花的海洋。这里四季如春，山花烂漫，境内还有罕见的“龙虾花”，高大的山荷花，名贵的兰花，还有稀有的紫色杜鹃、地雷花及漫山的百合花、樱花、株栗花、长杜鹃等，就像一个天然的百花园。

玩家 解说

1982年9月25日，经中华人民共和国国务院批准，将原来的张家界林场正式命名为“张家界国家森林公园”，是中国第一座国家级森林公园；1992年12月，以张家界国家森林公园为核心的武陵源地区因奇特的石英砂岩大峰林被联合国列入《世界自然遗产名录》；2004年2月被列入世界地质公园，并于2007年被授予中国首批AAAAA级旅游区。

黄石寨

黄石寨位于张家界森林公园中部，亦名黄狮寨，原名黄丝寨，黄氏寨，因古代有一道人名叫黄石公在此隐居而得名。黄石寨海拔1080米，为一巨大方山台地，也是一处天然雄伟的观景台。寨顶面积16.5公顷，西南略高，东北稍低。周围则悬崖绝壁，绿树丛生，伸出许多凌空观景台。沿寨环行，群峰皆立足下，远近奇景尽收眼底。故有“不上黄石寨，枉到张家界”之说。有南北两条步行登寨游道，还有后山车道自老磨湾通寨的后卡门。从南面登寨，沿途有天书宝匣、定海神针、南天一柱、摘星台、天桥遗墩、六奇阁等绝佳景点。

天书宝匣：一座圆形石峰顶上，有两块石板，酷似抽开半截盖子的书匣。传说这是一个秘藏天书的宝匣，后来有人来盗天书，最后慌张得连匣子盖也没关紧，就逃之夭夭了。此峰虽不高，但孤峰兀立，四面如削，无路可通，只能远视，不能近看。

定海神针：沿横山游道前行10余米，向东望去，如幔似锦的翠谷中，一峰尖瘦，拔地百米独立其中。峰顶灌木覆盖如碧玉，峰壁灰白色，阳光下熠熠生辉。阴雨时谷内云翻雾涌似大海狂涛，此峰如中流砥柱岿然屹立云雾之上，坚不可摧，因此得名。其西南百米外一峰似猴头，屈颈握拳窥视，似孙悟空取此神针。

摘星台：黄石寨顶东头，伸出一道约20米的山梁，山梁尽头处有由两块砂岩相叠构成的一座观景台。基座岩石面积约20平方米，高5米左右；叠其上的岩石高约10米，顶部为直径约5米的平台，周围铁栏围护，一古松似伞，挺立其上。下临幽谷，上顶云天。置身台上，头上白云飘拂，脚下幽谷翠峰。雨天云雾弥漫，周边峰顶隐现变幻。皓月当空立台上，满天星斗似伸手可摘。

天桥遗墩：天桥遗墩是一组石峰群，位于黄狮寨与袁家界之间。那里深300米的峡谷中并列矗立着六座高约200米的椭圆形石柱，从靠近袁家界的1号石柱开始，依次升高，至第4号石柱又依次降低，6根石柱顶点可连成一弧线，酷似一组桥墩。

金鞭溪

金鞭溪位于公园东部，因流经金鞭岩而得名，全长5710米，沿石板游道顺溪而下，绝佳景点有金鞭岩、紫草潭、跳鱼潭等。

金鞭岩：是张家界数以千计的奇峰怪石中又一典型。它从山间拔地而起，三面笔陡，有棱有角，金光闪烁、气势雄伟，因形同古代兵器中的鞭而得名。相传，秦始皇赶山填海到此，因醉酒不慎将金鞭坠落，化作石峰。

紫草潭：位于金鞭溪与砂刀沟汇合处。谷为紫红色砂岩，因经流水多次冲刷成槽状，而名为紫草潭。潭水清澈见底，奇峰、绿树、紫石映入潭底，斑驳陆离，波光粼粼，绿影摇曳，极为自然和谐。潭上小桥为一块完整的天然巨石。

跳鱼潭：位于紫草潭下游。若把金鞭溪比作绝代丽人，两潭则是其一双动人的眼睛。跳鱼潭也是由溪水冲刷而成的石槽，水流倾泻入潭，形成落差，游鱼产子期溯水而上，至此活蹦乱跳，故名跳鱼潭。

林间光束

玩家攻略

（1）走在绝壁奇峰的时候，会发现溪谷有繁茂的植被，溪水四季清澈，这里被称为“山水画廊”“人间仙境”。值得在此细细体会。

（2）金溪边上有点歌台，游人路过此可以点土家姑娘亲自唱的歌。

鹞子寨

鹞子寨又名月牙台，位于森林公园东南，形似弯弯的月亮。台顶为一狭长岭脊，长1400多米，是一座屹立云天、三面绝壁的扁形观景台，以奇险著称。

回音谷：位于上鹞子寨山路的终端，谷两侧崖壁高200余米。于谷下呼叫，声荡谷顶，清晰洪亮；于谷顶呼叫，音旋谷底，声如洪钟，余音回荡。如上下齐吼，呼声此起彼应，如战鼓轰鸣，山摇地动。

天桥：在回音谷南，有一面绿丛如幔横挂天宇的斜坡，坡上部一孔呈半月形洞开，似桥拱，拱上有一道约200米长的石梁有如桥面。此桥凌空飞架，两端微翘，顶面宽4

米，长满青松灌木。登桥赏景，只见薄雾绕膝、碧天辽阔，桥下幽谷中七八座青峰如小树静立足下，远望周边，山峦奔突、群峰翻腾。桥之西端凌空突出岩峰十几米，似啄向天空的鹰嘴，鹰头满布常青灌木，如鹰羽茸茸。鹰颚颔为灰白色岩体。鹰之嘴尖上长一古松，飞出十多盘青枝。登鹰嘴抚松极目，山色尽览。

层岩涌塔：位于鹞子寨顶北沿，有数处悬崖凌空凸出如台。立台鸟瞰，深谷陡立如切，深达300多米的谷内数十座石峰拔地而起，有如塔林。峰壁均有节理横断，层次重叠。峰体或高或低，参差错落，千姿百态。

竭功庙旧址：在沿鹞子寨顶东行的凹地处，面积约400平方米，密林覆盖、野藤缠绕，露出几堵石墙，即为明代竭功庙遗址。相传此庙是为纪念土家族起义首领向大坤竭力建功而建。今墙内残留石门、石柱、石墩、瓦片等。

玩家攻略

（1）上鹞子寨，体力好的游客可以爬天梯。天梯由人工修造的两层木梯构成，是一条捷径，节省时间，一旦爬上去，胜利的自豪感油然而生，沿天梯边还可以看到一些别处看不到的风景。当然，爬天梯需要量力而行，千万不可勉强。

百龙天梯

（2）景区有一处花谷幽径，位于回音谷东头，上面有一条两山相夹的山道，长约150米，宽约30米，有很多龙虾花、兰草花、金银花，谷风吹过，花香扑鼻。

袁家界

袁家界位于森林公园北面，是一方山台地。后依岩峰山峦，面临幽谷群峰，自东向西延伸。主要景点有后花园、迷魂台、天下第一桥等。

天下第一桥：位于袁家界左面南沿，一天然石桥凌空飞驾于两座巨大的石峰之巅，跨度约50米，相对高度300多米。桥面两端石峰上，绿树丛簇、郁郁葱葱，峰壁则宛若斧劈，草木不生。立桥边俯视，透过稀疏树叶，见云涌雾蒸，幽深莫测。站在相距40多米处观桥台上，桥的全貌映入眼帘，十分壮观。

迷魂台：在天下第一桥东南，立台鸟瞰远近宽广的盆地里，高低错落的翠峰，如楼如阁、如台如榭、如凳如椅、如人如兽，千姿百态，景象万千。雨后初晴，轻云淡雾，群峰似琼楼玉宇，若明若暗。

后花园：迷魂台东面约500多米有一石门，浑圆双拱似月亮。过此门，右面绝壁上有一凹台。立台俯视，见幽谷林木繁茂、芳草丛生，数十座玲珑小巧的石峰，点缀在繁花绿叶中，百鸟啼啭，似一座巨大的花园。阳光直射溪谷时，石峰凝绿染丹、清新悦目。雨天则云雾如海、峰顶飘摇。

百龙天梯：百龙天梯垂直高差335米，运行高度326米，由154米山体内竖井和172米贴山钢结构井架等组成，采用三台双层全暴露观光电梯并列分体运行，运行速度3米/秒，乘上天梯，可以俯瞰森岭公园全景。

南天一柱：张家界“三千奇峰”中的一座，位于袁家界南端，海拔1074米，顶部植被郁郁葱葱，峰体造型奇特，垂直节理切割明显，仿若刀劈斧削般有顶天立地之势，故又名乾坤柱。

玩家 解说

袁家界名称相传来源于后唐时期，黄巢起义失败后，朝廷为彻底肃清乱党，四处张榜，捉拿反贼。当时黄巢手下有一名将士，姓袁，为躲避追捕，便来到了这远离人世的深山野岭——青岩山隐居，他在这里结庐为舍，垦荒种粮，并以自己的姓氏为这里命名，起名“袁家界”。

链接

哈利路亚山的更名

2010年1月25日，张家界“南天一柱”正式被更名为《阿凡达》“哈利路亚山”，当天数百名土著居民及海内外游客见证了更名仪式。

2008年12月，好莱坞摄影师汉森在张家界进行了为期4天的外景拍摄。大量风景图片后来成为美国科幻大片《阿凡达》中“潘多拉星球”各种元素的原型。其中“南天一柱”图片就成为“哈利路亚山”（即悬浮山）的原型。

袁家界风光

畲刀沟

畲刀沟为一峡谷，以野著称。溪水发源于袁家界，由西北淌向东南，于紫草潭注入金鞭溪，全长5千米。谷呈“V”字形，二三十米宽。沿溪而上，有清心潭、无情峰、月亮垭等主要景点。

清心潭：清心潭为畲刀沟第一景。一块崩塌的巨石横卧溪中，石的另一头搁于右岸，拱成一孔。溪水穿孔而过，发出叮叮咚咚的响声，在溪内冲成一个1米多深的潭。潭水清澈如镜，潭底红白沙石光洁晶莹，鱼蛙嬉游其中。潭两边石峰高耸环峙，阔叶林、灌木丛茂密常青，峰麓遍生苔藓，如铺绿毯。山峰、碧空倒映潭底，水中掠过缕缕白云。潭右上方有一高约50米、直径约5米的石柱立于路旁，峰体绿叶扶疏，秀丽挺拔，与清心潭陪衬成奇特佳境。

无情峰：无情峰高入云天，峰体如屏，屏峰之东西各有一峰高约10米，酷似一对情人相向而立。东峰如少妇，面目清秀，两手微举胸前，呈端庄贤淑之貌，凝视对面30米处的屏峰；西峰如伟男，背依苍岩，隆鼻大嘴，似有满腹怨气，亦怒视对面30米处屏峰。由于此屏峰阻隔，这对情人永远无法相见，故名“无情峰”。

月亮垭：月亮垭是张家界、杨家寨两风景区交界处的一座山垭，因垭口似一弯新月而名。垭口上有一座20平方米的平台，丹岩石板铺列整齐，石凳环列。北侧一亭，内有石桌。南侧立半月形石碑，书“月亮垭”3字。垭边一株枝繁叶茂古树如月中丹桂。坐石凳上仰首南北，峰秀树碧，蓝天明亮。东头缺口长满参天古树，枝叶间有青峰数座，隐隐约约。西头缺口视野开阔，蓝天渺渺茫茫，白云流淌，似在脚下。

鸳鸯溪

鸳鸯溪位于天子山镇东南，以瀑布众多为奇。沿溪古林秀峰，目不暇接，俯仰成趣。主要景点有鸳鸯瀑布、六月飘雪、百跌瀑等。

鸳鸯瀑布：位于北面山崖，凌空飞泻而下。瀑高70余米，状如白练，水落处巨石嶙峋。因有石如砥，瀑下跌后分流如一对鸳鸯齐飞而下。瀑流常年不绝。枯水季节，上跌水出一线，及至潭边则分成两绺；下跌水亦为两绺，左洪右细，最后同入一潭。涨水

鸳鸯溪

季节，上跌瀑宽10米，连成一片，形如白绢；下跌直泻潭外，势如奔马，声若洪钟。面南而望，两山隔溪欲吻，一泓溪水从窄峡里奔出，一线天光自密林中射入，水激鸟鸣，动中有静。

六月飘雪：位于鸳鸯瀑布南下150米处。东面一峰似拔鞋状，高百余米。峰顶峭壁上有飞瀑直下，流量小而瀑面宽，至半空，飘飘洒洒，晶莹发亮。在阳光斜射下，呈现万道霞光，五彩缤纷，远望则如轻纱笼罩，虚幻朦胧。暑夏六月观之，疑为雪花飞扬。

百跌瀑：由“六月飘雪”涧右行，沿途300余米，大小瀑布连绵，水从山檐飞出。有的临空高挂60余米，啮崖直泻。涧底石壁被水冲击打磨得光滑雪亮，瀑布跌落处水花如雪，故又名南天飞雪。

琵琶溪

琵琶溪，位于森林公园西部，为金鞭溪上游。景区以琵琶溪作中轴，呈一狭长幽谷，景点在溪北成组展开，奇特古野。另一段自琵琶界沿山脊至朝天观旧址，多山峦，沿线有夫妻岩、龙凤岩等绝佳景点。

夫妻岩：两峰相依，酷似一对夫妻并肩而立，五官俱全。峰顶的树木花草恰似他俩的头发、头巾和头饰。妻子娇小，紧傍其夫，低眉含羞，窃窃私语；丈夫粗犷豪达，眉飞色舞，笑口张开，皓齿毕露，充满幸福和满足。众多游客观此景无不惊叹称奇并深受启迪。

展卷桥：架于琵琶溪上，桥上有“展卷亭”，高20米，飞檐翘角，朱漆彩绘。桥下流水晶莹清澈，两旁松青竹翠。春莺声声，夏风习习，秋云朵朵，冬雪皑皑。1982年沈从文到此观光时，题“展卷”二字，现碑刻立于桥端。

龙凤岩·龙凤庵：在化香坡山垭南，有段山势紧凑的龙凤古道，两边石壁高耸、绿树丛生。仰望右面壁顶，一座高约百米的石峰酷似凤凰，头昂脖挺，顶有珠冠，双翅微展，引颈西南，高瞻云天，似欲飞腾。隔谷相对，一峰顶部形似龙头，昂首碧空，与凤凰岩构成凤飞龙腾之景观。明代，由于此地有“石壁峻峭，跃起卧龙之势；山林翡翠，飞来仙凤之形”，便在垭侧修建龙凤庵。清代曾7次修葺，规模达三进两殿，面积1100多平方米。庵内建筑已塌毁，但峰岩雄姿如故。每当云蒸雾腾，龙头时动时静，似在江海漫游；逢日丽风和、百鸟鸣啼之时，凤头高昂林空，似在接受朝拜。

朝天观：建于明代，位于朝天山上，总面积1900余平方米。从山门入，有长廊，三层梯台皆有殿房。正殿居中供奉女娲娘娘，左右两殿分别供奉地母娘娘和三霄娘娘，后殿供压山祖师。还有观音殿、藏经殿等。此观为夹层石墙环抱，门窗柱匾及神像座等皆岩石嵌砌而成，并雕饰重彩。民国末年殿被毁，现存部分石墙和山门。

珍异植物的王国

张家界森林公园内有很多珍贵树木，大多是国宝，为稀世之珍。它们的用途很广，价值很高。

比如，珙桐树（中国鸽子花），被称为活化石，见到它就能知道这里的地质年代。它还是“独生子女”，因为除中国少数地方有这种子遗树种外，世界其他地方均在第四纪冰川年代被冻死并绝迹了。

香果树，不但材质好，而且能散发出一种香味。只要砍倒一棵，周围便能闻到清香。

银杏树，也被称为“活化石”，不仅材质好，纹理美观，结的果实还能吃，并能入药，用途很广。

大仿栗（又名“猴欢喜”），不仅材质好，还是一种价值很高的油本植物。50公斤大仿栗籽可出油29公斤，比油菜籽和油茶子的出油率都高，且油质好，呈白色，形同猪板油一般，所以猴子特别爱吃。

鹅掌楸（俗名“马褂木”），是很好的风景林。又如，巨紫荆树，红花挂满枝条，是一种非常好看的观赏植物。红榧木，色呈肉红，耐腐防馊，用它做饭甑子蒸出的饭，炎夏几天不馊，真是山里一怪、山里一宝。

索溪峪自然保护区

俗称“雾大的山庄”

张家界市武陵源风景区东北部

黄龙洞100元，宝峰湖96元，其他景点包含在248元门票之内

索溪峪是土家语音译，意为“雾大的山庄”。索溪峪总面积约25 400公顷，武陵源区人民政府驻地军地坪在此景区中心。

索溪峪景区以军地坪为中心，景观以山水为依托，山奇、水秀、桥险、洞幽，景点众多，现已开发了8个小景区，包括十里画廊、西海峰林、黄龙洞、宝峰湖、百丈峡、水绕四门等。这里沟深谷幽，峰秀石奇，溪水潺潺，湖光潋滟，像一幅极为壮观的水墨画，漫步其中，令人悠然自得，心旷神怡。

玩家攻略

索溪峪景区有公路分别与张家界市城区、张家界国家森林公园相通，并与慈利—长沙公路连接。景区内以军地坪为中心，已开通至各小景区和张家界国家森林公园的多条车行游道，还兴修了绿喁山庄—天子山、十里画廊—卧龙岭—西海天台、宝峰桥—鹰窝寨—宝峰湖游船码头等高标准步行游道，总长9.4千米，游客可沿这些线路游览，路况较好。

西海

西海，位于索溪峪景区的西部，为一盆地形峡谷峰林群。“海”中峰柱林立，千姿百态，林木葱茏茂密，有“峰海”“林海”之称。春夏或秋初雨后初晴，则云如浪涛，或涌或翻，或奔或泻，铺天盖地，极为壮观，誉为“云海”。三“海”合一即为西海之特色。其中通天门、天台为绝景。

通天门：叶家岗至天台游道中途，一巨大板状峭峰，坐北朝南。突兀独峙，顶覆翠树苍松，风姿巍然。峰根中部豁然天开，形成一天然洞门，底宽10余米，高15米。门前方谷壑交错，峰竖山横，空旷爽朗。门后奇峰环围，堆翠涌碧。近前一峰孑立，顶部横一石，伏地，长嘴微翘，形似鳄鱼，名“鳄鱼晒日”。

天台：位于西海景区游览线尽头最高点，分东、西两座天台，两台相距约50米，为观景佳处。东天台顶平宽敞，面积约80平方米，又分左右二台：台右一石悬空如舌，两三棵苍松峭然而立；台左为崖，有松侧侍，于此可见西海一隅，数百柱峰尽收眼底；台前方一峰横屹，峰顶几棵小松虬蟠多姿，生动非凡。西天台为一崔嵬柱峰，观景尤佳。沿72级铁梯可达峰顶。峰顶平坦，多苍松灌木。立峰顶环眺，远处天子山如一巨臂，自东北向西南挽抱，其势无挡。东南方群峰似笋，

错落有致，自天际排闼而来，“千百奇峰苍似海，一齐呼啸拜天台”。

水绕四门

水绕四门原名止马塌，又称纸马塌、天子洲，距十里画廊谷口2千米。因有3条溪水，分别从西、北、南三谷口流出，然后相汇合流，注入索溪，故称水绕四门。此小景区内以水绕四门、九天银练景观最佳。游客置身其中，可体验到“水在山间流，人似水中游”的美妙享受。

十里画廊

十里画廊为一狭长峡谷，位于索溪峪景区西北部，原名干溪沟，又名甘溪沟。

十里画廊谷深5.8千米，一溪中流。峡谷两侧群峰凛然而列，造型各异，组成一幅幅生灵活现的天然雕塑画。雕塑家钱绍武称其为“一条天然雕塑杰作的群像陈列长廊”。其中采药老人、众仙拜观音为最佳景观。

采药老人：顶天楼左侧山谷孤立一峰，高约30米，宛如一土家族老人。身材清瘦，头缠布帕，腰微屈，背负的背篓中鲜草摇曳，似从山间采寻草药归来。据传，向王军中有一郎中医技精湛，善识百草。向王兵败跳崖而亡，老郎中悲痛欲绝，49日不食，化为此石。

众仙拜观音：距将相峰观景点约10米处，朝十里画廊谷口左侧依次扫视，可见山巅一峰，脸庞、五官极似观音，福泰脸相，如坐莲台，仪态端庄。其下方十几座石峰，高高低低，大大小小，宛如群仙，或跪或拜，俯首恭立。

黄龙洞 AAAA

黄龙洞现已探明的洞底总面积10万平方米，全长7.5千米。洞体共分4层，整个洞内洞中有洞，洞中有河，石笋、石柱、石钟乳各种洞穴奇观琳琅满目，美不胜收。

黄龙洞

黄龙洞以立体的洞穴结构，庞大的洞穴空间，宽阔的龙宫厅及数以万计的石笋，高大的洞穴瀑布，水陆兼备的游览线路等优势成为国内外颇具特色的游览洞穴。石钟乳、石笋、石柱、石幔等遍布洞中，无所不奇，无奇不有，仿佛一座神奇的地下龙宫。黄龙洞主要有定海神针、万年雪松、龙王宝座、花果山、天仙瀑布等景观。

玩家解说

据专家考证，约3.8亿年前，黄龙洞地区是一片汪洋大海，沉积了可溶性强的石灰岩和白云岩地层，经过漫长年代开始孕育洞穴，直到6500万年前地壳抬升，出现了干溶洞，然后经岩溶和水流作用，便形成了今日的地下奇观。

玩家攻略

洞中“水陆兼备”的游览观光线路非常有意思。游客进入洞中，先步行游览一段，然后在洞中暗河边的码头乘坐游船（费用包含在门票内），在水中赏沿河美景和石笋奇观。游船全程约15分钟，上岸后继续步行游览，此时能碰到神奇的洞中瀑布。洞中不走回头路，出口和入口不是一个地方，但相距不远。

宝峰湖 AAAA

宝峰湖长2.5千米、宽200~1000米，平均深72米，秀丽的湖光水色与幽野的洞天情趣成为武陵源水景风光的代表之作，也是目前武陵源世界自然遗产唯一以水为主的旅游景点。知名景观主要有宝峰飞瀑、鹰窝寨、观音庙、宝峰湖、宝峰山。

宝峰飞瀑：宝峰飞瀑气势壮观，是电视剧《西游记》中“花果山水帘洞”的外景拍摄地。这里景色秀美、空气清新，是游客观光、休闲、探幽、摄影的绝佳地。

鹰窝寨：因像鹰一样盘踞山顶而得名。它位于景区西部，沿着登山石级可一路而上，沿途可观赏到石缝、古城门雉堞、宝峰古寺等景观。这里还是电视剧《乌龙山剿匪记》的外景拍摄地。

一线天：一线天峡谷长200余米，高100余米，中间溪水潺潺，溪畔石级盘旋，无比清幽，也充满了奥秘，实为景区一大绝景！

玩家攻略

游客进入景区后，可沿“游道”前往鹰窝寨和宝峰湖游玩。前往鹰窝寨的山路比较陡峭，需要穿过一线天峡谷，再经过修建在山崖上的“悬空栈道”。鹰窝寨游览完毕后，可通过观音庙和躲官桥来到宝峰湖畔的清凉亭游船码头。

百丈峡

百丈峡景区位于索溪峪景区南部，相传是一个古战场，由百丈峡、董家峪、王家峪3个峡谷组成。诸景点如系马桩、插旗峰、玉玺岩等均与古代战场相关联，故百丈峡又名“百仗峡”。百丈峡绝壁奇峡，古时此地多有猿猴出没。峡谷深切雄险，一溪中流。右侧原有石径，为明清时期往来于慈利与永定的官道。其中沙坪田野、百丈绝壁与八珠潭最美。

天子山

天子山自然保护区

有着众多形态各异的奇峰

武陵源风景区西北部

天子山原名青岩山，是武陵源四大景区之一。这里景观奇特，风光旖旎，尤以特色石林奇观遐迩闻名，被誉为“峰林之王”。风景区内景色洋溢着原始风光的自然美，众多林峰形态各异，栩栩如生，主要景点包括神堂湾、御笔峰、神兵聚会、空中田园等。此外，云雾、月夜、霞日、冬雪也是这里的四大自然奇观。云雾是这里最常见的天象。月夜月色朦胧，万籁俱寂，有一种神秘感。霞日是指早上的太阳把一层红霞披在奇山异峰上，看起来十分迷人。冬雪使这里银装素裹，冰柱倒立，冰花四散，俨然一片白色世界。

玩家攻略

(1) 天子山云雾为中外旅游者所赞叹。雨过初晴的天子山，云雾景象十分壮观，奔涌的云雾形成瀑、涛、浪、絮多种形态，这里连绵浩瀚，波澜壮阔，值得一看。

(2) 晴天的早晨美景不可错过，一轮红日在朵朵红云的衬托下，从奇山异峰中冉冉升起，非常壮观。

(3) 整座天子山的“环山游览线”有45千米

长，游客可以步行游览，也可以坐公园内的“环保车”游览（环保车费用包含在公园门票内）。

（4）天子山索道：天子山索道斜线长2084米，下站设在索溪峪景区斋公湾西侧，上站在天子山景区黄河岸观景台附近。索道票单程52元，往返104元。

御笔峰

御笔峰，坐落于天子山自然保护区，归类于石家檐游览线。山谷中数十座错落有致的秀峰突起，遥冲蓝天，靠右的石峰像倒插的御笔，靠左的石峰似搁笔的“江山”。此景变化万千，日照霞染生辉，云雾涌动时隐时现，春月透过花丛，五层峰峦相叠。

神堂湾

神堂湾，坐落于天子山自然保护区，一般归于石家檐游览线。神秘的天国，绿色的迷宫，刀切的绝壁，茂密的森林。终日雾雨霏霏。相传向王天子因寡不敌众，兵败坠马深谷，点化成九千多座山峰，层峦叠嶂，形成五级神堂。一级神堂10米，二级神堂约20米，三、四级神堂共高约40多米，五级高约60米，是传说中向王天子归天的地方，因目前尚无人涉及至今是个谜。

神兵聚会

神兵聚会是天子山景区的精华游览点，通常归类于老屋场游览线。此景点可说是武陵源林库的一个分库，30多座形态各异的峰林，浩荡列队，比起秦始皇陵的兵马俑，无论是从阵容上还是从气势上都更显庞大壮观、彪悍骁勇，确似一支藏于深山密林中的神兵。从地质角度上说，这里的峰林已进入峰林壮年期，峰多呈针、锥、棒槌状，较之黄狮寨、鹞子寨的平顶山，更显清瘦、苍健。

空中田园

空中田园，坐落在天子山库左侧2000米的土家寨旁，通常归于老屋场游览线。海拔1000余米。其下是万丈深渊的幽谷，幽谷上有3公顷面积的斜坡梯形良田。田园峰峦叠翠、林木参天、白云围绕，活像一幅气势磅礴的山水画。登上“空中田园”，清风拂袖、云雾缠身，如临仙境，使人有“青峰鸣翠，高山响流泉，身在田园里，如上彩云间”之感。

杨家界风景区

沟壑纵横，溪水长清的景区

张家界西北角，北邻天子山，横贯武陵源区西端的中湖乡

杨家界景区面积约34平方千米，属石英砂岩峰林峡谷地貌，山明水秀、风光如画。令人惊异的是，这里还与杨门虎将有着一段渊源。这里的“宗保峰”“六郎湾”“杨家界”等地名、山名，是生活在此的杨家将后裔为纪念杨家将而取的，1000多年来一直沿袭未改。游客到杨家界游览，不仅可以饱览这里的原始自然风光，同时还可以探寻杨家将后裔的踪迹。另外，这里还有数十座绝壁。它

们参差不齐，似残垣断壁，场面壮观。

玩家 解说

杨家界动植物资源亦十分丰富，悬崖沟谷中上千只猕猴散布，白鹤坪中上万只白鹭会聚，崇山峻岭中奇异的五色花、夜合花、绝壁藤王遍布，值得一看。

玩家 攻略

在这里，游人能够找到杨家将的足迹。这里保存着《杨氏族谱》和杨家祖坟多座，有“六郎湾”“七郎湾”“宗保湾”“天波府”等地名。

龙泉瀑布

杨家界的水别具特色，其中以龙泉瀑布最为著名。龙泉瀑布从百余米高的悬崖上呈雾状飘落，在高55米处，有3节突出石壁，酷似龙形，泉水跌落后向空中四散，沿石壁形成涓涓细流，再从石洞口流过，形成一道水帘，流入谷底碧绿的水潭，秀丽神奇。

绝壁藤王

杨家界有一处叫“古藤湾”的风景，简直是“古藤王国”、古藤的世界。生长在这里的古藤不仅面积大、数量多，更珍贵的是有一根“大王藤”。它根系发达、枝蔓茂盛，长20米，宽15米，爬满了半座峭壁，犹如巨大的藤网一般，故被称为“神州第一藤”！

白鹤聚会

白鹤坪，因山尖上、树枝上经常停满白鹤而得名。白鹤，又称仙鹤，是一种吉祥鸟、幸福鸟。据山民介绍，白鹤在这里安家，这里便人丁兴旺，五谷丰登；如白鹤搬迁，舍家远走，则会有灾难降临。

一步登天

由五郎拜佛景点沿山巅出丛林，东行500米，岭上一峰耸立，海拔1130米。有铁梯32步可登峰顶。峰顶平坦，长5米，宽4米，有

杨家界

铁栏杆围护。台上有虬松20余株，或屹立于台顶，或倒悬于峭壁。登台东望，7道屏峰，层次分明。东南可见黄石寨、龙凤垭。西南诸峰邻近，树木苍郁，西瞰中湖方向景深多层，其中第一层为棱形矮平石柱两座，第二层为石峰三座，其中一座如人抱孩，孩以手揉目状，中间一座如一对情人拥抱，另一座如一大型屏障。南面一石峰上大下小，似一棒槌。

野人谷中一石壁高约百米，下生一古藤，直径93厘米。其根深扎于石壁底部，藤茎附悬向上伸展。下段枝繁叶茂，攀附石壁面积达300多平方米，据专家考证，藤龄数年，形态罕见。

空中走廊

由群仙开宴景点沿石径蜿蜒而下约200米处，一巨峰于半腰分裂，内可行人，长300米。南侧悬崖峭壁，深不见底。北侧石壁高50米，抬头不见其顶。人行其内，如置身空中长廊。廊中虬松悬崖，乱云飞渡，山风呼啸。廊之东、南和西南三面峰立如林，或如城墙，或如堡垒，各呈奇举。

景点推荐 张家界市区景点

天门山 AAAAA

世界最美的空中花园和天界仙境

张家界市以南，永定区天门山乡与大坪乡之间

258元 0744-8369999

天门山古称嵩梁山、云梦山，主峰海拔约1518米，是张家界地区最高峰，也是张家界的文化圣地，湖南新“潇湘八景”之一。

天门山以独特的喀斯特台型地貌名扬中外，其山顶部分相对平坦，森林覆盖率达90%，奇石异木繁多，拥有世界罕见的高山珙桐群落，一年四季野趣盎然，处处如盆景天成，被誉为世界最美的“空中花园”“天界仙境”。

这里文化底蕴深厚博大，尤其以佛道文化和神秘的民间传说闻名遐迩，“三皇”之一的神农、雨师赤松子、纵横家鼻祖鬼谷子均在此山留下了遗迹。而千百年来，“天门洞开”“天门翻水”“天门转向”“野拂藏宝”“鬼谷显影”“天门瑞兽”难解之谜更为此山渲染了神秘莫测的气氛。“诗仙”李白《望天门山》一诗写道：“天门中断楚江开，碧水东流至此回。两岸青山相对出，孤帆一片日边来。”诗中描写天门山的妩媚，由此可见一斑。奇山、奇洞、奇景，这就是天门山的传奇。

玩家 行程

（1）东线全长3.7千米，游玩时间2~3小时，全程以原始森林的植被体验为主，感受天门山特有的林木空间：大索道上站→吊索神峪→北俯视天门→云梦仙顶（天门山最高峰，俯瞰群山起落，都市烟云）→灵泉院（一尺灵泉水，数滴梅花雨）→醉云亭→快活林→石门锁翠→仙源→木石之恋（木石成林）→硬石种榉“应试中举”）→神仙坐（笑八仙）→樱桃湾（体验仙山灵餐）→观天门山寺（在建项目，湘西第一寺）→中线返回索道上站。

（2）西线全长2.7千米，游玩时间1~2小时，以

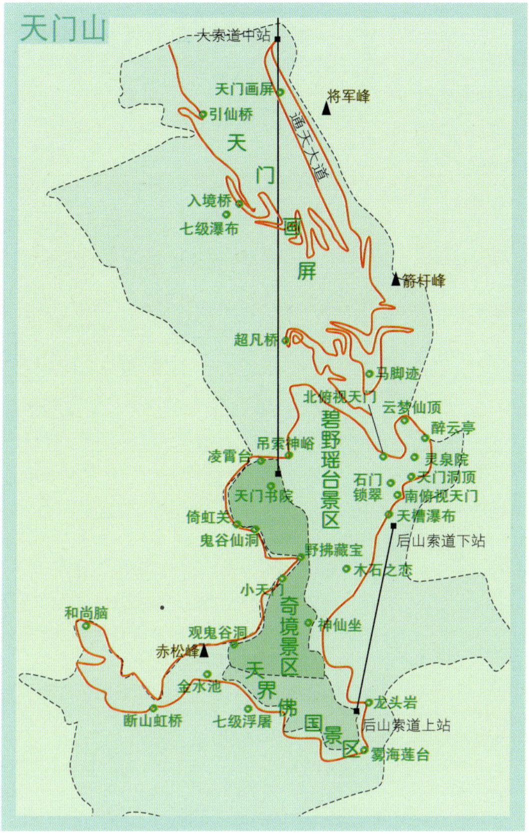

人基本都多次目睹过这一奇特现象。更为神秘的说法是，出现翻水的年份总与发生重大历史事件或自然灾害的年份吻合。

“天门转向”之谜：在张家界也家喻户晓，当地居民几乎都很肯定地认为，天门洞的方向近几十年来在悄悄转动，以前在市内有几处能清楚看见天门洞的位置，现在却因方向不对，见山不见洞，只有天门洞从北向西北方向发生转动才会如此。

通天大道

通天大道共计99弯，正扣合天有九霄之意。大道全长10.77千米，海拔从200米急剧提升至1300米，借山势扶摇直上，似玉带环绕，弯弯紧连，层层叠起，又如飞龙盘旋，直通天际，使人惊奇震撼，堪称天下第一公路奇观。经此通天大道可直达天门洞下上天梯前。

人文景观为主，感受天门山仙山文化和隐逸文化的奥妙：大索道上站→凌霄台（登仙台开始觅仙之旅）→倚虹关→鬼谷天堑→鬼谷兵盘（孙膑与庞涓共师学法）→野拂藏宝（探询李自成财宝掩埋之谜）→小天门→捭阖（天地阴阳，纵横捭阖）→观鬼谷洞（遥望山壁悬门，感受鬼谷仙魂）→求儿洞（掷石入洞，一声为子，两声为女）→樱桃湾（体验仙山灵餐）→中线返回索道上站。

玩家解说

天门山隆起开始于燕山运动，再经喜马拉雅山造山运动，山体剧烈抬升千米以上，周围被断层节理深深切割，加上长期风雨侵蚀的岩溶作用，造就成嵯峨高峙，凌空独尊的喀斯特台型地貌。

链接

天门山奇异景象

“天门翻水”之谜：天门洞右侧绝壁之顶，会在旱季晴天忽泻洪水，而出水之处并无任何水源，本地

天门山索道

天门山索道起点是张家界市中心的城市花园，终点是天门山顶的原始空中花园，全长7450多米，是世界最长的单线循环脱挂抱索器车厢式索道。索道共有下、中、上3个站房供游客上下车。整条索道犹如一道飞虹横跨景区，又像一条巨龙飞跃苍穹，气势极为壮观。

鬼谷栈道

鬼谷栈道因悬于鬼谷洞上侧峭壁沿线而得名，以倚虹关为起点，小天门为终点，全长约1600米。站在栈道上俯瞰群山，脚下绿野无边，峡谷中小鸟成群，偶有老鹰掠过，感觉惊险、刺激；如果是雨前雨后，栈道上雾气弥漫，云海翻腾，如同“人间仙境”。

天门洞

天门洞为世界海拔最高的天然穿山溶洞，这里终年雾气氤氲，时有云雾自洞中吐纳翻涌，时有霞光自洞中透射而出，十分瑰丽神奇。登天门洞的台阶共计999级，“天梯”两侧有5个休息平台，名为“如意”“青云”“长生”“琴瑟”“有余”，寓意为“五福临门”。2007年，法国著名“蜘蛛人”阿兰·罗伯特徒手成功攀越天门洞，使这里成为奇迹诞生地。

天门山寺

天门山寺始建于明朝，是湘西地区的佛教中心，现在的天门山寺为原址重修，为清代官式建筑风格，由山门、钟鼓楼、天王殿、大雄宝殿、观音阁、藏经阁、法堂等建筑组成。其中，观音阁造型尤为奇巧，楼层设置明二暗三，其构造之复杂，堪与国内各古典名楼相媲美。

土家风情园 AAAA

人文与自然景观相融合的景区

张家界永定区南庄坪五子坡

¥ 60元

张家界土家风情园园区占地约5.5公顷，是一座人文景观与自然景观相融合，集旅游观光、文艺表演、奇珍展览等于一身的大型综合性旅游景区。

土家风情园主要由土家建筑群落、民风民俗展示、文艺演出、客房、餐饮、大型狩猎场、珍稀植物园、根雕基地等功能区构成。园内建筑多为木石结构，雕梁画栋，金碧辉煌，飞檐翘角，玲珑雅致。代表作有土司城堡、摆手堂、土家山寨、亘王宫等。

玩家解说

民风民俗展示主要有土家婚俗、头饰服饰、蜡染、织锦、银匠、石匠以及奇石根雕，珍贵文物展等，还有整台原汁原味的土家文艺节目，如表现土家原始劳作与生活情形的茅古斯舞、

土家风情园

铜铃舞、摆手舞、打溜子等表演。园内随处都有土家民风民俗展示，如土家婚俗、头饰服饰、蜡染、织锦、银匠，以及奇石根雕，珍贵文物展等。

毕兹卡圣火堂

毕兹卡圣火堂兴建于2003年，其表演的晚会《土风苗韵》是土家风情园与湖南省民族歌舞团联手精心打造的旅游歌舞文化产品，通过“祈福”“风情”“婚俗”三个篇章，艺术性地反映了中国湖南大湘西土家族、苗族的风土人情，充分展示了大湘西的神秘色彩以及这方水土人们的勤劳、淳朴和善良。集艺术性、观赏性、娱乐性于一身，是土家风情园内一道亮丽的风景。

土司城

土司城，原为永定土司城，是一座古老的土家山寨，于1999年由民营企业家杨刚年先生投资修缮，土司城内有醉人的土家拦门酒，神秘的土家祭祖、土家历史文物展示、土家民俗演示、土家园林艺术等丰富多彩的项目。

玩家 解说

在永定的土司城内，彭氏为显示其地位，修建了湘西最高的一座高达48米，共12层的吊脚楼，整栋楼竟无一根铁钉，堪称土家吊脚楼建筑史上的奇迹。此楼于2002年9月被评为最高吊脚楼，荣获世界吉尼斯之最，与此同时土司城内举办1000人参加表演的茅古斯舞蹈活动获得圆满成功，同时获得世界吉尼斯之最。

链接

土司王

土司制度初建于五代十国时期，到了明朝已非常成熟。土司王有无上的权威，在湘西有三大土司王分别是桑植土司向氏、永顺土司王彭氏、慈利土司王张氏，其中又以永顺溪州土司彭氏实力最强。其他土司王都为自己修建一座土司城，唯有彭氏分别在永定、永顺修建了两座土司城。

九重天世袭堂

九重天世袭堂是土家风情园的精华所在，该建筑由土家民间艺人李宏进设计，依80度陡坡而建，高48米，共9重12层，整个楼房全部用木栓连接，没有一颗铁钉，堪称土家族建筑史上的奇迹。

摆手堂

摆手堂，是土家族用于祭祀祖先和跳摆手舞的“廊场”。每到春节过后，土家群众不分男女老幼，身穿节日盛装，聚集摆手堂前，在梯玛或掌坛师的引导下，男女老少都跳起缠绵的摆手舞，唱起欢快的摆手歌，开展各种文娱活动。

东南第一功石牌坊

东南第一功石牌坊，是目前江南最大的石牌坊，是明嘉靖皇帝御赐所建。上面写着嘉靖钦赐的“东南第一功”5个大字，这是土家族人民爱国主义精神的历史见证，记载着土家族一段辉煌的历史。

链接

“东南第一功”的由来

明嘉靖年间，倭寇不断侵扰我国东南沿海，猖獗日盛，广大人民备受荼毒。在北方兵一蹶不振、东南御倭战局处于万分紧张之时，明世宗嘉靖皇帝任命兵部尚书张经总督东南各省军务，并下达了征调湖广士兵平倭的圣旨。

湘西永、保土司彭冀南、彭荩臣，桑植土司向鹤峰，慈利麻寮所千户唐仁，茅岗长官司覃尧之及湖北容美土司田世爵等组成土家联军，于嘉靖三十三年（1554年）冬，率士兵三万余众，奔赴抗倭前线，历时四年，先后在浙江的嵊县、三界、阴沙等地屡战屡捷，其中王江泾一战，斩敌1900余人，溺死者无数。终于将倭寇全部歼灭，立下了赫赫战功。这就是明朝自有倭患以来“东南抗倭第一功”。嘉靖皇帝龙心大悦，亲自授予“东南第一功”的荣誉给这些土家族兄弟。

普光禅寺

佛教与道教的联合建筑体

张家界市永定区解放路70号

普光禅寺为一处古建筑群景观，是佛教与道教的联合建筑体，融合了元、明、清三个朝代的建筑风格。寺庙建于明永乐十一年（1413年），比北京故宫（天安门）早7年，比湖北武当山金殿早四年，比四川峨眉山的仙峰寺与报国寺更是早建100多年。

寺内现存大雄宝殿、观音殿、高贞观、武庙与文昌祠等建筑，庙内供奉有释迦牟尼、观世音、玉皇大帝、文殊菩萨、普贤菩萨、四大天王、十八罗汉、“三清”（即元始天尊、灵宝天尊、太上老君）及关公等诸多神像。

“东南第一功”石柱

大雄宝殿

大雄宝殿是普光寺内最大的殿堂，也是这座寺庙的主体建筑。它坐落在白羊山的一座土台上，始建于明代永乐年间，清康熙四十七年（1708年）重修，1989年，湖南省人民政府又拨专款进行抢救性大修。

十八罗汉

普光寺罗汉殿内供奉的是十八罗汉，现除观赏群塑诸罗汉外，这个殿里的建筑艺术更值得一看。该殿始建于明景泰七年（1456年），清乾隆四十一年（1776年）重修。殿内16根大木柱，无一根不歪斜。

玉皇阁

玉皇阁始建于明永乐年间，清嘉庆十六年（1811年）重修，坐落在观音殿以东，是普光寺的制高点。站在玉皇阁三楼远眺，巍巍天门山、崇山、阴山与澧水两岸风光可以一览无余。东门坪、官黎坪、永定城、大小街道、高层建筑尽收眼底。

高贞观

高贞观，系宋末明初建筑物，是道教之观。其建筑风格为单檐歇山式，脊栋下有攀间，驼峰与同梁、柱基与木柱间平质板。这在普光寺其他各殿中绝无仅有。高贞观内供“三清”道教神像。

大庸府城 AAAA

张家界历史和民俗见证者

张家界永定区解放路

大庸府城建筑面积6.5万平方米，由8座楼群组成，建筑呈明清时期土、苗、白、瑶、

大庸府城

侗等少数民族建筑之风格。整个府城从南至北呈阶梯状拾级而上，府城中心为中央景区，有朝天楼、天街、虎溪、虎乳铜雕、照壁、府衙门、朝阳楼等人文景点，均依古城旧制或传说而建，分别承载不同的文化内涵。

玩家 攻略

游走府城，您既可以看到土家吊脚楼的古朴大气，苗寨的神奇秀美，侗族风雨桥的浪漫多姿，瑶族盘王殿的神秘威严，还可看到白族三坊一照壁的清幽绚丽。檐角飞扬的马头墙，精致秀美的雕花门窗，艺术而灵动地衔接古往今来，将民间淳朴又细腻的艺术风格发挥到极致。

张家界博物馆

张家界博物馆总面积为1300多平方米，主要以文物、史籍、图表、模拟场景等为载体，辅以声光电动，向游客讲述历史的记忆碎片。现馆藏国家级文物达300多件。其中有8件国宝系国家一级文物。

非物质文化展示馆

多民族非物质文化展示馆主要由土寨、苗寨、侗乡、瑶山、白馆组成，每个展厅用情景交融的方式将其特殊的文化、建筑、起居、服饰、歌舞等内容予以集中展示。

其中的桑植民歌、土家族摆手舞、苗家鼓舞、土家织锦、江永女书、滩头年画、花瑶挑花等都已被列入中国首批“国家非物质文化遗产保护名录”。

张家界老院子

典型的土家族民居

张家界市永定大道鹭鸶湾大桥东200米

市内乘1路公交车直达

张家界老院子始建于清雍正初年，其建筑风格为四井封火墙式土家建筑，融土家园林、土家吊脚楼为一体，是典型的毕兹卡（土家族）民居，是整个湘西乃至全国幸存下来，保存最为完好的土家古宅，堪称土家建筑的活化石，被誉为“土家第一宅”。

玩家 攻略

（1）做客老院子可以感受大山深处特有的生产生活方式，为您讲述八代书香的家族传奇故事，揭示人才辈出，人才可持续发展的真谛。

（2）老院子拥有罕见镇宅之宝，更有许多未

张家界老院子

张家界老院子内部

解之谜。儒教等文化在这里交汇融合，是一部多元化的教科书。

（3）在老院子可以参与特色土家活动，感受土家人好客重情、粗犷、淳朴的民风，体验古老的土家习俗；同时，这里聚集了众多湘西一带的奇人。他们展示精彩无比的绝技绝活，让人目不暇接，流连忘返。

链接

老院子的主人是谁

老院子是田氏族人的祖居。田氏先祖田承满等在北宋年间，曾先后出任太保、太傅、太师之职，官居极品，曾以统抚衔代朝廷管束湘西诸土司王。老院子末代主人之一的田奇镌，是新中国成立后的著名地质学家，中科院院士。

秀华山馆

中国第一家土家私藏博物馆

张家界市永定区教场路195号

秀华山馆，是中国第一家土家私藏博物馆，被海内外游客誉为“土家族的灵魂”，是有“土家文化守护神”之称的著名艺术家陈楚华先生30年来持之以恒收藏的结晶。

秀华山馆是土家族传统的井院式走马转脚楼结构，藏品囊括了土家族明清木质雕花家具、土家刺绣服饰、土家挑花织锦、土家日常用品等各种精美绝伦民间艺术珍品，共计15 000余件。其中尤以土家雕花滴水床和明代五彩石雕闻名于世。

玩家 解说

秀华山馆具有土家族民族建筑风格，造型优美又颇具特色。居室古朴典雅，园林意境超远，是土家传统建筑趋于完美的体现。馆内收藏和保存了大量湘西地区的民族艺术精品，是馆主陈楚华、龚道秀夫妇30年持之以恒收藏的结晶。藏品以土家明清时期豪华典雅的古代家具为主体，配有琳琅满目的土家服饰、民间服饰、民间绣品、古玩字画、古代木雕等，并采用家庭式布局，内容丰富。

玉皇洞石窟

湖南最大的石窟群

张家界市永定区西郊麻空山

玉皇洞由当地富绅李景开凿于嘉庆五年（1800年），在麻空山绝壁上利用天然溶洞开凿而成。石窟依石壁9个溶洞分为“天上、人间、地府”三层，有天门、魁星、狮子、雷电、孔子、因果等共8洞。现存石雕像几十尊，有帝王、圣贤、仙佛等，还有一些动物石雕像等，个个造型精巧、神态逼真。

军声画院

砂石画艺术展示

张家界市永定区子午路东端

军声画院集中展示了军声砂石植物粘贴画（砂石画）独特的艺术。军声砂石画是利用天然彩石、植物等不褪色的天然材料粘贴而成的一种艺界首创新画种。馆内3000平方米的三层展厅内，陈列着一件件突破传统绘画手法的以砂石画为主的系列艺术作品，极具艺术价值与收藏价值。

刘明灯墓

台湾总兵刘明灯一家墓葬

张家界市永定区南郊4千米茅坪一带

刘明灯家族墓地的建造历时17年，耗资不计其数。墓区现存墓葬3处，石雕群3处，石牌坊2座，神道碑4座，石像24尊，石桅4根，其他碑刻2处，墓区规模之大，石雕技艺之精，为地方所罕见。

军声画院

链接

优秀将士刘明灯

刘明灯少攻诗书，朝夕练武，臂力过人，咸丰己卯中武举。1861年入左宗棠楚军，由于作战英勇由把总督晋升千总、参将、副将，到功升总兵，加提督衔，授福宁镇总兵。1868年调台湾镇总兵，后调甘南各军提督。光绪四年（1878年）为父母丁忧由青海解甲归田，在故里以巨资买田，建庄园、修墓、造石像、修桥梁、兴水利、设义渡、兴学等。

湘鄂川黔省革命委员会旧址

湘鄂川黔根据地的纪念建筑

张家界市永定区解放路1号

贺龙领导的红二方面军于1934年组建的革命委员会。旧为天主堂，房屋计3栋5间。旧址建于1890年，为丁姓房产，故称丁家院子。坐北朝南，木质结构，为不完全的四合院，共有房屋19间。

1980年旧址经过维修，对任弼时、贺龙等人当年住房作了复原陈列。另外省委党校旧址始建于1902年，共有小房屋12间；无线电总台旧址始建于1908年，有房14间；省军区旧址建于1915年，有房14间；另外还有供给部、保卫局及兵工厂等旧址，大部分保持了原貌。

玩家解说

1934年10月，红三军和红六军团在贵州印江县木黄会师，红三军恢复红二军团番号，随即发动了湘西攻势。11月16日，红二、六军团取得十万坪大捷，为湘鄂川黔根据地的形成奠定了基础。10月26日，在大庸成立了中共湘鄂川黔边区临时省委，任弼时任书记。同时还成立了湘鄂川黔省革命委员会，贺龙为主席。另设省军区，贺龙为司令员、任弼时为政委。12月10日，省委、省革委和军区机关迁至塔卧。以塔卧为中心，四省边区军民巩固和发展了湘鄂川黔革命根据地，进行土地革命，开展了反围剿斗争，有力地策应了中央红军的长征。

景点推荐

桑植旅游区

茅岩河—九天洞 AAAA

有“百里画廊”之美誉

张家界市桑植县 ¥160元

茅岩河—九天洞风景区是一个集自然风光、人文景观、历史文化、民俗风情于一身的风景名胜区。它包括茅岩河平湖景区和茅岩河漂流，主要景观有九天洞、苦竹寨等。

茅岩河两岸全是悬崖峭壁，河段多险滩、急流、瀑布、古木，主要的景点有血门沟、洞子坊、茅岩滩、茅岩瀑布、温泉等30多处。

九天洞

九天洞，因洞内有9个自然天窗而得名，总面积250公顷，是中国目前发现的溶洞之最，比号称世界第一的利川溶洞大3倍。九天洞内空气清新，冬暖夏凉。整座洞穴分上、中、下三层，有五层不同高度的螺旋式观景台，最下层低于地表面400多米。

经初步探明洞内有40个大厅、3条落差悬殊的阴河、12条瀑布、5座自生桥、10余座洞中山，此外，还有不可胜数的五光十色的钟乳石群。在众多迷人的景观中尤以九星山、玉宫、水晶宫、九天玄女宫、寿星宫五大奇观最为著名。

茅岩河漂流

茅岩河属于澧水河，漂流全程20千米，

落差66米，是澧水河风景最美、险滩最多、风浪最大的一段。漂流景区内滩多水急，共有55个河滩，像索影潭、枞蔸滩、岩板滩、连环滩等；两岸群山叠翠，石壁林立，风光极为秀丽，沿途主要景点包括温塘古渡、水洞子瀑布、鸳鸯洲、岩河峡、玉皇石窟等。这里是游客体验惊险、刺激漂流项目的绝佳去处。

玩家 解说

漂流过程中，会感到自己与浪共舞，驾橡皮舟沿茅岩河漂流而下，千仞石壁迎面扑来，戏江流之碧玉，赏田园无限风光，群山叠翠、峡谷生辉，滩多浪急，过险滩、打水仗、对山歌、品野味、饮清泉，在历尽山重水复、柳暗花明之后，那种惬意，简直妙不可言。

◻ 水晶山

水晶山位于水晶宫内，实际上是一些由方解石和次生碳酸钙沉淀形成的“底流石”。在无水时，它看起来闪闪发亮，像是镶嵌着宝石一样；而在有水流过时，则会形成壮观的“石瀑布群”景象，独具特色。

◻ 水洞子瀑布

水洞子瀑布位于茅岩河漂流下游，高、宽分别约为70米、45米，是地下水从大溶洞中流出后形成的瀑布。该瀑布顺着崖隙流出，时开时合，非常有特色。

◻ 苦竹寨

苦竹寨建于唐宋，盛于明清。历经2000年风雨沧桑，这里的烽火墙、吊脚楼、石板街等遗迹尚存，居民日出而作，日落而息，围塘火、摆手舞、对山歌，四月八拜牛王，六月六祭覃垕，保持着浓郁的土家民俗风情，一派传统的湘西农家生活写照。

贺龙故居

贺龙青少年时代生活过的地方

✉ 桑植县洪家关白族乡

贺龙故居为砖木结构（木架毛瓦）平房，贺龙于此出生并在此度过了他的青少年时代。院内建有贺龙生平事迹陈列室，陈列内容包括贺龙的照片100多张、文物50多件等。故居对面建有贺龙纪念馆，馆藏文物近2000件，其中不少珍贵文物独一无二。旧居门前还建有一座风雨桥，即现在的“贺龙桥”。桥为木质，结构小巧、造型古朴，独具特色。此外，故居内还会不定期举办“红色节目”演出活动，主要内容是贺龙元帅的人生传奇及其勇敢无畏的革命精神。这里是游客缅怀贺龙元帅的最佳去处。

玩家 解说

贺龙故居是一栋坐北朝南、四扇三间的普通木房，原是贺龙祖父贺良仕于清道光年间修建的，后为贺龙的父亲贺仕道所继承。贺龙和

贺龙故居

他的姐姐、妹妹、弟弟都出生在这里，并在这里度过了他们的童年和青少年时期。

由于贺龙家人口多，贺龙父亲将这三间房用木板隔成六间。正中一间为堂屋，门首红底金字匾额上的“贺龙故居”四个字为邓小平手书。堂屋前间过去是供奉家神和红白喜事用的厅堂，现在这里展示有贺龙元帅身穿戎装的半身铜像。堂屋后面是闺房，是贺龙姐姐和妹妹的卧室。再后面半间是贺龙父母的卧室。堂屋右边前间是厨房，后面是贺龙和他弟弟贺文掌的卧室。卧室内陈列有木床、被褥、贺龙故居蚊帐、木箱、书桌、靠椅、灯盏架和女人做鞋用的竹篮、洗衣棒等各种常用器物。

链接

名垂青史的革命家庭

贺龙一家为革命牺牲了5位亲人，在故居陈列的烈士有贺龙的父亲贺仕道、弟弟贺文掌、姐姐贺英、贺戊妹和妹妹贺满姑。

贺龙的父亲贺仕道为人正直，疾恶如仇，是最受当地人尊重的长者。他经常教育子女，鼓励他们成为不畏强暴、主持正义的有志之士。他认定贺龙的所作所为是为劳苦大众的，并主动帮儿子四处奔波，费心操劳。1920年，他为贺龙扩充军备遭当地反动势力和土匪袭击而牺牲。贺龙15岁的弟弟贺文掌随父同行，也被敌人捉住，用蒸笼活活蒸死。

贺龙的姐姐贺英是个有勇有谋的巾帼英雄。当过湘鄂边区游击司令。她率领游击队配合工农红军为创建湘鄂边、湘鄂西根据地做出了巨大的贡献。1933年夏，贺英驻地长湾遭敌偷袭，在掩护伤病员撤退时不幸中弹，壮烈牺牲。贺龙的二姐贺戊妹也在这次战斗中英勇献身。贺满姑是贺龙的妹妹，比贺龙小两岁，从小养成了勤劳勇敢、不畏强暴的性格。她参加贺龙和贺英领导的队伍，并组织穷人打土豪、烧田契等革命活动，后来回到洪家关担任了游击队长。1928年被桑植反动势力杀害。贺龙一家，堪称满门忠烈、名垂青史的革命家庭。

八大公山

大型亚热带常绿阔叶混交林

张家界市桑植县西北部

八大公山面积2万公顷，主要保护对象为亚热带森林植被及珍稀动植物，是目前亚热带地区保存最完整、面积最大常绿落叶阔叶混交林原生林区之一。

区内分布着典型的中亚热带常绿阔叶林，保存着的种类繁多的植物，植物种类达3000多种，特别是以珙桐为主的成片混交林，形成了罕见的植物群落。区内脊椎动物有150多种。其中水鹿、苏门羚、红腹角雉等为国家重点保护动物。该保护区对研究亚热带森林发生发展规律和保护珍稀濒危动植物具重要的科学价值。

玩家 攻略

沿着游道能观赏到形神兼备的“夫妻树”“千手观音树”“醉汉林树”“七姊妹树”“十六兄弟树”等，更有三科四属五体共蔸、朽木再生、枯树逢春等奇特景观。

玩家 解说

区内植物种类丰富，据调查统计，有高等植物216科，2400多种。其中，属国家一级保护野生植物有珙桐、光叶珙桐、南方红豆杉、红豆杉、钟萼木、银杏等6种；属国家二级保护野生植物29种。有药用植物1000余种。其中，有被誉为“四大药王”中的两种乌金七和金盘七，还有竹节人参、天麻、黄连、七叶一枝花等大批珍贵药材。还是桑植椴、桑植吊石巨苔、桑植大节竹、修叶蒂盖蕨、边生鳞毛蕨等5种植物新种模式标本的出产地。

葫芦壳温泉

一个形似葫芦的温泉

张家界市澧水上游的右岸

葫芦壳温泉，因绝壁上有空洞如葫芦，而得名葫芦壳。在它的左侧有一个温泉，温度在40℃左右，可供常年沐浴。据介绍，此泉水含有多种于人体有益的矿物质，浴后可以治病，有延年益寿之功效。

景点推荐

慈利旅游区

江垭温泉度假村 AAAA

一家仿古式半露天温泉

张家界市慈利县江垭镇

188元

0744-3355888

江垭温泉度假村是张家界第一家温泉度假村。这里建有20余种各具特色、各富功效的高标准露天温泉池和室内温泉池，特别适宜于休闲度假、娱乐疗养等活动。

江垭温泉主要硬件特色是高标准的自然园林式露天温泉与室内温泉，建有同心池、六福汤、瀑布温泉、石板温泉等，布局体现出乡土格调，鹅卵石、青石板铺地，假山瀑布、小桥流水，20余种各具特色、各具功能的温泉池镶嵌其中，一派恬淡宁静的诗情画意。

玩家 解说

温泉区的右方，集中了6个特色小温池“六福汤”。这里能让您感受到人参、芦荟、灵芝、当归、薄荷、艾叶三丫苦6种温泉的神奇魅力和中医药文化的博大精深。温泉的理疗作用已被越来越多的注重健康的人士所接受，能起到舒筋活络、强身健体、润肤养颜、安神、抗衰老等保健作用。

娄江漂流

离张家界最近的水上娱乐

张家界市慈利县江垭镇

娄江漂流以水称奇，以峡谷称险，是离张家界核心景区最近、最精彩的水上娱乐项目。

娄江漂流江段长38千米，分上下两个漂流段，上游游程长16千米，下游游程长22千米，险滩18个，漂流全程约需2个小时。两岸悬崖绝壁，峡谷幽深，树木葱茏，沿途可观赏众多石峰、石柱、石像，还可眺望历史名胜古迹唐朝兴国寺、宋代索口寨、明朝九溪卫以及中国近代史南北大侠杜心武故居。

链接

升斗潭、八耳锅

传说古时候有一年，娄江两岸田地干旱，颗粒无收，眼看难以度过饥荒，老百姓却一筹莫展。天上的神仙得知这一情况后，马上命人送来一口有8只耳朵的铁锅子，放在娄江边，然后分别以托梦的方式告诉娄江两岸的父老乡亲，只要大家根据全家人的食量到八耳锅里去一升一斗地取，粮食就会源源不断，取之不竭。

江垭镇上一位财主得到消息后，带领大批家丁赶来，没完没了地从八耳锅中掏粮食。这一下可惹恼了天上的神仙，只听"轰隆"一声巨响，八耳锅连同财主、家丁和粮食一起滚入娄江之中，再也没有浮起来。所以说做人不能贪心不足，只能适可而止。后来人便将这个潭叫升斗潭，八耳锅如今已变成了一块巨石。

江垭水库电站

防治澧水洪灾的关键性工程

张家界市慈利县境内的澧水一级支流娄水中游

江垭水利枢纽工程坝址以上控制流域面积3700多平方千米，枢纽由拦河大坝、泄洪建筑物、右岸地下电站厂房、升船机和灌溉渠等建筑物组成，坝高130余米，气势宏伟。高峡平湖，风景优美，景区内有阴门山、穿眼洞、落香潭瀑布、廖城"四绝"景观。

兴国寺·梅花殿

湖南省内现存较早的古建筑之一

张家界市慈利县江垭镇九溪村

梅花殿实为兴国寺中之观音殿，为整体建筑中之第四进，部分构件尚保留明代或明代以前的建筑特点和风格，清咸丰八年(1859年)曾予修葺。其平面呈正方形，三面有墙，砖木结构。殿内有楠木金柱4根，檐柱12根。楼顶为八角出檐，檐下置斗拱八攒，用以支撑屋顶。寺内尚存有明成化三年(1460年)所铸大铁钟一口。

五雷山

素有"楚南第一胜境"之称

张家界市慈利县东部

五雷山又名五雷仙山，因山上庙宇(金殿)出现过"雷扫其殿，钟鼓自鸣，尘埃自净"的奇迹而得名。

五雷山植被茂密，沟壑纵横，景观独特，在历史上就已是著名旅游、避暑、宗教圣地，被誉为"楚南第一胜境"。景区分为四大特色游览区：金顶祖师山道教文化旅游区，星子山、插旗山太极文化旅游区，三王老棚自然景观探险旅游区，慈济塔国际避暑大山庄度假区。

金殿

金殿，位于五雷山最高峰——金顶，建筑风格为古轿顶形，紫铜色琉璃瓦，看起来十分辉煌庄严，是举行道教仪式和善男信女朝圣的主殿。殿中供有威武雄壮的真武祖师神像，香火缭绕，钟声阵阵。

五雷山

渡仙桥

渡仙桥为双孔石桥，始建于唐朝，此后历代不断修复。相传在山顶（金殿）修行的道人得道后，先要从金殿来到梳妆台净身，然后要经过渡仙桥，最后来到舍身岩“成仙”。这就是“渡仙桥”得名的来历。

链接

五雷山传说

相传，真武大帝当年在武当山修成正果以后，被玉帝册封为真武大将军，在太阳宫供职。玉帝还赐给他三台七星宝剑一把、黄金铁甲一件，专事镇妖斥邪，为民除害。

真武大将军得到玉帝御赐的这些宝物后，就不断巡视天庭。一天中午，当他巡视到楚南一带时，突然发现天空乱云翻滚、狂风大作。他拨开云头一看，原来是5条孽龙争斗，妖孽各显神威，大摆武场，黎民百姓惨遭不幸。真武将军见状，怒不可遏，立即指挥五雷神举起神锤，擂响5声霹雳，一齐朝5条孽龙劈去！霎时，只见天空道道白光，怒云妖雾一扫而去，随即天空放晴，五龙俱降，真武大将军见状，又取出三台七星剑一一指向5条孽龙，五妖立即变成了5座山。

万福温泉 AAAA

张家界温泉旅游代表

张家界市常张高速慈利东互通处

199元

万福温泉占地20余公顷。它是融中华福文化与温泉沐浴养生文化为一体，精心建造的休闲、度假旅游风景区。万福温泉属天然自涌温泉，泉水清澈碧透，常年恒温53℃，富含多种有益人体的微量元素和矿物质，景区建有动、静露天温泉池，山顶温泉冲浪，温泉漂流等温泉娱乐项目，另有香薰屋、土家特色温泉小木屋、日式汤屋、保健按摩等精品服务设施项目。

龙王洞 AAAA

中国最大、最古老的溶洞之一

张家界市慈利县境内 65元

龙王洞是中国最大、最古老的溶洞之一，被溶洞专家称赞为“世界溶洞奇葩”。

龙王洞

龙王洞总长约30千米，平均高度50米，有58个厅台、28条石走廊、15处珍珠瀑布、3条地下阴河，洞中石笋、石钟乳、石幔、石花遍布，琳琅满目。更有“天下第一柱”之称的龙王宝柱，顶天立地、气势磅礴，令人叹为观止。

玩家解说

在龙王洞洞口右下方87米处有一深潭名曰“龙王潭”，潭面有400多平方米，四周都是陡峭石壁，潭水深度至今还是一个谜，无人探知。龙王潭一年四季保持水位不变，在季节、气候变化中时有涨潮现象，人称“阴海”。潭中早晚雾气朦胧，时而隐约可见游鱼游弋、野鸭戏水、白鸽起落，让人感觉如梦似幻。据专家考证，龙王潭之水不光具有观赏价值，还具有研究天文的价值。龙王潭有众多无法解释的神秘和美丽传说，被人誉为“奇潭”。

张家界大峡谷 AAAA

植被繁茂，溪水清幽的峡谷

张家界市慈利县三官寺乡

171元

7:30～17:00

张家界大峡谷是一个新近开发的旅游景区。主要有三叠游道、平台吴王坡、石壁裂缝、全家福、千年古藤、慈航普度等景点。

此外，这里还云集有三朝数代的历史人文景观，如记录李自成与吴三桂惨烈决战的“千人坟”古战场，反映湘西历史特色的土匪洞及见证解放初期湘西人民靠天劳作，在绝壁间挖凿的“南方红旗渠”等。

景区有一座玻璃桥，是世界最高、跨度最长的玻璃桥。大桥建在大峡谷两侧的峰顶上，横跨大峡谷，桥拱距谷底相对高度约400米，全长约370米，桥面全部采用透明玻璃铺设，桥中心有全球最高的蹦极。站在桥上，脚下400米处的谷底全景尽收眼底。

玩家 解说

张家界大峡谷原来有两个名字，一个叫作烂船峡，来源于神泉溪，整个大峡谷和南方红旗渠的水流都来源于这里。传说以前从泉眼中涌出过很多烂了的船板，无人知晓烂船板从何而来，故将这里称作“烂船峡”。另外一个名字叫作乱泉峡：是指峡谷中的两面石壁上，溪泉众多，满峡飞流。

张家界大峡谷

链接

诺克里滑道

诺克里滑道，是张家界大峡谷风景区增加的旅游观光项目。这条集交通、娱乐、观光等多种功能于一身的滑道，建在张家界大峡谷一线天、南方红旗渠、谷底栈道三景点之间，分为上下两段，全长约600米。

该滑道由清一色的花岗石板拼砌而成，再经精工打磨和抛光工艺处理，内槽深45厘米，宽50厘米，滑行用时3～5分钟，比平常步行跋涉游览节约20分钟，是张家界大峡谷风景区建成的游客参与性设施，也是缓解游客游览体力透支的人性化服务设施之一，是游客前来张家界大峡谷观光游览时节省时间和体力的最佳选择。

野人谷

展现野人生活的特色景点

张家界市慈利县三官寺乡境内

乘坐慈利至武陵源或江垭温泉至张家界市区班车到达

野人谷是张家界一处新的旅游景点，以全景再现野人生活为特色。野人谷中有许多新奇、惊险刺激的表演，表演者均作原始野人装扮，表演粗犷朴实。主要表演项目有上刀梯、吞全蛇、啃树皮等。

链接

野人传说

野人是一种目前尚未被证实存在的高等灵长目动物，也称大脚怪，直立行走，比猿类高等，具有一定的智能。

根据目击或遭遇者描述，世界各地出现的野人都有相似的外形特征：直立行走、身高过2米、手长垂至膝，脚大、双眼朝前、面似人脸，毛发长，色黑红。

在中国西藏、四川和云南高原雪山区曾有“雪人”的目击报告；云南、贵州和广西热带原始森林区有过“野人”目击报告。而在湖北、重庆和陕西三省市交界的神农架林区更有近千起目击和遭遇报告。据说，1974年10月，勒乌乡村民冉千布干曾亲眼见到高约2米，脸部与人无二，浑身长满黄褐色绒毛的巨大雄性灵长类动物——野人，后来，当地群众曾发现野人的踪迹，当地人对“野人”的敬畏超过对山神的敬畏，称之为“诺神罗阿普”，意为“山神的爷爷”。

攻略资讯

- 交通
- 住宿
- 美食
- 购物
- 娱乐

袁家寨子

交通

飞机

张家界荷花机场位于张家界市永定区官黎坪办事处荷花村，离张家界城区仅6千米，交通便利。机场目前已开通往返上海、北京、广州、成都、长沙、厦门、杭州、南京等全国20多个城市的航班。

机场大巴：有免费的机场大巴送到市区的民航酒店门口。

火车

张家界火车站位于永定区官黎坪，是湖南省西北最大的火车站，有通往北京、上海、广州等各大城市的列车。市区乘1路公交可到。

汽车

张家界中心汽车站位于永定区官黎坪，与张家界火车站和天门山索道公司比邻。汽车站开通有至上海、苏州、武汉、温州、南昌等地的班车，也可以在此坐车前往张家界周边景区。☎ 0744-8305599

住宿

张家界酒店、宾馆主要分布在索溪峪、

张家界城郊邢家巷

市区、张家界森林公园三处。其中以索溪峪与市区分布居多，森林公园次之。另外，如果想细细品味张家界山水美景，景区中的农家乐也值得考虑。

●张家界大成山水国际酒店

酒店位于张家界市区大庸西路核心地段，前拥天门山旷世仙境，后倚澧水河不老风情，山水之间，情趣盎然。酒店采用全玻璃幕墙外装，装饰装潢富丽堂皇，融观光旅游、休闲度假等多功能为一体。张家界永定区大庸西路与机场路交会处 0744-8889999

●天子国际大酒店

酒店坐落在武陵源风景区腹地，北靠“鬼斧神工”天子山，面朝古战场百丈峡，交通便利、环境优雅，距机场、火车站、市区仅30分钟的车程。酒店由土楼式主楼和别墅群构成，外观设计和室内装修、装饰极富民族特色。张家界市机场路 0744-8225588

●更多住宿去处

邮电公寓/教场路17号/0744-8222898

都乐宾馆/人民路1号/0744-8222921

大华酒店/武陵源景区/0744-5610888

美食

张家界最具民族特色的土家菜是一定要尝一尝的，土家菜不仅保持了延续几百年的民族风味，更融入了湘菜的精华，让人胃口大开。其中酸酢鱼、泥鳅钻豆腐等地道美食是领略土家菜地道风味必点之菜。另外，还可以尝尝嘎嘎鸡、鳝鱼下莴菜等美味佳肴。

土家菜

美食小吃

●酸酢鱼

独具地方风味的美味佳肴，将捕捉到的新鲜小鱼洗净，裹上米粉，然后放进菜坛内，腌3～5天，待有酸味后取出，用茶油或其他植物油炸熟，色泽金黄，味道又酸又香，十分可口。

张家界城郊风光

酱菜

张家界三下锅

●泥鳅钻豆腐

“泥鳅钻豆腐”是土家人喜爱吃的一道菜，将洗净的泥鳅倒入嫩白豆腐内，让它们乱钻，等把豆腐钻出若干小眼，再下油锅炖煮，并加上花椒、葱花、生姜末、酱油等作料。这道菜营养丰富，特别鲜嫩，是土家人招待贵客的美味佳肴。

泥鳅钻豆腐

●团年菜

团年菜又称“合菜”，是土家族过年家家必备菜。将萝卜、豆腐、白菜、火葱、猪肉、红辣椒条等合成一鼎锅熬煮，即成“合菜”。除味道鲜美，还象征着五谷丰登、合家团聚的深意。

●三下锅

说起三下锅，来过张家界的人可谓是无人不知无人不晓。它是由三种主料做成的，多从肥肠、猪、牛、羊肚，猪蹄或猪头肉中选两三样或多样，经本地土厨师特殊加工后一锅煮。三下锅的吃法也有干锅与汤锅之分，干锅无汤，麻辣味重，不能吃辣的人最好慎重选择。

●鳝鱼下莴菜

鳝鱼下莴菜是将鳝鱼片（去刺）先放植物油炒炸炒糯，然后入火锅，待汤开以后，边吃鳝鱼边下莴菜，其味鲜美，让人回味无穷。

美食去处

在张家界景区的宾馆内用餐价格不菲，建议大家自带食物。游玩景区之后可以在市区用餐，特别是晚上，街头满是夜市大排档，充满浓浓的生活气息。比较有名的夜市有南庄坪大市场、东门桥及人民影院附近，喜爱夜生活的游客千万不要错过。

农家乐

购物

张家界的商业虽然尚欠发达，但这儿的土特产特多，尤以猕猴桃、八月瓜、葛根粉、蕨根粉、岩耳等较为著名，原汁原味，价廉物美。

纪念品方面，可以有选择地购买一些龟纹石、土家织锦等，在景区和市区的土特产店和摊点都可以见到，但要注意鉴别质量、大胆砍价。

张家界特产

●猕猴桃

八大公山保护区特产，果形椭圆近球形，皮黄褐色或黄绿色，果肉细嫩，汁多味香，酸甜可口，营养价值高。具有清热生津、健脾、止泻等功能。

●八月瓜

八月瓜又名八月炸，木通和三叶木通的果实，野生果品。因八月果熟开裂而得名。果形似香蕉，富含糖、维生素C和多种氨基酸，果味香甜，为无污染的绿色食品。

●龟纹彩石

在天子山顶一带，有种石头其纹路恰似乌龟纹。这里的工匠们以它为原料进行手工雕琢，镂刻成石龟、石马、石香炉、石砚等工艺品。其形态逼真、艺术精湛、栩栩如生，深得游客的喜爱。

龟纹石

●葛根粉

葛根粉是从藤本植物葛根中提取出来的一种纯天然营养佳品。它具有清热解毒、生津止渴、清心明目等功能。食时，用开水冲服，佐以白糖、炒米，味道更佳。

●蕨根粉

用天子山中一种多年生植物——蕨的根部研磨而成。它是一种药食同源的天然野生植物，既可入药又可食用，富含铁、锌、硒等多种微量元素及维生素和多种人体必需的氨基酸。

●岩耳

又名石耳，生长在张家界的绝壁之上。岩耳是岩石的苔衣，体呈叶状，背面大都为灰色或黄褐色。其营养丰富，并有消炎滋补的特殊功效，既是食品，又是药品。

●土家织锦

土家织锦，又名“西兰卡谱”。是用一种古老的机器——“木腰机”，以棉纱为经、以五彩丝线或棉线为纬，手工制作而成的工艺美术品。它色彩鲜明、跳跃，对比强烈，线条对称，表现内容主要有山水、人物、花卉等，形象十分逼真。

土家织锦

●张家界酒

张家界酒，所用酿酒材料都是张家界山区的农产品。主要成分：山泉水、高粱、玉米、糯米、小麦，用土家人传统工艺酿制而成。味道醇厚、回味长、入口甘、下喉爽。

张家界购物场所

天子街：古老的天子街已被山洪所毁，新的“天子街”坐落在武陵源。它左靠银源山庄，右临步行街，前是繁华主干道，后接军邸路，是一条以销售土特产为主的步行街。

人民广场商业步行街：这是在市内的一条大型旅游商品步行街。南至回龙路，北至解放路，一楼主要是服装铺面，还有张家界名优特产一条街。

娱乐

张家界的娱乐项目除跋山涉水、仙境探幽外，充满当地特色的民间活动也很丰富，值得好好体验一下。作为著名的新兴旅游城市，张家界市的现代新兴娱乐设施，近年来也有了迅速的发展。网球、保龄球、高尔夫球等随处可见。

市区观舞：张家界的土家摆手舞、土家茅古斯舞是民族风情的精华。留意一下当地的报纸广告栏，可以发现在当地剧院、文化馆中有不少精彩的民俗表演，如旅游期间恰巧遇到节庆活动日，甚至可与少数民族兄弟姐妹一起载歌载舞。

景区赏歌：张家界景区内一路上有不少听山歌的点，每个点有七八个土家族姑娘。你可照歌单点唱，也可让她们唱拿手的，一般一首10元。金鞭溪沿线的“山歌亭”可以感受到空谷传音的山歌妙韵，是听山歌最好的地方。

《天门狐仙·新刘海砍樵》：世界第一台有完整故事情节的山水实景音乐歌舞剧，演出场面宏大，气势磅礴。横跨峡谷跨度达60米的高空飞桥、奇幻美丽的人造月亮、逼真的漫天大雪等场景令人惊叹。✉ 天门山景区峡谷大剧场 ☎ 0744-8369999

《魅力湘西》：将风情万种的舞蹈与妙趣横生的杂技融合，呈现出的原生态爱情，澄澈如泉、浓烈如酒，为久在凡尘里的世人提供一份纯真的情感盛宴。晚会中的“爬楼”部分作为湖南本土民族类的原生态节目，登上了央视春晚的舞台。✉ 武陵源区入口处魅力湘西大剧院

节日和重大活动

节日	地点	时间
晒衣节	张家界土家族聚居地	农历六月初六
四月八	张家界各苗族聚居地	农历四月初八
赶秋	张家界各苗族聚居地	立秋日
黑神会	张家界武陵源景区	农历七月二十一日

《魅力湘西》表演

发现者
旅行指南

怀化

概览

亮点

洪江古商城

我国唯一保存完好的明清古商城，洪江古商城保存的古建筑群，堪称我国江南民居古建筑之经典，《清明上河图》的活版本。

受降纪念坊

中国唯一的纪念抗日战争胜利的建筑物，即中国人民抗日战争胜利纪念馆，是全球六座凯旋门（罗马、柏林、米兰、巴黎、芷江、平壤）之一。

通道万佛山

万佛山风景区是全国最大的丹霞峰林地貌之一，有万佛山、神仙洞、七星山、将军山、紫云山五大景区。

芷江天后宫

内陆最大的妈祖庙，有天后神殿、戏台、正殿、观音堂等建筑。最具代表性的文物是门坊的95幅青石浮雕。

高椅古村

明清时期的古民建筑村落，其历史悠久，规模庞大，建筑布局科学，文化底蕴深厚，享有“古民居博物馆”“江南第一村”之美誉。

芋头侗寨

建于明洪武年间，整个寨子沿山谷因势布局，鼓楼、门楼、芦笙场、古井、凉亭、侗族楼屋及青石板驿道等一应俱全。

线路

怀化经典2日游

第1天，早餐后前往怀化侗文化城，观侗族建筑和民族表演，体会侗族的特色文化。下午去芷江天后宫，观青石浮雕门坊，随后前往芷江抗战受降旧址，夜宿怀化市区附近宾馆。

第2天，早上去洪江古商城，从一座座古建筑里，读取小城的前世今生。午后前往芙蓉楼，看四周竹木交错，绿荫如盖，奇草生芳。

高椅村

怀化通道1日游

早餐后前往万佛山风景区，游览丹霞地貌、体验侗文化风情，之后前往恭城书院。下午前往九龙潭大峡谷，参观侗族建筑瑰宝马田鼓楼，看侗寨特色风雨桥、石板路。

? 为何去

侗族鼓楼

怀化为湖南的“西大门”，素有“黔滇门户、全楚咽喉”之称,是个多民族聚居的地方。这里自然风光独特,长期以来,侗、苗、瑶、土家等民族在这里繁衍生息，创造了浓郁多彩的民俗文化，充满民族风情，给游客带来无尽的惊喜。

何时去

油菜花海

怀化气候温暖湿润，年平均气温 16.4℃，一年四季皆宜旅游。但尤以春秋最佳。这时候避开夏之酷暑、冬之严寒，还有众多的节日庆典可以参加。沅陵每年 5 月举办的龙舟节精彩纷呈，不容错过，通道重阳节前后举办的芦笙节规模宏大，内容精彩，最能体现侗族古朴的文化艺术。

区域解读

区号：0745
面积：约27 564.3km²
人口：约521.82万人
主要少数民族：苗族、侗族

地理 GEOGRAPHY

区划

怀化市辖1个区（鹤城区）、1个县级市（洪江市）、5个县（会同县、沅陵县、辰溪县、溆浦县、中方县）、5个自治县（麻阳苗族自治县、新晃侗族自治县、芷江侗族自治县、靖州苗族侗族自治县、通道侗族自治县）。

地形

怀化市位于湖南省西部，地处沅水流域，素有“黔滇门户”“全楚咽喉”之称，地势险峻、地形复杂，森林覆盖率高达65.3%。

怀化处于山水之间，北面有中坡山，自北向东西分别是武陵山脉和雪峰山脉。位于怀化洪江市境内的苏宝顶海拔1934米，为境内最高峰。

怀化水能资源丰富，共有溪河800余条，且大多流速快、落差大。其中，湖南的第二大河流沅水自南向北贯穿全境。

气候

怀化市属亚热带季风气候，四季分明，冬无严寒，夏无酷暑，光热资源丰富，雨量充沛，且雨热同步，但因地形的原因，气候的地域差异明显。

怀化一年四季天气各异，春天多连绵细雨，温度低，日照少；夏季温度高，干燥；秋季温湿宜人，最宜旅游；冬季冰雪天多，但是雪量甚微，不影响交通，却造就了山林银装素裹的美景。

历史 HISTORY

历史大事记

周赧王二十八年（公元前287年），楚三闾大夫屈原遭谗去职，被楚顷襄王放逐江南，流浪于沅、湘二水间。是年，屈原溯沅水而上，深入今沅陵、辰溪、溆浦等地。

唐天宝七年（公元748年），王昌龄被贬为龙标尉（治所在今洪江市黔城镇），在此7年，写下了不少诗篇，以《芙蓉楼送辛渐》最为知名。

南宋宝庆元年（1225年），黔阳县知县饶敏学创建宝山书院。该书院是古黔城文化的重要组成部分。饶知县在任期内，还纂修《黔阳县志》，这是该县历史上第一部县志。

1899年11月，李白眉毛、李申卿、杨昆山、田才发、杨占春等在芷江碧涌与贵州天柱交界处领导农民起义反清，众推李白眉毛为“西大王”，建“大成雷音”年号，约期进

巫水河

攻沅州，建立政权，后失败。

1916年，14岁的沈从文来到辰州（今沅陵县）当兵，期间他的足迹遍布沅水流域的各个城镇和乡村。后来又在沅州（今芷江县）当过警察和收税员。1922年，沈从文离开沅州到北京求学，最后走上了专业作家之路。

20世纪60年代，安江农校教师袁隆平开始着手研究杂交水稻，1973年实现杂交水稻“三系”配套，1978年开始在全国大面积推广，产生巨大的经济效益和社会效益。

名单 怀化历史名人

中国妇女运动先驱向警予

中外交通史家、敦煌学家向达

新月派重要作家朱湘

中华人民共和国第一任铁道部部长滕代远

中国人民解放军大将粟裕

文化 CULTURE

神秘的巫傩文化

巫傩文化是古黔中地区的炎人族、神农氏族在长期的生活实践中形成的一种图腾崇拜文化。傩蕴涵着古人朴素的生命意识，作为一种独特而神秘的文化现象，它逐渐成为多元宗教、民俗、艺术、表演的复合文化体，不仅有悠久的历史渊源，还有着丰富的历史文化内涵，深厚的历史文化积淀。

怀化的傩文化底蕴深厚，历史源远流长。有史料记载，炎人是我国南方的远古先民，这个庞大的氏族活动范围宽广，长期从事稻作农耕活动，因此，太阳图腾、鸾鸟图腾是傩文化的核心观念和形成标志。

怀化是巫傩文化的主体地带，怀化众多的古城、古村落中，有着过鬼节、做道场、贡土地、跳大神等民间习俗和巫术，如今，如滚刺床、单刀云梯、蹚火池等傩技，都已成中国的民间绝技。怀化沅陵是秦国时期的黔中郡郡治之地，也是巫傩文化浓郁的地方，仅该县现存傩殿1200多个。

侗家转龙酒

侗族是怀化第一大少数民族。侗族的习俗可以说是怀化文化非常重要的组成部分。所谓“今日良宴会，欢乐难具陈”，侗家酒宴的欢乐场面任谁听了都会心向往之。其中最重要的风俗便是转龙酒。

转龙酒，又叫换龙头，由主人或主客任何一方的代表提议，提议人称为龙头。龙头提议大家喝转龙酒时，满席站起，端起酒杯，先由“龙头”带头喝，然后从左至右或从右至左喝过去。往右转时，“龙头”左边那人就是“龙尾”，往左转时，“龙头”右边那人就是“龙尾”。“龙头”饮干后，依次一个接一个饮下去，如果“龙身”当中哪一人不干，就要受罚。如此变化着相互敬酒喝酒，满场的气氛一下便被调动起来。这是侗家独有的团圆酒。

除欢乐的转龙酒外，侗族宴席中还有海油撑杯酒、合拢酒等多种酒宴形式。其中，合拢酒是侗家村寨或家族集体接待贵宾的一种最高规格的酒宴，一般在宽敞的农家院落举行。喝合拢酒的那天，侗家人拉起长桌，将自家最好的酒菜用箩筐搬来，凑到一起，做成百家饭、百家酒，人人共享。这是侗族人民好客爱团聚的民风体现。

侗族嗜酒，平日里都会喝点儿酒来解乏，更别说遇到喜事儿了。侗族人人以酒为乐，家家会自酿自烤米酒。那用糯米酿制的酒，冲上清凉的井水或泉水，不但能解渴，还能消除疲劳；或制酒酿，密封于坛内，置火塘边慢慢温烤，或埋在肥堆里，让其发酵，春节时取出来饮用。芳醇的酒香，令人流连。

上河阳戏

上河阳戏是怀化地区的地方剧种，在沅水流域特别是怀化市各县区及湘西自治州城乡流传甚广。旧时，湘西山区交通闭塞，文化生活相对贫乏，逢年过节或是某家办喜事的时候，人们总是会请地方唱阳戏的班子搭台唱戏，上河阳戏音乐也就随着年节代代流传下来。

上河阳戏随意性很强，贴近生活，演的都是百姓喜闻乐见的家常事，角色以小丑、小生、小旦“三小”为主，大型剧目里面也有老生、老旦、书生、武旦、花脸；音乐高亢、明亮、朴实、诙谐。婚姻爱情、惩恶扬善、尊老爱幼，凡是生活中有可能发生的，阳戏都能用幽默的形式表现出来。旧时官场和富豪们瞧不起唱阳戏的，认为阳戏“俗”，然而阳戏的生命力却丝毫没有减弱，反而深入民心，也许诙谐的“俗”更易于百姓接受。

上河阳戏的经典曲目有：《扯笋》《潘金莲》《刘海砍樵》等，新中国成立后，政府组建了专业的阳戏表演团体，音乐工作者对阳戏音乐进行了收集整理和改编等工作，同时对少数传统剧目也进行了整理，又创作了一批现代阳戏节目，《天木》《斗笠弯》《斗酒》等都是其中的优秀作品。

侗族表演

景点推荐

怀化中部景点

中坡森林公园

休闲养身的理想场所

怀化市鹤城区北郊

中坡国家森林公园有林地面积1286公顷，园内有大小山峰100余座，奇岩异石7处，古泉古井3处，有战壕遗迹、中坡寺、中坡道观、菩提寺、仇家祠堂、蝴蝶标本馆等景，还有民俗度假村5个。穹顶峰位于中坡山顶，为公园最高点，地势挺拔、视野开阔，是眺望怀化城区的最佳地点，也是赏月和观日出日落的绝妙之处。

玩家 解说

全国仅此一处的植物新种——大花红山茶园占地4.7公顷，冬季至早春，繁花似锦，满山烂漫，成为中坡独具特色的植物景观，吸引大批游客驻足观赏。

天星洞

洞中钟乳石千姿百态

怀化市城北的洞山脚上

天星洞有三介相邻的溶洞，三洞连成“品”字形，最远相距10米，南洞最大，高10米。洞顶前部有一穿透地面的小孔，光线射进洞内形成星光闪烁的奇妙效果，天星洞的名字由此而来。北有两洞，左洞较大，长100米左右，洞内钟乳石林立，千姿百态，十分壮观。右洞最小，有洞天飞瀑的奇观。

芦坪洞群

奇景极多的洞群

怀化市鹤城区芦坪乡三仙洞

芦坪洞群长238米，内有一厅二坡，石花、石幔、石莲、石屏比比皆是，尤以九龙柱、南海观音、石林松山、慈禧垂帘等景最为奇巧壮观，洞外林茂石峻，传说狄青平西曾经在这里借兵。

下坪风景区
秀丽的峡谷型景区

怀化市中方县下坪乡

下坪风景区由溶洞群和十里峡谷飞瀑组成。有一道5千米长的山谷，谷两边全是奇峰怪石，人在谷底仰望，天空成了一条窄窄的蓝色飘带，称“一线天”。谷底有溪，水清且甜，谷的尽头是两挂十几米高的瀑布，水声如雷，气势磅礴。

荆坪古文化村
战国时代的遗址

怀化市中方县中方镇

荆坪古村农家基本都是由一个个小院落组成的明清建筑群，与周边山水田园相融，给人朴素内敛之感。村内现有祠堂、古驿道、伏波宫、节孝坊、唐代古井、水文碑、龙凤桥、观音阁、五通神庙等20多处古文化遗迹。

玩家 解说

据史料记载和文物部门考证，战国时期为古牂牁国的都城且兰古城；东汉光武帝建武五年（公元30年），伏波将军马援在此建舞阳县址，唐宋时期为溆州城址。

1987年考古学家吕遵锷先生对荆坪新元遗址进行考证，认定10万年前就有古人在此生息，为我省考古史上的重大突破，填补了当时省内没有旧石器记录的空白，并将此命名为“舞水文化”。

康龙自然保护区
气候宜人的原始次生林保护区

怀化市中方县新建乡

康龙自然保护区总面积5560余平方千米，属中亚热带湿润季风气候，景区内四季如春、气候宜人，重峦叠嶂、林木葱郁，动植物资源十分丰富，原始次生林保护得完好无缺。

保护区内有小型水库1座，面积16平方千米，3条溪水流贯保护区。康龙自然保护区总体分为四大功能区，即民俗风情区、休闲娱乐区、野营活动区、水上乐园区。

受降纪念坊
世界反法西斯战争胜利的象征

怀化市芷江自治县芷江镇

芷江受降纪念坊原为国民党空军司令部群力礼堂，始建于1938年，由中国陆军总司令部、何应钦办公室、受降会场3栋黑色双层木结构平房组成。其中，受降纪念坊建于1946年，是当时中国唯一纪念抗日战争胜利的建筑物。

1945年8月21日，举世瞩目的中国人民抗日战争胜利受降仪式在芷江举行，侵华日军总司令冈村宁次派副总参谋长今井武夫在此接受了投降命令。

纪念抗战胜利展览馆
国内“抗日历史博览馆”

怀化市芷江自治县芷江镇

纪念抗战胜利展览馆是于1995年为纪念抗日战争胜利五十周年而建。建筑面积1500平方米，分上下两层，展出“二战”文物200多件，照片、图表、电文近300幅及一

芷江受降纪念坊

批中、美、英、苏、德、捷、法、日等八国“二战”时期的兵器。

芷江天后宫
内陆最大的妈祖庙

怀化市芷江自治县芷江镇芷江西岸

芷江天后宫原为福建客民会馆，始建于乾隆十三年（1748年），至今已有260多年的历史。天后宫占地面积3700平方米，现存建筑面积1970平方米，为内陆最大的妈祖庙。芷江天后宫坐西朝东，南北建有耳室，中间三进：戏台、正殿、观音堂，左为财神殿，右为武圣殿和五通神殿，全部建筑结构基本保存完整。

五溪民俗风情园
湘西周边规模最大的民办博物馆

怀化市芷江自治县县城东郊3千米处

五溪民俗风情园始建于2005年，是湘西周边规模最大、文物珍藏最多的民办博物馆，被誉为展示大湘西五溪民俗风情的“湘西文化的缩影”，是湘西周边规模最大、文物珍藏最多的民办博物馆。

园内集中展示了大湘西各民族先祖们传承下来的文物近万件，有体现五溪大地先祖们生产、生活中常用的生产工具及生活用品，有各式古玩珍藏，更有皇家钦赐的门匾、牌坊等珍贵文物。

象狮坡森林公园
混交林自然风景区

怀化市芷江自治县罗旧镇

象狮坡森林公园主要景点有日月湖旅游度假区、水上乐园、民族文化广场、风雨长廊等近20个景点，融民俗风情、现代娱乐、度假休闲、森林观光为一体，是度假休闲的理想胜地。游人可以在这里尽情欣赏侗族文化风情，工艺独特的鼓楼、吊脚楼、风雨长廊、寨门等侗族建筑艺术会让人大为惊叹。游人还可在侗乡特有的腌鱼、腌肉、民族服饰、边舞的浪漫情调中品尝侗家风味。

飞虎队纪念馆
反映飞虎队援华抗战的陈列馆

怀化市芷江自治县芷江机场东边

飞虎队纪念馆占地1500平方千米，外形是一座两架飞机造型的环形建筑，馆内设4个展览大厅，以高科技的手法进行了场景复原，以大量的珍贵文物、实物和照片真实再现了美国飞虎队在中国抗战期间的各种英勇事迹和生活场景。

该纪念馆主要围绕原中美空军指挥塔，布置和平之光、正义之剑、友谊之花、“飞虎”将军塑像、飞虎队队徽塑像五大雕塑。此外还立有中、美、苏三国空军纪念碑，馆内陈列有“二战”时期修建芷江机场所用石磙、飞虎队所用战斗机及征集到的当年飞虎队队员使用过的大量实物及文献资料，是中国国内唯一一家全面反映飞虎队援华抗战的史绩性陈列馆。

三道坑
原生态的清秀山水

怀化市芷江自治县五郎溪乡境内

三道坑，属西晃山脉南麓原始次生林，分三道坑、党洞坑、金顶等景区。景区内最高峰金顶1405米，为芷江麻阳两县最高峰。景区从五郎溪水分支三道坑小溪上溯约8千米，重峦叠嶂，资源丰富。有大小溪流10多条，瀑布50余处。有国家级保护动植物果子狸、中华小鲵、猴面鹰、银杏、楠木、红豆杉等。景区内垂直气候明显、植被茂盛、溪涧跌宕起伏，水清甘甜。

洪江古商城 AAAA

中国第一古商城

怀化市洪江区沅江路36号

洪江古商城形成于盛唐，鼎盛于明清，以集散桐油、木材、白蜡而闻名，是滇、黔、桂、湘、蜀五省地区的物资集散地，也是湘西南地区经济、文化、宗教中心，素有“湘西明珠”“西南大都会”之美称。现仍保存完好的洪江古商城的明、清古建筑，如窨子屋、寺院、镖局、钱庄、商号等共380多栋，总面积约20万平方米，是游客参观、访古、寻幽的好去处。

玩家解说

洪江古商城的建筑风格是典型的明清江南营造法式，又兼具显著的沅湘特色。每一处宅第都令人感受着天人合一的和谐，仅以砖、木、石为材料，铁钉都不用一颗。

沿着约三四千米长断续尚存的青石板路和码头高低错落的石阶往前，完好地保存着一大片自明清至民国时代的寺庙、墟场、驿站、衙门

洪江古商城俯瞰

等建筑，青耳粉墙，雕梁画栋、古香古色、苔藓苍苍，充分印证了文献上所记载的300多年前“七冲八巷九条街”的布局。

福兴昌

福兴昌是洪江古商城中历史比较悠久的烟馆，始建于清嘉庆二年（1797年），是洪江清代时期的高级鸦片馆之一，墙上还张贴着老上海的卷烟广告，烟馆里还陈列有当年供“瘾君子”们逍遥的烟具。

厘金局

厘金局是国家重点文物保护单位，位于龙船冲，始建于清咸丰五年（1855年），时称“湖南厘金局洪江分局”。厘金，亦称“厘捐”，是晚清政府为镇压各地起义筹措给养，而对通过内地水陆交通运输货物征收的一种捐税。其税率最初按货物价格值百抽一，1%即为一厘，故称厘金。民国初期，沿用清制，改称“洪江厘金征收局”。1929年湖南废除厘金，厘金机制不复存在。

绍兴班

绍兴班位于余家冲康乐门，始建于清咸丰十年（1860年），是清代“堂班”（高级妓院）之一。其建筑形式为3进3层，层楼走道是封闭的，具有较强的隐蔽性，且每层都单开了一条叫做“暗道”的出入道口和楼梯。从楼内装饰看，不仅用料讲究，而且富丽堂皇。

讯把总署

讯把总署是清朝的基层军事组织机构，属绿营军制，其主要职责为镇戍地方，并作为地方政府的差役维护当地治安。洪江当时的讯防员大多为当地人或附近的人。讯防兵主要配备冷兵器，也用火枪等其他武器。

忠义镖局

忠义镖局是古商城最重要的景点之一。

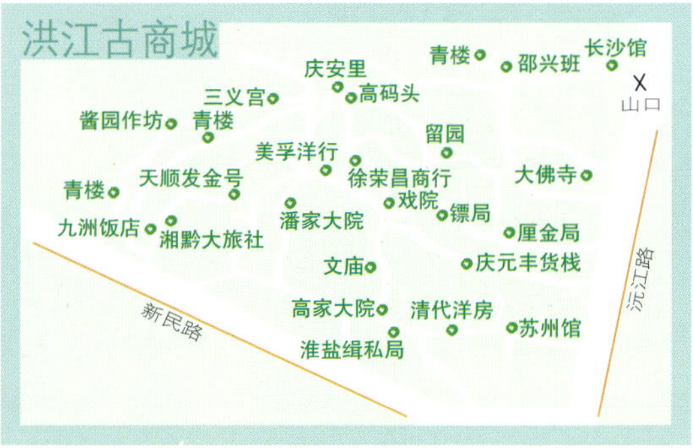

多个精怪禽兽，皆栩栩如生，实为稀世珍品。

当时，洪江商人运输货物的途径，分为水路、旱路两种，而旱路主要有两条：一是经镇远到贵阳、昆明和缅甸、印度等地；一是经洞口到宝庆、长沙、汉口等地。为了运输安全，商家们通常都自发组成货帮、烟帮结队而行，少则上百担多则上千担。因为匪患众多，他们有时又不得不请镖局押镖护送，忠义镖局就是当时最著名的镖局之一。押镖时阵势很庞大，队伍清早从城里出发，下午才能走出城外。

芙蓉楼

为纪念王昌龄而建的建筑

怀化洪江市黔城镇西北隅

芙蓉楼为纪念唐代诗人王昌龄而建，园南有碑亭。芙蓉楼内藏有一尊千年樟树根雕琢而成的超大型根雕，为国内外所罕见。该根雕最大直径1.98米，总重约800多千克，为湖南省著名雕刻艺术家傅振源父子历时数年雕刻而成。最为奇特的是树根上雕有30多个民间传说与历史典故，100多个传说人物和150

芙蓉楼

滕代远纪念馆

反映滕代远生平事迹

怀化麻阳苗族自治县高村镇友谊路59号

滕代远纪念馆，于1986年11月2日建成开馆，结构为一栋二层现代殿堂式仿古建筑，主体建筑面积约1680平方米，共14个展览厅，展览面积420平方米。序幕室安放着滕代远玻璃钢塑像，陈列室有图片、照片、书信、手稿、文献、文物等300多件，集中反映滕代远的生平事迹。

链接

滕代远小传

滕代远（1904—1974），怀化市麻阳县人，1924年加入中国共产党，先后任中央军委参谋长、八路军参谋长等职。解放战争时期，历任晋冀鲁豫军区副司令员、中共晋冀鲁豫中央局常委。1948年任华北军区副司令员，参与组织指挥邯郸战役。新中国成立后，滕代远成为铁道部第一任部长。他是中国工农红军早期创始人，是中国人民解放军的领导者之一，也是新中国人民铁路事业的奠基人。

夜郎谷

独领风骚的神秘之谷

怀化市新晃侗族自治县与贵州省交界处

夜郎谷，是近年在景区内发现的诸多奇峰异水中独领风骚的神秘之谷。它西起于我国第一个特区——万山特区的高楼坪乡，东止于“湘西明珠”新晃侗族自治县属方家屯乡，谷长15千米，谷底展宽平均不足30米。

从高处往下看，似人在重霄。狭长的幽谷，像是被巨人撕开的一道深不可测的裂缝。从下往上看，一线天白云空远、危崖耸立，云飞山动，令人惊心动魄。高崖之上、悬洞之中，吐出20多条瀑布，恰似竞相抛珠撒玉。

景点推荐

怀化南部景点

高椅古村

承载着深厚的文化底蕴的古村

怀化市会同县高椅古乡

高椅古村三面环山，一面临水，因地形宛如一把太师椅而得名。这里拥有古民居建筑104栋，总建筑面积近2万平方米，规模较大，保存较完整。它主要有以下特色：第一，高椅村现存古民居建筑群历史悠久、规模庞大；第二，高椅村古民居建筑布局科学；第三，高椅村古民居建筑具有多种特殊功能；第四，高椅村古民居建筑承载着深厚的文化底蕴。

古村里许多建筑历史比较悠久。它们先后建于明朝洪武十三年（1381年）至清光绪七年（1881年）间。各古民居建筑物上都饰以壁画、墙头画，门窗都是格式花样，可谓匠心独具、技艺精湛。此外，古民居建筑群中还保存着大量的丹青墨宝、石刻、石碑及镌刻艺术品。从整体来看，古村依山而建，融山水之美，将优美的生态环境和富有哲理的规划布局融合在一起，体现出天、地、人和谐统一的高层次建筑理念。

玩家解说

从整体来看，高椅古村的先辈们将优美的生态环境和富有哲理的规划布局融合在一起。古村以五通庙为中心，每栋建筑坐北朝南，外表相似，呈梅花状分布排列，巷道与封闭式庭院呈八卦阵式，将村落分为5个自然村庄。

玩家攻略

来古村游玩的人可以感受一下防盗监听缸的神奇。它所在的住宅是明早期建筑，原房主是当地首富之一，为防盗窃，在其厨房里埋有一口缸，缸口直径60厘米，深55厘米，缸口与地面持平，平时盖上木板，并有一碗橱遮掩，不易被人发现，需用时取掉木盖板，可监听到50米外的脚步声。据考证，该装置为国内最早的监听装置。

靖州飞山

景点众多的湘西名山

怀化市靖州县渠阳镇西北郊5千米

靖州飞山是古代兵家争夺的要塞，又为历代宗教之圣地。有飞山庙、方广寺、头宝鼎、灵官殿、毗卢寺、摩真庵、南天门、白云洞、莲花洞、白牛洞、宝珠岩、迎仙桥等景。

岩湾歌场

湘黔的少数民族聚会的地方

怀化市靖州县大堡子镇

岩湾歌场是山区人民群众一年一度联欢娱乐的固定场所，湘黔两省48寨的苗、侗、汉、瑶、土家等各族的男女老少都于这天从各个村寨赶来参加这一年一度的歌场盛会。每当节日到来，人如潮、歌如海，簇拥成上百个“歌堂”，歌的内容丰富、题材广泛，有流传久远的故事歌，有歌颂英雄人物的叙事歌，有表现青年男女聪明才智及彼此倾诉爱慕之情的情歌，有歌颂新时代各民族团结奋斗热爱祖国建设祖国的赞歌。歌声一唱一和，此起彼伏，生动活泼，热闹异常。歌场内外，吃喝穿用，琳琅满目，洋洋大观，既是歌会，又是商贾云集的物资交流会，促进了农村经济活跃和边境贸易的发展。

芋头侗寨

链接

岩湾歌场的由来

靖州苗族最大的歌场在大堡子乡岩湾，这是有缘故的。相传在很早以前，大堡子边界上有4对青年男女，农历七月十四日在岩湾巧遇，以歌传情，许下终身，结成佳偶。这个令人向往的美妙故事传遍苗乡，引起人们对幸福婚姻的向往和追求。从此，苗族人民便把农历七月十四日定为歌节，岩湾也就成了远近闻名的歌场。

芋头侗寨

珍贵的“古建筑博物馆”

怀化市通道侗族自治县双江镇

芋头侗寨古建筑群建于明洪武年间，明嘉靖三年（1524年）户增人旺，建筑规模扩大，形成村落。

芋头侗寨古建筑群因山就势，结构造型具有典型的侗族风格，鼓楼、门楼、芦笙场、古井、凉亭、侗族楼屋及青石板驿道等一应俱全。

芋头侗寨建筑，从各方面体现了“天人合一”的思想。民居以“干栏式”为主，沿山谷因势布局，形成独特的“山脊型”与“山谷型”格局模式，与周围环境巧妙地融为一体。壁面工艺为开槽密槛，整体格局严谨独特，具有芋头的地方特色。

万佛山风景区 AAAA

被誉为“绿色万里长城”

怀化市通道侗族自治县临口镇太平岩村

120元

8:00~17:00

0745-8621936

万佛山风景区总面积168平方千米，整个景区大致可分为万佛山丹霞地貌区、百里侗文化风情线、通道转兵会址——恭城书院。景区内植被丰茂，群峰挺立，被誉为“绿色万里长城”。丹霞峰林地貌在全国也屈指可数；侗族文化典型，民族风情浓郁；气候宜人、设施完善、交通方便。这里不但历史悠久，景观众多，而且融幽、险、秀、奇为一体，具有很高的游览观光价值。

玩家攻略

万佛山下有很多美食可供品尝，如：

蕨菜烧肉：以山里野生蕨菜及当地土猪肉为主料，加以当地的烹饪习惯，烧制的这道菜虽色泽欠缺，但香味十足。

万佛山锅仔：以万佛山当地农户自己养殖的家禽为原料，并加以当地煮食习惯，味道鲜美。

万佛山泉水鱼：以万佛山地区山泉水中的野生活鱼为原料，并加以当地煮食习惯，色香味俱全，肉质细腻。

万佛山“土鸭”：以万佛山当地农户自己养殖的鸭子为原料，并加以当地煮食习惯，色香味俱全。

丹霞地貌

万佛山丹霞地貌不但发育良好，包括峰顶、坡地、谷底植被等，而且保护得很完整。尤其是巅峰的“南海神龟”“三十六弯”等景观，波澜壮阔，气势恢宏，在湖南所有丹霞地貌中无与伦比。

百里侗文化长廊

百里侗文化长廊，三五里便有一个大寨，向游人展示了马田的鼓楼、阳烂的银饰、坪坦的芦笙、黄都的侗歌，特别是坪坦河上的普修桥、普济桥、廻龙桥、回福桥，座座都是文物，

砖护墙，院外有桂花树两株。

链接

恭城书院的革命史

1934年中央红军长征途经通道时，在书院内临时召开紧急“通道会议”，形成历史上著名的“通道转兵”，挽救了红军，拯救了中国革命。从此，古老的恭城书院就与伟大的长征联系在一起而彪炳青史。

1934年12月12日，红军7位高层召开政治局会议，商议行军方向，既定方针是进军湘北与贺龙、陈毅的红二、六军团会合，但当时北上线路已被蒋军层层把守，几无通途。毛泽东力主进军敌军防守薄弱的贵州，被大多数与会者采纳，于是有了军委的“万万火急”电报，有了“通道转兵”的典故。

整整50千米丰富鲜活的侗文化尽在眼前。

芋头侗寨

吊脚楼高高架立，这种建筑适于南方湿润、多蚊虫的山区。

屋顶悬山式，施小青瓦或覆盖杉皮，使得建筑物色彩朴实，质感宜人。

恭城书院

恭城书院，原名“罗蒙书院”，始建于1105年，占地面积2830平方米，后被大火烧毁。清乾隆五十七年（1792年）在原址重建，更名为“恭城书院”。这是中国现存最完整的侗族古书院。

恭城书院由门楼、斋舍、讲堂、通廊4部分组成，建筑群完整而有序，两层木楼建筑以一条中轴线排列在一起，中有通廊串联，四周青

廻龙桥

侗族传统风雨桥建筑

怀化市通道侗族自治县坪坦乡坪日村

廻龙桥俗称风雨桥，桥长80米，桥面宽约4米，有4个石墩，上架木梁。结构坚实、造型优美。始建于清代，1973年重修。桥两端及中部复造楼阁共3座。中为文昌阁，两端楼阁额题“廻龙桥”三字。楼阁为三层檐，东楼阁北面廊房内及走马板上有题词及水墨山水画，十分精美，桥面为通廊式阁道共二十二间。

白衣观

具有独特风格的楼阁式庙宇建筑

怀化市通道侗族自治县播阳乡

白衣观建于清乾隆二十四年（1759年），由侗族道士募建，供奉太上老君和侗族崇拜的诸神。楼阁共五层高约18米，纯木结构，平面呈八方形，边长5.7米。原各层都置有神龛，但现已不存在了。不过还可绕旋梯至上

通道廻龙桥

层，举目远眺，景物尽收眼底。

独岩公园

以独岩为中心的丹霞地貌景区

怀化市通道侗族自治县双江镇南郊

独岩公园是一个多功能的城市公园，是以独岩为中心的丹霞地貌风景区，已建有旅游度假区、文化娱乐区、水上娱乐区、自然风光游览区等。

独岩公园的主要景点有：独岩、青云寺、奇石山庄、21层世纪鼓楼、世纪苑、松月桥、水上乐园、独峰攀登、迎宾楼、民族食苑、芦笙歌舞表演场等。

通道县普修桥

九龙潭大峡谷

有妙洞和形态美好的瀑布

怀化市通道侗族自治县坪阳乡

九龙潭大峡谷面积约21平方千米，景观20余处，其中自然景观和人文景观交相辉映，内容丰富。

峡谷内有侗族建筑瑰宝马田鼓楼；有千户聚居的侗寨，寨寨有风雨桥、鼓楼、石板路；有谷深500余米，长20千米的阳洞滩峡谷，自助漂流精彩，沿途风光奇秀无比；有高38米，宽15米，气势恢宏的阳洞滩瀑布；有垂直落差80米，可置蹦极的许愿崖；有深2500米，最宽处36米，最高处21米，可与桂林溶洞媲美的人间仙境千年风化石灰溶洞青龙洞；有110米高水头，气势磅礴的阳洞滩水电站；有情人洞、相思树、狮子山、仙猴岩、将军岩、热带植物园等自然景观。

马田鼓楼

马田鼓楼位于通道侗族自治县坪阳乡田心寨境内，始建于清顺治年间，为侗族独特建筑。鼓楼为干栏式抬梁纯木构架，南北对称的偏楼为歇山顶式，其顶部檐口与主楼的第二层平行，而下一层檐口与主楼第一层连接，造成底层空间，二层戏台，使偏楼与主楼浑然一体，蔚为壮观。

阳洞滩瀑布

阳洞滩瀑布是通道的第一大瀑布。该瀑布分为两级：第一级为自然瀑布，高20米，宽3米；第二级为人工瀑布，是20世纪70年代在第一级瀑布口上方夹口处修建的一座高13.5米的阳洞滩电站的拦河坝。

马田鼓楼

景点推荐

怀化北部景点

剿匪胜利公园

真实再现了当年的剿匪之路

怀化市沅陵县城内梧桐山上

湘西剿匪胜利公园占地18 000多平方米。这里三面群山环抱，原名西园，抗日战争时期，辟为中山公园。

园前修有胜利门，气势雄伟。园中建有高16米的湘西剿匪胜利纪念塔，连塔台共18米；塔身正面立有一尊高3.2米的中国人民解放军战士塑像，下嵌有建塔序文。塔的另三面有党、政、军领导人黄克诚、王首道、晏福生、黄志勇、曹里怀等同志的题词。公园两侧建有纪念亭4座，内立石碑，刻记剿匪牺牲的烈士名单1024人，以铭功勋，永垂千古。园内林木青翠、百花吐艳、鸟语花香。

链接

剿匪胜利公园的历史

1949年9月18日，中国人民解放军第三十八军解放沅陵。1949年冬，中国人民解放军第四十七军奉命挺进湘西，深入大湘西山区，浴血奋战，仅用一年多时间，肃清土匪8万余人，解除了湘西22县长达300年的匪患，为人民立下了不可磨灭的功勋。湘西人民为对剿匪有功的四十七军全体指战员表示深切的缅怀，纪念在剿匪中英勇牺牲的烈士们，将园名改为湘西剿匪胜利公园。

五强溪水力发电厂

湖南最大的水电站

怀化市沅陵县五强溪镇沅江上

五强溪水力发电厂，是湖南省最大的

一座水电站，也是我国逾百万千瓦级的大型水电站之一。五强溪水力发电厂建成蓄水后，电站建筑物包括主厂房、下游副厂房、上游副厂房、开关站、尾水渠和进厂公路等。

玩家 解说

厂房位于河床右岸，为坝后式厂房。厂坝之间布置有上游副厂房和500KVSF6开关站，紧靠厂房的下游布置有下游副厂房。主厂房和开关站分别铺设了进出厂房和开关站的公路。公路与安装场地面于高程66.80米相接。由于尾水位高，进厂公路沿河一侧设混凝土挡水墙，路面宽10.5米。进开关站公路位于安装场右端，高程96~86.2米，路面宽6米。

凤凰山景区

因山体貌似凤凰展翅而得名

怀化市沅陵县沅陵镇东郊沅江南岸

西北临沅水，为陡峭山壁，东南群山连绵。因山体貌似凤凰展翅，故得名。凤凰山山顶建有凤凰古寺，为明万历年间（1573—1620）所建。南山香炉山建有风鸣塔，塔高7层，气势雄伟；沿峭壁砌有石阶路，宛如彩带飘落江边。

龙兴讲寺

湖南省现存最古老的木构建筑群

怀化市沅陵县城西北角的虎溪山麓

龙兴讲寺是湖南现存最早、最大的木构建筑群，寺院始建于唐贞观二年（公元628年），相传当时为唐太宗下诏修建，距今已有1300多年的历史。该寺是一座无钉无铆木质结构建筑群，共有14座建筑主体，唐以后曾多次重修。寺内现存大殿、观音阁、旃檀阁、弥陀阁等建筑，是湘西地区最有影响力的佛教寺院遗存，具有很高的历史、艺术、科学研究和游览观光价值。

玩家 解说

大雄宝殿建于元末明初，正南北向，面阔五

龙兴讲寺

间，进深三间。殿内共24根大木柱，每根需2人才能合抱。殿前有东西阶，台基较低。正前二重檐之间悬挂着“眼前佛国”的木匾，为明崇祯年间礼部尚书董基昌题写，字迹洒脱遒劲。

黔中郡遗址

一幅大秦时代的历史画卷

怀化市沅陵县城西10千米

大秦黔中郡古城遗址占地面积达11万平方米，曾相继出土了大量的秦砖汉瓦和鬲、钵、豆、罐壶及铜戈、铜剑、铜箭镞等兵器。据初步查明，在古城遗址东南面山顶聚集有40余座巨型战国至汉代墓。这里的每一座墓就是一座山，最大墓面积相当于马王堆汉墓的5倍。四周还有大大小小的战国、汉代平民墓1000多座。这一浩大的秦代城池和千余座古墓葬，一直受到人们的关注。对于喜欢研究历史的游客来说，这里是一处重要的旅游胜地。

链接

黔中郡与沅陵

大多数专家认为，沅陵就是楚之黔中郡郡治。其主要原因有以下四方面：第一，在窑头发掘高规格战国墓，只有郡王的地位才相匹配。同时，建筑物规格比较大，只有郡治才相匹配。第二，从战略地位看，窑头村背靠大山，三面环水，易于防御，是楚国与秦、巴进行军事抗衡的要塞。第三，从交通位置看，沅陵位于沅水、酉水两江之口，控制了楚国的经济命脉。沅陵辰砂、铜、金等特产都是当时重要的经济物资。第四，大量文献明确记载，黔中郡故址在今沅陵。

二酉山
道家第26洞天

怀化市沅陵县城西北15千米处

二酉山因酉水和酉溪在此汇合而得名，又因山梁起伏、状如书页而得名万卷岩。它是中华文化圣山，道家第26洞天，文化底蕴丰厚，是古今文人向往之地。山中动植物资源丰富，拥有植物500多种，动物300多种。其中，国家二级保护树种有杜仲、银杏、胡桃等10余种；国家珍稀保护动物有猴面鹰、红腹角雉、飞狐、大鲵等。这里四季分明、气候适宜，景色优美、灵气十足，是游客观光、休闲、养生、摄影、探险等的绝佳去处。

链接

皇帝的藏书洞

相传上古时黄帝曾于此山藏书。武陵人善卷因避舜帝禅让，隐于此山守护黄帝藏书，并以之教化当地百姓。周朝时，周穆王又在此山中收藏异书。秦始皇执政，焚书坑儒，博士官伏胜偷运禁书5车，藏于山半石洞，直至秦亡，才拿出来献给汉高祖刘邦，终于保住春秋诸子百家不致断绝，为延续中华五千年文明立下不可磨灭的功勋。

二酉山藏书功德，厚重千秋，被历代文人墨客视为天下名山而敬仰崇拜。宋真宗年间，辰州通判欧阳陟游于此山，感慕追思善卷之德，上书真宗皇帝赵恒，请建祠庙祀善卷，以示崇德报功之意。真宗皇帝准奏，下旨在二酉山顶为善卷建立祠堂。明朝时，辰州卫人董汉策、王世隆，分别自费在山中建翠山、妙华书院。抗日战争期间，湘府迁沅陵，来此避难的专家、教授不计其数。乌宿小学校长龙盛恒借此机会，聘请其中深孚众望者执教小学生，为乌宿人才教育奠定了坚实的基础，以致新中国成立后，二酉山人才辈出，成为闻名全国的教授村。

沅陵二酉山

二酉山风光

藏书大道

藏书大道共345级，每一级都有其较深的含义。三为多、为众，道家云：道生一，一生二，二生三，三生万物；人法地，地法天，天法道，道法自然。“一”指混沌一气，是宇宙最原始的状态；“二”指阴阳两仪，是宇宙的初始状态；“三”指天、地、人“三才”，是阴阳化育的产物，有了天、地、人，然后才有万物。“三”在这里还代表着三龙听读、三龙朝圣、三水汇流。

二酉洞

二酉洞，古藏书处，又名妙华洞，是二酉山景区核心精华所在。现在的二酉阁重建于2004年。二酉阁共三层，最上面的一层就是二酉古藏书洞的所在；第二层阁壁上贴有古代部分吟二酉的诗词；最下面的一层立有清代湖南督学张亨嘉到二酉山朝拜题刻的“古藏书处”石碑和民国沅陵县长所立的石碑。

二酉寨

二酉寨，又名秦人村，位于二酉山半山腰古秦人藏书处二酉洞顶平台上，是二酉“教授村”（乌宿村）的一个村民小组，共有十余栋民居，全是木制房屋，四周都是郁郁葱葱的树木，房屋掩映其中，周围干净整洁，鸡鸭嬉戏追逐，池中鱼翔浅底，房外是丘丘梯形稻田，田内禾苗泛绿，地里果树飘香。

借母溪原始次生林

国内罕见的沟谷式原始次生林带

怀化市沅陵县北部与张家界交界处

借母溪沟谷原始次生林是一处国内极为罕见，且保存完好的沟谷式原始次生林带。这里拥有神奇的沟谷流水、千年的古藤老树，就如同一幅“原始森林风光图”。

另外还拥有繁多的珍稀种类，森林类型各异，据统计观赏植物有460多种，如蕨类植物、种子植物科等。更为奇特的是还拥有一种只适合在这里生长的“藤本”植物，是在借母溪森林带首次发现的“我国之最”。

燕子洞

休闲健身的理想选择

怀化市辰溪县火马冲镇

燕子洞风景区总面积约51平方千米，其核心景区有燕子洞、一线天、高峡平湖、分水凼瀑布、半月潭、怡神园等。

燕子洞洞口高60余米，全长4850米，上、下共9层，分八大洞厅。洞内大小洞不计其数，洞洞相通，洞中有清溪流出，水质洁净，清凉可口，远近乡民皆饮此水。

辰溪燕子洞

向警予同志纪念馆

湖南省第一批爱国主义教育基地

怀化市溆浦县卢峰镇

向警予同志纪念馆是为纪念中国共产主义女战士、妇女运动的先驱向警予而建立的纪念性博物馆。该纪念馆前身是向警予故居管理所。1981年7月1日开放。1985年9月4日改名向警予同志纪念馆。这里由向警予同志故居、生平事迹陈列室、向警予铜像纪念碑广场三大部分组成。

链接

向警予小传

向警予，原名向俊贤，土家族，1895年生于湖南湘西溆浦县商会会长之家。她排行老九，有几个兄长曾留学日本，自幼受其影响追求新知识。6岁入私塾，8岁进入长兄在县城开创的新式小学。她在校品学兼优，幻想成为花木兰式的英雄。后入湖南第三、第一女子师范和周南女校，因与蔡和森之妹蔡畅的同学关系而结识蔡和森、毛泽东。

1925年，蔡和森赴苏联参加国际会议，向警予同往，并入东方大学中国班学习。1927年4月，向警予回国参加中共“五大”后，留在武汉先后负责武汉总工会、汉口市宣传部和湖北省委、武汉市委的领导工作，在白色恐怖极其严重的形势下坚持地下斗争。1928年春，她在汉口法租界被捕，于5月1日英勇就义，时年33岁。

攻略资讯

- 交通
- 住宿
- 美食
- 购物
- 娱乐

交通

飞机

芷江机场位于怀化市芷江县城东门外1千米处，距怀化市33千米，有飞往北京、上海、长沙、广州等地的航班，基本上是隔天一班。可在汽车西站乘坐机场大巴前往。

火车

怀化火车站位于鹤城区鹤州北路1号，从怀化乘火车，东可直达杭州、上海，北可直通郑州、北京，南可直抵湛江、广州，西可直至成都、昆明等地。市区乘坐1路公交可到。

怀化南站位于鹤城区湖天大道，为沪昆高速铁路重要站点之一，现已开通直达北京、上海、广州等城市的高铁。市区乘坐12路公交可到。

汽车

怀化市内公路交通发达，320、209两条国道略呈“十”字形交会于市内，市内有3个长途汽车站。

怀化汽车南站： 位于怀化市红星南路，多为开往怀化南部县市和贵州东部地区的班车，电话：0745-2362852。

怀化汽车西站： 位于怀化市鹤城区，靠近火车站，一般有发往怀化西部县镇以及相邻的贵州县市的班车，电话：0745-2224016。

怀化汽车东站： 位于怀化市鹤城区，多为发往怀化北部的班车，可在市里搭乘2路公交车到达。

住宿

怀化条件不错的酒店、宾馆大多分布在市区。这里有各种星级酒店或者连锁酒店可供选择。由于怀化周围各景点都离市区较远，为省去来回奔波之苦，建议住到各景区内的宾馆或家庭旅馆。不过怀化的景区开发较晚，可能住宿条件一般。

●怀荣宾馆

怀荣宾馆坐落于怀化市商业、交通、金

怀化风光

火车站

融中心地段，距火车站200米、中心汽车站500米，交通便利。✉ 怀化市鹤城区迎丰西路148号 ☎ 0745-7853666

●琼天大酒店

琼天大酒店，位于怀化市商业核心地段，距离火车站仅2分钟车程，距芷江机场仅30分钟车程，交通十分便利。该酒店融客房、餐饮、休闲中心于一体，是出游下榻的理想之地。✉ 怀化市鹤城区迎丰西路207号琼天大厦18楼 ☎ 0745-2248888

●五强溪大酒店

酒店位于沅水江边五强溪镇繁华地带，与五强溪水电站遥相对望，东临桃花源，西连五溪湖，北倚张家界，水陆交通方便。✉ 怀化市沅陵县五强溪镇 ☎ 0745-4732888

●更多住宿去处

国际大酒店/怀化市人民南路198号/0745-2238898

西南宾馆/怀化市迎丰中路328号/0745-2714279

丽都大酒店/怀化市迎丰中路38号/0745-2238888

怀化大酒店/怀化市火车站广场旁/0745-2269888

美食

怀化的饮食极具地方色彩，尤以侗族饮食最具特色，以辛香酸辣和腌制、熏制及腊食闻名，吃饭的仪式和规矩也很正式。当然，来到怀化，风靡湘西的芷江鸭不可不尝，还有风味独特的通道侗家腌肉，味美独特。

美食小吃

●通道合龙饭

著名的通道合龙饭仪式很隆重，一般在重大节日或办各种喜事时摆设。合龙饭的菜肴以酸鱼、酸肉、酸菜为主，食糯米饭，每位客人一份，并以树叶铺底置于长桌的两边，每份糯米饭上放有一串新鲜肉和豆腐。客人就座后，在开餐前还有一段集体酒令和一个仪式。

●芷江鸭

芷江鸭用料讲究，烹调技术独到，制作方法是：将鸭肉置砂锅于旺火上，倒入菜油至八成热，放入鸭头鸭脚鸭腿炸酥后，再放入鸭块，猪肉块，爆炒到金黄色，随即放入甜酱，鸭血翻炒成板栗色，放入肉汤用小火煨

芷江鸭

至酥烂，再放入生姜、红辣椒，待煨出姜香后，放入大葱、味精，翻动几下出锅即成。

●通道侗家腌肉

通道侗家腌肉俗称接肉，侗称酸肉，有猪肉、鸭肉、牛肉、牛排等。制作时间以冬季最佳。制作方法是：用盆渍盐，略晾干，以木桶腌制，底层用糯饭或糊糯作槽，每铺一层加一层槽，然后用竹叶或棕片盖一层，再加木盖，封严，用大石压紧，数月即可食。腌肉不必烹饪，色艳味咸，亦可煎炒或烤炙，以火炙最香。

葱爆腌肉

●洪江血粑鸭

湘西风味名菜，发源于洪江市。烹饪时，把鸭肉及干红椒、生姜、樟脑、糯米粑用旺火在沸腾的油里炸熟，然后放清水，倒入鸭血等，小火煨煮，成品以其浓香、味足、色金黄，肉质酥肥而著称。

血粑鸭

●绿豆面

用绿豆与糯米粉手工精制而成，辅之祖传烹制的猪脚臊子和卤菜系列等，色泽艳丽，老幼皆宜。

美食去处

夜郎渔村：在红星桥头十字路口处，这里的主打菜品有两种：黄鸭叫和鳜鱼，主要做法为火锅，肉质鲜嫩，黄鸭叫需要2斤才起做，最适合人多时吃。此外，中央邮局前的空地上，到了晚上会出现异常火爆的烧烤摊，烟熏火燎，让人食兴大起。

烧烤

购物

相对于大城市来说，怀化的商业不太发达，但各种富有地方民族色彩的特产很多。游客们来到这里，不妨挑选一些有特色又符合自己心意的物品带回去。在吃的方面，有靖州雕花蜜饯、藕心香糖，赶上季节合适，还可买到冰糖橙、安江香柚。如果你喜欢喝茶，那么碣滩茶是很好的选择。其他像明山石雕、穿丝篮等手工艺品也是留作纪念或馈赠亲朋的佳品。

侗锦

●沅陵酥糖

沅陵酥糖有500多年生产历史。它是以当地出产的芝麻为主要原料，加拌饴糖、榴花粗糖、花生油及面粉精制而成。具有香、甜、脆的特点，营养丰富。

●藕心香糖

芷江县地方特产，又名"薄荷酥"。主要原料有白糖、植物油、奶油、薄荷，经过独特工艺制作而成。每根有16个主孔、9个副孔、孔孔相通，形同藕心，故名。其特点是色白如玉，松酥香甜，便于携带。

●碣滩茶

产于沅陵沅水河畔。因沅陵古属辰州府，故又名辰州碣滩茶。碣滩出产的茶叶有毛尖和绿茶两种，形、色、香、味俱佳。从外形看，条索匀整重实，锋苗好，银毫显露，色泽翠绿；冲泡后，汤色黄绿明亮，滋味醇爽，浓香扑鼻，莫可名状。

●靖州雕花蜜饯

靖州雕花蜜饯，又名万花茶，是靖州传统工艺美术食品。它是利用各种瓜、果，蔬菜的根、茎、叶、花、果，用小巧柳叶刀进行精雕细刻加工而成的传统工艺茶点、补品、观赏品、食品。其工艺造型有奇花异草、飞禽走兽、人物、山水、器皿等，造型立体感强，栩栩如生。

●通道侗织锦

据史书记载，侗锦"用木棉线染成五色织之，质粗，有文采，亦有花木禽兽各样，精者冰之水不败，渍之油不污"。侗锦的花纹主要有花木形，如芙蓉、牡丹；鸟兽形，如对凤、鸳鸯；器物形，如楼阁、银钩；还有几何图案，色彩绚丽、图案大方、结构严谨。侗锦采用对比强烈的色泽，配上绚丽多姿的各种图案，具有浓艳粗犷的艺术风格，主要用作衣裙、巾被、门帘、背包、胸巾、枕头等。

●明山石雕

明山石雕因取材明山石而得名，产于芷江县明山。该石质地均匀细腻、色彩纷呈、纹理清晰、软硬适度，是历代理想的石雕工艺和建筑装饰材料，集观赏、实用、收藏于一身，深受历代文人墨客喜爱，成为各界名流佳士相互馈赠之佳品。

●穿丝篮

穿丝篮，是沅陵特制手工艺产品。它是用一色的楠竹制作，中间不加任何金属材料。篮身呈椭圆形状，整个篮子由3根篮圈，200多根竹丝穿制而成。具有小巧玲珑、美观大方、经久耐用等特点。

娱乐

怀化作为一座新兴城市，虽然缺乏历史人文景点，但这里怀着别样风情的古韵侗文化，依然为人们提供了丰富多彩的娱乐活动。

芦笙节：通道每年举行的大型旅游活动，多在皇都侗文化村、坪坦乡一带侗寨举行，时间定为每年的重阳节前后。芦笙节规模宏大，主要活动内容是进行芦笙比赛，参赛队员统一着最具有侗族特色的服饰，每两队一组。比赛时，看哪一队的芦笙音质好、音量大。芦笙舞姿优美整齐，比赛场面壮观，最能体现侗族古朴的文化艺术。

盘瓠龙舟节：沅陵每年5月12~14日举行的龙舟节是沅陵人最重要的节日之一，据说起源于崇拜盘瓠，龙舟节从准备到结束分为"偷料、关头、清桡、赏红抢红、砸船"5个步骤，精彩纷呈，不容错过。

芦笙表演

发现者
旅行指南

湘西州

概览

亮点

■ **凤凰古城**

中国历史文化名城，充满着浓郁的湘西风情。青石板街道，沱江边的木吊脚楼，以及城内古老的建筑，让游客流连忘返。

■ **德夯风景区**

德夯民俗风情古老淳朴，苗家风情园里有拦门对歌、敬酒、苗家跳歌晚会、苗族鼓舞等旅游项目。

■ **芙蓉镇**

原为秦汉时土王的王都，是一座有2000多年历史的土家族特色古镇。

■ **里耶古镇**

秦简的出土，使里耶闻名于世，古镇里有悠长的古巷和数量可观的吊脚楼群，还有古码头、古墓群等遗迹。

■ **猛洞河漂流**

被誉为“天下第一漂”，漂流全程达47千米，沿途是古老河道，树木葱郁，景致绝佳。

■ **苗疆长城**

始建于明嘉靖年间，是中国历史上工程浩大的古建筑之一，如今还有一些遗迹尚存。

■ **老司城**

土司王朝统治经营数百年的古都，保存了自唐宋以来众多的古文化遗址，被誉为土家族的“露天博物馆”。

线路

■ **凤凰经典2日游**

第1天，早上前往凤凰古城，先去沈从文故居，在这里重温边城中的温婉与质朴。可以在沱江上泛舟，听船桨拨水，任思绪飘远。午后来到南华山，夜宿吊脚楼边，听着江水声入眠。

第2天，先去苗疆长城，观览残垣断壁的风雨沧桑，之后去黄丝桥古城，看苗族与汉文化碰撞、交流留下的遗迹。午后去游览舒家塘古堡。

■ **吉首寻古2日游**

第1天，早餐后前往乾州古城，参观古建筑群，拜访

里耶镇

名人遗迹。随后参观矮寨公路奇观，之后来到德夯风景名胜区，欣赏苗族和土家族的歌舞表演。感受浓郁的民俗风情。

第2天，去茶峒古镇，在这个宁静的小镇，寻找历史的踪迹。午后前往里耶古镇，欣赏神奇的自然风光，体会奇特的土家族风情。

为何去

湘西土家族苗族自治州，位于湖南省西部。这里有着数不清的溶洞、峡谷和泉瀑，景色十分秀丽。更有独特的苗族土家族风情，“中国最美的小城”凤凰和德夯就是其代表。湘西还有“天下第一漂”猛洞河、王村古镇等著名景点，堪称旅游胜地。

凤凰古城

何时去

湘西气候宜人，降雨多，气温变化小，一般来说四季皆宜到湘西旅游。夏季到凤凰古城，在这里可体会真正的湘西风情，7月或9月来此，还可赶上苗族农历六月初六的大型歌会或立秋的赶秋节，届时可以感受少数民族的特色节庆，十分热闹。

德夯苗寨

湘西州旅游示意图

区域解读

区号：0743
面积：约15 462km²
人口：约263.82万人
主要少数民族：土家族、苗族

地理 GEOGRAPHY

区划

湘西土家族苗族自治州辖1个县级市（吉首市）、7个县（泸溪县、凤凰县、花垣县、保靖县、古丈县、永顺县、龙山县），州政府驻吉首市。

地形

湘西州，位于云贵高原北东侧与鄂西山地南西端之结合部，地势东南低、西北高，地貌形态的总体轮廓以山原山地为主，兼有丘陵和小平原，以及向西北突出的弧形山区地貌。

湘西州两岸多冲积平原，西部有云贵高原，西南多溶洞、伏流，西北多小片峰；东西部为低山丘陵区，以雪峰山为屏障；北部有鄂西山地。

湘西州境主要河流水系有沅江、酉水、武水、花垣西乡河等。水能资源丰富，多瀑布。

气候

湘西州属中亚热带季风湿润气候，夏半年受夏季风控制，降水充沛，气候温暖湿润，冬半年受冬季风控制，降水较少，气候较寒冷干燥。

春夏多雨，冬暖夏凉，冬夏长春秋短，降水充沛光热少，但光热同季，立体气候明显。

历史 HISTORY

历史大事记

●先秦时期

周武王伐纣后，封其宗姬于巴地，名巴子国。战国初期，巴人进入武陵地区活动，聚居到湘鄂西一带生息，后被秦灭国，约公元前3世纪，一部分巴人南移到湘西，成为当地土家族的先民。

春秋战国时期，凤凰为“五溪苗蛮之地”，属楚国疆域，当时汉文化已影响到这里，湘西地区开始出现民族融合的迹象。

●唐宋元明清

唐末五代，后晋天福四年（公元939年），溪州（今永顺）刺史彭士愁率少数民族万余人，反抗楚王强暴统治。楚王亲征，损兵折将，双方遂盟，于天福五年（公元940年）铸立著名的溪州铜柱，开始了溪州800年土司王朝的统治。

清雍正六年（1728年），“改土归流”，永顺土司彭肇槐主动改流，计818年之久的彭氏土司政权宣告结束。改土归流后，这些地区大力发展生产，兴修水利，改善交通，减

轻土民的赋税，加快了少数民族地区经济的发展、文化的交流和社会的进步。

清乾隆六十年（1795年），“乾嘉苗民起义”爆发，一直延续到嘉庆十二年（1807年），极大地动摇了清王朝的统治。

●近现代

1934年11月26日，中共湘鄂川黔省委、中华苏维埃共和国湘鄂川黔省革命委员会及省军区等组织成立。任弼时任省委书记，贺龙任省革命委员会主席和省军区司令员，首府设在永顺县塔卧。

1936年，永绥县苗族人民发动武装起义，提出“废屯归民”“抗日救国”等口号，起义迅速扩展至凤凰、保靖、古文等地。这次斗争结束了自清嘉庆以来盘剥湘西各民族人民100多年的屯田制度。

1945年4～6月，湖南省中西部发生了抗日战争后期中国战场最后一场大型会战——湘西会战。这次会战的胜利标志着日军中国战场攻势的结束，中国战场的局势有了逆转，变被动为主动，为抗日战争的胜利埋下了伏笔。

1949年9月18日，沅陵解放，解放军四十七军进驻沅陵。经统战，“湘西王”陈渠珍和平起义，1950年11月7日，凤凰县和平解放，加快了解放湘西各县的进程。

1951年2月1日，新成立的湘西军区发出《剿匪政治动员令》，全面进剿湘西土匪。经过艰苦斗争，解放军在湘西人民的支持配合下，歼灭土匪和地方武装11万余人，其后，湘西军民又经过两年艰苦卓绝的斗争，肃清残匪2万多人，数百年湘西匪患，宣告终结。

名单 湘西历史名人

明代苗族儒士、教育家吴鹤

清乾嘉苗民起义首领吴八月

清代抗击八国联军英雄罗荣光

国民政府第一届内阁总理熊希龄

现代文学家、物质文化史专家沈从文

文化 CULTURE

凤凰古城的苗文化

凤凰古城建筑古朴典雅，满街的飞檐翘角，满目的水乡美景，被誉为“中国最美的小城”。这座古城还有着浓厚的苗文化底蕴。

凤凰的苗文化体现在民族工艺品上。这里的织锦、蜡染、扎染、银饰等做工独特，具有浓郁的地方特色和较高的艺术价值。当地也有不少土特产品，腊乳猪、苗家腊肉、苗家酸鱼、特色牛肉干、酸豆角、麻辣香椿是地地道道的苗家菜。

而凤凰的苗人谷苗寨，那更是原汁原味

的苗文化，是苗族的活化石。一弯溪水潺潺流淌，二垅峡谷曲回幽深。两大洞穴四通八达，三帘瀑布从天而降，仿佛人间仙境。这里有苗家阿哥阿妹的恋爱故事，有民风憨厚的早岗古苗寨，有汉代苗人寨部落遗址，更有乾嘉苗民起义时的扎营地和湘西规模最大、保留最为完整的土匪城堡、土匪战场等苗人谷的土匪洞，足以让你尽情领略苗家风情。

湘西土家风情

土家族是湘西州最主要的少数民族之一。土家族的衣食住行等方面都有明显的民族特色。

土家男子用青蓝色或白色的土布帕子缠头，喜欢穿对襟短衫，衣服上总是有很多纽扣；而妇女则常穿无领开左襟大褂，袖子短肥。土家女人喜欢穿八幅罗裙，裙上绣有花纹、图案，有的穿裤，裤脚有两三条花边；老人着大襟衣。

土家人喜吃玉米、小米、荞子，还有酸菜和辣椒。土家人的吃食不仅用来填饱肚子，更用来表达情意。著名的土家妹情丝饼，便是土家妹子遇到意中人时，花尽心思做出来招待情郎用的，借此表达爱慕之情。该饼外酥内软，口感特别。慢慢咀嚼，果然能吃出一番情意绵绵的滋味来。土家族地区的人都爱吃腊肉，一年四季均以腊肉款待客人。他们将鲜肉以盐腌3～5天，然后挂在火炕上，用松柏、香蒿等烟火慢慢熏干，将松树枝、香蒿等香味一同熏入肉中，别有一番风味。土家人爱喝苞谷酒，也喜欢喝茶，这也是他们饮食习惯的一部分。

土家住房多依山建筑，一般是长方形，三间，中为堂屋。房屋建筑材料，有的以木架屋，房顶盖瓦；有的编竹为墙，茅草为顶。

土家族人团结互助、热情好客，一家有事，大家帮忙。逢年过节到土家族人家里做客，热情的主人便会拿出几个雪白的糍粑去烤，烤得两面金黄开花的时候，几吹几拍，往里面灌白糖或蜂蜜，双手捧给客人。

作为禁忌，土家人节日时不能说不吉利的话；不能扛锄、穿蓑衣、担空水桶进屋；不能用脚踏火坑及三脚架；在室内不能吹口哨；客人不能和少妇坐在一条长凳上。

土家族表演节目

景点推荐

吉首周边景点

德夯风景区

具有田园诗情的幽美之地

湘西州吉首市矮寨镇德夯村

吉首火车站广场有到德夯的班车

80元

德夯以险峻幽深的峡谷、雄伟壮丽的奇峰、美丽多姿的瀑布群、缥缈变幻的云雾和古朴神秘的苗族文化为主要特色。景区内有全球寒武纪标准地质剖面、全国落差最大（216米）的流沙瀑布、建于1937年的矮寨中国公路奇观及闻名中外的问天台等。

德夯是国内典型的石灰岩岩溶峡谷地貌。这里谷深悠长，大峡谷中有许多小峡谷，如大龙峡、小龙峡、高岩峡、大连峡、九龙峡等。这里也是瀑布的世界，景区内有高达190米以上的瀑布20多个，水流终年不断，十分壮观。

玩家解说

德夯风景名胜区是天然的植物园，由于气温适宜，雨量充沛，动、植物资源非常丰富，景区内有原始森林及珍贵连片的野生腊梅林约60公顷，还有金桂树、银杏树、珙桐、金钱树等稀有树种；花卉有灯笼花、龙虾花、石蒜花等；动物有猴群、野豹、野山羊、穿山甲、岩鹰、锦鸡、雉鸡、竹鸡等，其种类丰富程度十分罕见。

链接

欢快的苗族生活

德夯风景区内居住着一群苗族同胞。他们讲苗语，穿无领绣花衣，以歌为媒，自由恋爱。姑娘喜欢用

银饰打扮自己，男人爱结绑腿，吹木叶，喜武术。他们自己种棉、养蚕、纺纱、织布，用古老的方法榨油、造纸、织布，用筒车提水灌田。每到春天，小溪河旁，成千上万的大小筒车吱吱扭扭地不停转动，用溪水浇绿田园和山庄。

德夯苗寨

德夯苗寨面积580平方千米，依山而建，被千山飞瀑环抱。民居飞檐翘角，半遮半掩，到处都展示出一派浓郁的民族特色。这里是纯苗区，每年苗族人民的四月八、跳鼓舞、三月三歌会、赶秋、接龙、推牛及苗岭情歌，吸引着中外游客。

德夯村位于峡谷深处。这里共有80余户苗家，住在这里的民居统一是灰瓦木屋。木屋间穿插着清一色的石板路、石板坪、石板桥、石板墙，看起来一派和谐统一的景象，整个村寨显得恬适幽静。

流沙瀑布

流沙瀑布，位于九龙溪源头，高216米，是中国最高的瀑布。该瀑布在丰水期，滚滚流水从悬崖上飞落入深潭，如九龙翻波，吞云吐雾，声音震撼山谷；每当枯水的时节，流水飘下悬崖，时而如轻纱拂面，时而似珠帘悬挂，宛如白纱荡涤绿潭，漾起层层涟漪，温柔秀雅。

八仙湖

八仙湖是20世纪70年代在沱江下游兴建水库形成的。湖为不规则的长条状，最长9千米，宽数百米，湖面积近100公顷。八仙湖四周为苍翠的群山，半山腰常有苗寨，袅袅炊烟，自然而和谐。

矮寨奇观

矮寨奇观指的是矮寨盘山公路，即著名的湘川公路奇观的起点，全长近7千米，共有180°的转弯18个，被誉为“矮寨天险”。整条公路在矮寨北坡绝壁上开凿而成，相对落差600多米，其地势之险、设计之巧妙，是湘川公路上最险的一道关卡，堪称全国公路之冠。沿着公路盘旋而上，曲曲折折，绕来绕去，如行云中、如登天梯，非常有趣。

驷马峰

驷马峰的岩石嶙峋，高300多米，峻雄姿

流沙瀑布

奇，4座山峰并列各异，如同四匹烈马奔驰而来，位于德夯村北东侧石峰如同一面巨壁，高300多米，宽500多米。壁面上石层纹理如刻如描，乍一看就像一块美丽的画屏竖立于德夯村前。

玉泉门

玉泉门是一个天然石门，高350多米，玉泉门左右绝壁千仞，绝壁上多生青松、灌木，石门由距今五六亿年前的巨岩构成。岩壁陡峭如削，两扇石门恰似半开半掩的门扇，清爽的山风直从石门里吹出来，给人送来一阵凉意。

浯溪书院

一组殿堂式古建筑群

湘西州吉首市峒河北岸鳌鱼峰

浯溪书院为一组殿堂式古建筑群，也是吉首民族师范学院的前身。院内的16棵古桂花树为一绝。园西侧有盛教亭和罗盛教塑像。书院门前有用青、灰、紫、红各色条石砌成的石阶。书院为红漆大门，琉璃瓦下嵌着花窗。院内为一组殿堂式古建筑群，中间为正堂，两侧是书屋厢房。

玩家解说

书院建于明代，明代苗族著名宿儒吴鹤先生曾在这里兴学研文。至清代，书院曾经兴盛一时。1936年前，湘西苗族人民举行“革命抗日运动”，书院便成了一所师范学校。历史上，吉首人才辈出，桃李满天下，伟大的国际主义战士罗盛教，就是该校的学生。

湘西州民族博物馆

具有民族特色的建筑群

湘西州吉首市芙蓉岗公园内

湘西州民族博物馆占地3.6公顷，依山而建，为一组具有民族特色的建筑群。馆内厅室几十间，用各种大理石、水磨石瓷砖装饰一新，宽敞明亮。馆内陈列有州内的各种珍贵文物，如在龙山里耶、张家界郊区新石器时代遗址的文化层中发掘出的许多石器和陶片等。

峒河公园

休闲娱乐的好地方

湘西州吉首市人民路北段

吉首峒河湿地公园以宽谷河流、河漫滩、江心洲与草本沼泽为主体，是一个狭长的游乐园。这里动植物资源丰富，有国家一级保护植物4种、国家珍稀濒危保护植物12种，有野生脊椎动物250多种，分布有国家一级重点保护动物金雕和白颈长尾雉2种，国家二级重点保护动物大鲵、虎纹蛙等23种。

乾州古城

具有悠久历史的古城

湘西州吉首市乾州街道

乾州古城被誉为“湘西四大古镇”（乾州、浦市、里耶、茶峒）之首，古城历史源远流长，人杰地灵，在这块古老而神秘的土地上，出过很多著名人物，如大思想家王阳明的弟子、教育家吴鹤，清乾嘉年间苗民起义领袖吴八月、陕甘总督杨岳斌、民国陆军上将傅良佐、中国当代“画马四杰”之一的张一

乾州古城

乾州古城

尊等。景区内有十里古街、十里河道、十里边墙。古迹包括三门开、杨岳斌故居、文庙等。此外，古城内民族节庆活动丰富多彩，现已形成“春”文化、“巫傩”文化旅游特色。

三门开

乾州古城南门是一座月城，几百年来以城开三门的独特设计闻名于世。月城有3座城楼，布局呈“品”字形，中间为主楼，两边各有一耳楼，且主楼与耳楼错落有致。“三门开”是我国古城建筑史上的绝品，十分雄伟壮观，极具观赏价值。

杨岳斌故居

杨岳斌故居坐北朝南，占地1000多平方米，为烽火墙式砖木结构庭院，曾是一代名将杨岳斌（晚清湘军水师统帅、陕甘总督，授太子太保）的住宅。故居分三间五进，院中有院，至今保存完整。

乾州文庙

乾州文庙建筑布局及木、石镂雕集中反映了民族传统古建筑的高超技艺。该文庙于清雍正十一年（1733年）建成，之后续建崇圣祠，乾隆六十年（1795年）乾嘉苗民起义时毁于战火，嘉庆六年（1801年）重修。

太虚洞

太虚洞洞高约35米，深约250米，洞如螺旋上升，洞门石壁上刻有“太虚洞天”等题记、诗赋。洞中有八仙台，可布一席；石乳悬如璎珞，累累落落的情状触结如珠；洞口常有云气缭绕。洞口岩石上刻有明万历年间文人学士的诗作。

观音阁

观音阁始建于明代，重建于清代。其阁楼结构和装饰风格显示出我国清代的建筑艺术风格。观音阁阁高20余米，直径10余米，为三层木质结构。下为青灰色鼓石奠基，上为灰瓦盖顶。阁楼四方翘角，翘角上立有飞禽雕塑，角下悬挂有风铃。阁楼建造得十分精美，每层镶嵌有古雅的花窗，显得既秀气又别致。

狮子庵

被形如狮子的山环抱

湘西州吉首市峒河南岸

狮子庵，位于峒河南岸，湘川公路自蹲狮山背后经过。蹲狮山，高50米，长约100米，山石耸立，若雄狮独蹲，猛然一看，其状可畏。古人以其形取名“蹲狮山”。狮子庵周围的群山神形兼备。蹲狮山脚下为悠悠峒河，景色可观。

吴王湖

镶嵌在万山之中的一颗明珠

湘西州吉首市城西5千米处

吴王湖湖水面积近6公顷，皆波光粼粼，水色碧绿如翡翠。湖上空常有水鸟起舞，水中游鱼跳跃，颇多幽趣。吴王湖是1958年兴建水库形成的。由于它位于苗民起义军领袖吴八月故乡，所以人称“吴王湖”。湖中可以荡舟，在盛夏，这里还是天然的游泳场所。

东门坡公园

有“花果山”的美称

湘西州吉首市东环城路

东门坡公园，面积约30余公顷。公园内有一座小山，小山的西南坡生长有桃树、梨树等南方山区特有的果树和乔木，每至春季，繁花盛开，争奇斗艳；时至深秋季节，则满坡遍野，果实累累。

一心阁位于东门坡的山顶上，为三层楼式结构的彩阁，每层有6个翘角，每个翘角上悬有风铃。由于山巅上风大，风铃摇摆不定，清脆悦耳。阁楼用十多根大红柱顶立，每层皆雕梁画栋，富于浓厚的民族特色。阁楼内有旋梯一直通向顶层，每层四周均有石台道，石台道以花栏杆围住。阁楼之顶用彩色琉璃瓦叠盖，美丽的琉璃瓦在阳光下闪耀，衬着那发亮的红柱玉梁，显得金碧辉煌。

喜鹊营古城

具有民族特色的土家村寨

湘西州吉首市北部山头上

喜鹊营古城四周青山环绕，附近土地平旷，山脚下溪水绕流。城东有石洞，内有泉水流出；城西有水塘，塘底冒水翻腾，颇为奇特。城内街道呈“井”字形，青石板路；城外树木茂密。清朝立城之前，原叫“麻雀寨”，为土家族村，有城楼四座，还保持着古风。

仙镇山

有“仙岭雾云”的自然奇观

湘西州吉首市城北部

仙镇山俗名大坡。该山景色奇特，若赶上初晴之际，山腰白云横绕，明媚多姿；若是清晨雨后初霁，朝晖从山凹处射出，彩色光柱直射长空，如同佛光，无限美妙而神奇。仙镇山属岩溶孤峰，由于地形地貌的影响而形成“仙岭雾云”的自然奇观。

堂乐洞

相传是古代造兵器的山洞

湘西州吉首市西郊的山岭中

堂乐洞又名“小桃花洞”。相传清乾隆年间吴八月部将杨鼎元曾率义军入洞打铁制造兵器，称“打铁洞”。“打铁”苗语即为“堂乐”，故得名。堂乐洞共三层，由一主洞和若干支洞组成，全长约2500米，洞高平均约10米，有通风口三处。洞内空气清新，景观千姿百态，主要景点有迎客厅、跳鼓台、卧狮坪、古石琴及苗民起义军打铁遗址等。

海螺峰

形状奇特的山峰

湘西州吉首市郊

海螺峰高约100米，上尖下大，岩石曲曲扭扭，活像一个巨大的海螺立于谷中。峰下花草灌木丛生，满谷翠绿欲滴，鸟语花香，景色迷人。海螺峰北侧有巨大的石峰，形状如大象头，人称“象头山”。象头山北侧又有一峰，高约100米，青石构成，苗语称“高努九”，意为“画眉峰”。此峰从山下仰望，像一尊巨大的观音塑像，从山顶上俯视，恰似一只爱唱歌的画眉鸟。从画眉峰北行不远便见一道巨大的天然石门，叫做“九龙门”。

燕子峡瀑布群

柔美的瀑布

湘西州吉首市郊夯峡溪尽头

燕子峡是一个深邃的隘谷，两岸石壁如削，峡深约300米，燕子峡尽头的西北面石壁上，悬挂着7道飞瀑，平均高约200米，雨季时7道飞瀑连成一片，宽约300米，满谷水雾，气

燕子峡瀑布群

势磅礴。干旱季节大瀑布分成若干小瀑布，挂于壁上，如同丝绢、白纱和锦缎一样。

军亭界度假山庄
五星级乡村旅游景区

湘西州泸溪县武溪镇军亭界林场

军亭界度假山庄三面环山，林木葱茏、景色秀美、空气清新、气候宜人，一年四季适合旅游、度假、休闲、娱乐等。它是湖南省“五星级乡村旅游景区”，目前已建成多处旅游服务项目和景观，包括农家木楼、休闲亭、养殖农场、采摘果园、垂钓水库、烧烤大棚等设施。山庄内自然条件得天独厚，环境幽雅，服务完善，是游客观光、度假、避暑、休闲、娱乐、聚会等的理想之地。

栖凤湖
酉水河上面积最大的人工湖泊

湘西州古丈县北部的酉水流域

栖凤湖面积约167平方千米，是酉水河上面积最大的人工湖泊，湖内小岛星罗棋布，整个栖凤湖水平似镜、青山如屏，鱼翔湖底、舟船穿梭，两岸地质结构奇特，山、水、林、洞齐全，是典型的喀斯特地貌。共有21景，景景相连。这里的人文景观也非常丰富，有下溪州古城原址等古代名胜。

酉水大桥
湖南省跨径最大的公路桥之一

湘西州古丈县箭潭口

酉水大桥是省道1828线上的一座特大桥梁，接山连水，宛如一道长虹卧波。使天堑变通途。该公路桥是一座具有民族特色的大跨径空腹式悬链线双曲拱桥。全长367米，宽7米，可并行两辆汽车。

茶峒古镇
小说《边城》中的小镇

湘西州花垣县边城镇

茶峒古镇，即现在的花垣县边城镇，始建于清嘉庆八年（1803年），因位于湘、黔、渝三省（市）交界处，故被称为“一脚踏三省”。茶峒古镇作为湘西“四大名镇”之一，民居以青砖黑瓦屋为主，还有一些吊脚楼建筑，是沈从文笔下的《边城》原型。走在古镇内，狭窄的石板街道，雕花的栏杆、窗棂，热闹的“边边场”集市，百货、土产摊档上的各色货物，熟食摊档上的辣椒米粉等美食，无不体现出一种古朴、浓郁的民族风情。

垂钓

玩家 解说

古镇中的翠翠岛是不可错过的景点。它以《边城》中女主角翠翠的名字命名，整体布局突出了自然风光，山、水、树、花在此相得益彰。岛上设有多处建筑景观，其中前端塑有一尊汉白玉翠翠雕像，由著名画家黄永玉设计；岛上的34级台阶，寓意名著《边城》发表于1934年；民间绝技表演场主要用来进行绝技表演，整个翠翠岛像一条渡船停泊在清水江上，向人们诉说着美丽的过往。

湘西古苗河风景区

休闲、疗养、旅游避暑胜地

湘西州花垣县花垣镇

古苗河风景区，森林面积2667公顷，沿河峡谷风景带长15千米，山高林密，构成夏无酷暑、冬无严寒的森林小气候，是一个休闲、疗养、旅游避暑胜地。景区内的主要景点有月亮湾、白水河瀑布、祭祖坛、七妃浴等。

石栏杆

湘西苗区胜景之一

湘西州花垣县排吾乡

石栏杆三面环山，坪中有数百岩柱矗立，宛如栏杆，故汉名曰石栏杆。这里栏杆状的石林面积约7公顷，高40～50米，十分壮观。

红石林景区

寒武纪的岩石林地貌

湘西州古丈县茄通乡和断龙乡境内

¥ 120元

红石林景区，是目前世界唯一形成于寒武纪的红色碳酸岩石林地貌，属地质史上所称的扬子古海。景区内保持了原生态之美，奇观绝景众多。其中以巨人园等景色最佳。巨人园里巍然耸立有一尊高12米的石柱，其神态挺拔伟岸，模样酷似领袖人物的雕像；神奇的是，再换一角度观之，又极似立于川上抒发“逝者如斯夫”的圣人孔夫子。而位于另一旁的两尊高大石柱，像是从容就义的巾帼女英雄，也像屈子行吟图，令人肃然起敬。

大龙洞景区

吉首市母亲河峒河的源头

湘西州花垣县补抽乡

大龙洞风景区内奇峰突兀，怪石林立，古树参天，其间不乏奇花异果、珍禽异兽。景区内溪河纵横，溶洞暗河相连，有寒武系地质公园、大龙洞瀑布、翠竹长廊、龙母宫等景。

链接

大龙洞的爱情传说

相传远古时代，北海龙王应黄帝之约追赶蚩尤的九黎部落至双龙景区境内，被秀丽的山水所迷不思归北海而定居于此。龙婆居大龙洞，龙公居郎龙山，龙媳居小龙洞，7位公主化作7大瀑布呈七星状依附于大龙洞四周，龙太子与凡间绝色美女黛帕流光一见钟情，生下苗族的先祖三位王爷。此举震怒天庭，龙太子被赶出大龙宫而深囚于龙潭。黛帕流光化作山峰，深情地凝望着龙潭，守候数千年。山涧虫鸣鸟啼、泉水叮咚响，好似向后人传颂美丽的神话。

大龙洞瀑布

大龙洞瀑布绝壁高达500余米，号称“天下第一洞瀑”。自山腰洞口喷发而出，呈扇形状，水响声势浩大。瀑布落差208米，最大宽度88米，堪称天下第一。

大龙洞飞瀑

龙母宫

龙母宫位于洞瀑的源头，殿外水帘垂悬，殿里面有数千平方米，拾级而下，可观洞瀑源头。沿宫内栈道而进暗河尽头，全长约3000米，可观千姿百态的钟乳石和形状各异的千丘田。2004年中美联合探险队深入龙母宫洞穴探险即在此处。

小龙洞瀑布

惊险壮观的瀑布

湘西州花垣县排碧乡黄岩村

小龙洞瀑布是一个“U”形山岩，悬崖高达300~500米，有小龙瀑、窟索瀑、护潭瀑、蟹将瀑4条瀑布从百米以上的绝壁上飞流直下，一齐泻入一处深潭，响声如雷，烟雾弥漫。小龙瀑布最大落差1470多米，声势磅礴；窟索瀑布洞口威严，流水汹涌；护潭瀑布水落如纱，含情脉脉；蟹将瀑布姿态婆娑，美丽妖娆。

迁陵古城遗址

被称为“史海迷宫”

湘西州保靖县龙溪乡要坝村酉水河边

迁陵古城遗址又名四方城，汉高祖五年（公元前202年）改黔中郡为武陵郡，在此正式置县，始称迁陵县，隶属武陵郡。后来，历代虽不断更名，其治所仍未动。直至五代取消迁陵县，此地是近600年的县城治所。人们在这里发掘了几十座古墓葬和湘西州唯一的青铜冶炼场。

西溪森林公园

美丽的半岛景观

湘西州保靖县迁陵镇郊区

西溪森林公园占地面积68.7公顷，三面环水，一面倚山，由南向北走向。岛上丘陵起伏、林木葱郁，西侧绝壁上有人工凿就的岩墓葬穴三眼，在人工凿就的石洞中有“帝母庙”遗址。西面坡腰，有毛泽东国文业师袁吉六先生的墓塔，墓塔正中的大理石碑上刻有毛泽东亲笔题书“袁吉六先生之墓”七个大字。

小寨沟

相传为李世民安营扎寨之地

湘西州保靖县涂乍乡

小寨沟长约2千米，相传为隋末农民起义英雄刘武周和唐太宗李世民安营扎寨之地。沟里面冬春温和，夏秋凉爽，又称“长春沟”。最为壮观的为丫瀑潭，高20多米，上下相连，形成一个“丫”字形，瀑下积水成潭，翡翠碧绿，潭周围有大片开阔地，可供游憩。还有“水帘洞”“凤尾串珠”“白蛇出洞”“神龟吐珠”“苍龙喷雾”等水景。

吕洞山

原生态自然景观保存完好

湘西州保靖县夯沙乡

吕洞山海拔1127米，景区内层峦叠嶂，山势雄峻，巨岩壁立，古木参天，瀑水相叠，苗寨错落有致，原生态自然景观和民族风情保存完好，犹如一幅幅精美的山水画卷，向世人展示着旖旎的田园风光。这里以“吕洞秘境、苗祖圣山”为主题，以苗家自然景观为核心，融自然、人文景观和风情民俗为一体，现是旅游、休闲、度假的绝佳地。

吕洞山

景点推荐

永顺旅游区

猛洞河漂流 AAAA

被誉为“天下第一漂”

湘西州永顺县境内　0743-5854800

在吉首市内乘坐班车到芙蓉镇即可到达

228元

猛洞河漂流景区地跨永顺、古丈两县，全长47千米，下游与酉水汇合注入沅江。景区内有急流险滩108处，大小瀑布20处，以及绝壁、飞瀑流泉等，有“十里画卷”“十里洞天”“十里绝壁”“十里瀑泉”的美誉。全国人大常委会原副委员长费孝通漂流后，为其题词曰“天下第一漂”。“天下第一漂”名不虚传，只有体会过的人才能说出它的美妙来。

玩家攻略

猛洞河漂流从“哈妮宫”出发，沿途经过沐瀑流、打水仗、过峡关，出没浪端谷底，途经三角岩、鸡笼门、捏土瀑布、阎王滩、落水坑瀑布、梦思峡等数十个景点。一般在王村码头购票，一直漂到猴山。漂流时每人均须穿上救生衣，由当地艄公撑船，所以有惊无险。

一般漂流最精彩的部分就是在哈妮宫一段。这里多险滩，水流较湍急，此段漂流全程约需5个小时；当然也可只漂半程，即从哈妮宫到泥路河大桥这一段，约需3小时。到达猴儿跳后，可乘游船去往芙蓉镇，约需2小时。如是早上开始漂，可漂全程，然后去芙蓉镇上游玩；如果是下午开始漂，就只来得及漂半程了。

不二门

不二门风景区位于猛洞河畔，总面积达30平方千米，被誉为“天下第一门”。这里作为国家级森林公园和佛教圣地之一，以奇石、温泉、石刻、观音朝拜为特色，景点有石门天凿、玉嶂屏环、澄潭月影、古洞仙踪、温泉烟暖、层阁耸翠、松径留云、净地清心八景。

落水坑瀑布

落水坑瀑布高200多米，是猛洞河最大的瀑布。瀑布水流凌空直下，呈弧形展开，近观只见漫天飞珠，雾气朦胧。

链接

落水坑瀑布的由来

据说落水坑原来并没有瀑布，只有一山石壁高耸蓝天。古时候，潭中鱼妖成群，作恶多端，其中一黑鱼妖，每每掀翻船筏，搅人落水，以供餐食。据说在这里翻船破筏的人落水后没有一个人能出来。人们称这里为落水坑。年复一年，人们无奈，只能求上天保佑，于是玉皇派观音到凡间明察，查知是黑鱼作祟后，便挥手出线，招手成网，一句咒语，黑鱼妖落入网中。为了警示其他鱼妖，便将黑鱼挂在石壁之上，遗臭万年。观音走后，渔网变成了这个大瀑，故名落水坑瀑布。

阎王滩

阎王滩原名回首峡，峡曲而险，易进难出，舟行其中上下沉浮、左右摇晃、浪花袭人，令人顿生惊险刺激之感。

猛洞河平湖景区

素有“小三峡”的美称

湘西州永顺县西端王村镇

猛洞河平湖景区位于猛洞河的下游，上起猴儿跳，下至龙门峡，全长45千米。平湖两岸有观音洞、鸳鸯峡、金蟾洞等十多个景点。两岸山谷中有不少珍禽异兽和珍稀植物，是天然的动植物园。

芙蓉镇 AAAA

历史悠久的土家族特色古镇

湘西州永顺县

在吉首有直达芙蓉镇的客车

120元 8:00~19:30

芙蓉镇古称酉阳，原是秦汉时土王的王都，是一座有2000多年历史文化的土家族特色古镇。古镇是酉水的重要码头，地理条件得天独厚，镇中风光融自然景色、民族风情为一体。四周是美丽的青山绿水。2.5公里长的青石板街曲折幽深，大街小巷交错，土家吊脚楼临水而建，民族风情淳朴迷人。这里风光秀美，历史文化厚重，是谢晋执导的著名电影《芙蓉镇》的外景拍摄地，而电影《芙蓉镇》的独特魅力早已烙印成一代人的集体记忆。这里现已成为湘西的旅游胜地，是游客观光、寻幽、访古的最佳去处。

玩家解说

芙蓉镇满是热闹非凡的集市和古风犹存的建筑。在生意火爆的集市中，当地居民夹杂着外地游客，将整个芙蓉镇渲染得热火朝天。村口那块青石牌坊上，写着“贞洁”和“圣旨”两字。临街的作坊里，有青青的石板街、古老的吊脚楼、土家族妇人在卖着当地产的米酒与姜糖。码头有绵亘而上的石阶，两旁青瓦木房鳞次栉比，顺山就势显得错落有致。

古镇的民俗博物馆里，陈列着手摇脚踏的棉花机、阉猪鸣号的羊角和世代相传的雕花牙床，近百件散发着乡土气息的民间用具，展示着土家族古老而丰富的历史。

芙蓉镇瀑布

该瀑布高60米、宽42米，水流倾泻而下时溅起的冲天水花形成漫天水雾，景象壮观；尤其在阳光照射下像是一道七彩长虹，气势非凡。此外，这里的观瀑吊脚楼里藏有土家族的300多件文物，是土家文明的重要见证，很值得参观一番。

溪州铜柱

溪州铜柱被誉为“千古名胜”，原位于永顺县西水河岸，1971年迁至境内的王村花果山上。铜柱为中空八面体，高4米，始建于北宋天德元年（1017年）。柱上刻楷书《复溪州铜柱记》，内容共计2000多字，是当时南楚王马希范、土司彭仕愁罢兵盟誓的条约，对研究中国古代民族关系来说具有珍贵的史料价值。现在，这里已成为著名旅游景点。

老司城世界文化遗产 AAAA
湘西历代土司王经营的古都

湘西州永顺县灵溪镇老司城村

可从永顺县有班车前往

老司城本名福石城，是土司王朝统治时期的古都，因而被称为“老司城”。自唐宋以来，这里就逐渐保存下了众多古文化遗址，文物遍布于地上地下，如千年祖师殿、彭氏宗祠、摆手堂、古墓葬、石坊、石碑等。老司城也被认为是土家族的“露天博物馆”。清人彭施铎在《竹枝词》中赞道：“福石城中锦作窝，土王宫畔水生波，红灯万点人千叠，一片缠绵摆手歌。”

芙蓉镇瀑布

玩家 解说

老司城的土司王，官方称其为溪州刺史。这是一种世袭官职，父死子袭，兄终弟继，是辖区至高无上的首领。据史料记载，公元1135年，溪州刺史彭士愁第八代孙子彭福石舍弃了王村，来到了土司城建城，故而又称“福石城”。此后一直到1724年，末代土司衙署迁到颗沙新司城，期间历时600多年，历经23代土司王的统治。

链接

老司城的兴衰

相传，老司城分为内罗城和外罗城2部分，内有8街10巷纵横交错，商铺林立、人烟阜盛。五代后梁开平四年（公元910），彭瑊被授为溪州刺史，溪州土司自此开始。南宋绍兴五年（1135年），福石城始建。作为溪州土司的故都，它历经27代土司王，管辖范围最盛时达20个州。明嘉靖三十四年（1555年），倭寇进犯东南沿海。为平息倭患，年仅19岁的永顺土司彭翼南赶赴沿海参战。后因其抵抗倭寇入侵有功，被封为昭毅将军。清雍正初年，清廷对西南诸土司实行“改土归流”，永顺土司政权在延续了9个王朝后宣告结束。自此，老司城也逐渐荒芜了。

祖师殿

祖师殿，始建于后晋天福二年（公元937年），明时重建，共4进5间，建筑形式为重檐歇山顶。正殿为全木结构，屋顶由34根大柱支撑；上架木枋无斧凿痕迹；殿脊、殿檐覆陶砖陶瓦，上有精致图案。

彭氏宗祠

彭氏宗祠位于老司城中心，始建于明万历十九年（1591年），由第24代土司彭元锦

任宣慰使时所建。内供历代土司牌位，造型栩栩如生；还藏有历代土司制定的“三纲五常”法谱。

土司古墓群

古墓群位于老司城紫金山、雅草坪等地，其中以紫金山为最多，据考察共有土司王及贵族坟墓109座。明代一些名土司如彭显英、彭冀南等人的坟墓，至今仍保存完好。

冀南牌坊

牌坊位于老司城南面的雅草坪，始建于明嘉靖年间，上刻“子孙永享”4字，是为表彰彭冀南率土兵抗倭立功而建。

土司德政碑

此碑位于老司城衙署遗址左侧，始建于清康熙五十二年（1713年），是永顺土官为宣慰使彭泓海歌功颂德而建的。石碑用青石雕成，高2.74米；碑头篆刻有“甘棠遗爱”4字，两侧对联为“一片石铭恩德厚　千秋歌颂山河新”。

小溪自然保护区

罕见的原始次生林

湘西州永顺县小溪乡

小溪自然保护区总面积26 300多公顷，森林蓄积总量222余万立方米，属全球重点保护的200个生态圈之一，是世界少有、中国独有的免遭第四纪冰川侵袭的低海拔常绿阔叶原始次生林。

保护区内物种丰富，有植物2700多种，其中有珙桐、红豆杉、柏乐树、银鹊树等，有药用植物900多种，芳香植物300多种，是湘西青冈、湘西石栎等21种植物模式标本的产地。现在这里已经开放龙门溪、鱼泉溪等景点。

景点推荐

龙山旅游区

乌龙山地质公园

国内罕见的岩溶构造地貌景观

湘西州龙山县境内

乌龙山地质公园由乌龙山大峡谷、洛塔石林、八面山、湾塘酉水河4个中心景区组成。这里石林、溶洞、峡谷、瀑布应有尽有，尤其是溶洞暗河冲破绝壁飞流直下形成的瀑布令人称奇。

地质公园内森林茂盛，已知树种有700多种，最为珍贵的是3株第四纪冰川后存活下来的千年古水杉树，为国家级保护树种。此外，还有火岩溶洞群、天坑鼓特大熔岩漏斗等地质遗迹景观。

玩家解说

乌龙山位于湘、黔、渝交界的武陵山区，是电视剧《乌龙山剿匪记》的发生地。千百年来乌龙山一直是历代朝廷管不了的荒蛮之地。这里人迹罕至，地形险要，山谷沟壑纵横交错，山上道路四通八达，且海拔多在1200米以上。新中国成立前，以乌龙山为据点的湘西各路土匪已达10万之众。他们利用湘西山区地形复杂的有利条件，飘忽不定，来去无踪，国民党先后派无数的兵力进剿，均未伤筋动骨。新中国成立后，解放军挥师湘西，土匪队伍才土崩瓦解。

乌龙山大峡谷

乌龙山大峡谷景区面积约41平方千米，整个风景区以山、水、洞、石等自然景物为主要特色。峡谷两岸溶洞横陈，其成因各异，景观各别，构成了千奇百怪的地下世界，被誉为“世界溶洞博物馆”。

八面山

八面山因山有八面而得名，面面悬崖绝壁，平均海拔1200米，南北长约40千米，总面积52平方千米，地势开阔平坦，拥有草场3330余公顷。

乌龙山

八面山拥有独特的气候条件，秀美的自然景观，丰富的野生动植物资源，其燕子洞以险出名，杯子岩以奇著称，自生桥以神闻名，整个山界，耸立于云雾之中，十分壮观。

洛塔石林

洛塔石林总面积约62平方千米，可分为裸露型、掩埋型和埋藏型三种。其中裸露型石林占石林分布面积的90%，其形态多样，造型奇特，蔚为壮观。有的峥嵘如石塔、有的嶙峋如盆景、有的峻峭如险峰，层叠交错、气势恢宏。洛塔石林集中分布形成了龙湾、五虎赶六羊、龙溪沟等石林奇观。

里耶古镇 镇

了解秦朝历史文化的好去处

湘西州龙山县里耶镇

在吉首市汽车南站坐长途巴士直达

里耶古镇地处武陵山腹地，与茶峒、王村、浦市并称湘西“四大古镇”。古镇紧靠酉水而建，有城墙、护城河、古井等建筑遗址，是一个完整的古代城市系统。在此出土了数百座古墓葬群、三口古井等遗存；文物包括陶片、青铜兵器、近3万枚秦简等，主要陈列在里耶古城博物馆。里耶古城和秦简的发掘，填补了湘西乃至全国秦汉古城尤其是秦代古城考古的空白，是研究秦史的关键性资料，也是游客参观秦朝建筑和了解秦朝历史文化的好去处。

古城墙

里耶古城的北城墙、西城墙至今保存相当完整，墙面系大卵石垒砌而成，最早是战国时的军事城堡，秦汉时才成制。城墙外还有宽约6米的护城河。古城有城有池，防御格局固若金汤，适合进行参观、访古、科考等活动。

里耶古井

里耶古井即古城一号井，位于里耶镇的一个河滩上。考古学家曾在该井中发掘出简牍近3万枚，而且是珍贵的秦简，因而它被考古专家们称为“中华第一井”。

古墓群

麦茶战国古墓群位于里耶镇麦茶村东南，分布面积约4平方千米，1989年发掘55座，均为土坑竖穴墓，出土铜器有剑、戈、印章等，陶器有鼎、敦、壶、钵及琉璃管石、玉璧、残铁器及石饰件等。其中巴氏柳叶剑等战国兵器铸造精良，锋利无比，乃旷世奇珍，被列为国家一级文物。

里耶古镇

里耶古街

里耶古街成形于清初，三合土泥鳅背街面可直通河码头，当时这里街道纵横交错，商铺鳞次栉比，商业极为繁荣。街道两旁现仍保存有众多古香古色的古建筑，房屋大多是两进式三开间木房子，看起来十分雅致，像婆婆庙、文昌阁、关帝宫、雅麓庵等。这里至今商通四海，景象繁华。

河码头

里耶古镇居酉水北岸，沿岸有上、中、下三处码头。其中以中码头和下码头最为繁华。每天在这里停泊的船只多达上百，多为乌篷船，大小不一。100多只乌篷船停泊岸边，船上灯火与岸上万家灯火交相辉映，形成一道独特的风景线。

婆婆庙

婆婆庙是为纪念土家族远古首领向老官人的夫人冲巴妮而建。婆婆庙临里耶镇酉水河而建，庙前古树婆娑，树龄不下400年。其建筑极为精致，石雕彩塑匠心独运，是中国土家族地区保存最为完整的一处母性崇拜祭祀圣地，无论是祭祀文化还是建筑工艺，都具有其独特的价值。

洗车河古镇

土家族文化生态保护区

湘西州龙山县洗车河镇

洗车河为湘西名镇，主要居民为土家族，因洗车河流经古镇而得名。这里气候温和、山清水秀，有精美的土家吊脚楼、土家族民间艺术打溜子、闻名于世的土家织锦，形成了以洗车河为中心，土家风情浓郁的人文景观。在这里，能够欣赏到众多古建筑、神秘的梯玛、戏剧活化石茅谷斯、淳朴原始的风俗。

火岩溶洞

火岩溶洞群

每个洞都如一方鬼斧神工的画廊

湘西州龙山县火岩乡

火岩溶洞群是湘、鄂、川三省边界的一条长15千米的深沟峡谷。这里有大小溶洞200多个，是寒武纪时期留下的一处绝世奇迹。这些溶洞个个气势磅礴，恢宏壮观。有可容纳几十万人的飞虎洞，有玉树银花、异彩纷呈的石花洞，有盘根错节、让人疑是地下迷宫的母子洞。更为神奇的是，有些洞口整天呼呼吹风，终年不止，冬暖夏凉，且风力风速较大。

茨岩塘

曾是湘鄂渝黔苏维埃政府所在地

湘西州龙山县东部，距县城35千米

茨岩塘曾是湘鄂渝黔苏维埃政府所在地。这里人杰地灵，是一块红色的沃土，革命的摇篮。贺龙、任弼时、王震等老一辈无产阶级革命家曾在这里浴血奋战，现留存有湘鄂川黔省委、省革命委员会旧址、红二六军团兵工厂旧址、红二六军团半寨医院旧址、中华苏维埃龙山县革命委员会旧址、红军桥、贺龙钓鱼台等多处红色圣地。

景点推荐 凤凰旅游区

凤凰古城 文 AAAA

历史悠久的著名古城

湘西州凤凰县沱江镇

148元

凤凰古城是一个以苗族、土家族为主的少数民族聚居地，因古城内有一座酷似凤凰展翅的山而得名。凤凰古称镇竿，始建于清康熙四十三年（1704年），虽历经300多年的风雨沧桑，但东门和北门古城楼等建筑尚在。城内青石板街道，江边木结构吊脚楼，以及朝阳宫、万寿宫、杨家祠堂、天王庙、大成殿、古城博物馆、熊希龄故居、沈从文故居等，无不具古城特色。凤凰的风景将自然和人文的特质有机融合，组成了一条绿色长廊，透视后的沉重感也许正是其吸引八方游人的魅力之精髓。

玩家 攻略

（1）美食：凤凰县城内随处可见快餐店，价格实惠，更有独具风味的麻辣烫、米线等小吃，还有苗家酸鱼、酸萝卜等。晚间从县城邮电局到东门的街上有很多小摊，多为麻辣烫、烧烤等小吃，味道也够辣，量多味美。“大使饭店”在凤凰很有名气，酸白菜、地衣、腊肉、炒松油菌、罐罐菌炒肉等菜极具地方特色，还有民间工艺一条街上的“老街饭馆”也可以一去。

（2）住宿：在凤凰找房子最好到沱江边或者古城里面，这些都是当地人开的宾馆，凤凰的住宿可分为两类：宾馆酒店和家庭客栈。

宾馆酒店：凤凰较好的酒店有天下凤凰大酒店，其他的二星或者准二星的酒店有十几家，房价一般在100~200元/天之间；普通的家庭酒店有南华宾馆、古湘山庄等。

家庭客栈：客栈住宿分为临江客栈和不临江客栈。临江客栈位置好的房价较贵，但风景绝佳。除了正规酒店外，其他住宿的基本上都是不带一次性用品的（毛巾、香皂等需要自带）。

（3）购物：选购手工艺品可以到凤凰“民间工艺一条街”，街道两旁的商店里全是湘西的民间特色商品。此外，在湘西可以去赶场（赶集），腊尔山、禾库、山江等都是苗族场，物品之多、价格之便宜、民族手工艺之精湛在所有集场中都是数一数二的。

沈从文故居

沈从文故居始建于清同治五年（1866年），为木结构四合院式建筑，占地600平方米，共有房屋10间。沈从文1902年诞生于此，并在此度过了童年和少年时代。故居内陈列有沈老的遗像、书稿和文物资料，是古城内最受游客青睐的人文景观之一。

链接

文学巨匠沈从文

沈从文先生不仅是著名的作家，还是著名的历史学家、考古学家。他撰写出版了《中国丝绸图案》《唐宋铜镜》《龙凤艺术》《战国漆器》《中国古代服饰研究》等学术专著，特别是巨著《中国古代服饰研究》影响很大，填补了中国文化史上的一项空白。

沈从文先生的文学作品《边城》《湘西》《从文自传》等作品被译成日本、美国、英国、苏联等40多个国家的文字出版，并被美国、日本、韩国、英国等十多个国家或地区选进大学课本，在国内外产生重大影响。

熊希龄故居

熊希龄故居坐落于沱江边的一个小巷里，是一座充满苗族风情的小巧精致的四合院建筑，总占地面积800平方米。故居环境静谧，建筑古朴，陈列内容包括熊希龄遗物、图片及文物资料等。

链接

凤凰城里的“熊凤凰”

熊希龄清同治九年（1870年）出生于凤凰，被誉为“湖南神童”和“熊凤凰”，当过民国第一任内阁总理，声名显赫。他的童年、少年时代就是在凤凰这栋南与文渊先师孔圣人的古庙大成殿相连、东与碧水悠悠的沱江河相邻、北与凤凰直隶厅绿营兵营相接的熊希龄故居度过的。

北门城楼

北门城楼始建于明嘉靖三十五年（1556年），当时开设了四大门；清康熙五十四年（1715年）将砖城改为石城，并将北门定名为“壁辉门”。城门呈半月拱形。城楼以青砖砌筑，为重檐歇山顶木结构风格。

沈从文故居

凤凰古城北门

陈氏古宅

陈氏古宅，是清朝乾隆年间二品武官陈开甲告老还乡后所修，古宅三进三横，左右对称。绕过屏风，一对石狮守着第二进门，上悬红灯笼。这是一座漂亮的月亮门，有精致的木格雕花，是从前招待来客喝茶的地方。两边房里，放着朱漆描金、富丽堂皇的大床。

古宅院子的门柱上还悬着祖上置办婚礼时红底金字的对联和“喜结鸾俦”的匾额。最后一进门口亮着圆灯笼。当中挂着祖宗的画像，一身的武官打扮，威严有力。两旁的对联“古道热肠建东岳　横刀跃马卫中原”记载着这位朝廷二品大员的平生功业。

杨家祠堂

杨家祠堂为木结构四合院，上下两层，由大门、戏台、过厅、廊房、正厅组成，呈长方形。戏台为单檐歇山顶，穿斗式结构；檐下如玉斗拱，台柱雕龙刻凤。正殿为抬梁式建筑，山墙为猫背拱，分为一明二暗三间。两边配有厢房。杨家祠堂设计精巧，做工精细。窗户、门、檐饰件均系镂空雕花。

凤凰文庙

凤凰文庙建于康熙四十九年（1700年）并于道光十九年（1839年）改建，建筑风格古典而宏大、飞檐翘角，盘龙娇绕。大成殿前几百年的金银双桂，金秋时节清香四溢。民国三十三年（1944年），国民政府在庙内设立中学。中华人民共和国建立后，学校规模扩大，文庙部分建筑改为教室，大成门等被拆除，现仅存大成殿。

虹桥艺术楼

虹桥，原名卧虹桥，又称风雨楼。它始建于明洪武七年（1374年），前后经过多次维修，现在的虹桥是在2000年修建的。这是一城楼对外一面开枪眼两层，每层4个，能控制防御城门外180°平面的范围。

座横跨沱江之上的三拱大桥，从水面到桥顶有几层楼房那么高，全部是用花岗石砌成。桥面上形成一条街市，24间木板店面经营着各种民间工艺品，杂货土特产，人来人往，熙熙攘攘。

回龙阁古街

回龙阁古街，纵向成线、横向交错，作为古城的中轴线，连接着无数小巷，沟通了全城。这条青石板路自古以来便是热闹的集市，古街两边至今保存有各种飞檐斗拱建筑，古香古色，而且店铺中还有琳琅满目的民族工艺品。

陈斗南古宅院

斗南宅院建于清光绪二十八年（1902年），在东门城楼和杨家祠堂之间，由前进、天井、中堂及后进组成，为四水归堂回廊式院落，四周防火墙高深严密，是江南典型的四合院。

陈氏祖宗泥塑像是泥人张传人张秋潭大师的封世之作，被誉为世界级的泥塑艺术精品。

万寿宫

万寿宫始建于明末清初，是一组建筑规模宏大、设计精巧独特的建筑群落。与高大门楼连为一体的有阳楼、遐昌阁。大门内9级台阶的上面是正厅，后面是正殿。正殿右侧有肖公殿、晏公殿、财神殿以及厨房；左侧有梅廊、天符、雷祖殿、轩辕、韦陀、观音殿及客厅。

苗疆长城

古代的浩大工程

湘西州凤凰县廖家桥镇

45元

苗疆长城，始建于明嘉靖三十三年（1554年），历时半个多世纪方才建成。它南起凤凰亭子关，北到吉首喜鹊营，全长约190千米，是中国历史上工程浩大的古建筑之一。城墙每三五里便设有边关、营盘、碉堡和炮台等，如今一些遗存依稀可见。

苗疆长城城墙全系正方青石砌筑，据考证，其所用石料采集于山下，然后一块一块运上山，可见当时整个工程有多么浩大。苗疆长城是明朝晚期治国方法的体现，为研究当时的政治、经济、军事等提供了鲜活的实物资料。现在，它已成为当地著名的旅游胜地，但凡参观过的人无不对其连连称赞，叹为观止。

黄丝桥古城

保存完好的城堡

湘西州凤凰县阿拉营镇

黄丝桥古城古称渭阳城，始建于唐垂拱二年（公元686年），至今已有1300多年的历史。古城坐西朝东，为青石结构，总面积

苗疆长城

凤凰的地方风情

●吊脚楼

苗族吊脚楼自苗民迁来湘西不久就始建，多在溪河水边或傍高坎竹林依地就势而建，一般为两层楼房，下层一般不做正规房屋，多为谷仓、猪牛栏和杂物屋；上层较为讲究，布置为居室，或姑娘们的闺房，外设走廊，有木栏杆及窗户。这里空气流通，起居舒适，城乡汉苗居所到处仍可见。

●保家楼

是一种纯系防护性质的民居，始于民国，一般选择较高的地势建造，平面布局为正方形或矩形，高达2层，用石块垂直砌至顶，两层以上四壁留有枪眼，各层之间铺设楼板，架有板梯，顶部覆盖青瓦，如现有的山江龙云飞的保家楼、拉毫保家楼等，历尽百年风剥雨蚀，几度沧桑，仍高大坚固，气势雄壮。

●服装

凤凰境内主要是苗族和土家族。土家族服饰着装基本汉化，但在农村仍有许多中老年人，包青丝头帕，穿满襟或布扣子对襟衫。而苗族男子仍着装独特，头缠青帕或花帕，长3~10米，身穿对襟衣，袖长而瘦，裤短而肥，丝帕缠腰，青布裹足，四季少穿袜，有蛮风行悍之气概。而苗家女子则服饰艳丽，头缠丝帕裹独辫，衣服腰肥而长，无领、袖短，袖口滚绣花边，一律是满襟，裤短肥大，裤筒边绣花极妙。

●首饰

苗家人对首饰的搭配极为讲究，首饰以银饰为主，有银冠、项圈、披肩、胸链、针筒、手圈、耳环、牙签和鬓簪、梅花挂扣等，外壳均有虫、鱼、鸟、兽等图案，做工精细、美观大方。

●节日

苗寨的节日主要有“三月三”歌舞节、“四月八”祭祖日、“六月六”的“神母大父母节”“赶边边场”及“七月鬼节”等。

●苗歌

每逢节日佳庆，苗族男女都要以歌会友，表达美好的祝愿、纯真的情爱和诚挚的友谊。苗歌有唱歌、对歌两种形式，而对歌最盛行。内容有送亲歌、接亲歌、讴歌、迎客歌、诗歌等。

●阳戏

创始于清朝乾隆年间，已有200多年的历史，最初只是一种在民间的歌舞说唱表演艺术，后来演化出具有简单剧情的《采茶叶》，时至现在凤凰阳戏已经成为在湘西具有很大影响的地方戏剧。唱腔朴质粗犷，节奏明快，词曲通俗易懂，剧情幽默风趣。

●上刀梯

这是一种震撼人心的勇敢习俗，上刀梯时，请巫师数十人，穿红衣、包经帽、戴冠钗、摇马鞭、披柳旗、持牛角刀，每人鼓锣一套、红旗一面。表演前牛角齐奏，众巫师绕场一周。表演时，掌坛师父用大雄鸡一只放煞、封刀、开刀，念咒语秘诀，咒毕，口咬鸡冠出血，染于刀上。巫师开始脱鞋袜，赤足登上36把云刀，锋利如削，但他们一面上去，一面下来，却手无刀伤，足无血痕。

●打花鼓

用一个大鼓放在木架上，一人手持两根短木棍，鼓舞者站在鼓的正面，随着韵乐节奏快慢缓急。左手击鼓，右手舞；右手击鼓，左手舞，韵舞丝奏，气氛热烈。鼓舞有男鼓、女鼓，男女合鼓等，主要在庆年佳节时用。后来演变成一种打花鼓的舞蹈；有《农夫插秧》《美女梳妆》等内容。

●傩堂戏

大约起源于明代巫师在神堂唱戏，以娱神还人愿而得名，是凤凰地区的一种古老剧种。此戏没有管弦乐，仅为锣鼓伴奏，用的是地方语言，节奏明快、曲调流畅，剧情诙谐幽默，还富有浓郁的神秘色彩。有古老原始唱腔和年高唱腔两类。著名的戏剧有《天仙逆子》《搬师大》《孟姜女》《陈世美不认前妻》等。

苗族少女

凤凰县旅游交通示意图

29 000多平方米，被誉为全国仅有的“袖珍古城”。古城开有和育门、实成门、日光门3个城门。其上均建有10余米高的清式城楼。3个城楼均为歇山式，飞檐翘角，蔚为壮观。城墙高5.6米、厚2.9米，用石灰岩青光巨石砌成，石面平整，工艺考究；上面的走道宽2.4米，拥有大小箭垛共300个。

奇梁洞

有“奇梁归来不看洞”之说

湘西州凤凰县七梁桥乡

63元

奇梁洞，长6000余米，集山、水、林、瀑、谷、滩、壁、园、村于一身，以“奇、秀、幽、峻”四大特色遐迩闻名。该洞属典型的碳酸盐岩洞，洞中有洞，洞洞相连，洞内分为“画廊”“天堂”“龙宫”“古战场”“阴阳河”五大景区。洞内有石笋、石柱、石钟乳等各种岩溶景观，可谓千姿百态，如梦如幻。这里拥有一幅幅无比瑰丽的洞景画卷，被誉为“天下奇景一洞收”“奇梁归来不看洞”，能为游客带来无限精彩的视觉盛宴。

十里画廊

十里画廊内拥有各种奇特的岩溶景观，雪山耸立、绝壁挺拔、林海茫茫、古木参天、藤攀葛附、溪水潺潺，景致非常精妙，简直像一处“人间胜景”，令人叹为观止。

天堂景区

天堂景区面积5000多平方米，景区内景致如画，各种岩溶景观令人眼花缭乱，如五光十色的“天堂”、奇丽诡异的“龙宫”、高耸入云的“南天门”、虚无缥缈的“凌霄殿”、银波荡漾的“瑶池”等。这里光怪陆离、精彩纷呈，无边美景让人赏心悦目，流连忘返。

南华山森林公园

以生态旅游为主题的公园

湘西州凤凰县沱江镇南郊

南华山国家森林公园总面积约2240公顷，呈月牙形环抱凤凰古城。公园的自然之色与古城众多的人文景观遥相呼应，形成一幅古城在森林中，公园在城市里，集清秀、典雅、神奇于一身的优美画卷。公园主要有革命烈士纪念碑、天王庙、壹停亭等景点。

石阶路

南华山登山石阶近2000级，每一级都宽2米，高20厘米。石阶缘山势铺陈，平平陡陡、曲曲弯弯。路两旁，古树参天、山花遍地、坡势陡峻处，林木更为茂密。石阶路两

南华山

旁的古树，虬枝相接、绿叶相掩，就像一条蜿蜒上升的绿色隧道。

革命烈士纪念碑

革命烈士纪念碑位于南华山半腰上。碑高20米余，是为纪念近代在反抗国内外反动势力及争取民族解放、人民自由幸福斗争中牺牲的凤凰先烈而立。

纪念碑建于1987年3月，建成后的纪念碑，基座分两层，下层刻有浮雕，上层为名人题词，高4.3米，宽6米。碑身高15.7米，宽2米。整座碑高20米。碑座四周是平台，平台面积390平方米，有青石护栏。

壹停亭

壹停亭建于1995年5月，亭不大，6根亭柱，柱间有额枋相连；6个翘角，如鹏鸟展翼。屋顶高耸，6条垂脊交会于顶，上有彩色圆葫芦冠盖。亭内，横枋联柱成凳，围成一个正六边形，后有1米左右宽的回廊，回廊上有护栏。亭旁上方有一口小井，水清至洌，涓涓细流绕亭而下，一直流进谷底。小溪上有两座小石桥，给该亭平添了几分雅致。

天王庙

天王庙也称三侯祠、三王庙，是一组工艺精巧的古建筑群，相传是为祭祀"统三十六人，杀苗九千"的宋代杨业第八世孙杨应龙、杨应虎、杨应豹三兄弟而建的祠庙。天王庙不仅是民族古建筑的典范，还是辛亥革命纪念地。庙内至今仍存有辛亥革命起义军信条标语。

南华山神凤景区

以中华凤凰文化为主题的景区

湘西州凤凰县南华山森林公园内

148元

在吉首市内乘坐火车或班车到凤凰古城下

南华山神凤文化景区坐落于凤凰古城南侧，总面积2354公顷，以中华凤凰文化为主题，分为神凤文化、边城文化、古苗国文化、南华禅林、奇峰寺五大主题景区。包括凤竹林海、有凤来仪、神凤殿、凤凰纪等主题景点。这里还有大小山峰45座，沟壑山谷72条，山泉水井21处及天坑、溶洞多处。此外，这

南华山万名塔

里还建有五星级酒店、高尔夫球场、汽车营地等设施。这里是湘西旅游的一颗明珠，被誉为“世界苗文化体验中心”，是游客在湘西体验文化休闲的最佳去处。

神凤殿

神凤殿中央供奉有中华古凤神祇，殿侧耸立着18根楠木图腾柱，寓意凤凰有18种神性，如朝阳、秉德、载仁、崇高、好洁等。这里是神凤文化景区的核心圣地，适合参观、朝圣、考察等主题游。

凤凰纪

凤凰纪，是中国首座凤凰文化展示馆，共有展厅2个，陈列内容与凤文化相关，如青铜器、玉器、漆器、陶器等，而且还是历代文物精品，堪称凤凰文化展示的全国之冠。

卧龙峡

一派苗疆的自然美景

湘西州凤凰西部

卧龙峡以险、奇、峻、秀而著称，峡侧山崖峰峦重叠，山高水险，谷中美景成群。如峡谷中有百余米高水声如雷的飞谷瀑布、有百米悬梯一线天、有远古传奇的卧龙山、有500余米高的万仞绝壁群、有卧龙潭及龙虎头巨石等绝世奇观。

玩家 解说

据传苗族祖先蚩尤战败后，后裔麻成武带领其中一个部落在此峡谷中居住，死后葬在卧龙山顶，在明洪武九年（1376年）兵过此地，刘伯温预言，此地是三水汇聚、龙虎相会之处，要出天子争夺江山。洪武下令将此龙脉用铜刀斩杀，龙被斩伤后退居卧龙潭而得名。

天下第一大石桥

气势磅礴的大桥建筑

湘西州凤凰县腊尔山镇

天下第一大石桥，又名乌巢河大桥，飞架于乌巢河深谷之上。桥东是高耸天半的大马山，桥西是直插霄汉的骆驼山，一桥横跨东西，若巨龙腾飞，气势磅礴。

大桥以青灰色白云岩为石料，采用全空石肋拱式结构修筑，主拱净跨120米，桥长241米，宽8米，其规模之宏伟，结构之科学，造型之优美，工艺之高超，为桥梁行家所推崇，乌巢河大桥入选中国世界纪录协会世界第一大公路大石拱桥候选世界纪录。

舒家堂古堡

古代的军事重地

湘西州凤凰县黄合乡

舒家堂古堡，周围是构筑恢宏的古城墙，长1500余米，城中有13个石大门，巷道全部用一色青石板铺就。古城堡分上下两层，可供人行走或跑马，每隔3米有一个瞭望口。墙身由大块青石粘石灰糯米浆砌成，最重石块达750千克。墙形曲折蜿蜒，极富变化。

全古堡共设3个大门，雄踞东、南、北三方，其中以与王坡屯遥相呼应的东大门规模最大，此门分两进，上有阁楼供护城卫士守护，岩石坚固整齐，易守难攻，是一座攻不可破的古老兵营。

玩家 解说

据考证，北宋杨家将后代杨六郎的第三子杨再思（又名杨怀玉、杨文惠）奉旨平南，见其地势险要，便在此安营扎寨，于是舒家堂逐渐成为军事重地——屯兵之营。随着蛮夷归服，此地又成为当时的经济、文化中心。

长城学专家罗哲文教授2000年5月到此考察，从现存的墙基考证，断定城堡距今至少已有800年的历史。明朝万历年间，南方苗民起义，当时政府为镇压起义军，特拨白银万余两，历时4年，重新筑固了舒家堂及周围古营盘。

攻略资讯

- 交通
- 住宿
- 美食
- 购物
- 娱乐

交通

火车

吉首火车站位于市区的人民北路，有开往北京、上海、广州、贵阳、长沙等地的列车，市内乘1路公交可到。

汽车

吉首是湘西的首府，也是湘西的交通枢纽，到湘西的各个地方旅游基本都要在吉首市中转。吉首汽车北站位于吉首市光明东路，电话：0743-8725731。

住宿

到湘西旅游基本上都是奔着凤凰古城，凤凰的旅馆非常多，而且旅馆比较经济实惠，又有古镇特色。此外吉首市的住宿也很方便，并且选择更多，吉首火车站和客运总站附近有各种宾馆客栈，出行也方便。

● **凤凰满满驿站**

凤凰满满驿站临近回龙阁，背靠南华山，风景秀丽，冬暖夏凉。一楼就是繁华的石板街，步行10分钟即可到达江边，景致绝佳。 湘西州凤凰县回龙阁122号，近沱江

● **金领国际酒店**

吉首金领国际酒店位于吉首火车站附近，步行至火车站只需5分钟，交通十分便利。酒店还设有高档中餐厅，巴西烧烤自助餐厅，桑拿、按摩、棋牌等服务项目。 湘西州吉首市人民北路 0743-8750212

● **开元大酒店**

吉首开元大酒店地处吉首市政法街，紧邻吉首火车站，是一家综合性的现代化酒店。楼梯气势磅礴，是现代与湖湘文化融合的完美结晶，颇具特色。 湘西州吉首市政法街 0743-8750088

● **更多住宿去处**

友谊宾馆/吉首市团结西路/0743-8236888

建强和一大酒店/吉首市乾州溶江小区46号/0743-8513277

和一宾馆吉首店/吉首市人民南路69号/0743-8513111

美食

湘西菜长于制作各种山珍野味、烟熏腊肉和各种腌肉，口味侧重于咸、香、酸、辣，常以柴炭为燃料；腌肉的制法也十分特殊，大多腌后腊制。湘西的特色菜有血粑鸭子、

凤凰夜色

糯米酸辣子、野葱社饭等。土家火锅也别具风味，值得一试。

美食小吃

●血粑鸭子

血粑鸭子，是湘西最具特色的地方菜之一。制作时将预先浸泡好的上等糯米装入碗里，宰杀鸭子时将鸭血溶入糯米浸泡均匀，将血粑切成小小的方块，然后用菜油煎熟。待鸭肉煮九成熟时，再将血粑放入鸭肉里烹煮，并掺和一定的香料物品，呈金黄色即可，鸭子煮血粑既有鸭肉的鲜美，又有血粑的清香软糯，吃起来口感香浓。

血粑鸭

●糯米酸辣子

糯米酸辣子，是凤凰古城风味极浓的民族家食土菜。将个大肉厚，极少辣味的绅仁柿椒洗净剖开，取出籽粒；然后将碾成粉末并调拌好的糯米粉装入辣椒肚内，稍加裹紧，即放入陶干罐内腌浸，半月后即可取出炒吃。口感清香，又带有几分酸辣色彩，吃起来别有一番风味。

●野葱社饭

此饭采用鲜嫩的社菜用石碓舂碎，用清水洗净其苦酸味，再放到锅里烘干，拌上野葱用青油回炒，制成傻菜；然后将本地精产香糯米与切成颗粒的过冬腊肉拌合同煮；饭半熟时拌上傻菜，再焖烹片刻，社饭就做成了。社饭既有糯米的甜香，又有腊肉的熏味，还有社菜的清香。饭一开锅，香味四溢，让人馋涎欲滴、食欲大振。

●苗家酸鱼

酸鱼，是凤凰苗乡独步天下的宴中名菜，所谓“酸鱼”就是将捕捉到的新鲜小鱼，破肚洗净，裹上米粉（米粉中要放少许

酸鱼

食盐，调匀），然后放进菜坛内，腌3~5天，待有酸味以后再挖出来，用茶油或其他植物油炸熟，色泽金黄，味道又酸又香，十分可口。

●凤凰凉粉

凤凰凉粉，一般是用小碗装着，盛到碗里后再浇洒上红糖水、芝麻或者醋，酸甜凉滑，带点清香。这里的人们都非常喜欢食用凉粉，不仅因它味美消暑，还因为它含有丰富的营养。

凤凰凉粉

●苗家酸汤

苗家酸汤是苗家人的传统汤菜。做汤时，只需放水倒入部分酸菜，放入豆腐坨，再加上野葱、少量辣椒等作料，煮开就可食用。此汤颜色嫩黄，味道清鲜，食之使人增食开胃，强身健体。

●苗家菜豆腐

苗家菜豆腐，也是凤凰遐迩名闻的特色菜。做这道菜，首先倒适量冷水入锅，再将事先用石碓舂细的黄豆粉倒入并拿筷子搅匀，文火煮开后即倒入青菜，稍加搅拌后，加少许酸汤，文火煮至汤水变清，即可放入野葱、大蒜、辣椒末等作料，焖盖一阵，便可食用。菜豆腐有细嫩、鲜软、香浓的特色，是凤凰苗家人日常最喜食用的主菜之一。

苗家菜豆腐

美食去处

吉首电影院前有一条街，号称“好吃街”，各种小吃摊点云集，味美可口，价格也非常便宜。此外，还有几家特色食店值得一去，如熊家鸭子店、乡里人家、老钵头、特色羊肉馆等。

购物

到了湘西可以选择一些具有民族特色的商品，如著名的苗族刺绣、苗族银饰、土家织锦及当地的蜡染制品，而购物主要集中在凤凰古城内，湘西的各种特产在这里都可以买到，无须去找其他地方购买。

湘西特产

●苗族刺绣

苗族刺绣具有传承历史文化的作用，主要表现在刺绣的图案上。几乎每一个刺绣图案纹样都有一个传说，深含民族的文化，都是民族情感的表达，是苗族历史与生活的展示。蝴蝶、龙、飞鸟、鱼、圆点花、浮萍花等图案都是《苗族古歌》传唱的内容，色彩鲜艳、构图明朗、朴实大方。

●苗族银饰

银饰作为一种文化现象在历史上曾被许多民族青睐，成为多元文化交流的载体之一。在这一载体中，融合有来自南方少数民族的“耳档”，起源于北方少数民族的“跳脱”，以及从古代饰物中沿袭而来的“步摇”“五兵佩”和中国传统的龙、凤、麟纹样等。

●凤凰姜糖

姜糖是凤凰特产，手工精制而成，至今已经有100多年的历史，是凤凰传统的休闲食品。主要配料有：红、白砂糖、生姜、芝麻、优质茶油、山泉水等。该姜糖集香、脆、甜、辣于一身，回味无穷，并具有暖胃、防治感冒、止呕吐、解表、化食、止咳化痰、开胃生津的功效。

购物场所

凤凰“民间工艺一条街”：街道两旁的商店里全是湘西的民间特色商品。在这条街上能够买到苗族、土家族的手工艺品、服饰、蜡染等民族特色鲜明的旅游纪念品。

娱乐

湘西的夜生活不算发达，但酒吧、卡拉OK歌舞厅、录像厅、电影院、台球厅在各个县城都是能见得到的。此外，湘西还有一些极具当地特色的娱乐活动，如篝火晚会、对山歌等。

《边城》演出：该剧以沈从文先生的《边城》中的故事为剧情，以人物“翠翠”为主线，打造出一台极富湘西人文的大型民俗情景剧，在灯光的照映下非常炫目。

✉ 湘西州凤凰县沱江镇凤凰路1号天下凤凰酒店后侧

魅力凤凰篝火晚会：颇具民族特色的晚会，湘西凤凰诸多的文化习俗，如苗鼓、苗酒、赶尸、苗歌、哭嫁、上刀梯、下火海等，都在这场晚会中展现得淋漓尽致，游客可一一体会。

✉ 湘西州凤凰县全坪路魅力凤凰篝火晚会

猛洞河漂流：被誉为“天下第一漂”的猛洞河漂流全程约47千米，从哈妮宫顺流而下，经山脚岩、鸡笼门、回首峡、落水坑瀑布、梦思峡等处到达终点，一路河道两边怪石嶙峋、林木苍翠，惊险刺激之余，更让人沉醉于大自然的风景中。

猛洞河漂流

发现者 旅行指南

衡阳

概览

亮点

衡山风景区

以“中华寿岳”“五岳独秀”著称于世，山中茂林修竹、终年翠绿，奇花异草四时飘香，被誉为“南岳独秀”。

回雁峰

衡山七十二峰之首，景区人文荟萃，“雁文化”源远流长，有“平沙落雁”“雁峰烟雨”等奇景。

石鼓书院

中国四大书院之首，一座千年学府，自古以来人文荟萃，很多名士如苏轼、周敦颐、朱熹等都曾在此执教过。

蔡伦竹海

我国连片面积最大的竹海景区，拥有竹林、石林、洞穴、鱼化石、水晶石宝藏等景观。天然喷泉、上堡晶矿、扁体鱼化石并称“竹海三绝”。

湘西草堂

“明末清初三大思想家”之一的王夫之定居、著书、课徒的地方。草堂内的古枫、古藤构成的“枫马藤龙”景观，深得游客赞赏。

天堂山风景区

景区内群山连绵起伏，洞幽石奇，湖泊秀美，是一处旅游休闲、娱乐探奇的绝佳地。

线路

南岳衡山精华2日游

第1天，上午先到南岳衡山忠烈祠及附近游览，缅怀一下革命烈士，欣赏南岳的自然风光。午休后，趁着精力饱满游逛祝融峰，傍晚到福严寺观赏南岳独特的建筑风格。

第2天，上午参观水帘洞，这里的瀑布高60余米，像一层薄纱；下午到祝圣寺和南岳大庙参观其独特的建筑格局。

衡阳经典2日游

第1天，上午前往回雁峰，尽情欣赏南岳第一峰的雄姿，然后前往石鼓书院，品读千年学府的独特韵味，接着参观来雁塔。

衡山道观

第2天，早起先去风景秀丽的岣嵝峰，然后去湘西草堂寻访大思想家王夫之的遗迹，接着前往夏明翰故居瞻仰革命先烈。

为何去

衡阳地处南岳衡山之南，历来为中南重镇，同时还是中国抗战纪念城。这里历史悠久，是湖湘文化的发源地和湘军发祥地。境内旅游资源丰富，是中国优秀旅游城市，以“衡州八景”为代表的一批人文景观与自然风光并重的景点，让无数旅游者趋之若鹜。

石鼓书院

何时去

衡阳气候温暖湿润，冬暖夏凉。一年四季皆适宜来此旅游。衡山四季也是皆有所赏——春日烟云、盛夏苍松、金秋日出、严冬白雪，尤属“云锁衡山”与“衡山冬雪”最为美观，若想欣赏此两景，时间最好选在4月与1月。若是想细品衡阳全景，那么夏末秋初才是最佳时段，那时天气转凉，但是仍然绿意不减，植被丰富，景观亦是秀色可餐。

衡山麻姑

衡阳旅游示意图

区域解读

区号：0734

面积：约15 310km²

人口：约720.53万人

地理 GEOGRAPHY

区划

衡阳辖5个区（雁峰区、石鼓区、珠晖区、蒸湘区、南岳区）、2个县级市（耒阳市、常宁市）、5个县（衡阳县、衡南县、衡山县、衡东县、祁东县）。

地形

衡阳市地貌类型多样，主要由山冈、丘陵、平原组成，衡阳盆地南高北低。四周山丘围绕，中部平岗丘交错。东部为罗霄山余脉天光山、四方山、园明坳，南部为南岭余脉塔山、大义山、天门山、景峰坳，西部为越城岭的延伸熊罴岭、四明山、腾云岭，西北部、北部为大云山、九峰山和南岳衡山。

衡阳市河网密度大，水电资源丰富。境内流域面积在3000平方千米以上的湘江一级支流有舂陵水、蒸水、耒水、洣水。

气候

衡阳市属亚热带季风气候，雨热同期，四季分明：春天气候多变，雨润如油，夏季漫长，暑气蒸腾，秋季雨水充沛，比较凉爽，适宜出游，而严冬期短，气温回暖迅速，故“北雁南飞，至此歇翅停回”。

历史 HISTORY

历史大事记

●古代

五六千年前，衡阳地区就已有文明出现，人们在此地种植水稻，饲养猪牛，使用石器等原始工具生活。

衡阳古属荆州，设衡湘侯国，战国初时为楚国所灭，改称庞邑，是楚南的重镇，有2500余年的建城历史。

公元220年，孙吴于长沙郡西部设衡阳郡，这是历史上首次出现以衡阳命名的郡。

隋开皇九年（公元589年），设衡州府，形成行政、经济、文化、军事中心。

公元764年，唐王朝为了加强对湖南地区的控制，设置湖南观察使。湖南观察使驻衡州，即今天的衡阳。

元贞元年（1295年），衡永郴桂诸路人民起义频繁，朝廷于衡州设行枢密院。

清康熙十五年（1676年），吴三桂在衡阳称帝，国号周，衡阳称应天府（国都）。

清咸丰二年（1852年），曾国藩、彭玉麟在衡阳创建湘军。咸丰四年（1854年），湘军从衡阳出师北伐太平天国。

●近现代

1939年春，湖南省政府迁至耒阳，衡阳

衡阳市区全景

的经济和社会随之迅速发展和演进，不仅是南方交通枢纽，而且成为大后方最重要的物资集散地和工商业中心。到1943年，衡阳成为国统区内第三大工商业城市，人口近100万。

1944年，衡阳发生第二次世界大战中中国历时最长的战役——衡阳保卫战，此役致使全城被毁，全城仅剩三栋建筑。

1949年10月8日，衡阳解放。

衡阳保卫战

衡阳保卫战是抗日战争后期极为惨烈的一场孤城保卫战。该战役也被称为“东方的莫斯科保卫战”“华南的旅顺之战”，虽然失败，但衡阳军民的付出将被中国人民永远铭记于心。

1944年，日军为了逆转其在太平洋战场上急遽失利的厄运，决定进行打通大陆的“一号作战”。日军称这次作战“确系太平洋战争爆发后规模最大的一次一连串的大军作战”。短短数月，河南大部、湖南长沙相继沦陷，衡阳是连接东南西南的战略要地，自然更为各方所重视。

衡阳之战自6月始，6月20日，日军下达进攻衡阳的作战部署。22日，日军飞机首度轰炸衡阳城，湘江两岸市区均引起大火。27日，渡过湘江的日军猛攻，进抵欧家町、黄茶岭，向停兵山、高岭、江西会馆主阵地猛攻。7月2日，日军暂停进攻，到7月11日又突然凶狠地向衡阳城内倾泻大量炸弹、燃烧弹和毒

衡阳保卫战纪念馆

气弹。然而，猛烈的炮火和毒气攻击都未能使守军溃退，日军依然无法接近守军的核心阵地。之后的抗争中，日军使出浑身解数，诱降、佯装退兵、继续猛烈的火力攻击，直至8月7日，仅存的3000守军放下武器。高地抵抗的士兵全体阵亡无一生还，核心部队内的士兵也遭遇了弹尽粮绝、伤不能医的惨状，伤口溃烂、药品匮乏，只能痛苦地等待死亡。

虽然衡阳保卫战最后以城陷失败而告终，但其历史意义却是巨大的。日军妄图在3天内拿下衡阳的野心破灭，气势大落，加剧了日本内阁的危机。反之，我国军民士气大盛，赢得了国内外的赞誉。在没有援军的情况下，面对比己方多十倍的敌人，我第十军的努力有目共睹。

衡阳保卫战历时47昼夜，伤亡15 000人。衡阳保卫战之后，衡阳城基本被毁，全城仅剩三栋建筑。

名单 衡阳历史名人

东汉造纸术发明家蔡伦

三国著名的政治家、军事家蒋琬

三国著名的政治家、经济活动家刘巴

三国杰出的政治家、军事家谷朗

东晋著名哲学家、文学家、思想家、地理学家罗含

南宋抗金名将赵方

南宋右丞相兼枢密使赵葵

明清之际思想家王夫之

明清时大学者、王夫之长兄王介之

大清名相、军机处大学士陈大受

大清中兴四大名臣之一、中国近代海军创始人彭玉麟

新中国开国元勋罗荣桓

文化 CULTURE

书香满地——衡阳的书院文化

衡阳，有2000多年历史，古为三苗故地，有“寰中佳丽”之誉。衡阳的文化历史气息浓厚，是名副其实的书院圣地。除中国四大书院之一的石鼓书院外，还有中国最早的书院、建于唐代中期的南岳邺侯书院，湖湘文化发源地——衡山文定书院及以王夫之命名、清代最著名的书院——船山书院。

石鼓书院，始建于唐元和五年（公元810年），迄今已有1200余年的历史，曾鼎盛数百年，名噪朝野，在宋代与睢阳、白鹿洞、岳麓书院并称全国四大书院，是湖湘文化的重要发祥地。书院主要建筑有武侯祠、李忠节公祠、大观楼、七贤祠、敬业堂、合江亭。1944年7月，石鼓书院在衡阳保卫战中毁于日军炮火。现在的石鼓书院是2008年由当地政府仿照清代石鼓书院格局重建而成。东岩晓日、西䜺夜蟾、绿净蒸风、洼樽残雪、江阁书声、钓合晚唱、栈道枯藤、合江凝碧，是著名的石鼓书院八景。

石鼓书院是中国古代最早的一所由私人办学的书院，也是清代及以前中国南方的文化学术中心。石鼓书院以藏书之丰、学风之盛、设备之全、经费之足、管理之严、成就之大，在中国教育史和书院发展史上享有极高的地位。石鼓书院首任山长李宽、后任山长李士真同祀石鼓七贤祠，与韩愈、周敦颐、朱熹、张栻、黄干并称石鼓七贤。南宋朱熹曾写过《石鼓书院记》，书中对书院办学的指导思想、教学内容、教育重点、教学方法做了具体阐述。尤其是他倡导的将义理之学、修身之道作为书院的办学宗旨，以达到“明道义正人心”的教育目的，不仅为当时全国各书院所效法，而且对元、明、清历代办学都有深刻的影响。

南岳邺侯书院，是中国最早的书院，南宋许多理学家都来此讲学。邺侯书院在烟霞峰下，原名端居室，是唐朝宰相李泌隐居的地方。现存建筑系清光绪十六年（1890年）邑人陈治与集贤书院山长戴心葵所建，民国

石鼓书院

年间及新中国建立后均有修葺。

文定书院是湖湘文化的发源地，南宋高宗绍兴元年（1131年），理学家胡安国在南岳衡山紫云峰下买地建舍，取名“碧泉书堂”，其后5年不出，编撰《春秋传》。其子胡宏为纪念父亲，改“碧泉书堂”为“文定书院”。

船山书院是清代著名的书院，王船山即大思想家王夫之。船山书院因祭祀王船山而建立，所以书院以王船山为先师，以船山思想陶冶学生，以“讲明夫之之学”为办学宗旨，不课八股，以实学造士；在教学中，始终致力于弘扬王船山思想。光绪四年（1878年）在兵部尚书彭玉麟的支持下，张宪和在回雁峰下建立了船山书院。光绪十一年（1885年）改建东洲岛，并由彭玉麟亲聘国学大师王闿运任山长。从此，东洲岛船山书院之名日显。

衡阳的众书院形成了很好的文化氛围，向社会输送了大量的人才。今天，书院的精神依旧深深影响着衡阳人，文化与教育始终是衡阳人所关心和重视的焦点。

黄酒典范——衡阳酃酒

说到黄酒，就不得不提到衡阳酃酒。

衡阳酃酒有着3000年的历史，是古代十大贡品之一，在西晋时代，酃酒“既丕显于皇者，乃潜沦于吴邦”，其名闻全国的历史要比绍兴酒早600多年。在江浙一带，酃酒也很有名气，完全不输于绍兴黄酒。衡阳酃酒，其实就是酃湖之酒，酿酒的水取自酃县湘江东岸耒水西岸的酃湖。因其特殊的水质而使酃酒气味独特，馥郁芳香。相传魏夫人饮此酒后飞天成仙，可见古代名士对酃酒的推崇。

衡阳酃酒色如琥珀，味觉甘甜醇厚，回味鲜美清正，有琼浆玉液之美誉。唐太宗盛赞酃酒之美：“酃醁胜兰生，翠涛过玉薤。千日醉不醒，十年味不败。”清入主中原以后，仍将酃酒列为贡酒，名之“衡酒”。以前的衡阳酃酒曾是黄酒界的佼佼者，湘南酒厂“黄龙玉液”湖之酒曾获省优、部优，1988年荣获首届中国食品博览会铜奖，产品包装获得“世界之星”的荣誉称号，产品远销日本、美国、南非等国家，并大受欢迎。这在当时是中国酒业的殊荣。然而，20世纪90年代以后，衡阳酃酒进入了衰落期，市场反应远远不如绍兴黄酒。然而，衡阳人并没有忘记这门酿酒的技艺，建立了酃酒文化博物馆。现在，游人可以去博物馆一睹酃酒悠久的历史，一品酃酒的醇美甜香。

景点推荐 衡山风景区 AAAAA

衡山，即南岳衡山旅游区，最高峰海拔1300.2米，其气候条件是“五岳”中最好的，山中茂林修竹、终年翠绿，奇花异草四时飘香，自然景色秀丽，故而被誉为“南岳独秀”。

南岳之秀，在于无山不树，无山不绿，林深树多，四季常青，俨然一个天然大公园。这里不仅风光优美，而且历史悠久，佛道并存，是举世闻名的佛教和道教圣地，堪称我国的一座“文化名山”。南岳胜景被人们概括为“南岳八绝”：祝融峰之高、藏经殿之秀、方广寺之深、麻姑仙境之幽、水帘洞之奇、大禹碑之古、南岳庙之雄、会仙桥之险。“南岳八绝”出类拔萃，秀色令人瞩目，古迹让人惊叹。清人魏源在《衡岳吟》中说：“恒山如行，岱（泰）山如坐，华山如立，嵩山如卧，唯有南岳独如飞，朱鸟展翅垂云大。”这是对衡山最恰当的赞美。

衡阳市南岳区南岳镇　¥ 110元

0734-5673377

玩家 行程

南岳衡山徒步2日游：

第1天，南岳忠烈祠—穿岩诗林—衡山南天

门—上封寺—祝融峰。

第2天，磨镜台—麻姑仙境—南岳庙—水帘洞天。

南岳精华2日游：

第1天，南岳庙—水帘洞。

第2天，祝融峰—衡山南天门—磨镜台—麻姑仙境—穿岩诗林。

玩家 攻略

（1）祝融路107国道路口的牌坊为南岳衡山景区的入口，进山有正门、白龙潭、西岭三个售票入口。

（2）住宿：衡山作为宗教圣地，山上众多寺庙都可让游客借宿，住在寺院中别有一番情趣，不仅环境清幽，还可跟着僧人们做做早晚课，修炼身心。

（3）购物：云雾茶是衡山的特产。游衡山使人筋疲力尽，买些云雾茶带回去，沏上一壶，既可生津解乏，又是极佳的纪念品，当茶叶的淡淡清香在齿颊之间悠悠流转，衡山的秀丽风光似乎又历历在目。

链接

千蛟护岳

相传衡山处于火地，地火上升时草木枯槁，溪泉干涸，黎民遭殃。祝融是专门掌管火的“火神”。他请天帝派南海龙王来灭火。龙王一到，大雨便倾盆而下，但是地火不仅没有熄灭，反而将水煮沸了。龙王看后大惊失色，立即向南海观音求救。观音告诉龙王，衡山上有大小山洞800多处，这些山洞连通湘江和南海，如果每个洞都有蛟龙把守，把海水引入地下，就可以灭火了。龙王听后，很快点了800条蛟龙来守洞引水，最终把地火灭了。后来，龙王命令灭火的蛟龙长期住在山上，每逢夏天，就让它们用海水浇熄地火；到了冬天又让地火慢慢升腾，以融化地上的冰雪。后来，南岳气候变得冬暖夏凉，万物茂盛。后人为答谢八百蛟龙的护岳之功，便在南岳大庙里雕塑了800多条各式龙雕。如今它们已成为南方宫殿建筑工艺中最具特色的艺术珍品。

南岳大庙

中国南方规模最大的古建筑群

衡阳市南岳区衡山风景区南岳镇北端赤帝峰下

南岳大庙占地9800多平方米，形制仿北京故宫而建，是中国南方规模最大的古建筑群，有“江南第一庙”“南国故宫”等美誉。

大庙坐北朝南，共9进4院落，始建于唐代，清光绪八年（1882年）形成现在的规模。大庙的园林建筑艺术精湛，在实用、舒适、精巧方面都很出色。大庙东、西两侧分别有道教8观和佛教8寺，这种佛、道两教共处一庙的现象在我国十分罕见。不过大庙偏重道教，其正殿“圣帝殿”中供奉火神祝融及当朝天子的宗教化身和六部尚书。这在其他宗教场所也十分罕见。每年八月十五，这里会举行大规模庙会活动，场面热闹非凡，是来此游览的最佳时机。

玩家解说

南岳大庙坐北朝南，前有寿涧水，后有赤帝庙，庙址呈长方形，建于唐太宗贞观四年（630年），后经历了6次大火，经过扩建和修缮，才奠定了现存的规模。大殿系清光绪八年（1882年）按照北京故宫的样式重修，殿高7.2丈，是我国五岳中规模最大、总体布局最完整的古宫殿式庙宇。

祝圣寺

历史悠久的佛教古寺

衡阳市南岳区南岳镇东街

祝圣寺由高僧承远始创于唐朝，历史十分悠久。现存建筑共有6进6院，包括山门、天王殿、大雄宝殿、说法堂、方丈室等。其中，山门嵌满泥塑彩绘，庄严雄伟；说法堂楼上藏经阁内藏经上千卷。整座寺院两厢包绕，曲廊回环，庭院错落，构成了一座规模恢宏的古寺建筑群。

玩家解说

寺院的主要结构有前殿、正殿、藏经阁、方丈室、罗汉堂等，特别是罗汉堂，左右墙上嵌有石刻的五百罗汉像。这些罗汉像是寺内一个名叫心月的和尚雕刻出来的。

心月和尚擅长石刻。他从江苏常州天宁寺得来了罗汉摩本，不断努力师法古人，体验现状，刻苦钻研，终于在3年时间中完成了五百罗汉的石刻。这些罗汉线条流畅、栩栩如生，或双膝盘坐，或袒胸欲行，或持禅杖，或挥禅帚，或目光前视，或俯首沉思，或卧或立，或哭或笑，或怒或乐，众貌各殊，神采迥异，各相毕具，无一雷同，真是忘情物外、意境天然、篆刻工巧，深得佛教界和艺术界的赞赏。

衡山忠烈祠纪念碑

水帘洞

道家的“朱陵洞天”

衡阳市南岳区南岳镇水濂村

水帘洞，位于衡山紫盖峰下，相传因朱陵大帝居住而得名朱陵洞、仙人洞，是道教的第三洞天福地。这里的瀑布有三折，非常壮观，素被誉为“水帘洞之奇”。这里还有历代文人骚客留下的100多处摩崖石刻，很值得观赏。

忠烈祠

纪念抗日阵亡将士的陵园

衡阳市南岳区南岳大庙北后门

忠烈祠坐北朝南，形制仿南京中山陵，落成于1942年，共有13座大型烈士陵墓，是一座纪念抗日阵亡将士的大型烈士陵园。其规模、规格、内容均史无前例。建筑依山而建，整个布局为方形，前低后高，除纪念碑、纪念亭为纯石结构外，其余皆为石墙碧瓦、单檐翘角。墓葬被称为“小中山陵”，氛围高尚、肃穆，令人敬仰。

享堂

享堂是忠烈祠最大的建筑物，地面呈十字形，有坚固雄厚的花岗岩石墙，双面浮雕三拱的汉白玉石门。正面上部，6根花岗岩石柱稳托着朱红色歇山式双檐，中间两根柱上悬挂着金色的长方形横匾，其上题字：“忠烈祠”，款署“蒋中正”。在享堂大厅后墙壁上，嵌着36块汉白玉石碑，上面刻着当代著名书法家题写历代爱国志士的诗词。

墓园

在忠烈祠四周苍松掩映的山头上，有13座烈士陵墓。其中最大的一座坟茔里，埋葬着原国民党三十七军十师师长董煜收集的本师在湘北抗日阵亡将士的遗骸，共2728具，在战斗中，该师不少官兵为保卫中华民族而壮烈捐躯。墓园内还有郑作民、孙明瑾将军等个人墓及七十四军、六十师、一百四十师等集体公墓3座。

穿岩诗林

集石趣、洞趣、诗趣于一身

衡阳市南岳区衡山风景区香炉峰山腰

穿岩诗林集石趣、洞趣、诗趣于一身，开辟于1988年。它在南岳风光新四绝中有“穿岩诗林之趣”的雅称，主要景点有恋人石、飞来石、人头石、仙人灶、仙人壶、小西天等，在洞外的石壁上，凿刻有当代书法名家书写的40余首古今歌咏南岳的诗词。

麻姑仙境

名副其实的人间仙境

衡阳市南岳区衡山风景区天柱峰下

麻姑仙境相传为南岳魏夫人侍女麻姑给魏夫人祝寿的地方。它采取“点石成景、引水造景、修路出景、植树添景”等造景手法，使麻姑仙境成为名副其实的人间仙境。主要景点有麻姑祝寿、绛珠亭、盗桃石、卧虎石、灵芝喷泉等。

麻姑仙境

链接

道教女神——魏夫人

魏夫人（公元251—公元334），名华存，字贤安，晋代山东任城人，上清派所尊的第一代太师，中国道教四大女神之一。魏夫人是晋司徒魏舒之女，由于受到老庄学说的影响，一直“志慕神仙，味真耽玄，欲求冲举”。直到24岁，她才在家人的强迫下嫁给汉高祖刘邦后裔、南阳人刘文。魏夫人婚后育有两子，但她仍潜心修道，并用医学、气功为百姓看病，教人长生之道，因而被人们尊为“二仙奶奶”。晋室南迁后，魏夫人携全家来到江南。在两个儿子都自立后，魏夫人正式出家，到南岳衡山做了道士。魏夫人之前，湖南还未出现过道教独立宗派，也没出过知名道人，而魏夫人使道教在湖南获得极大发展，因此被誉为“湖南道教第一人”。

磨镜台

相传为怀让磨镜斗法的地方

衡阳市南岳区衡山风景区祝融峰南的燕子岩下

磨镜台位于衡山掷钵峰下，因相传为唐代名僧怀让磨镜斗法的地方而得名。这里风景优美、气候宜人，冬温夏凉，是避暑的胜地。掷钵峰下还有观音桥、麻姑桥、龙舒桥等古迹和明清两代名人题刻，非常值得观赏。

玩家 解说

磨镜台后有七祖塔，系怀让墓。塔后为上山老路，路旁碑题“怀让路”，路系天生蹬，又名天台阁，有206级石蹬。附近有龙舒桥、观音桥、麻姑桥、游泳池等遗迹。

祝融峰

南岳最高峰

衡阳市南岳区衡山风景区

祝融峰海拔1300.2米，高耸云霄，雄峙南天，是衡山主峰。其名来源于火神祝融（本名重黎，号赤帝，后尊为火神、水火之神、南海神）。“祝融峰之高”被誉为“南岳四绝”之首，登衡山必登祝融，古人云“不登祝融，不足以知其高”。

这里以自然景观为主，人文景观为辅，景点包括祝融殿（老君殿）、上封寺、望月台、南天门、会仙桥等。祝融殿高踞祝融峰顶，可尽览衡山风光。每年有数以百万计的游客来此观日出，看云海，赏雪景。唐代文学家韩愈诗云：“祝融万丈拔地起，欲见不见青烟里。”这句诗形象地描写出了祝融峰的高峻、雄伟。

玩家解说

峰头花岗岩裸露地表，黑石嶙峋，峰背巨崖，壁立千仞；望月台侧，奇石堆叠，耸出30余米，成为峰顶最高点。峰腰到峰麓，松杉环绕，郁郁葱葱，深绿无际。在峰麓通过喜阳峰的路侧，还有一片常绿阔叶林，学名“多脉青冈林”，绿叶成荫、碧涛满耳、经风扑衣，引人兴起“五岳独秀”的一种感觉。

登祝融峰顶，极目四望，峰高眼阔，胸怀无际。脚下群峰如浪、绿涛起伏，湘江如带，弯曲成5条白练，遥向祝融，俗称“五龙捧圣”。峰顶有祝融殿，殿后有石栏杆，殿西有望月台。峰南有上封寺。寺前是南天门，寺后观日台现设有气象台。

祝融峰

链接

祝融峰名字的由来

祝融峰是根据火神祝融氏的名字命名的，在古语中“祝”意为持久，“融”意为光明。相传祝融氏是上古轩辕黄帝的大臣，是火神，人类发明钻木取火后却不会保存火种，也不会用火，祝融氏由于跟火亲近，成了管火用火的能手，黄帝就任命他为管火的火正官。

祝融氏住在衡山，死后又葬在衡山，为了纪念他对人们的重大贡献，将衡山的最高峰命名祝融峰。

祝融殿

祝融殿位于祝融峰顶，原名老圣帝殿，始建于明万历年间（1573—1620）。因山高风大，所以建筑是用坚固的花岗岩砌墙，以铁瓦盖顶，殿宇凌风傲雪，巍然屹立在绝顶巨石之上。殿后岩石上装有石栏杆，临杆远眺，北山风光尽收眼底。

上封寺

祝融峰附近寺庙林立。其南面有上封寺，隋代以前叫光天观，是道教活动的地方。隋炀帝大业年间（公元605—公元618），下令改为上封寺。上封寺的正前方是南天门。上封寺后的山上有观日台，现设有气象台。

玩家解说

在观日台旁边，有一块石碑，上面刻有“观日出处”四个大字，在秋高气爽，特别是雨后初晴的日子里，游人可以看到“一轮红日滚金球”的奇景。

方广寺

文化渊源深远的古寺

衡阳市衡山风景区莲花峰下

方广寺建于梁武帝天监二年（公元503年），历经兴废，明代崇祯年间，褚胤锡与王

祝融峰祝融殿

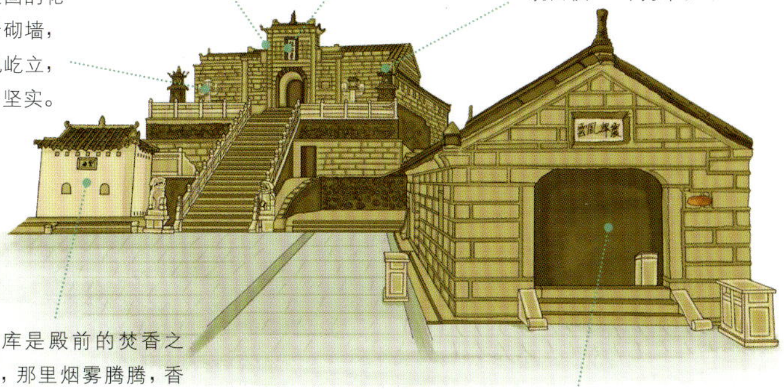

夫之兄弟等又进行了修缮。寺有正殿和祖师殿，寺侧有“二贤祠”，据说是为纪念南宋朱熹、张栻到此游览和讲学而建。寺周围有黑沙潭、黄沙潭、石嶂潭、白沙潭等。

玩家解说

明初，浩空和尚将寺院改建为板屋，盖上铁瓦，增设佛堂。并在寺院内雕龙绘凤，把寺院装饰一新。明万历二十二年（1594年），神宗朱翊钧赐给方广寺一部佛经及佛像、宝幡，并专门建造藏经阁予以安放，后来寺院倒塌。明崇祯十六年（1634年），王夫之兄弟及夏汝弼等人受巡抚褚胤锡委托，再次筹款，重新修建。经过两年时间，方广寺焕然一新，雄伟壮观。清顺治五年（1648年）十月，王夫之在莲花峰下组织抗清义师，曾在方广寺内聚会。后来虽然失败，从此以后方广寺却声名远播。

不久，方广寺毁于大火，“门庑不设，僧葺茅舍以居”。直到清道光年间，由曾国藩曾任陕甘总督的弟弟曾国荃重新修建，耗资白银2万余两，才成为现在的规模。

链接

方广寺的传说

据《一统志》记载：一天，惠海正在庵中诵经，忽然有5位身材伟岸的壮士求见，来人面容各不相同，分青、黄、紫、白、黑五色，都身穿白袍，5人请求惠海和尚允许他们听经学佛。惠海问他们是何方人氏。他们回答说是南岳山中的5位龙神。如果允许他们听经，他们愿意让出一块平地，献给惠海建造寺院，惠海答应了他们的要求。

当天晚上，山谷中乌云骤起，霎时雷声隆隆，大雨滂沱，传来阵阵“哗啦啦”的响声。第二天清早，惠海起来一看，只见山下出现一块宽敞的平地，惠海到处化缘募捐，在这块平地上建造了一座规模宏大的寺院，寺名方广，寓佛法“十方广布”之意。这就是《南岳志》上记述所谓“五龙听经，平沙献地”的故事。

藏经殿

“南岳四绝”之一

衡阳市衡山风景区南岳祥光峰下

藏经殿，始建于南北朝陈废帝光大二年（公元568年），原名“小般若禅林”，后因明太祖朱元璋赐大藏经一部，存放寺中，故改名藏经殿。现殿系1933年重建，是一座琉璃瓦红墙单檐翘角的古建筑，庙宇别致严谨、朴素淡雅，就像被嵌镶在含翠欲滴的丛林中的一颗秀丽明珠。殿内油漆彩画，技艺精湛，增添的雕刻，形象生动。特别是泰国华人黄彰任先生及夫人欧阳惠女士于1980年秋赠送的金铜佛像，安放在殿内，佛名"毗庐遮那"，纯铜镀金，体态优美，耀眼夺目，为南岳的文物添上了新彩。

链接

藏经殿的传说

藏经殿的古迹、传说很多，殿前有灵田，每当秋夜，飞光如烛，可以照见老林古殿的轮廓，疑似"鲁殿灵光"，实际上是萤虫聚舞，闪闪发光所致，故人们又称其为"萤火虫朝圣"。灵田前有梳妆台，相传为明桂王的母亲陈太妃梳妆的地方。附近还有钓鱼台，传说系六朝后主的妃子张丽华钓鱼之所。

福严寺

著名的南宗圣地

衡阳市衡山风景区掷钵峰东麓

福严寺，始建于南朝陈光大二年（公元568年），由当时高僧慧思所建。北宋太平兴国年间（公元976—公元984）重修寺宇，并改寺名为"福严寺"。此后它一直是南宗的圣地，并相继出现了楚圆、保宗、慈感、文演等数代宗师。

福严寺依山而建，整个建筑是砖木结构。院堂依次为山门、知客厅、岳神殿、大雄宝殿、祖堂，寺院的两侧是禅房、斋堂、香积厨。长廊把整个寺院连通，高低错落，浑然一体。这里梵呗庄严、碧树凌空、红墙绕寺，景观壮丽而辉煌，被誉为"六朝古刹""七祖道场"，现为佛教十大丛林之一，是游客参观、休闲、宗教朝圣的好去处。

福严寺

玩家 解说

福严寺为慧思所创建。慧思（公元515—公元577），俗姓李，豫州武津（今河南省上蔡县）人，于南朝时期陈光大二年（公元568年）率弟子40余人来到南岳衡山，得到陈宣帝的支持，创建般若寺（即今福严寺）。陈太建九年（公元577年）卒，世称"南岳大师"，后被天台宗尊为该宗第三祖。隋唐以前，般若寺是以弘扬般若和法华思想为中心的道场。

唐以后，般若寺成为禅宗的著名道场，禅宗传至五祖弘忍，下分南北两派，而南派始祖（即六祖）慧能门下又分两系，一为青原行思，一为南岳怀让，般若寺就是怀让居住30余年，大阐宗风的道场。

南台寺

素有"天下法源"之美誉

衡阳市南岳区瑞应峰下

南台寺，创建于南朝梁天监年间（公元502—公元519），唐天宝年间由禅宗六祖慧能弟子"石头和尚"希迁定名为"南台寺"。南台寺号称"天下法源"，远近闻名，是游客体验佛教禅宗大德的绝佳之地。

链接

南台寺的"石头和尚"希迁禅师

南台寺名声很大，海内外的佛教徒对它非常崇拜。这不仅因为它是六朝的古刹，历史悠久，更重要的是该寺院在唐末五代时便出了一个著名高僧——"石头和尚"希迁禅师。他是南宗两大系中青原系的重要人物。

希迁禅师（公元700—公元790）人称"石头和尚"，俗姓陈，端州高要人。他听说六祖慧能南来韶州（今广东韶关）曹溪，便前往参学。唐玄宗开元十六年（公元728年）于罗浮山受戒，后又拜青原行思为师，传其法。唐玄宗天宝初年，希迁到南岳衡山受戒结庵于南台寺东大石上，时称"石头和尚"，与江西道一禅师名闻天下。希迁圆寂后，肉身葬于南台寺下方，为南岳仅存的一座唐代古墓。

景点推荐

衡阳城区景点

珠晖塔

雁城三塔之一

衡阳市珠晖区茶山坳镇藕塘村

珠晖塔雄踞江东岸之拜亭山上，濒临湘江东岸耒河口，与来雁塔相对。珠晖塔为清代安徽巡抚衡阳人王之春主持兴建，费时13载，耗银数万两，于1897年建成。塔高35米，八角七层砖石结构。正门有王之春手书“珠晖塔”3字，并撰楹联3副，门正联“高峙船山远绵学脉　流回耒水广助文澜”。塔内有石级旋梯，拱门还嵌有前清进士黄自元手书的大理石刻碑文。

玩家解说

塔高34.65米，砖石结构，七层八棱，石阶旋梯。正门西南向，上方汉白玉横额镌刻着斗大楷书“珠晖塔”3字，两边汉白玉雕刻楷书对联。塔基四周刻有飞禽走兽图形，塔内拱门嵌有石刻碑文，为江苏学政王先谦撰写、宁夏知府黄自文手书，原为6块，现存4块。塔前建有廊庑，僧房数楹。塔尖铜顶，映日生辉。

链接

王之春建塔

相传，光绪年间，王之春为了减轻家庭负担，放弃了继续“科举”之途，到岳阳洞庭君山一带设馆教书，生活依然过得很艰难，教书收入仅能糊口。一日，湖广总督张之洞路过洞庭湖，游览君山，路过王之春的教馆时，听到学生的读书之声，于是，便走进去一看，只见正在教书的王之春大热天还穿着棉布袍子，热得一身汗淋淋的。

经过一番交谈，张之洞发现王之春不仅善诗，而且反应机敏，很有才学，于是，便将其安排在自己的总督府当幕僚，几年后便升为安徽巡抚。王之春是一个相信风水的人。他特地跑到南岳衡山向一位有名的风水先生求教，风水先生说："清咸丰以后，蒸、湘、耒三水汇合向北流，衡阳钱财随水流去，若在耒河口和金堂河处，筑一座石塔将三江之水镇住，与来雁塔隔江相对，就可以保衡州的风水不再流失，衡阳人就可以致富了。于是，为了报答故乡的"养育之恩"，王之春联合衡阳盐运使程商霖等绅士出资兴建了"珠晖塔"。

酃县故城遗址

衡阳历史进程的"脉搏"

衡阳市珠晖区酃湖乡境内

酃县故城遗址，于1952年由湖南省文物工作普查队在酃湖旁发现。城址面积约20万平方米。经发掘东西土墙残垣尚存。城址内有陶片，汉代铜瓦、板瓦，陶器有盆、壶、罐、钵，另有铁剑、铜渣等。1991年5月，此处列为市重点文物保护单位。

天子坟

一座巨型的汉墓

衡阳市珠晖区酃湖蒋家山

天子坟距市中心约7千米。西汉末年，王莽篡位，改国号新，地皇四年（公元23年），刘邦后裔钟武侯刘望举兵讨伐王莽，自称皇帝，兵败身亡，埋葬于此。墓地封土呈椭圆形，长13米，宽11米，高6米，俗称天子坟，为巨型汉墓，属重点文物保护单位。

回雁峰

南岳七十二峰之首

衡阳市雁峰区雁峰广场

从市区乘102路公交可到达

0734-8466024

回雁峰地处衡阳湘江之滨，海拔96.8米，总面积6.32公顷，为南岳七十二峰之首，被誉为"南岳第一峰"。回雁峰山虽不高，但人文荟萃，"雁文化"源远流长，可以说文因景成，景借文传，著名景观有雁峰寺、回雁阁、大雁铜雕、平沙落雁、雁峰烟雨、王船山出生地纪念馆等。其中，"平沙落雁"为"潇湘八景"之一，"雁峰烟雨"为"衡州八景"之首。

景区布局合理、巧妙，登临峰顶，东可瞰湘江壮景；西可观岳屏胜景，高楼景观；南可眺东洲桃浪；北可望来雁塔、珠晖塔，景色壮美，令人心旷神怡。

链接

回雁峰的爱情传说

在回雁峰还流传着一位古代歌伎的故事。唐德宗光启年间，一个叫王幼玉的歌伎住在回雁峰下，有着艳丽的容貌和高雅的气韵。她唱的《雁归来》被人赞为"秋满潇湘浦，歌彻回雁峰"。后来她与一位姓柳的青年富商相爱，其间经历了很多波折，两人虽然矢志不渝却仍天各一方。

一天，王幼玉登上回雁峰，一边唱着柳郎写给她的诗，一边等待她的心上人回来。大雁听到她的歌声徘徊不肯离去。她就这样唱着、等着，直到精疲力竭坠下山崖。这个凄婉的故事为回雁峰更增添了几分伤感的美丽。

玩家 解说

平沙落雁：传说古时每年秋天将至，北雁南飞到了衡阳湘江河畔便停留于此，在此栖宿、觅食、嬉戏。现在，这里复制了“秋雁戏沙”美景，很值得游客观赏，发思古之幽情。

雁峰烟雨：“雁峰烟雨实堪夸”指的是回雁峰上的烟雨池。古时天将下雨，烟雨池中水汽氤氲，如烟如雾，宛如仙境。池边还镌刻有王勃、陈宗契等诗人的诗词佳句。

回雁阁

回雁阁，高35米，4层4棱，四面悬匾，内部装饰有诗词、楹联、木刻、磨漆画等作品多幅。阁楼顶部重檐像大雁展翅，底部的72根支柱寓意南岳“七十二峰”。其南北两侧还建有“听瀑亭”“览翠亭”。整个楼阁造型古朴典雅，现已成为衡阳的标志性建筑，被誉为“衡州第一阁”。

烟雨池

烟雨池因“雁峰烟雨”之景而闻名，池边镌刻着唐代诗人王勃、明代衡阳诗人陈宗契赞誉衡阳、回雁峰的诗词佳句，是一处不可错过的景致。

上达牌坊

上达牌坊按明朝图式复建，绿色的琉璃瓦、厚重的拱形山门，镌刻麒麟吐须、狮子戏球、二龙戏珠、丹凤朝阳。相传，拱门上“上达”二字，是雁峰寺一烧火和尚用烧火棍所书。其寓意是上山、登高自此起步。两边的雁峰长联由著名书法家洛夫先生书写，囊括了衡阳的风景名胜、历史名人。门坊背面有衡阳书法家蒋钤衡的墨宝“莫作等闲观”。

雁峰寺

雁峰寺始建于南朝梁天监十二年（公元513年），重建于1984年，迄今已有1500多年的历史。寺院正门悬有赵朴初题写的泥金横匾，院内前殿为观音殿，后殿为寿佛殿。

回雁峰

链接

寿佛的传说

相传寿佛俗家姓周，湖南郴州人，号宗慧（公元728—公元867），享年139岁。他生前四方云游、传道，曾留下袈裟一件于雁峰寺。圆寂后常显灵于湘南，明清之际又转世为高僧，驻雁峰寺传经布道，据说他生在郴州，死在全州，成佛在衡州。

飞瀑流彩

飞瀑流彩位于回雁峰景区西门假山群中，假山群再现了南岳诸峰之神韵，有“衡山千仞一峰高”的观赏效果。山石错落有致，中间有“水雾”喷出，形成云烟缭绕的效果。山顶瀑布飞流直下，水击山石、飞流碎玉，形成一道巧夺天工的飞瀑流彩美景。瀑布下有“雁影潭”，山、水、石相得益彰，构成了一幅气势磅礴的美丽画卷。

王夫之出生纪念地纪念馆

纪念馆位于回雁峰西侧半山腰，为青砖黛瓦对称式仿明清建筑，包括山门、庭院、正房等。其中，正房中央塑有一座王夫之半身像；左侧厢房内陈列有木屐、雨伞、油灯等物品及《船山全书》和后人研究王夫之思想的作品等。右侧厢房内陈列有明清时期先生的居家用品。纪念馆建筑古色古香，文化氛围浓厚，是游客缅怀王夫之的佳处。

东洲岛
湘江流域三大洲之一

衡阳市雁峰区东南湘江中央

东洲岛长约2千米，宽200余米，沙滩面积1.7公顷。岛上有庵殿、书院、古树、桃花，水少的季节还能看到沙滩。该岛四面环水，岛上树木茂密、绿荫浓蔽，环境十分幽静，与岳阳君山、长沙橘子洲并称湘江流域三大洲。

船山书院

船山书院是清末最著名的书院之一。光绪四年（1878年）在兵部尚书彭玉麟的支持下，张宪和创于回雁峰下，后即光绪八年（1882年），曾国荃将家藏《船山遗书》332卷珍本捐给书院。光绪十一年（1885年）改建东洲岛。

衡阳抗战纪念城
中国人民的抗战圣地

衡阳市雁峰区岳屏公园内

“衡阳抗战纪念城”是中国人民的抗战圣地，其制高点的“衡阳抗战纪念城碑”

抗战纪念碑

高18.16米，下方基座是形如古代一种叫“簋弥”的盛食物的铜制器皿，碑体用坚硬的花岗石和洁白的汉白玉砌成，高高耸立，给人以庄严肃穆、悲怆深沉的感觉。

纪念碑立于1948年4月，1952年维修时将碑文改为“衡阳解放纪念塔”；1984年为尊重历史事实，将纪念碑碑名复原为“衡阳抗战纪念城”。

链接

衡阳保卫战

衡阳保卫战是抗战8年之中，作战时间最长、敌我双方伤亡官兵最多、激战程度最为惨烈的一场城市争夺战。当时衡阳四面被围，既无援军，也无任何武器、弹药、粮食、药品补给，空中还有炮弹、毒气烧杀，在方圆不到2平方千米的弹丸之地，顽强抵抗综合军力10倍于己的日寇达47个昼夜，彻底打破了日军原计划用3天时间攻陷衡阳的幻梦，大大推迟了日军企图南进的时间。

石鼓书院 AAAA
中国四大书院之一

衡阳市石鼓区石鼓山

市内乘坐105路公交可到　20元

石鼓书院面积4000平方米，始建于唐元和五年（公元810年），北宋太平兴国二年（公元977年）宋太宗赵匡义赐名“石鼓书院”，迄今已有1200余年的历史。1944年，书院在衡阳保卫战中毁于日军炮火，2006年重修。

石鼓书院是一座千年学府，自古以来人文荟萃，很多名士如苏轼、周敦颐、朱熹等都曾在此执教过，文人骚客也喜欢来此游览、聚会。此外，石鼓山峻峭挺拔，风光秀美，历来被誉为“湖南第一名胜”，非常适合观光休闲、摄影、探险等。

禹碑亭

禹碑亭位于石鼓山南面，始建于明万历九年（1581年），是为刻于衡山岣嵝峰的禹碑摹本所建的亭子。禹王碑最早发现于衡山岣嵝峰，遗址位于衡山县福田铺乡云峰村，上面文字的内容是记录“大禹治水”的功劳。碑上刻着古文字共77字，字形像蝌蚪，很难辨识。禹碑置于亭子中央，明代杨慎的禹碑释文也置于此。

石鼓书院石鼓

武侯祠

东汉建安十三年（公元208年），诸葛亮驻临蒸（今衡阳），曾在石鼓山上住过一段时期。武侯祠就是为了纪念他而建的。祠堂门上有对联一副：“心远地自偏，问草庐是耶非耶，此处想见当日　江流石不转，睹秋水来者逝者，伊人宛在中央。”

朱陵洞

朱陵洞相传因朱陵大帝所居而得名，是道家第三洞天福地，也是“衡阳八景”之一，很值得游览参观。

西湖公园

山水园林景观

衡阳市石鼓区古汉大道

西湖公园，又名明翰公园，是“衡阳八景”之一。公园占地面积20公顷余，园内通过山、水、绿地来分割空间，形成山水园林景观，颇有闹中取静的艺术意境。

西湖公园主要分为6个功能区：东片与西片分别为青少年、老年活动区，动静截然分离，迎合了老少情趣不同的需要；北片与岛区是全园的主要赏景区，适合不同层次的游人欣赏湖光山色；南端主要是管理服务区。公园是以清新明快为主基调，以中国山水园林为主题，水陆兼用，建有“莲湖飞珠”“湖

石鼓书院八景

石鼓书院有八景，即“东岩晓日、西篠夜蟾、绿净蒸风、洼樽残雪、江阁书声、钓合晚唱、栈道枯藤、合江凝碧”。

一为东岩晓日。石鼓山东西峭壁上，唐太守宇文炫分题“东岩”“西谷”。东岩悬崖壁立，当太阳初升之时，削壁沐日光呈金黄色，远望尤甚，故描绘此景为“东岩晓日”。

二为西篠夜蟾。西篠夜深人静之时，便有蟾出现，与“东岩晓日”形成鲜明对照。

三为绿净蒸风。合江亭，位于石鼓山北端，亦称绿净阁。合江亭下，深潭之上，有一石坪，宽约三四米，相传为仙翁濯足处，石上仙迹依稀可辨。

四为洼樽残雪。石鼓山下有怪石，外实中空，衡郡风雅之士在石上刻“洼樽”二字，冬日雪后，石鼓山上上下下，积雪皆消融无迹，唯独樽内积雪经冬不化，至春始融，为石鼓山第一奇景。

五为江阁书声。石鼓乃为书院，读书声声声入耳，从阁楼当中传出，亦为一景也。

六为钓合晚唱。石鼓地处湘水和蒸水之间，夜幕之时，垂钓者倚坐船头，小船随波缓缓移动，渔歌响起，打破暮色宁静。

七为栈道枯藤。山上韩愈吟咏“绿净不可唾”的合江亭右下，有一深潭，东可通汪洋大海，北可达南岳水帘洞。山上有古藤经数百年成长，沿江底爬行，由西岸牵至东岸。

八为合江凝碧。石鼓山位于蒸水和湘水交合之处，清澈的江水缓缓流淌，放眼望去，如一块碧玉。

天一色”“双亭烟雨”“花鸟回廊”“芙蓉拥翠”“月映白莲”“中日友谊樱花林”等十余处景区，是休闲放松的好地方。

玩家 解说

公园地形有起有伏，地貌多样，利用水景，环绕湖岸建造的亭台楼榭，错落有致，各具特色。重点建筑采用琉璃瓦面，一般都采用白粉墙，小青瓦或平屋顶，重现江南水乡的建筑艺术魅力。花架长廊与临湖建筑贴近水面，局部湖岸挡墙低于溢水口，有意让水上岸形成渚滩，植以苇草等水生植物，野趣盎然，给人以亲切而自然的感受。绿化分区栽植功能特色各异的花木，疏密相间，层次分明。

湖湘文化馆

文物珍宝颇多的博物馆

衡阳市石鼓区明翰路西湖公园南

湖湘文化馆，即衡阳市博物馆，建立于1973年6月，前身为坐落于岳屏公园内的王船山纪念馆，新馆建筑面积4500平方米，设有文物陈列厅、临时展览厅、中心文物库房及电教室、接待室、资料室、办公室，投入建设资金700万元。现有馆藏文物2万件，其中珍贵文物千余件。

链接

湖湘文化

考古学界认定，距今1万~5000年前是中国新石器时代的早、中期，即传说中的神农时代；距今五六千年前，是新石器时代晚期向青铜器时代过渡的时期，即传说中的黄帝时代。炎、黄二帝既是氏族首领，又是氏族和部落的称号，分别代表着两个时代，即炎帝时代和黄帝时代。

炎黄之前的湖南拥有数十万年旧石器文化的历史，湖南气候温湿，其南部的江永一带是原始野生稻产地，毗邻江永的道县玉蟾洞遗址发现超过一万年前的陶器和三粒完整的稻谷，其中稍早的为野生稻，略晚的为栽培稻，还保留有野生稻、籼稻和粳稻的综合特征，是迄今世界上发现最早的栽培稻标本。这说明，道县先民率先为人类燃起了开拓稻作文化的希望。

来雁塔

来雁塔

衡阳名胜之一

衡阳市石鼓区合江路

来雁塔与回雁峰对峙，寓雁有来回，故名为来雁塔。该塔兴建的目的是用以导航，类似今日的航标灯塔。塔基为垒石构成，塔身用青砖砌成。整个塔体内为楼阁式，共7层，呈八角形。塔的第一层东南设门，南向拱门上嵌有清兵部尚书彭玉麟手书“来雁塔”横额的汉白玉碑一块。从第二层起，塔身逐级递缩，塔的每层皆设有对称神，开2窗4门。塔檐为叠座，下无斗拱，外壁饰石图案。拱门上有石质龙凤浮雕。塔角旧有风铃，塔上有铁顶，置相轮。整个塔的结构突出了明代建筑特点，现为省级文物保护单位。

玩家 解说

塔通高36米，下为须弥座，垒石而成。塔身砖砌，七层、八楞、空心。塔为密檐式，从第二层起，塔身递缩，越往上收缩越大，各层檐紧密相连。每层设对称佛仓，开2窗4门，可凭远眺。一层正门上有龙凤石雕，嵌汉白玉“来雁塔”横额，为清代兵部右侍郎彭玉麟手书。两旁有楹联：“登七级浮屠；观十方世界。”二、三层沿外壁置回廊，边上设石栏。塔内有石磴盘旋至顶层。七层棚顶为圆形藻井，饰星象分野图和绘画，中开圆形小孔，直穿塔尖，晚上可从孔中观察天上星象。外面翘角吊风铃，习习风来，铃声悠扬，如奏宫乐。塔刹为铁顶，置相轮。全部结构表现了明代的建筑风格。

衡阳保卫战纪念馆

典型的湘南民居风格古建筑群

衡阳市蒸湘区蒸水大道南

衡阳保卫战纪念馆内主要建筑由清代将军陆成祖于光绪七年（1887年）建造，是典型的湘南民居风格古建筑群。房屋为砖木结构，依山傍水，坐北朝南，平面略呈长方形，占地面积2600多平方米。主屋石木构件及山墙墀头、檐下、窗额等分别施雕刻、彩绘、堆塑，整个建筑装饰十分讲究，木雕、彩绘、堆塑内容丰富、工艺精湛，有的堪称艺术精品，是观赏、研究晚清民居建筑及其相关问题的重要实物资料。

衡阳保卫战陈列展览设在左厢房，展览主题是《忠烈壮国魂——抗日战争衡阳保卫战》。采取通廊式陈列手法，以市政协编撰出版的《衡阳抗战铸名城》一书为主线，利用该书的文字资料、照片、图表进行展览制定。

玩家 解说

衡阳保卫战纪念馆是珍贵的抗战遗址。1944年6月27日，一小队日寇骑兵闯入这里。第二天国民党中央军府得知消息派了一排兵力进行围剿，双方激战达半月之久，致使陆家新屋遭受严重创伤。至今南向墙面尚保留数10处当年留下的弹痕，右侧厢房封火墙山屏上的一个弹洞，直径达1米左右，是衡阳抗日保卫战难得的历史见证，也是日寇侵华战争的罪证。

雨母山

天然的生态氧吧

衡阳市蒸湘区境内

雨母山原名永华山、云雾山，因地形影响，易起云成雾，常有云雾缭绕故而得名。清雍正年间，执政衡州的朱道台因久旱不雨，百姓遭灾，便慕名来雨母山赤松子坛祈雨，“虔诚祈拜，雨泽立降”，并赠送亲题“雨母山”三字金匾，是以更名雨母山。核心景区面

衡阳保卫战纪念碑

积约4平方千米，地处衡阳城西。内有16座山峰，8条沟壑，4座水库，形成了十多处富含人文内容的自然景点。

雨母湖

雨母湖坐落在雨母山以南、七里山之间，水库坝高30米，长150米。水库水面共22公顷，水面蜿蜒曲折，既可用于水利灌溉，又可发展渔业生产，还可休闲钓鱼或乘船游览两岸风光。

帝喾祠

帝喾祠占地3600平方米，分为前殿、后殿、观音殿、注生殿和厢房。建筑庄严典雅、工艺精美。前殿为名山洞府，帝喾塑像镇坐其中。后殿为圆通宝殿，内有由青铜铸造的千手观音。位于帝喾祠正下方石狮子垅占地2公顷，整个寺庙为三级梯田式结构。第一级为山门，第二级为天王殿，第三级为大雄宝殿（佛堂），佛堂内有48根立柱，负山而立。

景点推荐

衡阳郊区景点

岣嵝峰

南岳七十二峰之一

衡阳市衡阳县岣嵝乡

风景秀丽的岣嵝峰是南岳七十二峰之一，主峰海拔1106米，禹王殿原建于岣嵝主峰之上，四周茂林修竹环抱，古木参天。禹王殿是湘南著名佛殿，始建于唐代公元618年以前，亦称禹庙、禹祠，是人们为纪念大禹治水所建。

链接

岣嵝峰名称的由来

大禹治水三过家门而不入，为治水而来到湖南衡阳，坐在一个山顶上，心里很着急，闷闷不乐。忽然看见一个白胡子老公公，笑着对他说："贵人有何心事？暂且莫管，我们来下盘棋吧！"大禹欣然同意，与白胡子老公公一连下了三盘棋。他只守不攻，盘盘皆输。白胡子老公公很气愤，指着棋子说："你只知道堵，越堵越败啊！"

大禹恍然大悟：治水不能像父亲那样去堵，越堵越失败；只有疏通河流，把洪水引向大海，才能把水治好。于是大禹与老公公又下了一盘棋，他对这盘棋改变了方法，转守为攻，果然赢了。老公公十分高兴，情不自禁地用手拍着山顶，竟把大山顶拍得低下去了一截儿，从此这个山峰就叫"勾头峰"了，后来改成了岣嵝峰。而与他下棋的原来是个仙翁，是前来点化治水之妙策的。

湘西草堂

王夫之定居、著书、课徒的地方

衡阳市衡阳县曲兰乡湘西村菜塘弯

湘西草堂建于清康熙十四年（1675年），占地2100平方米，曾是著名思想家王夫之定居、著书、课徒的地方。草堂正厅面首上所挂匾额为赵朴初题写，厅堂内正面墙上挂有王夫之画像及其自撰联“六经责我开生面 七尺从天乞活埋”。画像上面挂着一些匾额，两侧墙上挂有清代名人题写的楹联。正厅左边为住室，陈列着王船山的床铺、被席、书桌、七弦琴等复制品；右边正房为书房，陈列着王船山的部分著作，以及由当代著名书画家撰写的条屏和楹联。此外，草堂内的古枫、古藤一起构成了“枫马藤龙”景观，深得游客赞赏。

链接

王夫之小传

王夫之（1619—1692），字而农，号姜斋，衡州府城南王衙坪（今衡阳雁峰区）人。他是湖湘文化的精神源头，也是中国朴素唯物主义思想的集大成者和启蒙主义思想的先导者，与黄宗羲、顾炎武并称为“明末清初三大思想家”。他还是世界最著名的思想家、哲学家、史学家、文学家、美学家之一，与德国黑格尔并称“东西方哲学双子星座”。他一生著述甚丰，共计400余卷、8000多万字，其中以《读通鉴论》《宋论》为代表作。他主张“经世致用”思想，坚决反对程朱理学，其思想深刻影响了曾国藩、谭嗣同、毛泽东等人。

夏明翰故居

展现了夏明翰烈士光辉的一生

衡阳市衡阳县洪市镇礼梓村

夏明翰故居，又称“合家堂”，始建于清乾隆年间，属省级爱国主义教育基地。夏明翰故居为典型的清代湘南民居建筑。大院坐北朝南，土砖木结构，除北边外墙青砖砌筑外，其他均为土砖墙。大院二进六厢，共有房屋45间，面积2300余平方米。

王夫之肖像

维修后的夏明翰故居分为故居管理所、夏明翰生平事迹陈列、明翰精神书法陈列、夏明翰旧居复原陈列4个部分。在4500余平方米的陈列馆内，有夏明翰烈士的铜像、近400件文物，部分来自夏明翰曾经生活和工作过的地方，还收集了郭沫若、何叔衡等知名人士为夏明翰题写的挽联和诗词。陈列馆内的图片展重现了夏明翰烈士光辉、革命的一生。

链接

夏明翰小传

夏明翰（1900—1928），字桂根，衡阳县礼梓山（今洪市镇余家大屋）人，生于湖北秭归县，1928年农历二月二十九日，在汉口余记里惨遭国民党反动派杀害，时年28岁，是中国共产党的早期革命活动家。

江口鸟洲自然保护区

湖南唯一的自然鸟类保护区

衡阳市衡南县江口镇

江口鸟洲，地处耒河中间，四面环水，包括陈家洲、张家洲、龙家洲3个岛，总面积70平方千米，是湖南唯一的鸟类自然保护区。

洲上林木成荫，灌木常青；气候温暖凉爽，四季如春；附近拥有多个水库、池塘及成片稻田、森林。景区内自然生态环境极为良好，是鸟类生息繁衍的理想王国，目前拥有鸟类100多种，其中国家一级保护鸟类有白鹤、苍鹭等。这里拥有3个“世界之最”，即保护区面积最小、鸟类最多、密度最大，被誉为“鸟的天堂”，是观鸟、摄影、科考的理想之处。

链接

江口鸟洲保护区的动植物

区内有木本植物29科，50多种。其中以河柳、垂

岐山

柳、旱柳、意大利杨、枫杨、朴树、榔榆、构树、桑树、樟树、乌桕、毛竹、绿竹为最多；有草本植物49科，120多种，主要有节节草、鱼腥草、野麻、芭茅等。

境内分布有鸟类180多种。其中属中日候鸟保护协定保护的鸟类有42种；属国家规定保护的有2种，属一类保护的有白鹤，属二类保护的有鸳鸯；另外经济价值较高的鸟类还有鹌鹑、环颈雉、绿头鸭、花脸鸭、赤麻鸭等，河中还有丰富的鱼虾和贝类。

岐山

著名佛教圣地之一

衡阳市衡南县鸡笼镇

岐山，又叫凤凰山，最高峰地火石峰（又名火焰山）海拔为741.3米，北部与衡阳县交界处的山脉高度均在500米以上，形成北部屏障，这也是岐山严冬温暖的主要原因之一。整个地势西北高，东南低，溪流河港均向东南泻入双板桥水库。

岐山是著名佛教圣地之一，古迹和传说很多，主要有“万寿仁瑞寺”“千人饭锅”“仙人船”“仙人桥”“仙鹤岭”“普洞塔”“高普自然石像”等。

龙溪湖

以“一湖四洞”为主体的景区

衡阳市衡南县东部山区，距衡阳市45千米

龙溪湖风景区的核心景点，由“一湖四洞”为主体组成。“一湖”，是指龙溪湖，水面3000平方米，水深达20余米，湖中有数个自然泉，水质清澈透明。“四洞”，是指龙溪湖周边众多的天然溶洞，其中以豹泉洞、川口洞、麦园洞、桑田洞四大溶洞景观最佳。洞奇石美，洞内有洞，洞洞相连，景观奇特，堪称一绝。

岳北农工会旧址

再现农民运动的情景

衡阳市衡山县白果镇

岳北农工会旧址是湖南农村常见的祠堂建筑，砖木结构，二进三开间，石额“刘捷公祠”是原物。新中国成立后，旧址曾多次修葺。在北京中国革命博物馆也陈列有旧址的照片等，属省重点文物保护单位。

链接

岳北农工会的历史

1923年春，党派刘东轩、谢怀德等同志到衡山开展农民运动，同年9月16日，建立了湖南最早的农民革命组织——岳北农工会，通过了反帝、反封建、反军阀的战斗宣言和开展革命斗争的建议。随后反抗地主、豪绅阶级的斗争如火如荼地开展起来，会员发展到10万人。1927年1月，毛泽东同志到衡山考察农民运动，曾在此召开县、区、乡农会干部会，热情赞扬岳北农民运动和白果妇女反对族权、大闹祠堂的革命行动。

紫金山

森林茂盛的生态林场

衡阳市衡山县西郊

紫金山国有林场境内森林茂盛，物种多样，据记载，有种子植物104科，570多种，属国家重点保护的珍稀植物有：香果、银杏、香樟、柏乐等十多种树木；有野生动物80余种，其中，属国家和省级重点保护的有：獐子、穿山甲、虎纹蛙、竹鸡、银环蛇、大头平胸龟等。该林场属省级森林公园，有观湘亭、诗碑廊、风景廊等景点。林场内紫盖峰海拔1026米，为区内最高点。林场内气候温和湿润，年平均气温17.5℃，非常适合休闲游览。

康王庙

毛泽东曾经工作并居住的地方

衡阳市衡山县开云镇湘江路13号

康王庙名称的来历说法有三：一说炎帝南巡时随驾将军之庙；一说周康王十八年巡狩南方，诸侯朝王于明堂，后立庙以祀；一说宋高宗初封康王，为金人所逼，避居衡山，因祀之以庙。1926年，衡山农民革命运动蓬勃兴起，中共衡山地方执行委员会驻此，次年毛泽东考察湖南农民运动，曾在此住宿并召开座谈会，1960年在此修建了衡山农民运动纪念馆。

康王庙现有毛泽东考察湖南农民运动住过的房间和生活日用品、开会用过的桌椅等文物遗迹；在展厅有农民运动的有关原始资料及烈士遗物等固定展品。

九龙峡漂流

五岳第一漂

衡阳市衡山县白泥村

¥ 188元

九龙峡漂流全程5千米，落差110米。吸收了国内外漂流之精华，采用国际流行的自助漂流，使用国内最先进、最安全的双人漂流艇，在体验惊险刺激的同时无须担心安全问题。

九龙峡谷两岸群峰嵯峨、松林葱茏竞秀、竹海婆娑多姿、田园风光旖旎。漂流河道潭壑交错，景致绝佳。

九龙峡漂流

九观湖旅游区

截湘江支流而筑的综合景区

衡阳市衡山县店门镇

九观湖又叫九观桥水库，是1976年截湘江支流百港水系而筑成的人工湖。湖水面积约39平方千米，灌溉面积为6330余公顷，是衡山县境内最大的水库。经过开发建设，现已建成融灌溉、发电、旅游休闲为一体的综合景区。

毛泽建烈士纪念园

为纪念名垂青史的巾帼英雄而建

衡阳市衡山县城南郊巾紫峰麓

毛泽建烈士纪念园，整座陵墓由花岗石和汉白玉构筑，走道、墓坪、纪念塔衬以松柏、女贞藤等名贵花草，显得庄严、肃穆、雅致。整座陵园占地0.35公顷，塔高8.2米。1972年该陵园被列为省级文物保护单位，并成为衡山县中小学生爱国主义教育基地。

链接

毛泽建小传

毛泽建，又名毛达湘。她于1923年加入中国共产党，长期在耒阳、衡山等地从事游击斗争。1928年在耒阳的一次战斗中被捕，1929年被害于衡山县城马王庙坪，年仅24岁。

唐群英故居

唐群英少年时代生活的地方

衡阳市衡山县新桥镇黄泥村

唐群英故居又名“三吉堂”，占地面积1400平方米，由是吾家书屋、厅屋、书房等建筑组成。是吾家书屋是唐群英祖居三吉堂中建设最早的，也是现在仅存的部分建筑。是吾家书屋中间是厅屋，左边是书房，右边是卧室，后进有天井及后厢房，最初为唐群英之父唐星照的住宅。这里是唐群英青少年时读书、晚年整理诗文的地方，著有《吟香阁诗草》四卷。

唐群英像

链接

唐群英小传

孙中山先生在革命初始与革命志士黄兴等人在日本东京成立了“中国同盟会”，在中国同盟会成立之时，有一位中国女性，而且是唯一的女性加入了这个组织，她就是“一代女魂”唐群英。

唐群英是中国同盟会第一个女会员，曾两次只身闯荡东瀛，追随孙中山投身革命，是辛亥革命的双枪女将，创立民国的巾帼英雄，被授予二等嘉禾勋章。我国女权运动的创始人，同时，也是我国近代著名的女报人、女诗人、女教育家。第四次世界妇女大会召开前夕，我国政府向大会推荐出8位中华百年女杰，唐群英位列其中。

罗荣桓故居纪念馆 AAAA

保存有元帅众多遗物

衡阳市衡东县荣桓镇南湾村

罗荣桓元帅故居建于1914年，占地面积700余平方米。故居坐西朝东，为三进四厢砖木结构，有房屋20间。第一进为门厅，两旁有耳房；第二进为正厅，内塑罗荣桓元帅半身像，两旁有侧屋；两进间为过厅，过厅、门厅间为八角门，两侧有天井。两侧厢房为卧室、书房、会客室、健身房等。其他房间有厨房、杂屋、碾米房等。其中，卧室中的陈列物有床、桌、书柜、储柜等，均为罗荣桓用过的原物；杂屋现已辟为辅助陈列室，里面有罗荣桓生平事迹陈列。

链接

罗荣桓小传

罗荣桓（1902—1963），湖南衡山县寒水乡（今衡东县荣桓镇）南湾村人，无产阶级革命家、政治家、军事家，中国人民解放军缔造者之一，中华人民共和国开国元勋，中华人民共和国十大元帅之一。清光绪二十八年（1902年）十一月二十六日罗荣桓诞生在南湾旗杆屋场新大屋，3岁时全家搬到南湾街上，12岁那年迁入异公享祠。1921年，他在家乡办起农民夜校，1926年又在家乡从事农民运动，组织“衡山梦字九区农民协会”。1927年春离开这里，参加鄂南暴动，继而参加秋收起义，此后一直在军队中从事政治领导工作。

罗帅母校旧址

罗帅母校“岳英小学”旧址，位于罗荣桓故居斜对面，分别建于清朝嘉庆和道光年间。辛亥革命后，罗荣桓的父亲罗国理先生在此兴办了一所“罗氏高等国民小学堂”，罗荣桓作为第一批学生，在这里读书3年。

罗帅铜像纪念广场

罗荣桓元帅铜像广场，坐落于南湾村南面的罗家山上，占地约5.5公顷，其中最高一级广场为主体和中心。其正中位置矗立着一尊罗荣桓元帅铜像。铜像坐东南朝西北，高8.1米，看起来十分壮观。

罗荣桓铜像

罗帅生平业绩陈列馆

罗帅生平业绩陈列馆，面积约1000平方米，设有序厅、尾厅和4间展室等，里面陈列有罗帅各个时期的大量珍贵照片，以及历史文献及实物110件，雕塑1件。

锡岩仙洞
楚南第一景

衡阳市衡东县荣桓镇锡岩村

锡岩仙洞是一个石灰岩山洞，由许多大小不一的石洞连接组成，洞口狭窄，洞内幽深莫测，宛若迷宫。洞内宽敞，怪石林立，千姿百态。石钟乳、石林、石柱、石笋等不计其数。有的像金钟玉鼓，叩之咚咚有声；有的像奇禽怪兽，尊伏飞跃，活灵活现；有的像观音罗汉，土地神仙，坐卧盘立，栩栩如生，堪称洞中桃源。

洣水风光带
水质优良的河流

衡阳市衡东县洣水河段的下游

洣水，发源于罗霄山脉西麓的炎陵县支脉，其源头就是中国革命的摇篮井冈山。

洣河是一条晶莹碧透的没有被工业污染的河流，河水水质一直保持在二级以上。沿河25千米有甘溪河坝、龙岩洞、二龙戏珠、元宝大观、雄狮戏球、水上街市夏浦、萧家老屋、郦公钓鱼台、潭江口渔村、晏光双庙、灵山老庙等景点。

四明山森林公园
拥有众多古树名木、珍禽异兽

衡阳市祁东县西部

四明山属五岭山脉越城岭余脉，主峰腾云岭高达1044米，在衡阳仅次于祝融峰。登临峰顶，可望见零、祁、东、邵四县，故又名四望山。四明山生长着许多珍贵树种，如白玉兰、银杏、楠木等，常年活动着香猫、聋猪、穿山甲、猴鹰、夜鸦等数十种动物。四明山大塘村现存有14株古树，树龄都在300年以上。

四明山

玩家 解说

2003年，地质学家在四明山发现笔石。笔石是4亿多年前奥陶纪时期海洋生物的化石，由此可见，四明山已傲然矗立4亿多年。

秀美清幽的四明山，历来被看作风水宝地，古时山中有四明寺、紫云寺等庙宇。四明山多古树名木、珍禽异兽。据传，明代建北京故宫时，太和殿一根主梁就是取自这里的楠木。

归阳古镇
湘江河畔一颗璀璨明珠

衡阳市祁东县归阳镇

归阳镇，自古就是祁东、祁阳、常宁三县的工、商、贸集散地，是一个千年古镇，有“金归阳、银白水”之美称。归阳的社会知名度因草席而起。西汉末年，归阳农民开始试种野生席草；唐代时，他们自创“井”字形织席木架，手工编织的草席俗称“归阳席”。归阳不同于其他的市县隔日逢墟，而是天天赶集。这里的草席、槟榔芋、孵鱼苗在20世纪90年代以前风行湘南。

景点推荐

衡阳南部景点

天堂山风景区

集自然景观和人文景观一体的名胜

衡阳常宁市洋泉镇

天堂山风景名胜区总面积约220平方千米，景区内群山连绵起伏，洞幽石奇，溪流潺潺，湖泊秀美，奇花异草遍野，珍禽异兽出没。这里景点众多，包括天堂山森林公园、天堂湖国家湿地公园、中国印山、庙前地质公园、西江漂流、塔山西江瑶族风情区等。这里被誉为“水的源头”“林的海洋”“云的故乡”“摄影师的天堂”，是一处旅游休闲、娱乐、度假的名胜。

塔山西江瑶族风情区

以高山瀑布、漂流探险和瑶乡风情为特色，可让游客在充分领略瑶乡歌舞、婚俗、祭祀等民族风情的同时，也体验到“住瑶寨、食瑶菜、品瑶茶”农家乐的独特感受。

天堂湖

天堂湖是衡阳最大的人工湖，湖内岛屿成群，风光旖旎，以山水风光为特色。主要景点有天堂湖、泉峰三寺、王船山隐居旧地。景区内设有天堂湖飞艇、水上飞伞等娱乐项目。

庙前溶洞及石刻景观区

庙前景区拥有溶洞、石林、瀑布、山泉等优美的自然景观，以及宗祠、寺庙、山寨民居等壮观的人文景观，这里以喀斯特岩溶地貌景观为特色，主要有财神洞、金龙洞、野猪林等景点，金龙岩洞历史悠久，洞内有石鼓、石钟、宝塔、仙人、美女等奇观；财神洞洞中有洞，洞中有溪，景观千奇百怪，宛如仙境，是观光、度假、寻幽、探险的好去处。

西江漂流

西江漂流全程约10千米，落差高达150米，滩险湾急，景点众多，被誉为“中华瑶乡第一漂”。漂流段尤以瑶族风情独具特色，包括善良的瑶族人民、古老的瑶寨、动听的瑶歌，美味的瑶族菜品。它们共同组成了一幅瑶乡风情漂流画卷。

中国印山文化旅游区

集我国数千年的书法、印章精品于一山

衡阳常宁市庙前镇金龙村

¥ 40元

中国印山以摩崖的形式，把我国数千年的书法、印章精品篆刻于一山，景区由中国书法城、中国名人名章城、中国纪念印章城组成“一山三城”，共计印章4300枚，书法石刻作品700余件，堪称“中华一绝”。

目前，中国印山推出的印章有200多枚，其中亚禽氏、瞿甲、子亘是迄今发现的最早的殷商三印。此外，印山境内珍稀植物众多，大理石群峰“石态万千”，自然景观有麒麟望月、众仙聚宝、孔雀迎宾，还有情人谷、人面石、登仙岩、补天石等优美的传说。艺术的享受、人文的教化、性情的陶冶——走进“中国印山”就是走进中国篆刻艺术的殿堂。

蔡伦竹海 AAAA

我国连片面积最大的竹海

衡阳耒阳市黄市镇和大义乡境内

蔡伦竹海旅游风景区，总面积100平方千米，分为正门株山湾—凉亭核心景区、西门泉水湾景区、东门大河滩景区3大部分，是我国连片面积最大的竹海景区，拥有竹林、喷泉、石林、洞穴、鱼化石、水晶石宝藏等景观。蔡伦竹海除了大河滩天然喷泉、上堡晶矿、扁体鱼化石这“竹海三绝”外，还有很多其他的知名景点都值得游览，如张良洞、螺丝洞、紫霞寺、万叠泉、周家大屋等。这里

蔡伦竹海

风景秀丽、环境优美、空气清新，融观光休闲、探险、访古、户外运动等功能为一体，是一处颇具魅力的生态旅游景区，非常值得一去。

玩家 解说

蔡伦竹海是一个资源宝库，除竹海旅游资源外，竹林中遍布泉水、洞穴，有钟灵毓秀的竹海石林、鬼斧神工的天然溶洞——螺蛳洞；有大河滩古街、蔡伦古法造纸作坊、周家大屋、紫霞禅寺、湘南游击队遗迹等珍贵的历史人文景观；有天然喷泉、石林、大理石、水晶石宝藏等自然景观；还有上堡水电站的高峡平湖胜景及惊险刺激的水上嘉年华。大理石、高岭土、钟乳石等资源集中在十宝山。目前上堡磺矿开采硫铁矿和水晶石，是极好的旅游产品。

链接

蔡伦竹海的形成

相传竹子最早只是天宫的宠物，称为仙竹，长在王母娘娘的御花园中，由侍女朝霞与紫霞悉心照料，王母娘娘对仙竹宠爱有加。一日，王母娘娘心情十分高兴，欲泽被人间。一时兴起，就派紫霞带着仙竹的种子飘然而下，来到了山清水秀的耒水上游，撒下竹种并浇灌仙露，转眼间山山坡坡上长满了青翠欲滴的竹子。据说，掩映在竹海中狮子岭下的紫霞禅寺就与这一美丽传说有着密切的联系。

观景楼

观景楼位于蔡伦竹海最高峰——鼎峰坳，高36米，共5层，是一座古典式塔楼。这里设有游步道、凉亭、观景台，主要用于登高览竹。登临观景楼，只见周围竹林茫茫，一派生机，令人赏心悦目、心旷神怡。

天然喷泉

大河滩天然喷泉可自行喷射，高程达28米，蔚为奇观，已被收入《吉尼斯世界纪录》。这里还建有大河滩喷泉广场及古街，其中古街占地66 000平方米，至今仍保留部分古代店铺，当年景象依稀可见。

螺丝洞

螺丝洞又名猴王游洞，全长约2.3千米，洞内有阴河，全长约1.6千米，有石龄在1亿年以上的钟乳石，形态各异。尤其是流水自岩石中自然而下形成的小瀑布，非常独特。一线天、凤凰、神龟等自然石景形态逼真，栩栩如生。

竹海石林

竹海石林位于蔡伦竹海核心景区野牛塘，占地面积为0.6平方千米，是全国唯一的汉白玉石林。其间怪石嶙峋，别有风味。竹、石、洞、泉相映成趣，尤其是穿越自然的石林隧道，别有一番情趣。距石林不远的万叠泉总长约2千米，因溪流中岩石颇多，重重叠叠、错落有致，流水穿流其间，两岸竹林环绕，风景极为独特。

高峡平湖

高峡平湖位于上堡电站上游，两岸竹青影翠，山秀水美，景色如诗如画。这里还建成了水上码头等娱乐项目，是游客坐游艇、划船、划竹筏、水上游泳、水上健身的好去处。

竹海

造纸作坊

造纸术是我国古代“四大发明”之一。到了东汉时期由蔡伦改造成为“蔡侯纸”。蔡伦曾在家乡的竹海传授造纸工艺，所以蔡伦竹海至今仍保存有数百家土法造纸作坊。

周家大屋

周家大屋又名“五美堂”，东面倚山，西面临水，屋前古树参天，环境较为幽雅，是比较少见、保存完好的大型江南古建筑群。该建筑建于清光绪九年（1883年），保存较为完好。据族谱记载，周敦颐系周德智的先祖（周家大屋原住民为周德智的后裔）。

蔡侯纪念园

为纪念蔡伦而建的纪念性园林

衡阳耒阳市市区南门东南角

蔡侯祠建筑的前身为蔡伦的故宅，占地面积400多平方米。后人以其故宅改作祠庙，专祀蔡伦。祠坐北向南，呈长方形，砖木结构。三进两院马头墙，粉墙黛瓦琉璃剪边，是湖南地区清代典型的祠堂形式。

纪念园占地7.7公顷，由大门、蔡伦青铜塑像、《后汉书·蔡伦传》大理石雕塑、蔡子池、碑廊、蔡伦造纸作坊、蔡伦墓等景点组成。整体上体现了“弘扬蔡伦文化、缅怀蔡伦功德”的主题思想，极具古典雅致的江南园林特色，是“寻访蔡伦故里，领略纸史文化”的绝好佳所，是弘扬科学、传承文明和开展爱国主义教育的重要基地。

玩家解说

蔡伦墓位于蔡侯祠后百米处，传为衣冠冢，建于东汉末年。祠前有长方形的蔡子池，池中横卧石拱桥，名“纸桥”，桥中有“思侯亭”。蔡侯祠几经兴废，现建筑为清代重建，一主间，

蔡侯墓

二次间，四合院式。祠后有一单室砖墓，为衣冠冢。墓前牌坊额题“蔡伦之墓”，为郭沫若手书。

链接

蔡伦小传

蔡伦（约公元61—公元121），字敬仲，东汉桂阳郡（今湖南耒阳市）人，“蔡侯纸”的发明者。蔡伦是宦官，曾任黄门侍郎、中常侍、长乐太仆等职，受封“龙亭侯”，最后因宫廷斗争自尽而亡。美国麦克·哈特在《影响人类历史进程的100名人排行榜》一书初版中，将蔡伦列在第6位。2007年，美国《时代周刊》评出了“有史以来的最佳发明家”，蔡伦亦榜上有名。

杜甫墓

纪念唐代大诗人杜甫的遗址

衡阳耒阳市“耒阳一中”内

唐天祐四年（公元907年）环墓建杜公祠，背北面南，四合院式封山楼房，土木结构。正中主殿设杜甫檀香木雕像，东、西厢房10数间，供祭祀守墓用。宋代在杜公祠旁建杜陵书院。

1940年，湖南省政府重修杜甫墓，1956年7月墓祠定为湖南省级重点文物保护单位。1975年耒阳一中建校，将祠主殿拆除，仅后栋西廊房及清人彭而述残碑。1996年，耒阳市政府对墓及下残房进行了维修。今耒阳留有杜甫墓、杜公祠、杜陵桥、杜甫书院等遗址。

链接

大材小用的庞统

三国时，庞统理事耒阳县，自觉大材小用，终日喝耒阳湖酒，纵情山水，研究兵法，表面不理县事，实则微服私访，体察民情。刘备派张飞赴耒督政。庞统令县城酒肆兑水，防张飞醉酒误事。庞统升堂断案，百日积案半天毕，在旁的张飞折服，于是有了流传千古的一段佳话。

耒阳市东汉古县衙

见证了60多位县令的执政生涯

衡阳耒阳市金南路与群英路、南一路的交会处

古县衙始建于东汉时期，占地总面积16 000平方米，坐北朝南，四周保存着完好的明清民居群落，有房屋30余间，均为单檐硬山建筑，上盖瓦顶，并饰以吻兽等陶构件。

古县衙主要有大门、仪门、大堂、戒石、花厅、后花园、巡捕衙、监狱等建筑，先后有60多位县令在此执政，具有重要的历史文物价值。

耒阳纸博物馆

展示蔡伦造纸文化的博物馆

衡阳耒阳市群英中路

博物馆整个陈列展览分为六个部分，依次为纸祖千秋、纸路辉煌、纸以载文、纸与生活、纸彩纷呈和纸墨传情。

馆内分别展示了造纸技艺，纸的起源以及纸的发展历史。在馆内可以了解耒阳蔡伦造纸的历史，欣赏“耒阳纸圣故乡”的特殊风貌。

纸博物馆

攻略资讯

- 交通
- 住宿
- 美食
- 购物
- 娱乐

飞机

衡阳南岳机场位于衡阳市衡南县云集镇，目前已开通的航线有可到达北京、上海等城市的航班。已开通了南岳机场至中心汽车站的机场大巴。

火车

衡阳火车站：位于珠晖区广东路，每天有开往长沙、张家界及省内外其他大、中城市的列车。市内可乘坐146路公交车前往。

衡阳东站：位于珠晖区雁城东路，多为发往广州、武汉、长沙等地的高铁和动车，市内可乘坐公交车136路到达衡阳东站。

温馨提示：衡阳火车站在当地普遍被称作“火车东站”，衡阳大部分公交车及公交站牌上的衡阳火车站也被写作“火车东站”，要注意与武广高铁上的“衡阳东”站相区分。

汽车

衡阳是全国45个公路交通主枢纽城市之一，公路运输尤为便捷。衡阳市内主要有衡阳中心汽车站。衡阳中心汽车站开通的班次发往全国各地。

衡阳中心汽车站：位于衡阳市蒸湘区船山大道88号

住宿

作为湖南一个较大的城市，衡阳到处都是宾馆，价格不贵，且大都条件比较舒适。到衡阳旅游大多数游客都会直奔南岳衡山，不过，在衡阳市区住宿相比于衡山而言要实惠得多，同样的价钱能享受到不一样的服务。当然，如果想要近距离感受衡山的魅力，景区内住宿也是不错的选择。

●衡阳华天大酒店

酒店坐落于衡阳市繁华的商业街解放路，邻依蜿蜒的湘江河畔，地理条件得天独厚，交通非常便利。餐厅可提供正宗粤菜、湘菜和各式特色美食。✉ 衡阳市雁峰区解放路55号 ✆ 0734-8188888

●衡阳大唐宾馆

衡阳大唐宾馆出门步行即到繁华的中山北路商圈，步行即到石鼓书院，邻近岳屏公园，前往衡阳火车站乘车约10分钟左右，附近餐饮、休闲、购物等设施一应俱全。地理位置优越。✉ 衡阳市司前街30号 ✆ 0734-8568333

●衡阳南岳共和酒店

酒店位于南岳衡山核心区域，是一家以养生为主题，糅合儒、佛、道文化，融豪华客房、养生美食、保健疗养、园林艺术为一体的旅游休闲度假酒店。客房特色纷呈，推窗

衡山祝融峰

览景，舒适惬意。✉ 衡阳市南岳区金沙路8号，近水帘路 ✆ 0734-5398888

●更多住宿去处

丽城宾馆/衡阳市人民路20号/0734-8288688

衡阳武警支队招待所/衡阳市湘江东路73号/0734-8332351

凤凰宾馆/衡阳市南岳区西外街1号/0734-5662241

银岳宾馆/衡阳市南岳区金沙路27号/0734-5661201

美食

衡阳为湘菜两大中心之一，美食都以辣味为主，特别讲究调味，尤重酸辣、咸香、清香、浓鲜。夏天炎热，其味重清淡、香鲜。冬天湿冷，味重热辣、浓鲜。最为有名的便是鱼头豆腐。衡山的佛门素斋也是衡阳饮食颇具特色的。此外，衡阳民间农家的一些美食，如荷叶包饭、油圈子等也是不可错过的精品。

辣椒酱

美食小吃

●玉麟香腰

玉麟香腰又名“宝塔香腰”“管堆子香腰”。清代衡阳名宦彭玉麟家厨在鱼丸、黄雀丸、锅烧丸等地方风味小吃基础上创制。此菜集众多小吃品种于一碗，层层堆砌，形如宝塔，以寓步步登高。味道多样，主打菜式种类繁多、口味独特。

●荷叶包饭

衡阳地区的传统风味小吃，选用新鲜荷叶将混合后的饭团裹紧，旺火蒸熟；包饭色彩鲜艳，几种颜色相间交杂，饭团鲜香味美，柔软嫩口。

荷叶包饭

●南岳佛门素斋

南岳衡山佛门素餐菜肴制作工艺精湛、技法纯熟，用素菜所仿制出的荤菜可达到以假乱真的程度，且素斋五味俱全，营养丰富。

南岳佛门素斋

●油圈子

以优质糯米、黄豆等为原材料制成，圈状，外层清脆耐嚼，内层酥软味美，香酥辣香，回味无穷。

●鱼头豆腐

制法为：花鲢鱼头带半片鱼肉（今大多用额鱼头），洗净斩去吻部，间隔划几刀，正面抹上酱油，剖面抹上豆瓣酱，入锅茶油煎至两面金黄色，加入酱油、糖及清水适量，烧鱼片刻，再放入豆腐块、香菇、生姜末等煮至烂熟入味，撒入葱花、味精，浇上熟猪油，起锅入碗，即成。

鱼头豆腐

购物

衡阳市区的商业繁荣，购物中心、商厦、超市、专卖店等林立于街道两畔，南岳衡山的土特产品丰富，是衡阳旅游购物中不可缺少的一部分。衡阳特产主要有云雾茶、南岳雁鹅菌、张飞酒、坛子菜、南岳黄精、衡阳乌莲等。

衡阳特产

●云雾茶

云雾茶因产于南岳的高山云雾之中而得名，古称岳山茶。游衡山使人筋疲力尽，买些云雾茶带回去，沏上一壶，既可以生津解乏，又是极佳的纪念品。

●南岳雁鹅菌

南岳特产调味品。用雁鹅菌油炸浸泡制成。雁鹅菌呈浅棕色，形状如伞，小至铜钱，大至菜碗，均质松肉肥，馨香甜美，鲜嫩可口。下面、调汤、炒肉，无一不宜。

●衡南鸽来香

鸽来香的乳鸽是衡阳当地的传统特产美食。鸽来香产品的味道很好，深受当地人的喜爱。另外，鸽子肉性味咸平，有调精益气和治疮解毒的功效，对神经衰弱、健忘、失眠有独到的疗效。来玩的朋友可给家里的老人带一些。

●张飞酒

耒阳酒厂酿制的张飞酒香气浓郁，酒味醇厚绵甜，并含有多种葡萄糖和人体所需的18种氨基酸，常饮能延年益寿，还可作药用、菜肴调味及解腥。

●衡东黄椒子

黄椒子产于本土三樟乡，以细长、色艳、肉质厚、口味佳、椒形好、耐贮藏而名满天下。剁椒更是选用上等黄椒，采用传统方法泡制而成。其色黄、灿然若金、晶莹剔透，其香雅，淡似幽兰，清雅绵长；其味美，脆辣可口，食之有开胃健脾之功效。

●乌莲

衡阳地方名特产品，主产于衡阳县台源、杉桥等地。因表面呈灰棕色或灰黑色而得名。衡阳莲实壮而粉，味甘而香，经火易熟，为其特色。台源、杉桥等地的乌莲更为当地莲中之冠。

●耒阳坛子菜

坛子菜就是用坛子腌制的咸菜。它是耒阳一种古老的特产，脆、咸、辣、酸、甜，营养丰富，极易刺激食欲。耒阳坛子菜起源于远古时代，那时候人们食物不多，为度过饥荒，就选用陶罐封存鲜菜，以备应急用。

衡阳购物场所

中山南路/解放路：衡阳的中山南路、解放路很繁华，各种店铺林立，大百货超市和街头小店在这里都能找到，还有各种美食小吃店，如果想要购买特产的话可以在这里逛逛，一定会有不小的收获。市内乘坐1路公交可到。

娱乐

到衡阳旅游除了观赏自然风光之外，还有一项不可缺少的活动就是观赏佛教中的种种礼仪，能充分体验“青灯黄卷，晨钟暮鼓”的佛教徒生活。清晨鸡鸣时，寺院的早课、诵颂、坐禅、偈乐，声声入耳，使来此旅游的人们体验到别样的娱乐含义。

出天行：每年的大年初一，新年钟声敲响的时候，人们便从各家奔向当地的南岳庙，将新年的第一炷香敬予祝融，企盼新年好运，此所谓“出天行”。往往在参拜完出庙后，游客们也可以参与其中，为自己和家人祈福。

衡山九龙峡漂流：位于祝融峰和岣嵝峰之间的深山峡谷中。两岸群峰耸立，风景秀美，漂流河道潭壑交错，全程5千米，十分畅快。

禅修

发现者旅行指南

郴州

概览

亮点

东江湖

以东江急流险滩、兜率灵岩神境、龙景峡谷奇景、岛屿群落景观为特色，供旅游观光、休闲度假、康体疗养的湖岛型旅游区。

苏仙岭

享有“天下第十八福地”之美誉，传说郴人苏耽在此修道成仙，有桃花居、白鹿洞、三绝碑、苏仙观等著名景点。

万华岩

仍在发育中的大型地下河溶洞，属南方典型的喀斯特岩溶地貌，以自然风光著称。

莽山

湖南面积最大的森林公园，被誉为“第二西双版纳”。这里森林植被种类繁多，气候温和，空气清新，风景壮丽，堪称湘粤边界上的一颗“绿色明珠”。

必逛街道

湘南民俗一条街：青石板路面古街，街上有仿古城隍庙、衙门、钟鼓楼、水井戏台、酒肆、茶楼、商铺等建筑，融休闲、饮食、古玩、纪念品交易市场为一体。

线路

郴州市区1日游

上午，游览郴州市区的爱莲湖风景区，回味周敦颐的《爱莲说》之意境，参观清风桥、爱莲坊、爱莲岛、濂溪书院等景点，还可以去民俗一条街及爱莲广场逛逛。

下午，前往北湖公园游览。

郴州精华3日游

第1天，先游览苏仙岭，参观白鹿洞、三绝碑、苏仙观等著名景点，午后赶到万华岩，看地下河、溶洞，不要错过洞中的“水下晶锥”之景。

缆车

第2天，集中一天的精力游览东江湖风景旅游区。东江湖的湖周森林环绕，水质清冽，湖面烟波浩渺，犹如仙境，可以坐上小船尽情品味。

第3天，游览莽山风景区，参观这里的鬼子寨、猛坑石、崖子石等景点。

为何去

郴州市，位于湖南省东南部。这里自然风光优美，历史文化悠久。郴州作为历代州府治地有2000多年的历史，便江、万华岩、苏仙岭等郴州百景遍布各地，有“山川之秀甲湖南”的美称，每年还会举办郴州生态旅游节，精彩纷呈。

飞天山

何时去

郴州一年四季风景独特，一般来说四季都适合旅游，但尤以春秋两季为佳。若是以东江湖漂流为目的的话，则要选择4月底至10月底前来，此时水量丰富，最有意思。

东江湖（小东江）

此外，仰天湖将于每年5月5日、8月8日、元月19日前后分别举办“十里赛花节”“草原艺术节”“高原赏雪节”，农历六月举办“天湖狂欢夜”活动，节日活动众多，令人目不暇接，流连忘返。

区域解读

区号：0735

面积：约19 388km²

人口：约473.1万人

地理 GEOGRAPHY

区划

郴州市辖2个市辖区（北湖区、苏仙区）、1个县级市（资兴市）、8个县（桂阳县、永兴县、宜章县、嘉禾县、临武县、汝城县、安仁县、桂东县）。

地形

郴州市地处南岭山脉与罗霄山脉交错、长江水系与珠江水系分流的地带，地貌复杂多样，山地、丘陵面积约占总面积的四分之三。郴州地势呈东南高西北低的走势，东南部以山地为主体；西北部以丘陵、岗地、平原为主。

郴州全市分属长江和珠江两大流域，三大水系，即赣江、湘江和北江。境内河流发育，呈放射状密布，水资源丰富。

气候

郴州市属亚热带湿润气候，开春早，气温回升快，降水丰沛，春季的雨量占全年降水量的1/3，多阴雨及冰雹大风。夏季暑热期长，易发生盛夏干旱，也易出现暴雨洪涝。秋天日照强，降水少，晴日多，可谓秋高气爽，但也有少数秋雨绵绵的时候。冬季寒冷，最冷月份是1月，少雨雪。

历史 HISTORY

历史大事记

●古代

在桂阳县境内发现的旧石器时代晚期的刻纹骨锥表明，距今1万多年前，郴州一带就有原始人在这块土地上繁衍生息。

秦末农民起义，项羽以“古之帝者，地方千里，必居上游”为借口，迫使义帝熊心到郴州，然后派人杀害之，现郴州城区还有义帝陵。

汉高祖刘邦时期，首置桂阳郡，郡治在郴州，从此，郴州便成为南方重镇，湘南的经济、政治、文化中心。

宋仁宗庆历六年（1046年），周敦颐出任郴县县令；皇祐二年（1050年），调桂阳（今汝城县）县令；神宗熙宁四年（1071年），周敦颐升任郴州知军。在郴州为官期间，周敦颐劝桑农，兴学校，倡道学，进一步促进了郴州文化的发展。政务之余，他在官廨中亲自挖出莲池，自己种植莲花，并写出了《爱莲说》这篇托物言志的传世佳作。

北宋绍圣三年（1096年），秦观（即秦少游）因新旧党争被削去官职流放到郴州，作《踏莎行·郴州旅舍》一首，留下“郴江幸自绕郴山，为谁流下潇湘去”的名句。

小东江晨捕

●近现代

1928年1月，朱德、陈毅在郴州发动了“湘南起义”。

1928年3月，毛泽东在桂东沙田颁布了著名的《三大纪律六项注意》在中国革命史、建军史上铸下了不朽的丰碑。

湘南起义

1928年1月12日下午4时许，宜章县城被一声响亮的枪声打破了沉寂。朱德、陈毅在中共宜章县委的紧密配合下，智取宜章县城成功，发动了宜章年关暴动，打响了湘南起义的第一枪。

大革命失败后，湘南地区的共产党员和革命群众在白色恐怖下仍继续坚持斗争。1927年冬，中共湘南特委根据中共中央和中共湖南省委的指示，在湘南各县城镇和乡村中恢复和建立了工会、农会及起义队、赤卫队等组织，为湘南起义创造了条件。

1928年1月中旬，朱德、陈毅率领南昌起义军余部2000多人，从粤北转至湘南宜章县境。此前，中共湘南特委已制订《湘南暴动计划》。于是，湘南特委所属宜章县委即找朱德、陈毅等汇报了宜章的敌情。朱德了解到宜章县城敌人力量空虚，就提出了智取宜章的方案。

在宜章，成立了中国工农革命军第一师和湘南第一个红色政权——宜章县苏维埃政府，还组建了湘南第一支农军——工农革命军独立第三师。

4月，朱德、陈毅率领工农武装1.2万余人，经耒阳、安仁、茶陵向井冈山地区转移，与毛泽东领导的秋收起义部队胜利会师。

文化 CULTURE

郴州临武鸭

相传舜帝南巡来到郴州，被临武的青山秀水所吸引。他在这里住下来，亲临田间地头，教民耕种。时间一长，他有感于临武先民的淳朴和生活的艰难，于是就将一片羽毛、4块石头赐予了当地百姓。老百姓抱石伏羽七七四十九天后，孵出了4只美丽异常、活泼可爱的小鸭，这就是临武鸭。为了使临武鸭区别于其他地方的鸭种，舜帝又在临武鸭的颈上钦点了一圈白环。从此以后，临武百姓把喂养临武鸭作为一项传统产业，世代相传。

作为中国八大名鸭之一的临武鸭，是郴州的名产。临武鸭生长发育快、体型大、产蛋多、适应性强、饲料报酬高、肉质细嫩、皮下脂肪沉积良好、味道鲜美，且能滋阴降火，美容健身，曾一度被作为朝廷的贡品，声名远播。

在临武，鸭的饮食文化源远流长，“无鸭不成宴”，吃鸭的花样变化多端，炒、炖、汤只是寻常口味，卤鸭、板鸭、烤鸭、血鸭、腊鸭皆能信手拈来，鸭肉、鸭蛋、鸭肫、鸭脖、鸭爪、鸭翅名目繁多。尖椒炒临武鸭、老鸭汤、米粉蒸鸭，香辣鸭肠，板鸭火锅、临武烤鸭，临武血鸭、爆炒临武鸭都是有名的菜种。临武鸭肉质细嫩，味道鲜美，素受青睐，再加上当地独有的天花芋头秆子一起焖烧，就是当地人人称道的天花芋头秆子焖临武鸭。

临武有用锁匙菜煮鸭蛋的习俗。端午来临，杀鸭前会先给鸭子灌几匙米汤，这有利于鸭子血管扩张，易去毛。然后用盘装水加盐，这样的鸭血易成块，口感细腻。鸭肉一般用炒，而鸭血则划成块，和内脏一起做汤。这就是最典型、最传统的辣、汤两吃的临武鸭做法。在郴州，随处可见临武鸭的专卖店，可见其火爆程度。

瑶族舞蹈

瑶族盘王节

农历十月十六日是瑶族盘王节。盘王节是瑶族最隆重、最神圣的传统节日，每年的这一天资兴瑶族都会组织还盘王愿活动。

盘王节可以一家一户进行，也可联户或者同宗同族人集聚进行。但不管以哪种形式举办，都要杀牲祭祀，设宴款待亲友。节日一般为3天两夜，也有的长达7天7夜。节日期间，瑶族人民杀鸡宰鸭，男女老少穿上节日盛装，会聚一起，首先祭祀盘王，唱盘王歌，跳起黄泥鼓舞和长鼓舞，追念先祖功德，歌颂先祖英勇奋斗精神。其次，欢庆丰收，酬谢盘王，尽情欢乐。与此同时，男女青年则开展对歌活动，抓住良机择意中人。有的地方还要打花棍、放花炮及请戏班子唱戏等。盘王节仪式由4名正师公主持，各司其职，还愿师、祭兵师、赏兵师、五谷师，每人1名助手，共8人，此外还有4名歌娘歌师、6名童男童女、1名长鼓艺人和唢呐乐队参与盘王节。其传承方式以师承和家传为主。

盘王节仪式主要分两大部分进行：第一部分，是请圣、排位、上光、招禾、还愿、谢圣，整个仪式中唢呐乐队全程伴奏，师公跳“盘王舞”（“铜铃舞”“出兵收兵舞”“祭兵舞”“捉龟舞”等）。第二部分，是请瑶族的祖先神和全族人前来流乐。流乐的瑶语意思是玩乐。这是盘王节的主要部分，恭请瑶族各路祖先神参加盘王节的各种文化娱乐活动，吟唱表现瑶族神话、历史、政治、经济、文化艺术、社会生活等内容的历史长诗《盘王大歌》。流乐仪式一般要举行1天1夜。

现在，盘王节是郴州最富民族特色的节日，为郴州的民族文化添写了辉煌灿烂的一笔。

景点推荐

郴州市区景点

爱莲湖风景区

湘南风情园子项目之一

郴州市郴州大道与香雪大道交会处

爱莲湖水面面积为4公顷，湖水源自郴江河水，可供大小船只自由游弋。湖边建有香远楼、益清阁、君子亭等建筑，适宜休闲垂钓。亭台楼阁、花草树木与湖中倒影相映成趣、相得益彰。秀美的自然风光与独特的人工景致浑然而成人间乐园，游人至此顿觉心旷神怡、流连忘返。

清风桥

清风桥的桥名由周敦颐《爱莲说》"濯清涟而不妖"一句而得。该建筑风格融合了郴州市宜章县寡婆桥等湘南石桥风格。桥身垂直高18米，大于半圆的跨拱长达48米，桥栏杆和梯子由精雕细刻的青石板构成，栏杆全长208米，为双面雕，主题为荷花雕刻。整座桥设计大胆、造型夸张、气势如虹，为城区增添了一道亮丽的风景。

爱莲坊

爱莲坊的牌坊建筑为"六柱五门三层式"，宽44米，高18米，中间门洞跨度8米，最重的一根单体柱达38吨，系全国最大的纯表石牌坊。牌坊顶天立地、雄健沉稳、雕工精细、舒卷自如，颇有"但看山河变迁我自岿然不动"的从容淡定。

玩家 解说

该牌坊借鉴了郴州嘉禾凤宪牌坊，郴州汝城司马牌坊、绣衣坊，宜章黄沙堡贞节牌坊等多座牌坊风格融合而成。雕刻上采用高浮雕、浅

爱莲女

浮雕、镂空雕等多种艺术表现形式，内容为传统的吉祥图案如双龙戏珠、降龙伏虎、狮子滚绣球、鲤鱼跳龙门等。牌坊横梁石刻“湘南风情园爱莲湖风景区”名，主梁则刻写在大石柱上。

濂溪书院

濂溪书院，为爱莲湖风景区核心建筑，建筑面积约3600平方米，为全国最大的纪念周敦颐的书院。

其建筑结构采用中轴线两边展开的仿古代书院布局，建筑内容包括大门、庭院、照壁、厢房、大殿、爱莲池等。建筑装饰集中了马头墙、飞檐翘角，砖雕、木雕、石雕、彩绘、彩雕等湘南民居元素。

玩家解说

沿中轴线进入，可以先后经过门、庭院、照壁、厢房大殿、爱莲池等。

大门采用了明清时期湘南民居建筑艺术和建筑元素，两边有荷花石雕和一副石刻对联。对联内容为“吾道南来，原是濂溪一脉；大江东去，无非湘水余波”，大匾上木刻“濂溪书院”4字。

沿大门入院为湘南最大体量的照壁，该照壁参照了汝城朱氏祠堂的建造样式，正面由砖雕装饰，照壁背面刻有“濂溪书院简介”。

两边厢房对称而建，左右分别取名为霁月轩、荷风楼。荷风楼一楼为周敦颐生平陈列室，二楼为郴州历代文人展室；霁月轩一楼为莲文化展，二楼为学术报告厅。大门两侧厢房一楼为湘南民俗展厅；二楼为临时展厅。厢房雕刻艺术融合了湘南石雕、木雕和砖雕的精华。其中木雕材质为印度尼西亚进口的波罗格木材，图案为湘南雕莲花图案，内容包括戏剧人物、农耕文化、渔樵耕读等。

北湖公园

多功能综合性城市公园

郴州市北湖区人民西路6号

北湖公园始建于1975年，占地面积约32公顷，已经形成了安静休息区、儿童活动区、青少年娱乐区、湖区及行政管理区5个功能分区，成为一座集休闲、娱乐、生态于一身的综合性城市公园。主要景点有北湖水月、叉鱼亭、芳茗榭、欧泰乐园等园林景点20多处。

玩家解说

公园南部为陆地区，园内摩天轮、水上步行球、大型过山车、旱冰场、健身乐园等多种游乐设施都分布在此。同时还拥有双龙传说、桂花林、大象和熊猫群像等园林小品供游人赏玩。其中女排广场上塑有纪念中国女排获得“五连冠”的女排群雕——《拼搏》，雕像生动再现了女排的赛场英姿。

义帝陵

战国楚怀王熊槐之孙的陵墓

郴州市和平路北端

义帝陵占地3530多平方米，距今已有2200多年历史。陵冢为半圆形，以墓冢、神

义帝陵

道为南北轴线，两边依次建有华表、护碑亭，周围建有义帝祠、义帝陵神道等。陵前汉白玉碑上书“义帝之墓”4字；大理石华表上刻对联一副。义帝陵虽经历史沧桑而至今保存完整，是郴州历史文化名城的最早见证和重要标志，非常值得游览。

链接

义帝

义帝名心，是战国楚怀王熊槐之孙。据史书记载，秦末陈胜、吴广揭竿起义，群雄纷争。为统一力量，各路起义军在薛山会盟，共同拥立在民间牧羊的楚怀王之孙熊心为王。秦灭，项羽分封诸王，并尊熊心为义帝。次年，又假“古之帝者，地方千里，必居上游”之名“使徙义帝长沙郴县”，并派九江王英布弑义帝于郴，遂葬于此。汉王刘邦曾派周勃、樊哙等3人来郴发丧，并以项羽“大逆不道，弑君不臣”之名，缟素三军，会盟诸侯，共伐项羽，引发“楚汉之争。”

五岭广场

湘南地区最大的城市广场

郴州市城南新区

五岭广场占地13.69万平方米，是湘南地区最大的城市广场。整个广场由方形主广场和三角形次广场构成，其布局为规划式对称构图，主广场外方内圆。广场分中心集会、休憩集散、历史文化、群众艺术、购物休闲和园林绿化6个功能区。

广场为圆形下沉放射式，凸起的核心圆取日月之形。日形舞台由9级弧形台阶而上；月形水池为5组喷泉，喷出水幕作为舞台背景。以弧形花岗岩护栏相隔，栏柱为月季花蕾造型，中间栏板刻有郴阳古八景浮雕。

苏仙岭 AAAA

有“天下第十八福地”之美誉

郴州市苏仙区白鹿洞镇

乘坐20路公交在苏仙岭站下可到达

47元

苏仙岭的自然山水风光久负盛名，也因苏仙的传说而闻名，岭上有桃花居、白鹿洞、

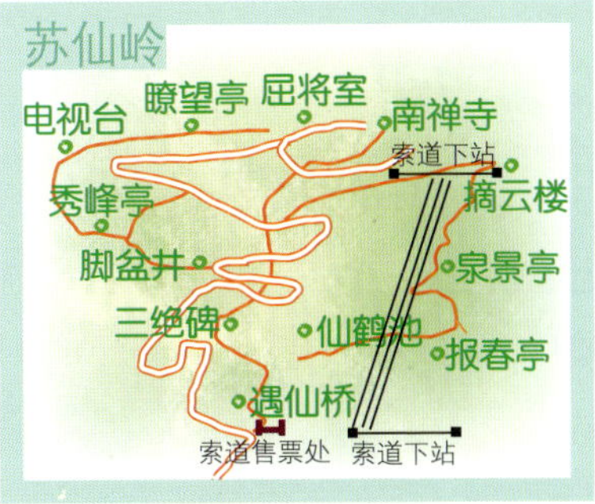

升仙石、望母松、苏仙观等“仙迹”。桃花居是游客登山的起点，环境幽雅别致。白鹿洞在桃花居上方，洞前为桃花溪，溪上有人工雕塑的3只白鹤；洞口塑有大小2只白鹿，洞内怪石狰狞。此外，苏仙岭共有石刻30余块，各体书法均有，字形大小不一，至今保存完好，很具艺术观赏价值。这里是游客寻幽、探秘的佳处。

玩家 解说

桃花居是登山的起点。它面向桃花溪，四周翠竹修茂，环境幽雅别致。白鹿洞在桃花居上方，传说白鹿在此为幼年时的苏耽哺乳。从白鹿洞拾级而上约100米处有护碑亭。亭内一块高4米多的天然石壁上有“三绝碑”。“三绝”是指秦观的词《踏莎行·郴州旅舍》、大文学家苏轼为该词写的跋和米芾的书法。

苏仙观立于苏仙岭绝顶，是一座宋代建筑

苏仙岭

的庙宇，宏伟肃穆，是苏仙岭的主要景点。它东北角的两间偏殿为张学良将军当年被幽禁的地方，现称“屈将室”。从三绝碑到苏仙观，要攀登近2千米的登山小道。小道穿行在苍松翠柏之中，沿途景致很不错。

链接

苏仙的传说

西汉文帝年间，郴州东门外一位潘氏姑娘在郴江河边洗衣时遇奇怀孕，并在牛脾山桃花洞内生下苏耽，即后来的苏仙。

苏耽长大后，聪颖勤奋，孝敬母亲，得异人授仙术，通医道，识百药，为民治病，造福乡里；13岁时跨鹤升仙。人们为纪念苏仙，将牛脾山改名为苏仙岭，桃花洞改名为白鹿洞。晋人葛洪的《神仙传》、清人蒲松龄的《聊斋志异》都曾记载苏仙的传说。

苏仙观

苏仙观位于苏仙岭绝顶，坐北朝南，总建筑面积2464平方米，是一座宋代建筑形式的庙宇，也是现今苏仙岭的主要景点。门额上嵌有汉白玉御碑，上书“敕封苏仙昭德真君”，为南宋景定五年（1264年）宋理宗所赐。该道观四角飞檐，雕梁画栋、绿瓦朱栏，建筑风格给人宏伟肃穆之感。

三绝碑

“三绝碑”即秦观《踏莎行·郴州旅舍》词碑，是一块4米多高的摩崖石碑。所谓“三绝”者，即秦观的词、苏轼的跋、米芾的书法。石碑周围建有护碑亭，建筑风格圆柱绿瓦，翘角飞檐。

链接

《踏莎行·郴州旅舍》

秦观《踏莎行·郴州旅舍》全词如下：雾失楼台，月迷津渡，桃源望断无寻处。可堪孤馆闭春寒，杜鹃声里斜阳暮。驿寄梅花，鱼传尺素，砌成此恨无重数。郴江幸自绕郴山，为谁流下潇湘去？

白鹿洞

白鹿洞为石灰岩溶洞，洞内宽敞，石笋、石柱和石钟乳千奇百怪，比比皆是，且有清泉长流，映带左右，如同童话世界一般。现洞口塑有大小两只白鹿，母子碎步相吻，形象逼真。洞前桃花流水，溪上有人工雕塑的3只白鹤，姿态各异，趣味天成。

屈将室

屈将室是苏仙观东北角的两间小房，因为抗战时期爱国将领张学良曾被幽禁在此而得名。门前有一副楹联，上联为“请战有功当年临潼已兵谏”；下联为“爱国无罪此日南冠作楚囚”。现在，这里已被辟为陈列室，陈展内容是关于张学良的一些文字和图片资料，包括青少年时期、西安事变、幽禁岁月三部分，是缅怀张帅的好去处。

飞天山国家地质公园 AAAA

集丹霞地貌和喀斯特溶洞于一身

郴州市苏仙区桥口镇

38元

飞天山国家地质公园总面积110平方千米，以丹霞地貌景观、喀斯特溶洞、聚仙台、石佛山庵寺等景观著称于世，享有“丹霞奇境，寿仙佛地”之美誉。景区内主要丹霞地貌以寨为中心，以两江河水为纽带，形成了赤壁丹霞、红岩绿水、峡谷奇洞、古木竹海

飞天山

等奇妙的丹霞景观，正所谓“四面青山列翠屏”“草木花光尽是香”。其中，黑坦被誉为“丹霞第一洞”，洞中规模宏大、气势宏伟，乃飞天山“一绝”。

玩家攻略

（1）位于老虎寨顶上的飞天山度假村环境很不错，风景优美，宾馆内的服务设施也很齐备。可以选择住在那里。

（2）景区内的鲤鱼寨四周崖壁陡峭，古木苍穹，灌木环绕，秋色丹枫绘出十里廊，美不胜收，更有象征生命之源的圣母岩和阴阳岩，栩栩如生，游客一定不能错过。

（3）这里有“水下晶锥”（世界上第二次发现的天然奇宝，另一个在美国）和“石蛋生笋”（世界上首次发现），堪称溶洞中的奇异珍宝，非常有观赏价值。

玩家解说

飞天山的摩崖石刻、石佛、千年悬棺、古战场遗迹、长江以南第一飞天壁画等神秘历史典迹和丰富的文化底蕴及独特的民风异俗，与这里山异、水美、石奇、洞幽、风情万种的自然风光相得益彰。

链接

旷世之谜——千年悬棺

飞天山景区的千年悬棺堪称旷世之谜，为整个湘南地区所罕见。飞天悬棺距今已有800多年历史，悬崖峭壁上有5个大小不等的洞穴，洞穴中有木棺两具，保存完整，至今无人敢探，其神秘色彩尤浓，令人惊叹称奇。棺木用质地坚硬的整木雕凿而成，裸露于外，离水面数十丈，悬崖顶上竹木郁郁葱葱，隐约还可听见鸟儿的鸣叫，远远望去，像一颗镶嵌在丹崖上的璀璨明珠。

石佛寺

石佛寺位于飞天山神仙寨下，始建于西晋武帝咸宁年间（公元275—公元280），至今已有1700多年的历史。佛寺庙宇宏伟，香火不断，是游客体验宗教朝圣的好去处。

睡美人

“睡美人”景观即飞天峰，占地1平方千米，因其形似睡美人而得名。“美人”梳着古典“发髻”，“双乳”高耸，“双腿”修长，让人不得不感慨大自然的神奇。正所谓：“聚仙台里聚神仙，美人山上观美人。”

天下第十八泉

天下第十八泉，又称“园泉香雪”。“茶圣”陆羽与李季卿在品评天下泉水时，认为郴州园泉之水当列为天下第十八泉，因此而得名。园泉是优质矿泉水，水色晶莹、水质清醇、水味甘冽。用园泉水沏茶，芬芳馥郁，妙不可言，被列为“郴阳八景”之一。

王仙岭 AAAA
综合性高档旅游度假区

郴州市苏仙区东郊5千米处

乘坐13路公交车即可到达

王仙岭又名王相山，景区主要由36座峰谷组成，海拔高度在300~1000米之间，景区内山泉遍布，溪水潺潺，瀑布层叠，植物品种2000余种。著名景点有普济寺、王仙庙、凤谷庵、蝴蝶谷、情人泉、鸳鸯池等。王仙岭风景区是湖南百景、郴州古八景之一，郴州首家综合性高档旅游度假区，是粤港澳后花园里的休闲度假胜地。

玩家 攻略

（1）该景区内有一处出名的景点——相山瀑布。该瀑布自40多米高的断崖上直泻，色皎如练，声鸣似雷，气势磅礴，雨后放晴更显妖艳。

（2）王仙岭生态公园在保持自然景观的前提下，开发了一系列的旅游观光、休闲娱乐项目。现已建成了会议中心，水上娱乐中心，中、西餐厅，茶楼，咖啡屋等配套设施。群山环抱，与水相嬉，游玩之余可于茶楼、咖啡屋小憩。倾听泉水叮咚、鸟鸣啾啾，观赏漫山青松翠竹。

万华岩 AAAA
喀斯特岩溶地貌景观

郴州市北湖区万华岩镇坦山村

47元

万华岩风景区是大型地下河天坑，属喀斯特岩溶地貌，以溶洞景观岩石千姿百态、栩栩如生、品位奇高而著称于世。主洞已探明9000余米，现已开放2000多米。主洞有3个进出口，12个大厅，20多个景点。支洞洞内石景别致，地下河贯穿始终，尤其是神秘莫测的3大瀑布令人叹为观止。这里的喀斯特地貌造型奇绝、特色鲜明，是一处不容错过的风景胜地。

玩家 解说

熔岩景观鬼斧神工，两壁的钟乳石像飞禽走兽一样，也像是万树千花凡尘不染，千姿百态，

万华岩

栩栩如生，溶洞景观岩石无论大小，处处雄风大气，赤壁倒悬，险峻无比，造型奇绝，特色鲜明。洞中有洞，处处晶莹剔透，一脉柔情，有石狮、石鹤、石树、石花、石钟、石幔、石田等各种千姿百态的景观。

万华岩摩崖石刻群

万华岩洞内留下了大量的宋代、清代石刻。其中立于清咸丰十年（1860年）三月的《坦山万华岩叙》碑，高1.5米，宽1.0米，厚0.3米，碑文800字，楷书，字迹清晰，记载了太平军攻入郴州和退出郴州的时间、地点及当年太平军犯郴及当地百姓抵抗的情况。

万华岩古堡

万华岩溶洞出入口建有太平天国时期的防御工事，前洞的防御工事于20世纪60年代被毁，前洞口立有清咸丰十年（1860年）记载太平天国历史的《坦山万华岩叙》碑。万华岩后洞、天坑、和尚岩出口修建的古城墙及天坑出口顶部哨卡保存完好。

仰天湖景区
四季风景绝佳的胜地

郴州市北湖区永春乡　50元

仰天湖草原风景旅游区总面积40平方千米，含仰天巨佛、天湖草原、安源石林三景区，有十里杜鹃、通天洞峡、滴水岱瀑等十大景观，是跑马、探奇、休闲的胜地。

这里各季都有不同的美景：春天，仰天

湖方圆数十千米映山红遍布山岗，灿若云霞，浸漫在茫茫的雾霭之中；夏日来临，南风轻拂草野山峦，牛马徜徉在高岗之上，构成一幅幅怡然的优美画卷；阳光沐浴下的秋日荡苇、曲桥莺飞，呈现一片迷蒙景象；入冬以后，雪原高坡下，层层云涛素海，缕缕热气从湖面徐徐升腾，蔚为壮观。

玩家攻略

（1）游人可在这里尽情享受很多旅游项目，如南方跑马、游狩、探奇、赏雪、垂钓、放风筝、滑翔、看云海和观日落等。是休闲度假的胜地。

（2）这里最独特的景观就是"仰天巨佛"。它每逢季节交替或在云海日出之时，常有幻化千变的海市佛光景象。游人可在此看到呈曲弧状的巨大石门，还有酷似炮眼硝烟印痕的放射裂纹。

龙女景区

风光旖旎的休闲度假景区

郴州市北湖区市郊乡铜坑湖村

乘2、3路公交可达

龙女景区是一个融生态观光、温泉疗养、户外拓展于一体的综合性休闲度假景区，因是《龙女牧羊》《柳毅传书》等民间故事的发源地而得名。主要景点有龙女温泉、百福大鼎、龙女寺、官马大道古遗迹和传说中龙女下凡的夹麻冲、柳毅山庄等古建筑群落。

龙女温泉占地面积约1.5公顷，四面环山，风光旖旎。现已建起温泉度假村，有各种温泉泡池、按摩池、戏水池、石板泉、矿砂泉、温泉海浪浴、温泉森林浴、温泉漂流河等。

郴州石林

被誉为"湖南第二个张家界"

郴州市北湖区芙蓉乡与临武县、宜章县的结合部

郴州石林由大理石、花岗岩构成，面积达数百公顷。景区内石林发育较好，景观造型千姿百态，颜色以黑白两色为主，俨然一幅雄奇、壮观的风景画，堪称湖南的"第二个张家界"。这里奇峰怪石林立，千百座石柱、石峰高低不等，上面长满了各种花草、灌木，独具特色，非常值得观赏。

郴州石林

景点推荐 郴州周边景点

东江湖风景区 AAAAA

万千景象在其中

郴州资兴市

在郴州南站乘坐郴州至东江大坝的客车可直达

线路1，100元，线路2，171元，漂流338元

东江湖风景区位于资兴市境内，总面积200平方千米，被誉为“人间天上一湖水，万千景象在其中”。景区以东江湖为主体景观，以东江漂流、兜率灵岩、龙景峡谷、岛屿群落为特色景观。这些景观相映成趣，相得益彰，共同构成了一幅如诗如画的旅游胜地。这里融雄山、秀水、奇石、幽洞、岛屿、漂流为一体，集南国秀色、历史风情于一身，具有种类全、品位高、综合性强之特色，非常适合旅游观光、休闲度假、生态疗养等。

东江湖

东江湖即东江水电站的蓄水水库，是中南地区最大的人工湖泊，因风光秀美而被誉为“南洞庭”。这里青山叠翠，岛屿星罗棋布，湖面浩瀚，碧波荡漾，湖光山色旖旎无比，正所谓“一坝锁东江，高峡出平湖”。

玩家攻略

每年的4~11月，每逢太阳升空前和太阳落山后，从东江湖风景区的门楼至东江大坝12千米的小东江狭长的平湖上，云蒸霞蔚，宛若一条

玉带在峡谷中飘拂，似驾祥云，遨游仙境。

东江漂流

东江漂流全程28千米，落差75米，拥有险滩108处，宛若一条玉带飘拂在峡谷中，享有“中国生态旅游第一漂”之美名。此外，河流两岸森林葱郁，古藤缠绕，鸟语花香，自然景观极为壮美，空气极为清新，堪称“天然大氧吧”。

兜率灵岩

兜率灵岩是一处特大石灰岩溶洞，位于东江湖“兜率岛”南面的兜率古庙内，距今已有270多年的历史。其中，兜率岛是东江湖的中心岛。兜率古庙始建于清乾隆五十一年（1796年）。

天鹅山国家森林公园

天鹅山国家森林公园位处东江湖东北面，数万公顷的森林大山内，群峰竞秀、绿树如云、溪水潺潺、百鸟啭鸣、异兽出没、珍禽易寻，是各类森林旅游的理想去处。

程江口景区

程江口景区总面积近百平方千米。这里融桂林山水与丹霞地貌之精华而成，人称“赛桂林”。它以竹翠、水清、山奇、石怪、树秀、草绿、沙滩平而见胜，极具园林与田园气息，是一处难得的观光度假风景旅游地和自然文化遗产。

板梁古村

湖南规模最大、保存最全的古村

郴州市永兴县高亭乡境内

50元

板梁古村占地3平方千米，初建于宋末元初，距今有600多年的历史。在湖南所有古村中，板梁古村规模最大，保存最全，风水最好，文化底蕴最厚重，所以被誉为“湘南第一村”。

古村背靠象岭，依山就势而建，小河绕村而下，古驿道穿村而过，石板路纵横连通了各条街巷。村内有丰富多彩的古建筑，像庙祠、亭阁、旧私塾等，尤其是至今保存完好的300多栋明清建筑，雕梁画栋、飞檐翘角、工艺精湛，让人叹为观止。

村前视野开阔，三大古祠依次排列，7层古塔肃然耸立。这里小桥流水、曲径通幽、人杰地灵，是游客体验生态游、休闲游、文化游的绝佳之地。

玩家 解说

风水是一种古文化，行家都说板梁的风水最绝。古代风水学最讲究的是坐地朝向，一般都是坐北朝南，坐西朝东，可板梁古村却坐东朝西，看似违背常规，但村落左青龙右白虎前朱雀后玄武四向相合。当游人站好位置后，会发现古祠背靠着象山，眼前是一片开阔的前景，远有奇峰来朝，近有秀案来贡，对面朝向横排3座山、纵排3座山。

▣ 民居古屋

板梁村连片保存的古民居有300多栋，栋栋雕梁画栋、刻檐飘顶，集湖南建筑风格之大全。各种石雕、砖雕样样齐全；人物、花鸟、山水栩栩如生，且栋与栋之间各不相同。尤以下片原清三品官员刘绍苏建居、中片刘绍连建居雕刻齐全、保存完好、美不胜收，为湘南地方所少见。

▣ 龙泉古庙

龙泉古庙，是板梁最早期的建筑，先有庙后建村。上庙是五步台阶，湘南古文化中台阶数是很有讲究的，都是用奇数，在卦相里奇数为乾，即为阳，偶数为坤，即为阴，阴是不用的。龙泉古庙是百姓求财求平安的庙宇，四季香火很旺，现保存的古青石雕大香炉是道光十六年（1836年）捐造的。

便江风景区

自古素有“小漓江”之美誉

郴州市永兴县境内

风景区以便江上游为中心，龙华山公园为重要景观，还有一座休闲度假村——龙华山庄。此外，这里还有观音岩、韩愈览胜处、烈士陵园和黄克诚公园以及便江上游的九鼎山、石鼓山、御笔山和金龟寿等景点。

龙华山公园，占地约270公顷，园内绿树丹崖，奇洞幽深，景色迷人，景点集秀、险、奇、幽于一身，是旅游观光、猎奇、度假、烧香拜佛的好地方。

注江风景区

以漂流为主要特色的景区

郴州市永兴县，起点在黄泥乡

注江风景区以漂流为主要特色。注江漂流总长25千米，历时约2个半小时。注江是便江的支流，既有山间小河的奔放，又不失江南秀女的柔婉。漂流其上，新鲜刺激，有惊无险，无论男女老幼，都会感到快乐无比。注江漂流沿途自然景观主要有小桥流水、仙女掩照、石娃石、铸钱坦、鲤鱼渊等。

青山垅风景区

湖面宽阔，水天一色

郴州市永兴县龙形市乡

青山垅景区是因青山垅水库蓄水截流

后形成的独特景观。这里湖面宽阔，水天一色、青山环抱、群岛耸峙。水面航船穿梭，白帆点点，水中鱼群涌动，往来嬉戏。游客登船如从镜面滑过，惊起群群鸥鹭，人立船头，清风扑面，令人流连忘返。近年来，青山垅水库已成为县内外、海内外同胞旅游观光、垂钓、避暑休闲的风景区和疗养胜地。

悦来温泉

集温泉疗养和度假于一身

郴州市永兴县悦来乡 8:00~20:00

悦来温泉是一座集温泉疗养、冷泉戏水、机动游乐、美食、会议及度假于一身的大型旅游度假区。

悦来温泉旅游度假山庄开发了日式露天温泉疗养区和露天冷泉戏水区及自旋滑车、空中巴士、空中飞人、激流探险、飞龟等20多个机动游乐项目，让人体验惊险、感受刺激。悦来温泉园内还配有中餐厅、自助餐厅、烧烤场、桑拿中心及度假别墅等。

大石风景区

旅游资源丰富的景区

郴州市安仁县排山、牌楼、清溪三乡镇交界处

大石风景区规划总面积12平方千米。这里自然景观和人文旅游资源都很丰富，且相对集中在公路沿线和永乐江两岸，十分方便游览。

宝塔岭下永乐江水向西曲流而回旋成潭，其深莫测，水潭中央有一小洲凸起，形如月牙，故名月潭。月潭周围景致幽雅，白天高山林海倒映，夜晚月挂天空影在水中，水光映沙，无月亦明，故名“月潭夜色”，是安仁著名景观之一。

八面山自然保护区

以华南虎为重点保护对象

郴州市桂东县青山乡

八面山

八面山总面积为10 974公顷，山中有种子植物2000多种，国家一级保护的珍稀树种有银杉、柏乐树等。最大银杉树径达1.38米，高24米。最密的银杉群落，0.3公顷以内达112株。另有国家重点保护一、二级野生植物20多种。其中稀有珍贵野生动物数量为湖南第一，有国家一级保护动物华南虎、金猫、云豹及国家二级保护动物猕猴等。这里的山水草木、飞禽走兽无不保持着原始质朴的风貌。八面山附近还有南天古庙旧址、八面山碑刻及百合神仙耕种地等遗址。

三台山森林公园

被誉为桂东的后花园

郴州市桂东县城南侧

桂东三台山森林公园因大、中、小3座山平列而得名，是一处难得的避暑胜地。

园内人文景观与自然景观交相辉映，著名的有濂溪书院、文峰塔、飞虎队英雄纪念碑、三台寺、正气亭、红色记忆桂花游园等景观。三台山系毛泽东1928年来桂东迎还红军大队时战斗的地方，至今仍保留约1000米战壕，园内有由我国著名书法家江鸟题词的“三台山”巨石一座。

汝城温泉

汝城福泉山庄 AAAA

大型热泉天体疗养度假福地

郴州市汝城县热水镇 198元

汝城福泉山庄集娱乐、温泉、商务会议等功能于一身，是一处以湘南民居建筑群为主流风格的大型热泉疗养地，这里有我国南方流量最大，水质最好，热田面积最宽的天然温泉。

福泉山庄的热水水温最高达98℃，热泉水无色透明，略带硫化氢气味，为低矿化、低硬度、高温弱碱性重碳酸、硫酸—钠型氟及硅质矿泉水，含硅、钠、钾、钙、锶、硼、氟、氡等30多种对人体有益的元素。

九龙江国家森林公园

自古就有“千里烟雨”的美誉

郴州市汝城县东南部

九龙江国家森林公园，总面积约8436公顷，自古以山奇、谷幽、林深、竹秀、水美、石绝著称于世，享有“千里烟雨”、“四面青山列翠屏，草木花香处处春”之美誉。公园内分为五大景区，即“九龙觅仙”“九龙戏水”“九龙奇岩”“九龙飞瀑”“热水温泉”。景区内山清水秀，文化深厚，气候宜人，是旅游观光、休闲度假、科学考察、摄影、户外运动的理想之处。

玩家解说

九龙江森林公园属我国华南地区森林资源保存完好的典型天然林区之一。公园内物种丰富度较高，原始次生林面积大，约有4670公顷。

景区分布的植物有2800多种。其中国家级保护植物有福建柏、红豆杉、篦子三尖杉、华南五针松、凹叶厚朴、华南栲、闽楠、红花木莲及稀存的白毛茶等；分布的动物有200多种，属于国家级保护的有苏门羚、雉类、穿山甲、水鹿、毛冠鹿、猕猴、麝、娃娃鱼等。公园内山重水复、林海苍莽、青山叠翠，生态环境优美，负氧离子含量高，是一个天然氧吧。

原生态瑶寨观光

九龙行政瑶族村位于九龙江公园内，共由11个自然村组成，距今已有数百年的历史。这些瑶寨散落于崇山峻岭之中。其中以岭子头瑶寨的建筑特色比较突出。岭子头村的瑶族风情和田园景观充满了原汁原味，无论房舍还是服饰，无论节日还是歌舞等，都是很值得游客体验的。

九龙广场

九龙广场紧邻九龙江公园南大门，面积约50 000平方米，包括名人植树园、松涛歌赋、爱莲池—水云间等景观。这里的景观设计层次丰富，富有内涵，如诗如画，堪称森林公园的一张名片。尤其是夕阳西下之际，碧池金光闪闪，瀑布水花飞溅，垂柳随风摇曳，景象万千，令人思绪纷飞。

阳山古村

民俗文化与建筑文化的完美结合

郴州市桂阳县境内

阳山古村不仅是一处保存完好的宝贵历史遗存，更是我国古代民居建造中讲究“天地人和”、体现儒家“中和”思想的民俗文化与建筑文化完美结合的“活化石”。

古村有100多户人家，古村的客家人以何姓为主，始建于明朝弘治年间，现存古建

阳山古村

筑60余栋，以其古朴的民居建筑与和谐的民俗民风，展现给人们一幅简朴和谐的图画。

玩家 解说

村落在布局上讲究天人合一，结构上体现儒家“中和”思想，是民俗文化与古典建筑的完美结合。这里房屋错落有致、雕梁画栋，采光、通风、排水处理凸显了古人的智慧。

史料记载，阳山村自发设立的“宗源会”“重九会”“义学会”“禁戒会”“救婴会”“女儿会”等六会治村，形成了“宽容诚厚重，和气致祯祥”的百年家风。宗源会，续族脉，确保优良族风的承载；重九会，解危济困，相当于慈善会；义学会，育人才，学子不论贫富，唯才是举；禁戒会，治理村风除祸害；救婴会，救女婴，不让女婴被抛弃；女儿会，摒弃男尊女卑的思想，宣扬男女平等。自建村不久，阳山古村就实行“六会治村”制度，从这“六会治村”的内容足见阳山古村丰富的文化内涵。这一制度也是对“和谐”阳山的最好诠释。

莽山 AAAA

风光绚丽的“天然植物基因库”

郴州市宜章县莽山瑶族乡

0735-3991182

在郴州市汽车站乘坐前往景区的班车可到

在五岭群山中，有一座林木叠翠、风光绚丽的“天然植物基因库”，总面积2万公顷，是“湖南最大的生物基因库”，囊括了热带、亚热带、温带及少数寒带的森林植物，这就是莽山国家森林公园。

这里山高石怪、林幽峰奇、水色天光，集山水之神韵，掇幽林之深秀，令游人目不暇接，流连忘返。这里人文风情浓郁，灵异的回龙庙、古朴的瑶乡风情、天然的绿色食品基地等，都是这里独特风情的体现。这里是游客享受观光游、生态游、摄影游等的最佳去处。

鬼子寨

鬼子寨位于莽山原始森林深处的幽深峡谷中，这里悬崖峭壁遮天蔽日，奇松怪石令人惊叹，千尺飞瀑气势雄浑，可以说集峰林之奇、松石之神、飞泉之美、花木之秀于一身。尤其是那百米高崖上的飞瀑，瀑声咆哮，雾气弥漫，像一曲让人惊心动魄的交响曲，又像一幅有色有声的绝美画卷。

猛坑石

猛坑石是莽山最高峰，海拔1902米，被誉为“天南第一峰”。登临猛坑石，可将莽山一望无际的群山峻岭尽收眼底，境界十分悠远，令人心旷神怡。此外，猛坑石上还有一处

莽山

军营哨所，其中军营秘洞非常神秘，引人入胜。猛坑石是观光的胜地，也是开展爱国主义国防教育的佳地。

东塔公园

以明万历元年竣工的东塔得名

郴州市桂阳县城关镇

东塔公园，占地面积6.99万平方米，以明万历元年（1573年）竣工的东塔（又名鹿峰塔）而得名。

全园以塔为中心，向四周扩展，景色秀美，古朴典雅。现以东塔为中心已开辟“雁塔峥嵘”“抽翁古岩”“德泉龙吟”“鹿耳石雄”“石磬铿锵”“栖真仙洞”“霞泉日丽”“云崖游龙”“蔡伦竹屋”“幽谷飞鹿”“孔明观象”“松涛长啸”“快绿草亭”“赵云射戟”“元阁清风”“山亭夕照”“蓉湖落雁”“相忆楼”“欧阳海塑像”等十多个景点。

珠泉亭

嘉禾八景之一“珠泉涌月”所在地

郴州市嘉禾县城北郊的石板道旁

珠泉亭，始建于清道光二十四年（1844年），至1920年重修。该亭始建时，为青石杉木结构，四柱方形，双层飞檐，石柱上刻一联：“逢人便说斯泉好　愧我无如此水清。”之后几经修葺，改为钢筋水泥柱结构。亭侧有一泉名珠泉，水从泉底沙砾中如串串银珠涌出，泉水晶莹，清澈如镜。每当晴日夜晚，明月映在水中，一轮涌起，金光闪烁，古题“珠泉涌月”，为嘉禾八景之一。

韩张公园

韩愈曾到此吟诗赋词

郴州市临武县韩山北路92号

韩张公园，占地2.63公顷，依据规划，公园分四功能区：大门区、游乐区、办公管理区、综合活动区。主要景点有韩张亭、蘑菇亭、舜峰亭、游道480米和公园围墙等，是一座融休息、娱乐为一体的临武县综合性公园。

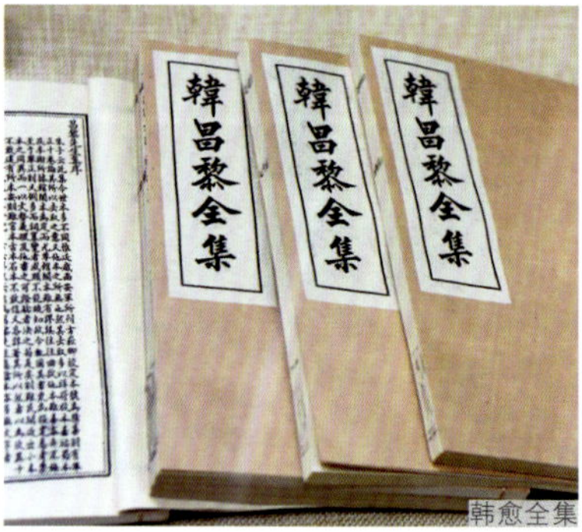

韩愈全集

链接

韩愈小传

韩愈（公元768—公元824），字退之，汉族，唐河内河阳（今河南孟州市）人。自谓郡望昌黎，世称韩昌黎。唐代古文运动的倡导者，宋代苏轼称他“文起八代之衰”，明人推他为唐宋八大家之首，与柳宗元并称“韩柳”，有“文章巨公”和“百代文宗”之名，著有《韩昌黎集》四十卷、《外集》十卷及《师说》等。

宜章年关暴动指挥部旧址

策划和指挥宜章年关暴动的地方

郴州市宜章古城中心

宜章年关暴动指挥部旧址，也称湘南暴动总指挥部旧址，坐落在宜章古城中心的千年驿道旁。现在已成为全国重点文物保护单位和全国及湖南省爱国主义教育示范基地。

这是一座完整的四合大院，坐北朝南，占地4300平方米，主体建筑为东、西、北3栋双层楼房，砖木结构，1918年改建为县立女子职业学校。1928年朱德在此领导湘南暴动时，东栋靠北的耳房依次是陈毅、朱德、王尔琢、胡少海的卧室；北面是简易木板楼房，中间的厅堂为朱德、陈毅召集会议的地方；东、西两栋驻革命军战士。

攻略资讯

- 交通
- 住宿
- 美食
- 购物
- 娱乐

市区风光

交通

火车

郴州拥有郴州站及郴州西站：郴州站位于北湖区解放路，是京广铁路上的特等站，也是湖南进入广东前最后一个大站，车次主要发往北京、上海、广州、深圳、重庆、柳州等省外城市以及岳阳、怀化、益阳等省内城市，市内乘坐14路公交可到达。

郴州西站位于北湖区增湖路，主要接发武广沿线高铁列车，车次可到达北京、郑州、洛阳、西安、广州等城市，市内乘18路公交车可达。

汽车

郴州市公路交通发达，市内主要有两个汽车站，开通的班次可到省内外很多城市和地区，游客在此乘坐长途汽车出行很是方便。

郴州市汽车总站/北湖区国庆北路28号/0735-2129511

郴州市天龙汽车站/北湖区开发区万华路1号/0735-2476608

住宿

郴州市内住宿方便，部分酒店及招待所还可讨价还价。火车站及北湖公园一带有多家快捷酒店及宾馆，并且邻近苏仙岭。五岭广场周边交通便捷，也是住宿的热门选择。若要去东江漂流的话，可选择在黄草镇住宿。

●郴州生活派酒店

酒店紧邻郴州火车站，周边娱乐、购物、餐饮店铺林立，交通便利。距离著名的苏仙岭风景区也很近。✉ 郴州市北湖区解放路1号 ☎ 0735-7581188

●郴州宾馆

是一家现代化综合性旅游涉外饭店，共有客房总数220间（套），标间面积25平方米。离火车站仅仅2千米，距汽车总站仅1千米。宾馆功能齐全，设客房、中西餐厅、歌友会、桑拿中心、美容美发等多个服务项目，配备宽带网络接口及先进商务设备，拥有大型绿化休闲广场。✉ 郴州市人民东路7号 ☎ 0735-2361588

●郴州竹园宾馆

宾馆位于美丽的苏仙岭山脚下，距火车站仅5分钟车程，交通便利，环境优雅。店内竹林环绕、鸟语花香、空气清新，是城市中难得的一片净土，闹市中的天然氧吧。✉ 郴州市人民东路7号 ✉ 苏仙区苏仙北路26号 ☎ 0735-2876199

●更多住宿去处

东江明珠大酒店/郴州资兴市迎宾路1号/

0735-3358888

东江宾馆/郴州资兴市迎宾路1号/0735-2498888

东方摩泰酒店/郴州市北湖区文化路4号/0735-2222888

郴州国际大酒店/郴州市北湖区人民西路17号/0735-2320232

郴州御泉大酒店/郴州市北湖区燕泉路1号/0735-2338588

美食

郴州市有各种美味的地方特产，做法特殊，风味独特，如东江盐焗鸡、柴火五花腊肉、大奎上牛肉等，一定不要错过。

美食小吃

●柴火五花腊肉

柴火五花腊肉，取农家新鲜猪肉烘烤而成，又名土腊肉，可炒可蒸，其味极好，是家居中最合口味的特色佳肴。

柴火五花腊肉

●大奎上牛肉

自清代以来就享誉郴城，以其肉香、味美、回味悠长而闻名，为宾馆、家庭、休闲、馈赠亲友的最佳食品。

大奎上牛肉

●大禾米糍

大禾米糍所用的大禾米是汝城县热水、二江口、九龙江一带山区的粳籼稻。大禾米糍色黄质嫩，细密滑腻，可汤煮，也可油炒。若汤煮，最好用肉汤和菜汤，若油炒，必加大蒜、肉丝、生姜等作料，不粘牙，不腻人，吃了还想吃，余味无穷。

大禾米糍

●永兴嗖螺

永兴嗖螺是一种地方风味小吃，又名“喝螺”。永兴嗖螺汤鲜味美，清香脆嫩，清火开胃，爽口宜人。

永兴嗖螺

●东江盐烙鸡

东江盐烙鸡，乳黄色，醇香滑嫩，原汁原味，加入多种配料，使鸡肉挥发出扑鼻的浓香，多汁的特色让人对东江盐烙鸡回味无穷。

购物

郴州市土特产品种颇为丰富，有汝城白毛茶、山茶油、龙须草席、永兴冰糖橙等，建议在沃尔玛、公平超市、新天地购物中心、五岭购物广场购买当地特产。

郴州特产

●汝城白毛茶

汝城白毛茶又名毛茶。汝城白毛茶叶大，白毫特多，叶芽粗壮。泡茶时茶叶在水中叶芽紧结，亭亭玉立，久泡不沉。冲泡后茶液色泽红润浓鲜，芳香自然，饮后喉底回润。

●山茶油

山茶油，是从野生油茶树果中榨取而得。油茶树分布在我国南方山区及丘陵地带，油茶树果历经15个月的云滋雾养，饱含日月精华和天地灵气。山茶油因所含不饱和脂肪酸与橄榄油极其相似，被营养学界誉为“东方橄榄油”。

●临武鸭

临武鸭，为湖南特产，自舜帝起为历朝贡品，中国八大名鸭之一，具有肉质细嫩、高蛋白、低脂肪、味道鲜美等特点。其选用珠江源头、舜峰山涧、武水溪野外放养的纯种临武鸭为原料，精选南岭山脉中的野生油茶树果，用物理压榨法精榨而成的山茶油为烹调油，加入临武特产——大冲辣椒，采用现代食品加工技术，结合传统生产工艺，精心制作而成，为居家、旅游、宴席之佳品。

●龙须草席

龙须草席，光滑柔软、色泽清雅、花纹秀丽，给人以素静大方的感觉。睡在上面，冬不凉身，夏能爽汗，特别适合老幼体弱者夏天使用。因其柔软，最宜在软床、软座上铺设；又可任意折叠，便于旅行携带。在东南亚一带，临武龙须草席深受欢迎。

●永兴冰糖橙

永兴可以买两样东西：一是银器；二是冰糖橙。冰糖橙曾荣获世博会“金奖”，在永兴的街头路边几乎随处可买，但一定要品尝才行，因为有些是从株洲运过来的橙子，味道会酸些，没有本地产的香醇之味。

郴州购物场所

购买郴州的土特产，可以去市里的一家土特产店——郴州土特产商店。在这里可以买到郴州地区各县市的名优特产。在人民西路和飞虹路上各有一家分店。

娱乐

郴州是个多民族地区，在长期的社会发展中，形成了独特的文化艺术和传统风俗。其中尤以昆剧最负盛名，郴州拥有全国六大昆剧院团之一的湖南省昆剧团。

郴州传统节日习俗有安仁赶分社、瑶族起春节、瑶族团圆节、瑶族盘王节、伴嫁哭嫁及遍布农村各地的赶圩场等。

昆剧《荆钗记》

阳

发现者旅行指南

永州

概览

亮点

九嶷山

得名于这里9座相似的山峰，与舜帝渊源甚深。山中云雾缭绕，溶洞众多，呈现古热带残遗峰林景观，山下有瑶家风情。

浯溪碑林

文奇、字奇、石奇，被后人誉为浯溪“三绝”，历代文人学士到此游览，题诗作赋，铭刻石上，是研究碑石文化的一个宝库。

舜皇山

千古名山，主峰海拔1882.4米，被誉为“天设湖南第一峰”。是国家级森林公园、自然保护区，有“生态王国”之美称

千家峒

瑶族祖居故地之一，有盘王庙、盘宅妹墓、白娥洞和大白水飞瀑、狗头岩、仙女过桥等景，被称为瑶家的“桃花源”。

江永女书生态博物馆

博物馆四面环水，风景秀丽，是世界唯一的女性专用文字女书流传的核心地区。

上甘棠村

是湖南省发现年代最为久远的古村落，始建于唐朝天宝年间。古村如今保存有大量明清代建筑，还有1200多年前的石板路。

线路

永州名山2日游

第1天，先去九嶷山国家森林公园。观赏万山朝九嶷等美丽自然风光，参观舜帝陵，祭拜中华民族始祖舜帝，时间充裕的话可以去参观宁远文庙、凤凰岩。

第2天，早餐后乘车至阳明山国家森林公园。欣赏都庞岭山系阳明山脉优美风光及万亩竹海，进万寿寺朝拜，感受阳明山绝美自然风光，观看万亩杜鹃园。

永州市区1日游

上午，先前往虎岩公园，看嶙峋岩石，赏“天然图画”，然后前往李达故居，瞻仰先辈风采。

女书博物馆

午后，前往柳子庙，缅怀柳宗元伟大诗文人生，接着去萍岛，看岛上古木参天，风光旖旎。幸运的话，还可欣赏到奇景“萍洲春涨”。

为何去

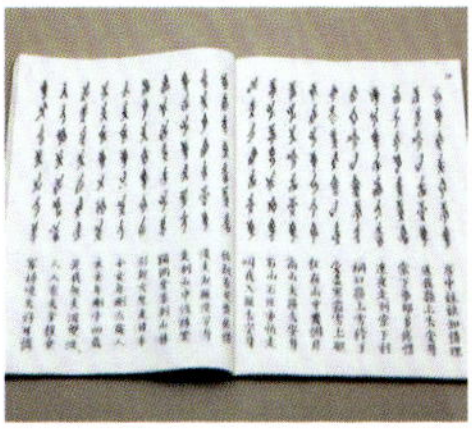

九嶷山舜帝陵

永州，位于湖南西南，古称零陵，素有“锦绣潇湘”之称，自古以来就是人们的游览胜地。九嶷山、阳明山、舜皇山等自然风光优美，舜帝陵、盘王殿、柳子庙、浯溪碑林人文积淀丰厚，永州还是瑶族聚居地区，境内民族风情浓郁，神秘的江永女书同样吸引着无数人的眼光。

何时去

阳明山万和湖

永州地处温带、热带交界处，气候温和，雨水充足，一年四季都适合来永州旅游观光。但尤以春秋季节最佳。春秋季节的永州是最美的，此时不仅能看到绝美的自然景观，还能赶上众多的节日活动，如盘王节、赶鸟节、斗牛节等，节日活动众多，气氛热烈，是体验特色民族风情的最佳时机。

区域解读

区号：0746
面积：约22 441km²
人口：约641.61万人
主要少数民族：瑶族

地理 GEOGRAPHY

永州市辖2个区（零陵区、冷水滩区）、8个县（祁阳县、东安县、双牌县、道县、江永县、宁远县、蓝山县、新田县）、1个自治县（江华瑶族自治县）。市政府驻冷水滩区。

地形

永州地势西南高，东北及中部低。整体地貌形成三山夹两盆的状态，西北有都庞岭、越城岭，东南有萌渚岭、九嶷山，阳明山、紫金山拦腰穿越东西，将全市分成南北两大块——零祁、宁道两大盆地。

永州地形以山地为主，间以平原、丘陵、盆地。整体地形可形容为“七山半水分半田，一分道路和庄园”。

永州河流密布，水系发达，共有大小河流700余条，河床谷深流急，水能资源丰富，总量位居湖南第三。主要河流有湘江、潇水、祁水、白水等。

气候

永州市属中亚热带大陆性季风湿润气候区，四季较分明。永州气候温和，雨量充沛，降雨主要集中在4～6月，春末夏初湿润多雨。夏天闷热，日照低，时间长，冬天湿冷，但气温达到零摄氏度以下的时候很少，没有极端阴冷天气。

历史 HISTORY

历史大事记

远在旧石器晚期，今永州境内已有人类居住，今永州市黄田铺保存的人类遗址——石棚，道县玉蟾岩出土的1万年前的陶片和稻谷，可证明这一点。

公元前2178年，舜帝南巡，活动在以舜皇山为中心的新宁、武冈、全州、东安一带。最后在永州九嶷山一带驾崩，此山名播天下。

公元前217年，秦王朝为同百越人作战，在永州一带修建了五岭峤道，又于前214年修建了灵渠，极大地改善了永州一带的交通条件。

汉武帝元鼎五年（公元前112年），汉武帝发动了对南越的战争。经过一年时间，取得了战争的胜利。元鼎六年（公元前111年），置零陵郡，为湖南四大古郡之一，迄今为止已有2000多年的悠久历史。

隋开皇九年（公元589年），隋文帝将原零陵郡改置为永州总管府，其辖地面积同今永州市大体相当。永州之名，始称于世，并一直沿用至今。

永贞元年（公元805年），柳宗元被贬为永州司马员外郎置同正员，谪居永州达10年，写下了《永州八记》《捕蛇者说》等千古名作。

山水

明末清初，农民起义军与明王朝之间，农民起义军、南明王朝同清军之间，在永州一带进行了长达11年之久的拉锯式争夺战，使永州的经济社会遭受极大破坏。

道光十一年（1831年），清政府下令“山田升科”，瑶族人民的生活更加困苦不堪，遂推赵金龙为首领，于12月29日在江华锦田举行武装起义，队伍迅速发展到1万多人，势力迅速扩大到湘南和两广边境，清廷调集桂、黔、湘等省兵力进行围剿，起义失败。

女书——世界上唯一的女性文字

女书起源于永州市江永县，是世界上唯一的女性文字，1982年，武汉大学教授宫哲兵首次在江永县发现“女书”文字。

据考证，“女书”起源于史前陶文，发源地应在黄河流域中、上游地区，在漫长的历史进程中，当年居住于陕西商县一带的苍梧族南迁，将“女书”带到湖南江永山区，从而继续流传。现在有史可查的起源是在明末清初，至今最早能见到的是太平天国发行的“雕母钱”。这种钱币的背面用“女书”字符印有“天下妇女”“姊妹一家”的字样。

女书是旧时有才情的女子用来互通心迹的一种音节文字，不同于现在的文字，只有代代相传的女性能看懂。女性将女书刺绣、刻画、戳印、书写于纸扇、巾帕之上，在姊妹妯娌之间秘密通信。主要内容是写婚姻家庭、社会交往，如《三朝书》《哭嫁歌》，或是涉及交往、感谢、慰问的信件，亦有日记和传记、历史故事、传说故事等。

目前收集到的近20万字的“女书”作品，绝大部分为歌体。随着岁月的流逝，这种古老的历史文字已经逐渐失传。从20世纪末开始，通过一批学者努力，这种罕见的女性字符才被世界所了解和认识，并引起了海内外的浓厚兴趣和广泛关注。如今，永江建设了集研究基地与旅游于一身的“中国女书”村，供感兴趣的人群前去参观了解。

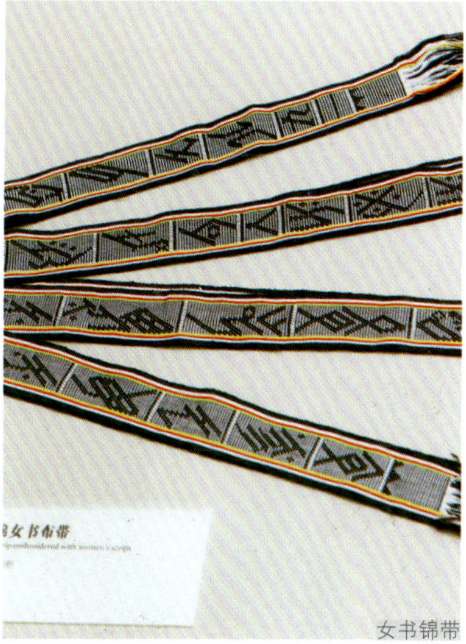

女书锦带

名单 永州历史名人

东汉末年大将黄盖
三国时大将赖恭
三国时军事家刘巴
三国时文学家周不疑
唐代书法家怀素
北宋哲学家周敦颐
中国共产党创始人之一李达
无产阶级革命家陶铸
黄埔三杰之一蒋先云

文化 CULTURE

瑶文化和长鼓舞

瑶族是永州境内一个很古老的世居民族，早在秦汉时期，瑶族先祖就已进入湖广一带，而后，大批瑶民自南岭南麓等地不断徙入，江华、永明、道县、宁远、蓝山的许多山地都是瑶族的聚居地。永州的江永千家峒是瑶族发源地，瑶文化也是永州文化一个非常重要的组成部分。

传说瑶族出于舜族，经过多次迁徙，成为一个山区民族。瑶文化的核心内容就是追求人与自然和谐相处的山居文化。瑶民“依山险而居”，登山唯恐不高，入林唯恐不深。众所周知的长鼓舞、盘王节、吊脚楼都跟山居的生活有密切的联系。其中，尤以长鼓舞为瑶文化的典型代表。

瑶族少女

每年农历十月十六盘王节，瑶族都要跳芦笙伴奏的长鼓舞，以祭奠打猎时跌落山崖的始祖盘王。表演时，鼓手左手握住长鼓的鼓腰上下翻转，右手随之拍击，边舞边击。长鼓舞最能反映瑶族质朴、浪漫的历史和文化，以及瑶族人民的个性和情致。这一舞蹈已有800多年的历史，其中有许多对自然界进行模仿和艺术再造的招式，如古树缠根、山羊反臂等。这些动作表现盘王及其子孙开辟千家峒的勤劳勇敢，亦是人类对自然的崇拜和赞美。低沉哀怨的芦笙曲，再现了盘王死前的痛苦呻吟；激情洋溢的羊皮鼓声，则显示了人们为盘王报仇的决心。人们唱着盘王歌，表达对祖先的缅怀和追念。

由于瑶族进入江华地区的时间差异和所处地理环境不同等原因，便又演变出多种形式的长鼓舞，比如盘古长鼓舞、芦笙长鼓舞、羊角短鼓舞、锣笙长鼓舞等。

永州的代言人——柳宗元

对于永州来说，正是柳宗元的出现和他的《永州八记》让世人了解永州。唐顺宗时，柳宗元因参加以王叔文为首的革新集团失败，被贬为永州司马，此后便一直没有出过永州。他在永州留任的10年间，抑郁悲愤，思乡怀友，为了纾解郁闷，便时而游山玩水，写下山水游记抒怀心意。《永州八记》是柳宗元山水游记中最为人称道的八篇，分别是《始得西山宴游记》《钴鉧潭记》《钴鉧潭西小丘记》《至小丘西小石潭记》《袁家谒记》《石渠记》《石涧记》和《小石城山记》。

在永州的10年，是柳宗元人生最晦暗的

10年，却是他文学创作最丰富和哲学思想全面成熟的10年。《永州八记》对自然美的描绘，贵在精雕细刻出一种幽深之美。八记描写的大都是眼前小景，如小丘、小石潭、小石涧等，却被柳宗元提炼出一幅幅价值连城的艺术精品。柳宗元在《永州八记》中刻画永州山水的形象美、色彩美和动态美，不是纯客观地描摹自然，而是以山水自喻，赋予永州山水以血肉灵魂，把永州山水性格化了。可以说，永州山水之美就是柳公人格美的艺术写照，物我和谐，汇成一曲动人心弦的人与自然的交响华章。

柳宗元在永州享受着一个人的山水盛宴，也许苦涩，也许无奈，然而他的济世精神和文章词句却形成永州独特的柳文化，永远流传。

永州的古稻作文化

1995年11月18日，考古工作者在道县玉蟾岩遗址发掘时，发现了一粒稻壳，这次惊人的发现将稻作农业的起源推到了1.4万年前，震惊了全世界。

玉蟾岩岩洞文化堆积保存状况良好，蕴含着大量由旧石器时代文化向新石器时代文化转变的信息。玉蟾岩出土的古栽培稻壳、新旧石器、陶器等文物足以表明，永州在1.4万年前就有了相对成熟的原始农业和原始制陶业，当时的远古先民已在此有了辉煌的远古稻作文化。从现有的考古发现来看，中华民族的起源也很有可能在湖南省永州地区。

在永州的另一处发现也让人惊叹。一处唐代窑址中出土了大量的陶器，其中最引人注目的是一个陶质火炉，考古专家认为这就是古时候的火锅。同时出土的还有陶碗、陶壶、支架、矮足杯及托盘。可见唐代时，永州地区的饮食文化就已经达到了相当高的水平。

景点推荐

永州市区景点

虎岩公园

“狮岩吼雨”的所在地

永州市冷水滩区城西零陵中路与狮岩路的交叉处

虎岩公园面积3万平方米，是冷水滩八景之一的“狮岩吼雨”的所在地。园内地貌怪异，岩石嶙峋，姿态各异，有“天然图画”之美誉。境内有亭台轩榭，假山池沼，花草掩映，曲径通幽等人工景点，还有众多娱乐设施如露天舞厅、冰场、液压自控飞机、欢乐小火车等，可供游客尽情玩乐。

李达故居

共产党先驱李达的故居

永州市冷水滩区岚角山镇

李达故居坐北朝南，占地350平方米，有前后两栋。故居为砖木结构，原为清代豪绅的庄房，光绪三十四年（1908年）由李达的父亲李辅仁先生置买，并于宣统三年（1912年）增建了前面一排围屋和南北两栋陪房，1938年，李达被解聘后，回家隐居时，效西方的建筑风格，对正屋的左寝室进行过局部的改造。

1990年9月，冷水滩区人民政府拨出专款进行全面的维修，并开辟了李达生平陈列室，陈列了李达部分遗物、手稿及从事革命活动和工作的照片资料。

链接

李达小传

李达（1890—1966），字鹤鸣，中国共产党的创始人之一。我国著名的马克思主义启蒙的思想家，国内外知名的马克思主义理论家，卓越的马克思主义哲学家、经济学家、法学家、社会学家和教育家。

1940—1947年，李达为躲避国民党反动派的追捕，息隐故里，以办学为名，继续从事马克思主义的研究和宣传活动，在这里翻译和撰写了大量研究和传播马克思主义的理论著作。

文昌阁

始建于康熙年间的建筑

永州市冷水滩区湘江西岸

文昌阁始建于清康熙年间，整个建筑分财神殿、文昌阁、观音殿、洞宾楼4个部分，总面积500平方米，系砖木结构，共4层，高16米。其中一、二层青砖砌筑，三、四层为全木结构，抬梁做工考究，幢柱所骑驼峰均采用莲花座，具有明显的明代建筑特征。屋面为歇山顶，雕刻精细美观，斗拱飞檐。文昌阁整体呈护城墙箭楼形，庄重稳定。

永州国家农业科技园

绿色休闲旅游基地

永州市冷水滩区

永州国家农业科技园采取“政府主导、市场运作、科技支撑、和谐共赢”的管理运行模式推进园区建设，园内设有中国农科院红壤试验站、市柑橘研究所、市林科所、福田茶场等科研和生产性示范单位，拥有一大批高、中级农业科技人才。现已经基本形成了3333公顷“黑美人”商品西瓜、1333公顷国外松、1333公顷优质稻和1333公顷柑橘等四大产业基地，是生态旅游、科学考察的理想去处。

香零山

因旧产香草闻名于世

永州市零陵区零山村

香零山系天然石矶组成的小岛，主体分为上下两层，中间有木式楼梯相连接，因旧产香草闻名于世，岛上的“香零烟雨”为永州八景之一。

香零山

香零山地处潇水中流，地势险要，每当春夏就有游人误触此山，故清王德榜等人倡建“观音阁”于山上，招僧居内，设救生船只，白天击钟声，晚点灯报警，以求过往船只注意。柳宗元、徐霞客曾登此山，留有诗作、游记。

链接

香零仙草

传说西汉元鼎六年（公元前111年），汉武帝始建零陵郡时，香零山景色秀丽，盛产一种名贵的香草，清香四溢，胜于椒兰，于是定为“贡品”；年复一年，贡品数量逐年减少，香草采尽，仍满足不了皇宫的需要。采集贡草，终于成了百姓的苦役，不少人背井离乡。到了唐代，郡守韦宙，将香草采尽的实情奏明皇帝，方获免贡。传到清代，香草就已经绝迹了。

石棚

神秘的“巨石文化”

永州市零陵区西郊15千米

石棚为2万年前原始社会遗址，由4块大小不等的青石堆垒而成。石棚前口宽1.4米，后口宽2.1米，前后相通。顶石一块重达1万余公斤，表面平整光滑，留有人工加工痕迹。石棚对研究古代历史，了解古代人类生活，有很重要的价值。

武庙

祭祀武圣关羽的场所

永州市零陵区东山路

武庙又名关圣庙，建于清代嘉庆年间，

武庙

为歇山重檐式建筑，红墙青瓦，四角高翘，居高临下，甚为宏伟。武庙占地700多平方米，有柱6根，直径尺余，其中有青石柱4根，浮雕盘龙，缠绕其间，龙头硕大，张嘴含珠，雕琢精细，栩栩如生。

武庙殿前悬挂一大横匾，正书“与天地参”四个大字，系光绪十二年（1886年）零陵总兵才勇巴图鲁长明敬献。殿前有石雕雄狮两尊。武庙建筑，造型宏伟，富有民族艺术风格，为市重点文物保护单位。

鹞子岭西汉古墓

战国墓和大型汉墓集中处

永州市零陵区永州建材厂内

鹞子岭泉陵侯2号墓与1992年已经发掘的1号墓，是鹞子岭西汉泉陵侯古墓群之一。据墓葬形制规格、出土文物和骨骼分析，2号墓主人属于女性，系侯王贵族的家族。2号墓处东西向，为土坑竖穴椁墓，由墓道和墓坑组成。墓坑内为椁室，二椁二棺。椁室内由中间一条南北向的门楣结构分为前庭和后室两部分，后室正中是棺室，两边分别是北耳室和南耳室。

纵观整个古墓，结构复杂精巧，形制独特，实属罕见。鹞子岭泉陵侯2号墓已出土金器、玉器、青铜器、古钱币等文物达100余件（套），其中部分出土保存完好的珍贵文物，在国内尚属首次发现，对考古学和史学研究领域具有重大意义。

玩家 解说

战国墓无封土堆等地面特征可寻，散布于东起南津渡中路，西至三监狱之间的两座山头，至1991年已发掘10余座。其墓葬规模较小，一般长2米，深1~2米，随葬品有青铜器、铁器、陶器等。西汉墓规模较大。有的封土堆高10米，堆上有明、清和现代墓葬，至1991年已发掘10余座，均为土坑竖穴墓，有墓道。1984年于省三监狱发掘的一西汉墓出土一颗印章，有“刘疆”二字，应为泉陵侯家属墓地。

愚溪

四季碧绿的溪水

永州市零陵区永州古城西南

愚溪原名冉溪，因为姓冉的住在这溪边，所以以姓氏命名。因为这条溪里的水可以漂染丝帛，所以又叫染溪。愚溪发源于零陵区梳子铺戴花山、大古源和小桃源，全长45千米，曲折蜿蜒，四季水碧。春夏之交，潇水猛涨，一片浑浊，但愚溪仍呈绿色，“江作青罗带”，两水在愚溪桥下相拥，泾渭分明。

链接

愚溪与柳宗元

柳宗元参与革新失败后被贬为永州司马，居于愚溪畔10年。创作了《永州八记》等众多散文作品及《江雪》等诗歌，奠定了其作为唐宋文学八大家的基石。为了排遣淤积于心的不平，柳宗元嘲己因愚获罪，将冉溪更名为愚溪。

愚溪

古窑址
北宋时期的古窑遗址

✉ 永州市冷水滩区城北50千米处的黄阳司

古窑址是北宋时期的古窑遗址。遗址上陶片主区范围约80米见方。窑堆残迹呈长条形斜坡式伸延。器物胎色大部分呈砖红色，90%以上的坯胎涂有底粉，施半截釉，釉色青黄或浅黄，大部分开片。碗碟坯胎的底心部印有盛开的莲花、菊花及展翅的蝴蝶和几何图案等；有的印上铜钱纹，如“开元通宝”“宋元通宝”；还有的印上单字，如“唐”“何”“王”“田”“夫”等。

柳子庙 ⓦ
为纪念柳宗元而建的庙宇

✉ 永州市零陵区柳子街上

柳子庙为三进三开砖木结构建筑，是永州人民为纪念唐代著名文学家柳宗元而建。庙前有一对威武的石狮子，庙门正上方石刻有“柳子庙”3个大字，院墙中镶有3个拱门。大门两侧刻有楹联一副：“山水来归黄蕉丹荔　春秋报事福我寿民”。此庙背靠青山，面对愚溪，门前柳绿竹茂、流水潺潺，环境极其优美，像一幅美丽的山水画。该庙记录和再现了柳宗元谪居永州时的人生经历和生活情景，是后人缅怀柳宗元的最佳去处。

链接

柳宗元小传

柳宗元是我国唐朝著名文学家，字子厚，世称“柳河东”，与唐代韩愈，宋代欧阳修、苏洵、苏轼、苏辙、王安石和曾巩并称“唐宋八大家”。柳宗元的散文名篇《捕蛇者说》，就是在被贬永州（现湖南零陵）时所写。

柳宗元出身于官宦家庭，少有才名，早有大志。早年为考进士，文以辞采华丽为工。贞元九年（公元793年）中进士，十四年（公元798年）登博学鸿词科，授集贤殿正字。一度为蓝田尉，后入朝为官，积极参与王叔文集团政治革新，迁礼部员外郎。

柳子庙

萍岛
唐宋以来颇负盛誉的优美风景

✉ 永州市零陵区北郊，潇湘二水汇流处

萍岛是永州著名的风景胜地，唐宋以来颇负盛誉。这里四面环水，高洁幽静，环绕一周600余米。岛上古木参天、竹蕉繁茂，风光旖旎。柳宗元写的《湘口馆潇湘二水所汇》诗，记叙了萍岛的风光。这里的奇景“萍洲春涨”又名“潇湘夜雨”，是永州八景之首。

玩家 解说

萍岛上过去设有潇湘祠和供发蒙读书的湘口馆。清光绪年间，王德榜等创建“频洲书院”于此。光绪十五年（1889年）湖南乡试，频洲书院学生有8人考选贡生，自此频洲书院之名成为永州8县的最高学府，辛亥革命后改为频洲学堂。古代建筑现大部分已拆除改建，但学校中心的石板古道，仍青光锃亮。两边金桂绿叶满枝，与吊竹古樟并茂。

朝阳岩
古永州八景之一

✉ 永州市零陵区草阳南路158号

朝阳岩又名西岩，唐永泰年间道州刺史元结“维舟岩下”，以其岩口向东，遂取名朝阳岩。岩分为上下二洞，通后山“青莲峡”，出口处有“听泉亭”。洞内石壁上多石刻。这里幽邃深旷、清泉潺潺、怪石嶙峋、雅致清

萍岛

丽。柳宗元、苏轼、周敦颐、杨万里等历代名人都留有诗刻。

水上大世界

景色优美如画的水上游乐地

永州市零陵区富家桥镇

水上大世界是永州市新建的规模最大的水上游乐项目。这里水面开阔，水质清澈透明，沿河两岸林竹繁茂、青峰叠翠，景色优美如画，是一块水上游乐的宝地。

水上大世界建有仿古门楼、曲桥、凉亭、人工沙滩、儿童乐园等项目，是一个融休闲度假、购物娱乐、水上训练为一体的水上游乐中心。

富家桥异蛇村

因柳宗元的《捕蛇者说》而闻名

永州市零陵区富家桥镇

"异蛇村"占地8公顷，建有标准化的养蛇场。"异蛇村"每年要将人工孵化的幼蛇放归大自然，并规定"放三捕一"，以保护蛇类自然资源。"异蛇村"很少卖活蛇，而是开发蛇系列产品。这里的居民还制作蛇酒，品种不下20种，远销日本、东南亚等地。此外，他们还研制开发了蛇血、蛇胆等保健药品及蛇皮制品。

怀素园

书法家怀素种蕉练字的地方

永州市零陵区潇湘中路

怀素园，是唐代"狂草大师"怀素出家修行、种蕉练字的地方。怀素园融古建筑和园林风格为一体，园内有"醉僧楼""种蕉厅""学术亭""书禅经舍"等建筑，还新增了公园湖、牌楼及竹长廊、石级踏步、水榭湖心亭等旅游配套设施，现已成为市重点文物保护单位。

链接

怀素芭蕉练字

怀素自幼聪明好学，他勤学苦练的精神是十分惊人的，因为买不起纸张，怀素就找来一块木板和圆盘，涂上白漆书写，后来，怀素觉得漆板光滑，不易着墨，就在寺院附近种植了芭蕉树，在芭叶上临帖挥毫。由于怀素没日没夜地练字，老芭蕉叶剥光了，小叶又舍不得摘，于是干脆带了笔墨站在芭蕉树前，对着鲜叶书写。他写完一处，再写另一处，长年不断，这就是有名的怀素芭蕉练字的典故。

永州文庙

始建于宋的孔庙

永州市零陵区永州五中旁

文庙，创建于宋嘉定元年（1208年），现存文庙为清乾隆四十年（1775年）重建。文庙建筑规模宏大、气势雄伟，现仅存大成殿

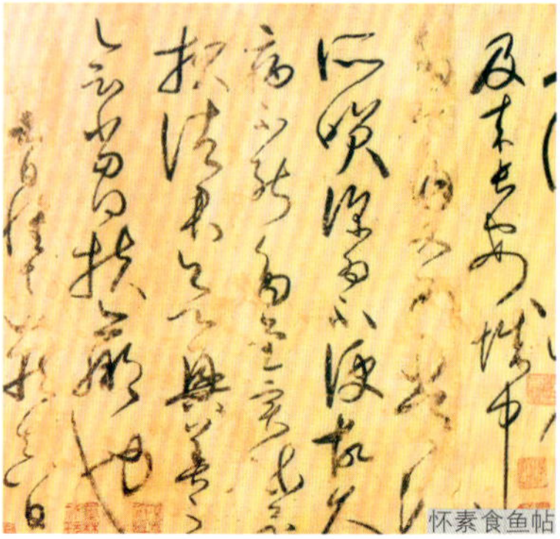
怀素食鱼帖

和东西两院庑，建筑面积约700平方米。大成殿为砖木结构，面阔五间，进深三间，高17.1米，殿内雕刻精细，线条流畅，具有较高的艺术价值，是罕见的艺术珍品。

更多本旅游区景点

碧云庵：位于永州三中校园内。碧云庵四周竹林环绕，十分幽静。碧云池中石台，原建“洗甲亭”，废后重修，更名“九岩亭”，两边各有一石桥与岸相连，共6拱。夏日，微风吹拂，风摇荷影，流香四溢，有“恩院风荷”之称，为永州八景之一。

高山寺：位于零陵区东山上，又名东山寺，始建于中唐，为永州八景之一，是柳宗元谪永期间第二住处。现仅存“大雄宝殿”及武庙各一座，武庙4根青石柱上的浮雕石龙栩栩如生。寺外松竹掩映，因地势至高，可一览全城。

西山：位于零陵区永州古城附近，高不过百米，像一条苍翠欲飞的巨龙，绵延数里，与奔腾不息的潇水结伴并行。龙头向南，与袁家渴、石渠、石涧景点相接，龙尾朝北，与小石潭、西小丘等景点相连，成为永州景观的中心。

梅岩：位于零陵区湾夫乡境内。梅岩是一个天然岩洞，共有3层，洞内可容千人，钟乳石林立，相传宋元间有四进士在此洞修炼成“仙”。现洞中尚存有石泉、石凳、石几、石香龛、石砚等天然石具。

红玉洞：位于零陵区何仙观乡。红玉洞为石灰岩溶洞。洞内石笋群立，小洞穴较多，洞厅较大，相传八仙之一的何仙姑修炼于此。洞内原有石灶、石台等，还有天然的千姿百态的岩溶钟乳石、石笋等。

迴龙塔：位于零陵区潇水东岸，是一座风格独特的古建筑。此塔建于明万历甲申年（1584年），坐北向南，高27.25米，八角形。塔身外表7级，实为5级。最下层为青石造作。

永州风光

景点推荐 永州郊区景点

李家大院

永州规模最大的古民居

永州市祁阳县潘市镇龙溪村

李家大院呈长方形，占地面积2万多平方米，建成于明万历十年（1583年），由48栋房屋组成，是祁阳乃至永州规模最大的古民居。李家大院年代久远、保存完好，全院大部分房屋直向排列，是一个相互联系的整体，现存上、下院和李氏宗祠，已被列为省级文物保护单位。这里是游客参观、认识和了解江南民居的理想之地。

浯溪碑林风景区 AAAA

中国南方最大的露天碑林

永州市祁阳县浯溪南路108号

浯溪碑林风景名胜区位列湖南“新潇湘八景”之一，是国内最大的碑林之一，现为全国重点文物保护单位、湖南省十大文化遗产之一。景区地处湘江西岸，山秀水美，而连绵78米的苍崖石壁巍然兀立，极为壮观，具有很高的艺术审美价值。这里是一个研究碑石文化的宝库，也是著名的观光游览胜地，值得游客一去。

玩家攻略

（1）碑林中有历代石刻，突出的有《大唐中兴颂》《大宋中兴颂》《大明中兴颂》、元结的《老三铭》、吴大的《新三铭》；从字体看，楷、行草、隶、篆，五体皆全，最大的“圣寿万年”4字，刻于悬崖，每字直径逾丈。最小的字，只有蚂蚁那么大，让人惊讶不已。

（2）“右堂区”有一长1.5米、宽0.7米、厚0.3米的船形巨石，可以敲出金属般的响声，叫“石韵金音”，非常奇特。

玩家解说

元结在公元761年撰写了《大唐中兴颂》，后来大书法家颜真卿将此文书写下来镌刻于江边崖石，因其文奇、字奇、石奇，被后人誉为浯溪“三绝”。此后，历代共有250多名文人学士到此游览，题诗作赋，铭刻石上，成为国内最大的碑林，是一个研究碑石文化的宝库。除《大唐中兴颂》外，还有宋代著名书法家米芾的《浯溪诗》和黄庭坚的长诗《书摩崖碑石》及清人何绍基、吴大徵等名家题名刻石的浯溪新三铭等。

镶嵌在“镇妖符”左侧崖壁的“吕仙寿屏”，高160厘米，宽72厘米，是吕洞宾书刻的篆书异体“寿”字碑，给予人们美好的祝愿。

链接

保护浯溪摩崖

浯溪摩崖经历千年风雨的侵蚀，在近代抗日战争期间，日寇铁蹄之践踏，复经“文革”十年之浩劫，破坏较重。为了保护浯溪摩崖，县政府设立了浯溪文物管理所。1988年，“浯溪摩崖石刻”被国务院公布为第三批重点文物保护单位。1994年，县政府设立了浯溪文物管理处。经文物工作者的努力，查明自唐大历二年（公元767年）至“民国”九年（1920年）犹存300多人的诗、词、书、画、题词石刻等。

1996年，无产阶级革命家陶铸《东风》诗碑，竖立于浯溪吾台南面山麓下的陶铸铜像左侧山坡上。此为新中国成立后浯溪之第一碑。1998年，又在《东见》诗碑右侧立陶铸《踏莎行》词碑。

《大唐中兴颂》碑

《大唐中兴颂》碑高3.2米，面积10.56平方米，共332字，是浯溪摩崖石刻的核心精髓，因文奇、字奇、石奇被誉为“摩崖三绝”。这里有很多历代著名书法家的字迹，包括颜真卿、米芾、黄庭坚等人，其中“宋四家”里米芾、黄庭坚二人同在一处摩崖石刻留下墨迹，在全国独一无二。

陶铸同志纪念馆

陶铸同志铜像和纪念馆建于1988年，是为纪念祁阳籍著名革命家陶铸同志所建。纪念馆建筑宏伟，给人庄严肃穆之感，是游客缅怀陶铸同志的佳处。陶铸曾在写给妻子的《赠曾志》一诗中，写出了“如烟往事俱忘却，心底无私天地宽”的名句，至今广为流传。

文昌塔

建于明万历年间的古建筑

永州市祁阳县城东郊

祁阳文昌塔濒临湘江之滨，建于明万历年间，高37米，共7级，每级有八向，中空可以攀登。台边缘堞，垛翘角、棱角处塑有石龙，口含铜铃，受风则发出悠扬的叮当声。塔顶系铁铸，形似串珠葫芦。塔旁还建有“文昌书院”，现为省级保护文物。

幽岩

深邃幽静的岩洞

永州市东安县紫溪市镇

幽岩，面对五峰山，宋代时人们管它叫

浯溪碑林

"五峰岩"。后由于岩周围山峦叠翠、古木参天，岩内深邃幽静，故更名为"幽岩"。

幽岩有9洞，洞与洞之间有门相隔，自北门而入，沿西折南而行，可至湘江支流紫水北岸，各洞宽窄不一，高低有序，十分壮观。

广利桥

古朴秀美的古桥

永州市东安县境内的塘复乡

广利桥始建于清乾隆三十八年（1773年），重修于光绪二年（1876年）。桥全长36.8米，高7米，横跨在东溪江上，古朴秀美。桥全系木质结构，上盖青瓦，连通共17间；两侧有栏杆，还有能坐的宽木板。桥的两端建有八字形的门面，门面上装饰木花纹，朵朵相连，好似浪花荡漾，屋角上塑有龙、凤、鱼、兽等多种动物艺术造型。

九龙岩

钟乳石林立的溶洞景观

永州市东安县芦洪市九龙庵村

九龙岩洞长约4千米，主洞高15米，共有9洞，洞与洞之间均有小洞相连。山上有水池，可以垂钓。山下有泉，四季不竭，过主洞有一石门，便入幽洞，洞内钟乳石林立，石柱、石幔、石花等各种形象千姿百态，令人流连忘返。

九龙岩

唐元甫墓

保存较完整的古墓葬

永州市东安县城东20千米的台凡市洪井村附近山坡上

唐元甫墓面积约80平方米，为清代建筑。墓前有石旗杆一对，还有石狮、石人、石马等物，碑上刻有龙凤、人物、奇珍异兽，栩栩如生。共有3冢，中为唐元甫墓，左右两冢分属他的两位夫人，唐元甫的石碑高3米，顶端刻有"尚书衔"3字，墓葬周围用大石碑围砌。

链接

唐元甫

墓的主人，就是从这个村子走出去的清代兵部尚书——唐元甫。唐元甫（1834—1895），字仁廉，谭号赖之，东安县石期市镇洪井村人，官至广东陆路提督，诰封建威将军、光禄大夫，赠兵部尚书。兵部尚书相当于今天的国防部长，是从武之人的最高长官。

舜皇山

相传为舜帝南巡驻跸地

永州市东安县大庙口镇

¥ 50元

舜皇山相传为舜帝南巡驻跸地，是全国唯一一座以帝王名号命名的千古名山。这里山峦叠翠、瀑布纵横，林海茫茫、古木参天，山、水、石、林、岩、泉、树、藤等各种景观相映成趣、相得益彰，被誉为"天然佳境""天然氧吧"。主峰海拔1882.4米，享有"天设湖南第一峰"之美誉，登临其上，可将景区内美景尽收眼底，意境高远美妙。

玩家 攻略

1.登临绝顶，是游览者观沧海、迎日出的好去处，而且因季节、天气的不同，可以体验到不同的自然风光。若至春天或云蒸霞蔚、白云舒展；或雾海茫茫，犹如仙山琼阁。若至炎夏，但觉云拂松涛、雾绕翠岗，尽消一身暑气。若至爽秋，朝观乳涛托日，暮看彤云换彩、群山起伏，千壑尽收眼底。严冬，虽不是旅游旺季，却是勇敢者的天堂，登临绝顶，放眼群山，千里冰封、玉树银花，可赏祖国大好河山之壮丽美景。

2.舜皇山区有很多处瀑布群。如大坳冲、大冲、龙潭江瀑布群，还有火岩、酒盅堑、蔸把堑、九堑等瀑布。大一些的瀑布就像是银河往下倾泻一样，落于九天，水声轰鸣、气势磅礴；小的就如珠帘悬垂、飘飘洒洒，别有情趣。

舜皇岩

舜皇岩位于舜皇山东麓，形成历史已有1亿多年，洞深1800米，洞中有洞，别有洞天。洞内有四宫十八殿，钟乳石五颜六色、千姿百态、栩栩如生，景色雄奇瑰丽，给人诡秘之感，堪称"人间仙境"。

原始次生林

舜皇山，原始次生林面积广，树种多，树形千姿百态。其中以御陛源景区最为知名。景区内林木蓊郁、浓荫蔽日，藤蔓缠绕、野趣横生，给人幽静、古雅之感。

杨江源

杨江源景区有大片的竹林和原始次生林交错分布。竹林中，以高大挺拔的毛竹为主体，夹有黄绿相间的嵌玉竹、杆形四方的方竹、漆黑的紫竹及龟甲竹等30个竹种。更有形意奇特的古树，如"五体共蔸""连体丛生"（5000多层）、"朽木再生""枯树春色"等奇景。

马头山

马头山原始次生林遍布，山体造型奇异。原始次生林中，猕猴、狗熊常居，白鹇、金鸡常见，云锦、大白、长蕊、龙胜等十余种杜鹃，春夏之节，竞妍成海；山顶岩松，倒挂悬岩；坡脚露石，根藤成画。

区内长2.5千米的平涧，几道石峡，数处谷堑，将一山谷区分成多种景观。进涧口，两岸陡峻、林冠蔽日、水流石门、山谷轰鸣；上面谷堑，涧谷平宽、花卉铺锦、水流成潭；过两石峡，谷壑险恶，三向悬岩欲倾，百米瀑布雷霆；再上三级谷堑，谷平林密、环境幽静。

舜皇山

御陛源

御陛源原始次生林保存完整，地貌景观险奇，人文资源丰富。游区内悬岩高耸、幽谷清澈，古有千岐万涧之称；现存两处奇庙：一名三王庙，一名龙王殿；还有数个山涧瀑布。牛泄尿瀑布高达180米，三级组成，串径林间，时隐时现；白水堑瀑布，高40米，喷涌而出，悬若白练。

文塔

东安县至今保存较完整的佛塔之一

永州市东安县湘江河湾巨石上

文塔建于清乾隆十三年（1748年），七层八面，高24米，为砖石结构，外砌青石、内砌烧砖，是东安县至今保存较完整的佛塔之一。古塔距今已有200多年历史，饱经沧桑，仍完整无缺。

阳明山 AAAA

自古为天下名山

永州市双牌县境内

65元　0746-7950001

阳明山国家森林公园主峰海拔1625米，自古为天下名山，被誉为"北有庐山、南有阳明"。这里峰峦起伏、沟谷纵横、竹海茫茫、流泉飞瀑，古迹众多，以"古""奇""秀"为三大特色。其中，"古"，是指阳明山历史悠久，文化底蕴深厚；"奇"，是指阳明山拥有五大奇观，即十万亩竹海、万亩杜鹃花海，奇峰怪石、流泉飞瀑、云山雾海；"秀"，是指阳明山原始次生林、杜鹃花景观极其秀丽，为国内罕见的生态宝库。其中华东黄杉和红豆杉群落位列"华南之冠"。这里的自然、历史文化遗产至今保存完好，非常适合观光、休闲、摄影、户外运动等活动。

玩家 攻略

景区内旅游服务设施齐全、完善，主要住宿场所有酒店、私人旅馆、农家乐等数十家，如阳明山大酒店、阳明山宾馆、点红山庄等。特色地方小吃有竹笋、乳豆腐、酒糟肉、烟熏腊肉等；特产有杨梅、猕猴桃、高山雪莲果等水果及竹工艺品、竹筷、根雕、农家米酒等旅游纪念品。

万寿寺

万寿寺，坐北朝南，始建于宋代，占地面积5000平方米。寺前层峦叠翠、林海茫茫，放眼望去，视野十分开阔，意境极其优美。

杜鹃花海

"杜鹃花海"，位于万寿寺西北的山坡上，面积约670公顷，杜鹃品种包括映山红、鹿角杜鹃、云锦杜鹃等。每年5月初，这里的杜鹃花漫山遍野地开放，花团锦簇，像一片蔚为壮观的"花海"，因而享有"天下第一杜鹃红"之美誉。

阳明山

更多本旅游区景点

奔龙壁：位于东安县大桥头西流江右岸。奔龙壁是一处高约30米、宽约上百米的悬崖峭壁，光洁如洗。直立90°的峭壁上有一条酷似能工巧匠精心雕刻出来的奔腾的巨龙，龙头、龙尾、龙爪活灵活现。

山院天书：位于东安县舜皇山区东部坝头河谷。山院天书右边是高约上百米的悬崖峭壁，因为其壁面光滑，在其半空壁面，乳浆巧妙地组成"山院"两个白字，每个字高约2米，宽约3米，相传是舜皇的真迹。

仙人岩：位于东安县紫云乡百桥村。仙人岩的洞口"仙人下棋"台巍然耸立，峭壁上有仙人路。入口处为迎宾厅，厅内石乳林立、景象奇异，拱门可达"仙人亭"，亭顶如冠，八面玲珑，传说是仙人集会的地方，有仙人楼、仙人浴盆、仙人阁等景。

吴公塔：位于东安县紫水河畔，吴公塔建于清乾隆庚申年（1749年），塔形奇诡，七层八角，青砖结构。在5层塔中，有4块石碑，回旋石级而上可至塔顶，极目远眺，风景如画。

张飞岭：位于东安县城西紫溪市镇南岭山巅。张飞岭方圆8000平方米。岭西有汉营桥，桥下有小涧，岭北石壁上有明万历年间朱应晨题刻的"汉营古迹"四个大字，虽年代久远，但仍清晰可见。

兵书岭：位于东安县湘江河畔，兵书岭临江悬崖高百余米，绝壁上有坎凹处，堆叠有4块呈黑色长方形的石板，形状奇异，酷似4卷巨书置于悬崖上，十分壮观。

景点推荐 宁远旅游区

九嶷山 AAAA

景点众多的名胜景区

永州市宁远县九嶷瑶族乡

60元 0746-7583398

九嶷山，又名苍梧山，南接罗浮，北连衡岳。这里有挺拔雄伟的山峰、郁郁葱葱的林海、千奇百怪的溶洞，以及汩汩流淌的溪泉，到处都是如画美景。

九嶷山景点众多，既有美丽的自然景观，也有古老的人文景观，像舜源峰、舜帝庙（舜帝陵）、宁远文庙、飞龙岩、无为洞等。这里除了风景秀美，民族风情也十分浓郁，如瑶族的瑶歌、长鼓舞都是极富情致的活动；再如瑶家的银饰、刺绣、编织、挑花等，都是极负盛名的工艺品，风格很是独特。此外，古往今来来此观光和凭吊舜帝的文人墨客，曾留下了很多吟咏佳句，为这里增添了深厚的文化底蕴。

玩家攻略

（1）来到这里度假，白天可攀山鹰石、象鼻石，赏心悦目，或到野生动物养殖场大饱眼福；晚上把酒临风或夜宿吊脚楼，听涛声阵阵、小溪潺潺，蛙声片片，趣味无穷。

（2）到九嶷山一定要购买这里的特产九嶷斑竹。这是我国一种稀有珍贵的竹子。用斑竹制

成的手杖、毛笔都很珍贵。

玩家 解说

九嶷山自古以来就是令人神往的游览胜地。历代王朝常遣钦差到此祭祀，西汉著名史学家司马迁为撰写《五帝本纪》曾专程游历九嶷山；明代地理学家徐霞客不畏艰难，徒步考证九嶷山地貌。至今，在九嶷山石崖之上，溶洞之中，还保存着汉代蔡邕的《九嶷山铭》，宋代乐雷发的《象石铭》，以及元结、寇准、沈绅、蒋之奇、方信儒、何绍基等名人的题词石刻。在舜庙内20多块历代帝王和到零陵任职地方官员的祭碑至今完整无缺。

链接

九嶷山的地质地貌

九嶷山北部为石灰岩低山，海拔高300~800米，峰林和岩溶地貌发育。南部为花岗岩中山地貌，海拔500米以上，系1亿多年前剧烈的地壳运动形成。在炎热、潮湿、多雨的气候条件下，强烈的风化剥蚀、流水切割，加速了现代地貌的发育。

九嶷山主峰畚箕窝，海拔1985米，在宁远县境内。道县部分在县境东南部，距县城48千米。东起癞子山（海拔1834.6米），西至丰村大岭，横跨30千米，南北纵跨29千米。在四马桥镇有大风坳、牛鼻心、西岭、大河坳等山，在洪塘营瑶族乡有老虎坳、大风坳、野人冲、锅巴山、大盖坳、小盖坳、彭子厂岭、老山冲源、茶坳等山，在蚣坝镇有丰村大岭等山，组成道县东南山地区，是人稀地广之地。

舜源峰

舜源峰是九嶷山最高峰，海拔610米，相传因舜帝葬于山脚下而得名。此峰巍然耸立，气势极为雄伟；若登临峰顶极目远眺的话，可将景区内的美景尽收眼底。

舜帝庙

舜帝庙，位于舜源峰脚下，始建于明洪武四年（1371年），现存部分庙宇及一块“帝舜有虞氏之陵”石碑。每年清明节前后，来此拜祭的人络绎不绝。

紫霞岩

紫霞岩又名重华岩，因其在阳光照耀下显得紫气缥缈而得名。它分为外岩和内岩两部分：外岩宽敞、明亮，下有石田，石顶流水；内岩曲折黑暗，流水潺潺，钟乳景观千姿百态，其中以“九曲黄河”景观最具特色。

玉琯岩

玉琯岩是典型的喀斯特地貌，位于舜

源峰南2千米处，山体小巧玲珑，山上遍布奇石怪树，这里自古被认为极富“仙气”，素有“天下第一盆景”之美誉。山上的原始次生林郁郁葱葱，拥有80多种树木。其中黄楝木、黄柳芽、黄皮树等还是国家二类保护树。

玩家 解说

这里汇集了九嶷山的大部分摩崖石刻。其中有南宋李挺祖书蔡邕《九嶷山铭》，南宋名儒道州刺史方信儒所书大名方丈的“九嶷山”3字，每字1.7米见方。古木繁茂、怪石奇树的玉琯岩上遍布历代名人诗刻。

驻龙门度假区

驻龙门度假区，位于原始次生林景区、三分石景区与高峡平湖景区中间，地势开阔、环境优美，驻龙门河与香龙溪在此汇合，水质纯净。区内可登山、可游泳，有鱼跃龙门、山鹰石等景点和野生动物养殖场供游人游览，是理想的度假、集会、科研考察的地方。

九嶷山自然保护区

九嶷山自然保护区，位于高峡平湖与斑竹林景区南面，总面积5330余公顷，是竹类聚生地，有斑竹、紫竹、观音竹、墨竹等20多个品种。此外，还有许多珍贵的药材和野生动植物，是湖南乃至全国研究竹类科学和观赏竹类景观不可多得的基地。

三分石

三分石，又名三峰石，在县城南60千米处，海拔1882米，为九嶷第二高峰，相传为舜葬之所，故又名舜峰，俗称舜公石。其上有仙桃石、频履石、马蹄石。尤以香炉石最精美，有足有耳，形质天然。

链接

三分石是怎么来的

三分石是如何来的呢？相传舜帝南巡之时，有一天登上此峰，考察山川形胜。中午时分，他和侍从们在峰头野餐，不觉醉酒。酒壶遗忘在峰头上。有一只大鹏恰巧飞临此山，见有一壶酒，便俯冲下来，用锐利如钩的尖嘴一啄，当下石壶分成三块，化作三峰石。那剩下的玉液，化成了长流不息的泉水。据说这就是潇水之源。

宁远文庙

宁远文庙位于九嶷山景区，宋乾德三年（公元965年）迁建于此，占地面积约10 280平方米，是我国现存文庙建筑中始建年代最早、保存最完整的两座之一。该文庙以精美的石雕遐迩闻名，犹如一座石雕工艺博物馆，尤其是那些灰色大理石蟠龙舞凤石雕工艺精美，艺术价值极高，堪称“国宝”。

春陵侯城

湖南保存较好的汉代古城址之一

永州市宁远县北20千米

春陵侯城遗址呈方形，四周夯土城墙犹

舜帝陵

存，东西宽约135米，城墙残高2～6米。城墙夯土层次分明，西、东、北墙有城门遗址，四周有护城河。现城墙上被村民辟为菜地，城中及护城河垦为稻田，城东2千米处有春陵侯刘买墓。

玩家 解说

秦始皇二十四年（公元前223年）设春陵县，汉武帝元朔五年（公元前124年），长沙定王封第13子刘买为春陵节侯，建春陵侯国。长沙马王堆汉墓出土的《地形图》上有春陵县的标志，城墙基与城内文化层较为丰富，对探讨秦汉时期的政治、经济有一定的研究价值。

烈士陵园

为纪念抗战牺牲的革命烈士而建

永州市宁远县县城南郊

烈士陵园，占地约7公顷，1958年为纪念牺牲的革命烈士而建。园内苍松翠柏，庄严肃穆，缅怀革命先烈，让人油然而生一种肃然之感。纪念碑分两级，碑顶宝瓶式四角翘起石质塔盖，四周有铁栏杆围护。

青云塔

鸟瞰永州美景的佳地

永州市新田县城南关村

青云塔始建于清代，占地729平方米，为砖石结构，八面七层，各层有4个窗口，周围有石檐翘角，塔顶有铁铸葫芦。塔身由大条石砌就，139级青砖台阶螺旋而上，直达塔顶。

塔下寺

建于明代的古寺

永州市蓝山县城东

塔下寺旧称回龙山寺，又名净住寺。现存传芳塔为明嘉靖四十二年至万历八年（1563—1580）重建。登塔远眺，群山重峦如黛、平畴铺殿如画，城郭村庄尽收眼底，与距约4000米的童峰塔相映成趣，别具秀丽风光。

塔以天然岩石为基，基底周长32.3米，塔高约40米，全部青砖砌就。塔中砌有阶梯直达塔顶，塔内各层供奉佛像和数十幅壁画。现在修复了大雄宝殿、观音阁、观浪亭，新开辟了儿童乐场、溜冰场，成了全县娱乐休闲的好场所。

秀峰塔

远观非常清晰的古塔

永州市蓝山县龙溪、毛俊两乡交界处

秀峰塔位于海拔735米的山上，又名东塔。明万历年间，由百叠岭移建到这里，清道光年又重修。七级八角，塔高17米，砖砌实心，因位于山巅，目标明显，数十里之外亦清晰可见，群众称之为“望乡塔”。

舜庙

相传舜帝南巡时曾在此休憩

永州市蓝山县城西良村洞乡

舜庙建于清乾隆二十八年（1763年），相传舜帝南巡时曾在此休憩。庙门朝九嶷方向，坐西朝东，占地80平方米，庙后为山，苍松翠柏，门前牧歌苗秀，远近群峰拱绕，景色迷人，令人流连忘返。

宁溪所城

层峦叠翠，群山环抱的小镇

永州市蓝山县城18千米处

宁溪所城是蓝山县所城镇镇政府驻地，是离永州“南大门”南风坳最近的一个城镇。城内街道整齐，屋舍俨然。明洪武二十九年（1396年）在此设宁溪守御千户所（简称宁溪所）。清康熙年间辟有市场。该地外有城墙，内有房屋街道，是一座小古城。这里层峦叠翠、群山环抱、景色宜人。

白米下锅瀑布

白米下锅瀑布

瀑布如白米下锅

永州市蓝山县紫良瑶族乡坪源村

白米下锅瀑布背靠九嶷香炉山，一股流水从悬崖上飞泻而下，落差30余米，溅成白色碎浪，闻声数里。明代以后，该地群众在瀑布下游，垦荒造田，家家有白米下锅而得名。也有人解释为瀑布碎浪，倾泻而下，犹如白米下锅。

石岩群

千姿百态的溶洞景观

永州市蓝山县兰屏乡地宝坪村的石山

石岩群中溶洞群曲折深邃，若山川、若宫殿、若人物，栩栩如生。以物击石，声似钟磬；以石投潭，轰然回响。其中“箭猪岩”初入狭窄，仅容一人，洞内宽敞，有水珠下滴，铿锵有声，有石幔和千丘田等；“潇岩”顶有一“石龙”悬空而舞，前竖一石，似“飞龙戏珠”，洞内宽敞开阔；“水岩”入口大，约十米，迎面一石柱，形如披纱少女亭亭玉立，石狮尾随于后，状若迎宾，春雨季节，洞内有水流出，洞景壮观。

高塘坪

旅游休闲的好场所

永州市蓝山县西南部

高塘坪地域广大，平均海拔1400米，冬暖夏凉、气候宜人。三分石、猴子过坳、金鸡岭、八仙下棋等自然景点分布其间，大片具有神话色彩的泪竹、方竹、实心竹遍及全区，传说舜帝南巡从此经过，湘妃在此凝眸驻足。高塘坪水库立于附近，库中之水清澈冷冽，平滑如镜。树林苍翠，山林之中飞禽走兽种类繁多。

更多本旅游区景点

通心岩：位于蓝山县祠堂乡，是一个长达1.5千米的穿洞。洞内曲径通幽，钟乳石林立，地下河水长流，石狮、石猴千姿百态，远近游客，叹为观止。

万年桥：位于蓝山县舜水河金鱼口两岸，建于清乾隆五十三年（1788年），桥长23米，横跨舜水两岸，青石砌筑，两侧为石栏杆，古朴美观。从梅峰观舜水，河流环绕，如玉带环扣，景色盎然。

皇英故祠：位于蓝山县龙溪乡榴花峰下。皇英故祠俗称娘娘庙。传说舜帝殁后葬于九嶷山，舜帝二妃娥皇、女英为寻找舜陵，经宿榴花峰，后人立祠以祀，祠门有“皇英故祠”石碑，祠前有青石一块，高约2米，传为二妃奁台，俗称“梳妆台”。

舜岩：位于蓝山县城乡岩口洞村。传说舜帝南巡时，在此游览，故名舜岩。岩洞右侧有“舜岩”二字，溶洞幽暗深邃、水流不竭，传说洞可直通九嶷，有人疑为舜水之源。

景点推荐

道县周边景点

千家峒

景色迷人的山间盆地

永州市道县仙子脚镇

千家峒，又称毛坪洞，是一个山间盆地，四周被崇山峻岭环抱，面积约16平方千米。千家峒最高峰韭菜岭海拔2009.3米。这里至今保存着“盘王庙”“盘宅妹墓”“平王庙”等瑶族历史文化古迹，流传着神奇动人的民间传说，保留全国仅有的“女书”文字。境内鸟山、白鹅山、双塘映月、仙人桥等景观，宛若仙境，被喻为瑶族的“桃花源”。

链接

美丽的瑶族传说

相传古代，平王豢养了一只五色斑纹的龙犬。平王爱犬如宝。一年，高王强兵侵扰平王国土，满朝文武大臣无一敢于出征讨伐，平王为此忧心忡忡，于是贴出招贤榜：谁能应征打败高王，就将三公主许配给他，并封他为王。此时龙犬挺身而出，揭了皇榜，愿为平王出战顽敌，保卫国土。随后，龙犬深入敌巢，施计咬死高王，并将其首级衔回向平王报功。平王为酬谢龙犬立下的功劳，兑现诺言，将三公主嫁与龙犬，并封其为盘护王，即是盘王。

玉蟾岩水稻作物遗址

世界稻作文明起源地

永州市道县寿雁镇白石寨村

玉蟾岩，又名蛤蟆洞，地处宽谷平原与石灰岩残丘相间的地貌环境，文化遗址主要是打制石具和骨、角、牙、蚌制品，打制石具表现出旧石器文化向新石器文化过渡的文化面貌。这里最重要的事件是发现了水稻谷壳，使水稻实物的发现提前到距今1万年以前。

寇公楼

为纪念宋代著名政治家寇准而建

永州市道县城内道江镇五星街上

寇公楼，始建于北宋天禧四年（1020年），是为纪念宋时宰相寇准而建。寇公楼占地面积36平方米，楼高约9米，为檐式楼阁建筑，木壁、木栏、木楼，重檐青瓦古朴典雅，是缅怀古代先贤的场所。

链接

寇公小传

寇准（公元961—1023），北宋政治家、诗人，字平仲，华州下邽（今陕西渭南）人。宋太宗太平兴国五年（公元980年）进士。淳化五年（公元994年）为参知政事，其政治才能深得宋太宗赏识。

宋真宗天禧四年（1020年），寇准被贬为道州刺史。他在道州任职期间经常深入民间，了解民之疾苦，兴修水利，除弊兴政、革新政治。深得道县人民爱戴。

红军墙

展现历史的真实场景

永州市道县潇水中路西洲公园

1934年红军二万五千里长征经过道县时，一个14岁的红军战士冒着生命危险在文庙墙上写下“工农红军努力奋斗，工农红军胜利万岁”标语。现在标语仍被保留，人们称之为红军墙。

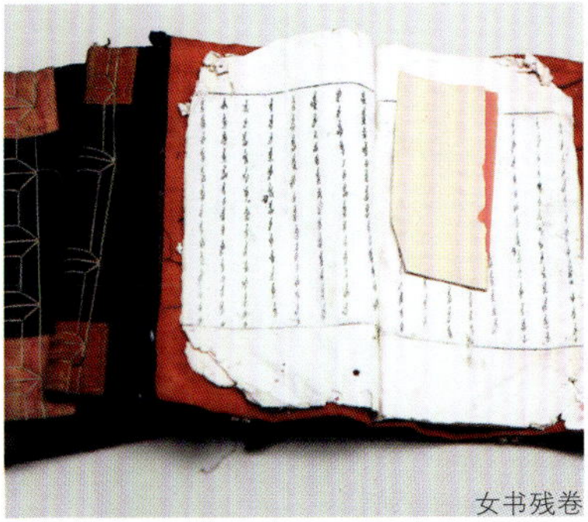

女书残卷

江永女书生态博物馆

世界唯一女书流传的核心区

永州市江永县上江圩镇

40元

江永女书生态博物馆四面环水，风景秀丽、民风淳朴，是女书流传的核心地区。博物馆通过实物、文字、图片、音像等多种形式，展示了女书原件文献、作品、书法、工艺、学术成果与民俗风情，全面介绍了女书独特而深厚的文化内涵。女书文字是迄今为止世界唯一的女性文字，堪称中华文化之瑰宝、世界文字之奇观，现已被收入《吉尼斯世界纪录大全》；女书民俗包括坐歌堂、贺三朝、乞巧节、斗牛节、过庙节、吹凉节、结拜姊妹等，具有很高的研究价值。

链接

女书

女书字体修长圆润，左下角低，右上角高，整体呈长菱形，笔画有斜、弧、横、竖、点。女书的传承是母女世代相袭，传女不传男。如今，现存在世的只有近代的少数女书作品。由于近百名日本、加拿大、德国等国学者先后赴女书流传区考察，并以高价从当地群众手中购买女书作品，致使一部分珍贵的女书作品流失海外。海外一些学者的“掠夺性研究”导致本来遗存极少的女书原件大量流失，目前流失到海外的女书原作及文化遗物至少达百件，其中有不少是珍本，甚至是孤本。

上甘棠村

年代久远的千年古村落

永州市江永县下层铺镇上甘棠村

上甘棠村保存有清代建筑百余幢，被称为“牵牛八卦村”。这里除7户人家是新中国成立后迁入该村的异姓外，其他都是周氏族人。周氏族人自宋代以前就开始定居上甘棠村，世代繁衍，延续至今。

该村是湖南省发现的年代最为久远的千年古村落。村内古建筑甚多，体现了中古时期文化的精华。

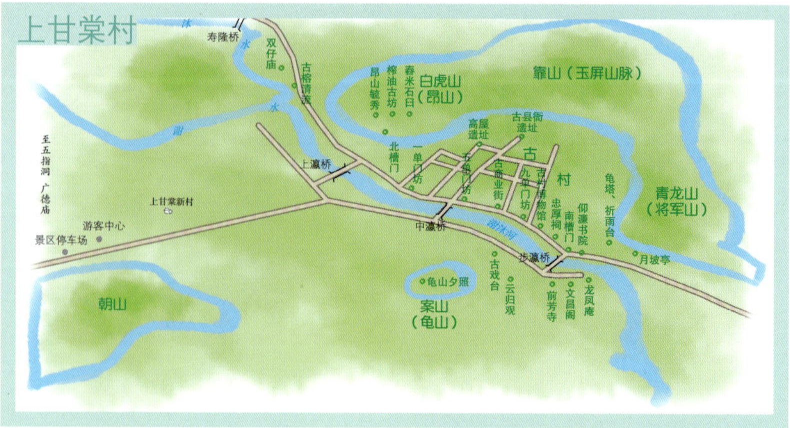

龙虎关

古为兵家必争之地

✉ 永州市江永县，湘桂边界

龙虎关是五岭山脉中的一处隘口，因其地势险要，自古就是兵家必争之地。关北是都庞岭的悬崖峭壁，关南是萌渚岭的层层峰峦，发源于江永县境内的桃水河穿关西流，几经曲折回环，泻入珠江。桃水河流经龙虎关的2000多米河道。在西汉时代，这里就已经驻兵设防。

白鹅山

动植物种类繁多的自然保护区

✉ 永州市江永县县城西北5千米

白鹅山山高岭奇，风景优美，有很多宋、明时期的碑刻，现已经建为保护区。

保护区面积约8000公顷，多原始森林，有上千种树木，其中有银杏、青钱柳、观光木、罗汉松等数十种珍贵树木，还有华南虎、金钱豹、猿猴、大灵猫、毛冠鹿等珍禽异兽。

盘王殿

盘王殿

堪称“中国瑶族第一殿”

永州市江华县县城阳华路

盘王殿,位于江华县平头岩公园内，占地面积约14 000平方米，享有“中国瑶族第一殿”之美誉。该殿坐北朝南，长26.2米，正门悬有“盘王殿”三个金色大字匾额，厅内有“盘王始祖随身带，木本水源不可忘”题词，均为著名社会学家费孝通书写。

殿内厢房为吊脚楼式建筑，房内陈列有瑶族历史文化的实物和照片及各级领导的题词；殿内梁上还有许多内容丰富的彩绘，图案有龙、凤、花草、鸟兽等，令人赏心悦目。整座建筑古色古香，艺术价值很高，且凸显着显著的瑶族特色，是游客参观、朝拜的好去处。

玩家解说

盘王是瑶族人民的始祖。瑶族人民每到一地都要建立盘王殿，以纪念先祖。江华瑶族进入县境后，曾立有数座盘王殿，但风雨剥蚀，早已毁坏。为缅怀祖先，昭示民族传统文化，开发旅游资源，促进经济发展，根据瑶族人民的意愿，将原建于姑婆大山中的盘王殿迁建于县城沱江镇。迁建的盘王殿，坐落在风景秀丽的湖南永州市平头岩公园内，占地1.4公顷，地势依序为低、中、高三级，与平头岩相对应。

穿岩

风景优美的石灰岩穿洞

永州市江华县，西岭、聂家两村之间

穿岩是石灰岩穿洞，洞长165米。洞内宽敞，可容千余人。岩洞南端建有清代庙宇，内有吕洞宾像；洞西溪水对岸有楼阁，沿楼阁往左而上，可达另一溶洞。从洞口而入乃是宽敞的大厅，曲径通幽，往里钟乳石林立，千姿百态、蔚为奇观。沿庙宇小桥而过，从楼阁左侧沿小路而上，可到洞顶欣赏山川风光。

所城

再现当年历史的地方

永州市江华县码市2.5千米处

所城是江华古遗址之一，置于明洪武年间，曾一度尽废。后来因道光年间爆发瑶族起义，清政府又重修，扩建城围，建有高3米多的堡垒。现尚有断墙残壁，周围还有起义军的烽火台、磨刀石等遗迹。

秦岩

江华八景之“秦岩深处”所在地

永州市江华县，秦山脚下的小贝乡秦岩村

秦岩洞长2.5千米，旧称“秦岩深处”，为江华八景之一。岩口不大，入洞内豁然开朗，可容数百人。洞内钟乳石林立，千姿百态。秦岩洞内计有十景，即“犀牛望月”“老鼠偷桃”“八仙过海”“金山雨岭”等。历代文人墨客来此游者甚多，并留有碑刻铭记。洞口的岩壁上，刻有“秦岩”两个斗大的字，传为大书法家蔡邕的手迹。

晨雾朦胧

攻略资讯

- 交通
- 住宿
- 美食
- 购物
- 娱乐

交通

飞机

永州零陵机场建在冷水滩区岚角山镇，机场距冷水滩、零陵两市区均为9千米。现已开通至长沙、广州、北京、西安、成都、海口、三亚等20个城市的航班。但大多数航班需要在长沙转机。

市内乘26路公交车分别在永州机场路口下即可到永州零陵机场。另有机场大巴每天9：40从永航大酒店发车开往机场。

火车

永州市区主要设有永州火车站、零陵火车站两个火车客运站。

永州火车站：位于冷水滩区潇湘大道，为永州地区交通行业最大的“窗口”单位，为一等站。有直达上海、南京、杭州、北京、长沙、武汉等地的高铁及快车。市区内乘32路公交可到。

零陵火车站：位于零陵区朝阳街道蒋家田村，是客货两用车站，基本都是过路车停靠，可到达北京、南宁、武昌等地。市区乘27路环线可到达零陵火车站。

汽车

永州市内主要有永州汽车客运总站、永州市零陵汽车站，可到达省内外很多城市和地区，游客在此乘坐班车出行很便捷。

永州市汽车客运总站：位于零陵区潇水路。

永州市零陵汽车站：位于永州市零陵区芝山路115号，电话：0746-6224866。

住宿

永州市内景点众多，游览方便，市内零陵区和冷水滩区集中了不少宾馆、酒店，交通便捷，条件都不错。想要体验一下瑶族民族风情的住客，可住在江永县的瑶家饭店，也可尝试在瑶族村落搭帐篷过夜。

●永州滨湖大酒店

永州滨湖大酒店毗邻各大商务公司，距

永州滨湖大酒店

永州市区

离永州火车站仅有1.2千米，地理位置优越，交通便利，是一家具有中国元素的精致商务型酒店。冷水滩区珊瑚路与珍珠路交会处 0746-8516111

●今天连锁酒店翠竹路店

酒店地处永州市的行政中心梅湾路，交通便捷。客房装饰新颖，风格简洁明快，服务周到。永州市冷水滩区梅湾路168号 0746-8873333

●更多住宿去处

南华大酒店/永州市冷水滩区潇湘路33号/0746-8328888

皇都大酒店/永州市冷水滩区零陵路848号/0746-8427777

华天大酒店/永州市冷水滩区翠竹路139号/0746-8378888

潇湘宾馆/永州市零陵区芝山路17号/0746-6225201

零陵宾馆/永州市零陵区中山北路2号/0746-6222623

美食

永州烹饪取材广泛，口味变化多样，清鲜醇浓各味并重，善用麻辣，菜式繁多，百菜百味。有人说"吃在永州"，掏不多的钱，便可在街头巷尾的小吃店大饱口福，让人百食不厌。东安鸡、宁远血鸭、零陵喝螺等是在永州必尝的美味佳肴。

小吃街

●东安鸡

东安鸡历史悠久，素享盛名。据资料

东安鸡

载，早在唐玄宗开元年间，东安人就始作“东安鸡”。东安鸡造型美、色泽鲜，香浓气醇、肉嫩骨脆，具有卤鸡的清凉，烧鸡的脆嫩，炖鸡的鲜美等特点。

●宁远血鸭

宁远血鸭也叫血糊鸭子，色泽红润，鸭肉焦脆爽口，香、辣、酸、咸兼备，佐酒咽饭均宜，是颇具特色的地方菜肴。

宁远血鸭

●零陵喝螺

零陵喝螺是选用本地所产铁螺加工烹调而成，具有清香脆嫩、汤鲜味美等特点，带有浓厚的地方风味。食喝螺还要得法，喝时嘴要紧贴螺头，喝气要适当，用力过大会呛着，用力不足则喝不出肉来。

零陵喝螺

●祁阳笔鱼

祁阳笔鱼是湖南祁阳县浯溪的著名特产。笔鱼，学名铜鱼，因其色黄体圆，状似竹竿，又称竹鲆。煎焖而成的笔鱼，具有鳜鱼的细嫩、青鱼的甘甜、鳝鱼的油润、鳅鱼的鲜香，是当地的传统名菜。此菜香、辣、咸、

祁阳笔鱼

鲜，软嫩油滑，颜色酱红，汁饱油亮，味香扑鼻。

●道县鱼肉丸

道县鱼肉丸制作独特，吃法多样，肉嫩味美，清香爽口，令人饱食不厌。

购物

永州物产丰饶，几乎每个地方都有其代表特产。江永的香米、香柚、香芋，统称“江永三香”，是永州颇负盛名的特产。另外还有江华苦茶、道县红瓜子、祁阳草席、双牌竹制品等特产。

在永州购物很方便，除当地旅游景点的购物点外，永州市内还有红太阳购物广场、金水湾购物广场、万喜登购物中心等都是旅游购物的场所。

香米

●香米

香米，又名香禾米、香稻，为一种长粒大米；西汉时已有种植。三国曹丕曾誉“长沙有好米，上风吹之，五里闻香”，即指江永源口香米。

●江永香芋

香芋，又叫槟榔芋，在江永种植的历史已有1000多年，主要产于江永县的桃川洞，故又叫桃川香芋。江永香芋具有个大、肉嫩、味美等特点。除能制作糕点、芋粉等副食品外，还可汤煮、油炸、红烧，芳香扑鼻、粉酥可口。

●江永香柚

江永香柚果大皮薄、肉嫩核少、营养丰富，且树叶、果皮果肉都芳香浓郁，被誉为“水果之王”。香柚具有降血压、助消化、止咳化痰等功能，是经国家绿色食品中心认定的绿色食品。

●江华苦茶

盛产于江华一带的苦茶，因其中带香而著称，既是饮料，又是良药，可以医治积热、腹泻和心脾不舒等症，民间流传用它来治疗感冒。苦茶叶片肥大而质软，芽头肥硕，所含单宁、咖啡因等有效成分都比一般茶要高，是制作红砖茶的优质原料。

●祁阳草席

祁阳草席已有1000多年历史，主要有睡席、壁席等品种，既是床上用品，也可作为装饰品。祁阳草席织造精细、平展舒适，图案美观、色泽光亮，柔软耐磨、吸汗力强，其印花图案十分精致，有名山胜水、历史古迹、人物故事等。

●双牌竹制品

双牌县是全国22个重点林区县之一，竹木资源十分丰富。主要竹制品有竹地板、竹凉席、竹模板、竹筷、竹帘及竹编花瓶、花篮、竹雕等工艺品。

●道县红瓜子

颜色鲜红、扁平、倒卵形。因其籽仁色白嫩脆，食味芳香、营养丰富，能生津提神，深受人们喜爱。

节日和重大活动

节日	地点	时间
小元宵	宁远、蓝山、道县、新田等县	农历正月初五
赶鸟节	江华县	农历二月初一
盘王节	江华、蓝山、宁远、江永等县	农历十月十六日
斗牛节	江永县	农历四月初八

香芋

舞龙迎春

发现者旅行指南

邵阳

概览

亮点

崀山

世界自然遗产，多奇异的石头山峰、幽深的溶洞，堪称是一座天然的丹霞地貌博物馆。

虎形山花瑶乡

花瑶独有的民俗文化和民族风情、风格迥异的花瑶服饰、建筑、手工艺品、山歌、饮食习俗别具一格，花瑶挑花、呜哇山歌列入国家级非物质文化遗产名录。

白水洞

景区融山、水、洞、石等景观为一体,飞瀑流泉，林木葱茏，自古以来为风景胜地。

紫云山自然保护区

一条连绵百里，面积达6万公顷的原始次生森林带，区内风光旖旎，有许多珍贵的药用植物。

滩头古镇

全国七十二古镇之一，镇内山清水秀、人杰地灵，是民间文化绘画之乡，滩头年画、香粉纸和色纸俗称“滩头三绝”，享誉中外。

线路

崀山2日游

第1天，中午抵达崀山，中餐后游天一巷景区，观“天下第一巷”等绝景，之后体验扶夷江漂流，在大自然中享受碧水沙滩的怡然乐趣。

第2天，早餐后赴辣椒峰景区，游林家寨全国攀岩训练基地，登骆驼峰，参观法国“蜘蛛人”阿兰·罗伯特来中国首攀成功的辣椒峰等丹霞绝壁。

邵阳市区1日游

早餐后先前往东塔公园，在这里参观东塔、拜访东塔禅寺，之后前往爱莲

大鼎

池，观池内莲花朵朵，回味传世名作《爱莲说》的韵味。午后，前往白水洞，看洞幻石奇、品人文攸丰。

为何去

邵阳市，位于湖南省西南部，踞资江之上游，史称宝庆。这里河山毓秀、风光旖旎，自然景观和人文胜迹散布各地，资江两岸景点颇丰，是湖南旅游胜地。邵阳名胜古迹众多，像崀山、南山、白水洞、魏源故居等，无不让人神往不已。

山

何时去

邵阳夏季温和，冬天微寒，大部分地区降水集中在 4 ~ 6 月间，夏季又不十分炎热。因此，邵阳旅游的最好时机就在夏秋时节，8 ~ 10 月为佳。但需要注意的是由于邵阳地形多样，海拔高低不同，地区有相对的气候差异，出行前需要提前查询天气情况，以作应对。

邵阳市区

区域解读

区号：0739

面积：约20 829km²

人口：约737.54万人

主要少数民族：苗族、瑶族

地理 GEOGRAPHY

区划

邵阳市辖3个区（大祥区、双清区、北塔区）、1个县级市（武冈市）、7个县（邵东县、新邵县、隆回县、洞口县、绥宁县、新宁县、邵阳县）、1个自治县（城步苗族自治县），市政府驻大祥区。

地形

邵阳市为江南丘陵向云贵高原的过渡地带，地形类型多样，山地、丘陵、岗地、平地、平原各类地貌兼有。山地和丘陵约占全市面积的2/3，东南、西南、西北三面环山，北障雪峰之险，南屏五岭之秀，中、东部丘陵起伏，平原镶嵌其中，呈由西南向东北倾斜的盆地地貌。

邵阳市居资江上游，资水横贯，邵水交汇，水网密布，水能资源丰富。

气候

邵阳市属典型的中亚热带湿润季风气候，光照充足、雨水丰沛，四季分明、气候温和，夏少酷热、冬少严寒。因地形差异悬殊形成很多小气候带。全市雨水多集中在4～6月，此时出行需携带雨具。

历史 HISTORY

历史大事记

新石器时代，邵阳境内即有先民栖息屯居，城步西岩上朝园、武冈邓元泰上头园、隆回高坪小坳等多处文化遗址即为明证。

相传春秋鲁哀公时代（公元前494—公元前477），楚王族白公善在今市西区地带筑城防守，人称白公城。

西汉初始设昭陵县，属于长沙国零陵郡。县治设在今市西区，为境内有县级建制之始。

三国吴宝鼎元年（公元266年），分零陵郡北部都尉置昭陵郡，治今市西区，境内建郡自此开始。

西晋太康元年（公元280年），武帝司马炎因避其父司马昭之讳，改昭陵郡为邵陵郡，改昭陵县、昭阳县为邵陵县、邵阳县。“邵阳”之名由此始。

南宋宝庆元年（1225年），理宗登基，因邵阳是他曾领防御使的封地，因此用他自己的年号命名，升邵州为宝庆府，以纪念自己的潜龙之地。宝庆之名沿袭700余年。

元皇庆元年（1313年），杨再成等人捐资在城步创办儒林书院，教育苗民，使其接触汉文化。这是中国第一所苗族书院，对当地

山

苗族的发展起到了不可估量的作用。

清末，宝庆成为湖南四大书城之一，滩头年画闻名全国。

“睁眼看世界”的魏源

魏源，是清代启蒙思想家、政治家、文学家，是近代中国“睁眼看世界”的先行者之一。

魏源16岁的时候就考取了秀才，28岁时中壬午科中式举人第二名。道光九年（1829年），魏源参加礼部会试，与龚自珍双双落第，房考刘逢禄作《两生行》哀之。

魏源因官职的特殊性，博览群书，常能看见士大夫们的私家著述。其时社会动乱加剧。他目睹江华瑶民起义，深感清政权的腐败；道光二十年（1840年）爆发了鸦片战争，外国侵略危机使他更加愤慨，进一步激发了爱国热情，后写出《海国图志》，提出“师夷长技以制夷”的口号。

魏源的著述很多，主要有《书古微》《诗古微》《默觚》《老子本义》《圣武记》《元史新编》等。其中最有名、影响最大的是《海国图志》。这也是他作为地理学家的代表作。《海国图志》共100卷，以林则徐主持编译的《四洲志》为基础，参考其他资料，用了十几年的时间写就。这部书内容丰富，记述了世界各国的地理、历史、经济、政治、军事和科学技术，乃至宗教、文化等情况，并附有世界地图、各大洲地图和分国地图等；旨在唤起国人，学习外国的长技，兴利除弊，增强国力，抵抗外来侵略。

在书中，魏源对强国御侮、匡正时弊、振兴国脉之路做了探索。提出“以夷攻夷”“以夷款夷”和“师夷之长技以制夷”的观点，主

魏源像

张学习西方制造战舰、火械等先进技术和选兵、练兵、养兵之法，改革中国军队。

魏源不仅是一个进步思想家、史学家和坚决反对外国侵略的爱国学者。同时，他还是一个实业家。他提出一套具体方案，不但包括了官办军事工业，改进军队武器装备的内容，而且提出了兴办民用工业，允许商民自由兴办工业的主张。他不仅主张学习西方的先进生产技术，而且也很推崇和歆慕资本主义国家的民主制度。虽然魏源的思想和《海国图志》在当时并没有引起多大的反响，但他的进步思想对中国的历史进程有着重要的影响。

名单 邵阳历史名人

宋朝抗金虎将杨再兴

明朝名将、"凉国公" 蓝玉

湘军将领刘坤一

近代启蒙思想家魏源

近代军事家、护国运动领导人蔡锷

现代著名历史学家、外交家蒋廷黻

国民党名将廖耀湘

现代著名音乐家贺绿汀

文化 CULTURE

蓝印花布之乡

邵阳是蓝印花布之乡，是华南乃至西南地区最大的蓝印花布生产、染印、销售中心。如果你想选购一块做工精细、质地优良的蓝印花布，那就去邵阳吧。

邵阳蓝印花布，又称豆浆布，是一种用石灰豆浆防染花，呈靛蓝色的双色布。深重的蓝、纯净的白，质朴的色彩、古拙的纹样，素雅的风格、厚实的内涵，显现出浓烈的乡土气息。

邵阳蓝印花布用简单原始的蓝、白两色，创造出了一个淳朴、自然、千变万化、绚丽多彩的蓝白艺术世界，花布、被面、床单、窗帘、桌布、包袱、枕巾、帐檐、腰带、头巾、围裙、肚兜、椅巾，统统都能做，而其中，又以蓝印花被面、床单、帐檐最为著名，名扬千里。

早在远古时代，苗族、瑶族人就发明出了"阑干斑布"和"蜡缬"。据《邵阳县志》《宝庆胜揽》记载：唐贞观时期，邵阳境内棉纺织业兴起。邵阳人在苗瑶蜡染的基础上，首创以豆浆石灰代蜡防染的印染法。至明清两朝，邵阳由于水陆交通发达，资江直抵长江，武汉有专用的宝庆布码头，商贾云集，因此，邵阳慢慢变成了蓝印花布之乡。

邵阳蓝印花布纹样古朴、占线细密、巧为拼集、虚实明暗、妥加调配，注重大的色块对比和细部刻画，具有强烈的震撼力和清新的美感。花布的图案大多取材于民间传说

蓝印花布

滩头年画

或吉祥纹样，用象征、比喻、谐音和特定符号，表现出丰富的内涵。蓝印花布不但是生活必需品，更承载着邵阳人民对美好生活的追求与渴望。

滩头木版年画

年画又叫门神画，古时，每到新年，人们便会画一些年画贴在门上，祝福新年吉祥喜庆，同时挡去厄运。随着时代的发展，年画不但是一种庆祝节日的工具和方式，更成为一门独特的艺术。邵阳滩头木版年画正是年画艺术中瑰丽的一支。

滩头木版年画有300多年的历史。清嘉庆年间，滩头年画用纸被称为“五色纸”，列入贡品送往宫廷，这就是滩头年画的前身。最初的木版年画作坊是明末清初时绰号“王猴子”的王东元所办，《秦叔宝》《尉迟恭》等十余种年画都是他的拿手作品。清道光年间，滩头和顺昌老板胡奇甫绘制了《桃园三结义》《花园赠珠》《西湖借伞》等十几种戏文故事新品种。同治年间，滩头木版年画已行销全国。20世纪初，滩头木版年画生产达到全盛，有年画作坊108家，年产年画3000多万份，销往江南各省及东南亚一带。

滩头木版年画，以浓郁的楚南地方特色自成一派。邵阳滩头的手工业十分发达，且分工明确，相互配套。再加上此地自古巫风炽盛，民间祭祀活动甚为流行，更给了年画广阔的市场。

新中国成立初期，滩头年画进入衰落期。1979年，重又恢复生产。如今，历经300多年风采依然的滩头木版年画已经远涉重洋，成为英、美、日等多国大型博物馆的珍藏。滩头年画工艺也被列为非物质文化遗产，受到了国家的保护。

景点推荐 邵阳市区周边景点

爱莲池故址

相传为《爱莲说》的出处

邵阳市大祥区城北路6号

爱莲池呈方形，四周砌石为墙，环植垂杨。池内莲花叠瓣重楼，香幽而不实，据说，周敦颐的传世名作《爱莲说》就是在这里写成的，因之称为“爱莲池”。南宋理学家朱熹于淳熙六年（1179年）修葺赏莲亭，并将《爱莲说》刻碑立于赏莲亭内，还修建了纪念周敦颐的“濂溪祠”。

东塔公园

以塔为名的公园

邵阳市双清区东大路81号

东塔公园占地6.99万平方米，以塔为中心，向四周拓展。公园紧靠人民广场，有百余级石磴道直通公园南大门，另有混凝土车道绕五一北路洞天剧院门口盘旋而上。园内绿树成荫，主要景点有东塔、艮寅庄、东塔禅寺、望江亭，还有小型儿童游乐场和与地下世界相通的建筑小品。

城南公园

综合性开放式休闲公园

邵阳市大祥区宝庆中路

城南公园始建于1956年，是邵阳市城区规模最大、游览人次较多的综合性公园。改造后的城南公园分9大功能区：即主入口文化休闲广场、次入口广场、文化活动区、老年活动区、儿童游艺区、滨水娱乐区、山林休闲区、园务管理区、景观协调区，是一处娱乐、休闲的好去处。

六亭岭

由六座小山组成的景区

邵阳市大祥区

六亭岭又叫六岭，是由天池、铁局、望仙、六一、八角、麓头6座小山组成的景区。亭上有宋理宗亲笔题书的“江山一览”、“烟雨奇观”的题额。铁局山下原有太平寺，天池山腰有泉水，麓头岭后有白鹤观，下有饮鹤池。六岭旧有“绣谷遐观”“苍雪寒碧”“楚望丹林”“月池杏冈”等名胜佳景。1938年，为纪念抗战阵亡将士，邵阳各界人士在这里修建了“抗战阵亡将士纪念碑”。

邵阳水府庙

一座全木结构的古建筑

邵阳市双清区邵水东路1号

水府庙又名双江楼，该庙观占地1000余平方米，建于东汉建安十二年（公元207年）。建筑面积500余平方米。其中主殿8间380平方米；偏殿120多平方米，内奉河神、玉皇等58尊神像。

链接

水府庙的历史

据说三国时期刘备屯兵新野，招贤纳士，三顾茅庐请得诸葛亮出山辅佐后，诸葛亮对新野境域进行军事地理考察，发现白河在新野城南3华里处呈水蛇腰状，一遇大水就堤毁水泛，百姓饱受洪涝灾害之苦。诸葛亮亲自设计治水方案，又动员军民改河道、固河堤，并在该处建一座深水码头——汉津码头。为镇水防灾，当地百姓历时半年在码头东北距白河300米处修建庙观一处，取名“水府庙”。

北塔

建于明朝万历元年间的古塔

邵阳市北塔区资水北岸

邵阳北塔建于明万历元年（1573年），高26米，七级八角，为砖石结构和铁顶，系楼阁式砖塔。塔底南面设半圆券顶大门，大门两侧以半圆形青砖筑倚柱四通，上方筑门檐，重檐翘角，出檐饰砖磨如意斗拱，与东塔遥相对峙。这里的塔顶生有一株5米高的黑胡椒树，垂垂而立，四季常青。仲夏深秋，邀二三知己，登塔远眺，可见资江浩浩，城郭历历，四方风物尽收眼底。

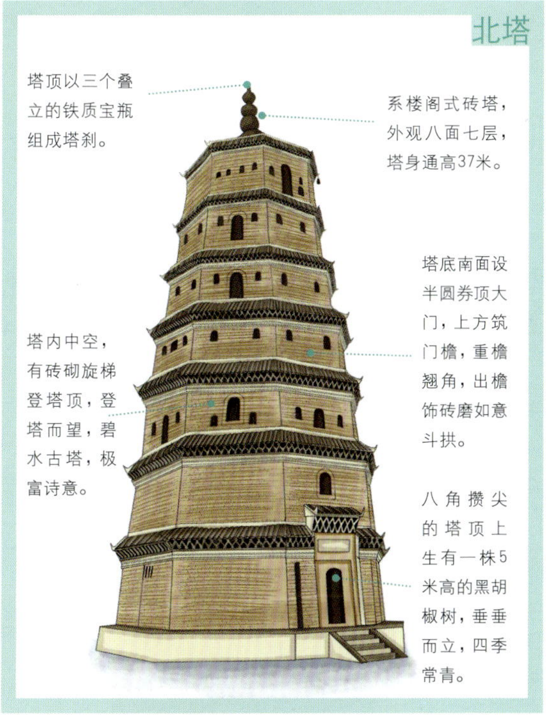

流光湖
兴修水利而形成的景区

邵阳市邵东县境内

流光湖湖面宽阔，面积为195公顷，水质清澈、岸线曲折，湖面碧波荡漾、鸟飞鱼跃。内有一桥三岛九井十八湾。

“一桥”，为渡仙桥，由怪石添成，当湖水退到一定位置，就可看到这座妙不可言的天工神造桥；“三岛”，共有面积100公顷左右，夏凉冬暖，风景秀丽，是憩息游乐的好场所；“九井”，泛指湖中地下水非常丰富，其实远不止“九井”，其中一井为“子午潮”，在板桥寺的奇峰怪石下面，经常有五六眼水井大的水冒出来，奇怪的是每天到子时和午时便突然水高近1米，人在水“井”边如果脚移动慢，就会被水潮淹没。

流光湖交错于崇山峻岭之中，弯道较多，各湾游览都别有风味，湖面两岸山清水秀、鸟语花香。四周山峦逶迤，重重叠叠，林木翠绿，山因水而明，水因山而秀，山水相依、风景宜人，是一处休闲度假的好去处。

水府庙

龙山森林公园
相传药王孙思邈曾在此地采药炼丹

邵阳市新邵县太芝庙乡

龙山东西长50千米，南北宽25千米，号称“百里龙山”。相传唐代药王孙思邈曾在龙山采药炼丹，故龙山又称“药山”。山上现存有“药王殿”和“炼丹池”。

境内有自然景观30多处，人文景观8处。主峰岳屏峰高达1513米，雄伟峻峭，是观日的佳处。其他还有狮象锁水、狮子石、仙人石、月光岭等景点。

龙山森林公园境内森林葱郁，有高等植物1000多种，国家重点保护树种7种，药用植物50多种，形成了一片独特的森林景观。

白云岩
宝庆十二景之一

邵阳市新邵县新田铺镇

白云岩俗称“白云樵隐”，这里山高百仞，绵亘5千米，地势蜿蜒、群峰耸立、岩高洞深、古木拥翠。山麓有“慈寺”，众称“脚庵”，寺院已毁，仅存香炉。另有白云庵巍然屹立于一个巨大的穹形洞口，深30多米，正中有墓，传宝览禅师葬此。

白水洞
天然的旅游胜地

邵阳市新邵县高桥乡境内

白水洞风景名胜区，峡谷纵深10千米，总面积11.90平方千米，核心景区在新邵县严塘镇白水村，以其山清水秀、洞幻石奇、人文攸丰著称于世。这里有连绵起伏、高耸入云的群山，也有绿水环抱的高峡平湖，还有深奥莫测的地下溶洞及众多人文景观和划船、垂钓、游泳等休闲娱乐项目。

白水洞

响水洞
有妙趣横生的洞中景象

📧 邵阳市邵阳县塘田寺镇的赤山村

响水洞因洞里面河水击石，发出砰砰的响声而得名，有上下2洞。上洞有4处洞门，主洞高15米，长250米，可容数千人，主洞左侧有4个支洞，洞内巷道或宽或窄、或平或险，洞中有洞，千回百转，洞内厅石嶙峋，或雄狮蹲伏、或飞龙舞爪、或罗汉念经、或苍鹰展翅，千奇百怪，耐人寻味。

济公岩
传说曾是济公的修炼地

📧 邵阳市邵阳县河伯乡境内

济公岩洞长5000米，又名鸡公岩，岩下有济公庵遗址。济公岩洞内景物全由钟乳石构成，呈红、黄、白三色，有12个厅堂。依次是练武厅、龙纹厅、滴水宫、葫芦宫、千佛厅、珊瑚室、塔林宫、大雄宝殿、蘑菇宫、奏乐厅、斋戒室、无名宫，厅厅相通，洞洞相连，洞底由石灰质沉积而成，有的呈龙纹，十分奇特。

玩家 攻略

（1）济公岩进洞先下70级台阶，到洞底突然平阔，济公岩最壮观的要数千佛厅、塔林宫、林雄宝殿和蘑菇宫了，53堆如塔如堡的钟乳石齐集于此，构成雄奇的佛寺胜景，有一钟乳石柱高10米，远看像刺破青天的宝剑。

（2）济公岩有4处石瀑石幔，从15米高的洞顶直入洞底，令人叹为观止；更多的则像少林寺前的塔林，高低不同、结构各异，洞中小景也别致有趣。

塘田战时讲学院旧址
被誉为“南方抗大”

📧 邵阳市邵阳县塘田市镇对河村

塘田战时讲学院始建于清光绪三年（1877年），旧址为晚清风格建筑，占地面积9500多平方米。现存原院房16栋，大小60余间。房舍全部坐北朝南，前后四排，每排三栋，中栋面阔五间，左右栋各面阔三间。旧址现为全国重点文物保护单位。

玩家 解说

这里房屋的建筑风格大致相同，每栋的主体为木结构梁架，两侧以青砖构筑封火墙，除后栋外，每栋的明间前后无墙壁，连接起来成为宽敞的长廊式的厅堂。左右栋之间有水星房连接，前后栋之间有过亭连接，故所有房子成为一个整体。

链接

塘田战时讲学院的历史

1938年6月至1939年，国民党与共产党联合创办“塘田战时讲学院”。办学期间主要宣传抗日救国方针和抗日民族统一政策，同时发展了共产党员50多人，建立了新宁、城步、洞口、绥宁及金称市5个省直属支部。

1939年4月，讲学院遭国民党反动派查封，迫令解散。塘田战时讲学院解散后，吕振羽根据中共湖南省工委的指示，在距塘田市不远的油塘村举办建党训练班。以后又在建党训练班的基础上成立中共金称市地下党支部。吕振羽夫人江明为金称市地下党支部第一任支部书记。塘田战时讲学院存在的时间虽只有7个多月，但培养了大批革命青年。

景点推荐

洞口和隆回景点

山门风景区

融自然、人文景观为一体的景区

邵阳市洞口县洞口镇北郊雪峰山

山门风景区因两山夹峙状若山门而得名。宋代在此设山门寨，为武冈十寨之一。境内的白马山山势雄峻，绵延盘旋，周围150余千米，重峦叠嶂、壑深谷削、悬崖千仞。山上有温泉群、瀑布群、回音石、绩麻洞、望日台和待开发的大型溶洞等景点。

蔡锷公馆

蔡锷公馆坐东北朝西南，砖木结构，前后三进，各面阔五间，进深二间，占地面积约1300平方米。屋面为单檐硬山顶，盖小青瓦。1997年被公布为湖南省爱国主义教育基地，是省级重点文物保护单位。

链接

蔡锷小传

蔡锷（1882—1916），原名艮寅，字松坡。1915年袁世凯称帝，他由北京潜回云南，与唐继尧等人于12月25日宣布云南独立，组织护国军，发动护国战争。蔡锷任护国军第一军总司令，1916年病逝于日本，年仅34岁，是“中华民国”初年的杰出军事领袖。

南岳殿

南岳殿位于洞口县山门镇秀云山顶，与古老的黄江桥对峙。秀云山风光秀丽，为湘西南闻名的佛教圣地。南岳殿始建于宋，明洪武年间敕额“秀云南岳殿”，其后几经修缮，总面积5000平方米。

尹吴氏牌坊

位于山门镇大合村，牌坊建于清乾隆

五年（1740年），是石料构筑，高5.5米。4柱3门，重檐翘角。柱基前后置抱鼓相撑，柱、梁、枋以榫卯连接，檐脊鳌鱼翘尾，脊中置石质葫芦，檐下竖嵌石匾：“圣旨旌表”，楷书阴刻，中门梁枋分别饰双龙抢宝、双凰朝阳浮雕，具有较高的雕刻技艺和艺术价值。

半江风景区

景点众多的名胜

邵阳市洞口县洞口镇西北

半江位于古都梁牛栏山境内。该处群峰耸峙，山峦陡峭入云。半江共有一龙、三潭、四瀑、六洞、九冲、十三岭、十八峰、二十四石等大小近百处景点。半江口左狮右象，隔江相望。临江过桥，桥连贺仙寺。该寺始建于乾隆十六年（1751年），今贺仙寺为1993年重建。其寺古朴雄伟，正殿塑有贺仙圣像，寺旁有贺仙像。

普昭寺

古代建筑文化之异景

邵阳市洞口县罗溪山顶

普昭寺建于清代嘉庆年间，主要建筑有正殿、内殿、禅堂、香房、灶房等。全寺没有一钉一木，殿宇里的柱梁、壁瓦、匾额都是由硕大的青石加工而成。整个建筑设计巧妙、打磨精细、结构严谨、气势宏伟，非常值得一看。

隆回旅游交通示意图

金龙寨风景区

大自然中的奇景

邵阳市洞口县县城东16千米竹市镇内

金龙寨风景区包括金龙寨和猫儿洞两个景点。金龙寨，孤峰耸立，平溪江绕山回流，艳阳照耀，状若金龙，曾经有人在这里建寨，故名金龙寨，上有古寺，明方以智书写楹联：“拔地千寻，碧汉空中悬古寺　离天三尺，白云堆里响残钟”。猫儿洞，在金龙寨南1千米处猫儿山上，洞口宽约5米，长500米，其中怪石甚多。

水东桥

气势壮观的长桥

邵阳市洞口县水东乡

水东桥又名遇仙桥，始建于明末，横跨黄泥江面，系简易木桥。清同治四年（1865年）重修，改为石墩木梁风雨桥，后又经过几次修缮成今日模样。石砌墩台，上架木梁，梁上铺桥板。桥亭系重檐，两端筑牌楼，盖小青瓦，桥廊39排柱架，每排四柱三间，两侧设凉板和木栏杆，构成了规模宏大的悬山长廊。桥中建有重檐亭阁，两端建有牌楼式桥门，饰有各种彩绘、泥塑。此桥构造坚实，桥墩呈船形，桥长如龙，蔚为壮观。

观澜书院

研究古代教育的重要实物资料

邵阳市洞口县高沙镇云峰村境内

观澜书院，坐东南朝西北，为砖木结构，前后四进，两侧厢房纵横交错，有大小房子32间，上下二层，内有天井6个。书院占地面积约3640平方米。现仅存第一进门楼及12块石碑记。门楼为单檐歇山顶，面阔三间，进深一间，上下两层。

观澜书院

花桥

有独特结构的桥梁

邵阳市洞口县醪田乡花桥村

花桥始建于明朝末年，清光绪二十六年（1900年）复修，原桥装饰极其华丽，木雕、泥塑、彩绘十分丰富，故名“花桥”。花桥长23米，四墩三孔，墩台石砌，上部全为木构。石墩上架井干式挑梁两层。挑梁上再架通梁，梁上覆木板构成桥面。桥亭为重檐长廊，四柱三间式排架10扇，中部建一单檐亭阁，两端建牌楼式桥门，覆小青瓦。廊内两侧满设栏杆，架置坐凳，供行人憩息。

建兴县城遗址

有上千年历史的古城

邵阳市洞口县石背乡尧王村

建兴县城始置于晋太康元年（公元280年），城址平面呈长方形，东西长约300米，南北宽约280米，残址夯筑墙一段，长约200米，高1~3米。城址南面倚山，北面是开阔的田垄，与资水河道相距300米。东、西、北三面有护城河，其遗迹依稀可辨。

南岳庙

尚存明代遗物的庙宇

邵阳市洞口县醪田乡凫塘村

南岳庙建于明万历年间，清末改建，但其柱础、木柱架等旧构件仍为明代遗物。殿内至今保留一口铁鼎大水缸，铸有“前万历年造”等铭文。原庙宇有槽门、正殿（又称圣帝殿）、左右斋房及附属建筑，规模较大。左廊道前配有火房一大间，殿前空坪中置焚香炉。

瓦渣山窑址

古代的湘黔驿道

邵阳市洞口县竹市镇金寨村

瓦渣山窑址坐北朝南，前临平溪江，背倚窑背坳，湘黔公路呈东西走向从窑址前面经过。这里遍地都是古代陶瓷窑场的灰渣和残片，所以俗称“瓦渣山”。窑址残片主要有碗、碟、杯、盏等，以小型器为主，质地细腻，施灰黄色和深褐色釉。其中碗碟的口沿、腹部呈棱花瓣状，并饰有花草图案，造型美观，且工艺精细。

虎形山—花瑶风景区

别具一格的花瑶族民俗风情

邵阳市隆回县虎形山花瑶乡

虎形山—花瑶风景区面积约100平方千米，被列入了新“潇湘八景”。这里可分为万贯冲梯田、崇木凼古树林、大托石瀑、旺溪瀑布群、花瑶古寨等几大景区，包括大托石瀑、万贯冲梯田等特色自然景观及崇木凼花瑶古寨、古瑶人街等重要人文景观。其中，大托石瀑为一块巨大石壁，坡度约45度，远观如瀑布飞流而下，气势恢宏、壮观；万贯冲梯田地势高、规模大，景观奇特；崇木凼花瑶古寨被誉为“中国花瑶第一村”，民族风情浓郁而独特。

玩家 解说

花瑶，5000余众，生活在湘西雪峰山东部的崇山峻岭之中。此地平均海拔1300~1400米，因此少与外界往来，至今仍然保留了他们先祖最古朴、纯真、鲜活的民俗民风。

当地的婚俗，充满着原始、粗犷、怪诞，一是没有媒婆，只有媒公；二是宾客为主，新娘新郎为辅；三是新婚之夜，新娘不得入洞房。而最最撩人心脾的，是打泥巴墩屁股和火炒媒公，那场面使人真正地回到了人类的童年时代，纯真、质朴、原始。

魏源故居
魏源诞生地

邵阳市隆回县金潭乡魏源湖边

魏源故居，坐落于隆回县司门前镇学堂湾村的沙洲上，总占地面积约2300平方米，始建于清乾隆年间（1735—1796），是魏源祖父遗留下的宅院。故居坐西南朝东北，院前有木结构槽门，四周有土围墙，是一个独立的四合院式民居。魏源于1794年诞生在这里，并在此度过了他的童年、少年时期。2栋正房和左厢房均为单檐悬山顶平房，右厢房为2层楼房。故居房屋古朴，环境幽雅，现为湖南省爱国主义教育基地和全国重点文物保护单位。

链接

魏源小传

魏源（1794—1857），名远达，字默深、墨生、汉士，号良图，湖南邵阳县（今隆回县）人，政治家、文学家、启蒙思想家。主张“师夷之长技以制夷”，被誉为近代中国“睁眼看世界的第一人”。曾任内阁中书舍人候补，东台、兴化知县，高邮知州等职。代表著作有《海国图志》《圣武记》《皇朝经世文编》等。

滩头古镇
全国著名的古镇之一

邵阳市隆回县滩头镇

滩头古镇历史悠久、文化灿烂，始建于隋朝，是全国七十二古镇之一。滩头也是国家现代“民间文化绘画之乡”。

滩头年画分为神像、寓意吉祥、戏文故事三大类，无论是门神、故事或祝福吉祥等内容，都在小小的年画上演绎得淋漓尽致。几乎每幅年画都流传着一个动人的故事，现存的40多个品种成为见证历史、传承文明的重要载体。

滩头古镇

打鸟坳
两面环山的山谷

邵阳市隆回县大水田乡

打鸟坳，是一个两面环山的山谷，每逢春秋两季，打鸟坳这个山口就成了鸟的天堂，不计其数的候鸟在这里集聚，大雁、鹭鸶、锦鸡等，鸠鸣雀跃热闹非凡，景象蔚为壮观。

打鸟坳鸳鸯

玩家 解说

据说很久以前，人们便发现每年4、5月和9、10月间，每当阴雨天就会有很多鸟从这个山口飞过，或在这里暂时歇脚。当时由于人们环保意识不强，发现“候鸟”聚集山谷后，有些人就把这里当成了猎取野味的好地方，无数的鸟儿在此折翅，成了盘中美餐，“打鸟坳”之名因此而来。

谭人凤故宅
缅怀革命先辈的地方

邵阳市隆回县鸭田乡南湾村

谭人凤故宅建于清光绪十一年（1885年），是一正两横的木结构房屋，现为省文物保护单位，保存完好。宅后山峦起伏、竹木葱茏，宅前有池塘，水清如镜、波光倒影，相映成趣。

链接

谭人凤小传

谭人凤（1860—1920），字石屏，名有时，号符善，人称谭胡子。汉族，湖南新化县人。清咸丰年农历八月初六（1860年9月20日）生于新化县福田村（今隆回县鸭田镇南湾村）。谭人凤是清末资产阶级民主革命家，同盟会早期会员和重要骨干，在武昌首义为策反黎元洪起了重要作用。

九龙山

因九峰并峙形如九龙而得名

邵阳市隆回县岩口镇

九龙山因九峰并峙，若九龙腾飞而得名。其主峰海拔516米，山势险峻。山周围为低山丘陵地，常绿阔叶林集中连片，楠竹、杉木居多，珍贵树种有柏乐、银杏、红豆杉、三尖杉等。珍贵动物有灵狸、穿山甲、红腹鸡及鱼蚊环蝶等。当秋天来临，九龙山上层林尽染，色彩迷人，火红的枫叶疏密有致地点缀在苍崖绿树之间，映衬于蓝天白云之下，构成了五光十色的秋景。

高洲温泉

具有药疗效果的温矿泉水

邵阳市隆回县高洲乡热水井村

高洲温泉呈三角形，日流量162吨，常年恒温49.5℃。温泉水中含有大量的钾、钠、镁和硫黄等矿物质，尤其对皮肤病有疗效。浴池的种类很多，有酒浴、艾叶浴、人参浴、当归浴、杜仲浴、花草浴、金银花浴、冲浪浴、旋转浴、石板浴等。

九龙山秋色

望云山

以保护动植物为主的生态林场

邵阳市隆回县北部

望云山林场属雪峰山脉的中山地貌，最高海拔1492米，坡度在20°~40°，土壤以花岗岩发育而成的山地黄壤为主。林场境内森林茂盛，物种多样，据考察有木本植物67科，280余种，属国家保护的珍稀树种有银杏、南方红豆杉、柏乐树等18种，珍贵野生动物有麂、锦鸡、金鸡、猫头鹰、娃娃鱼、五步蛇等20余种。

更多本旅游区景点

洄龙洲旅游风景区：洲上古木参天，有樟、檫、松、柏、梓、楠等树280多种。大者树围10米，笔直挺拔香气袭人。这里是一个山、水、田、林、园、塔、桥、楼多种景色交相辉映的风景旅游胜地。

罗溪国家森林公园：位于洞口县西部的雪峰山脉腹地，总面积近300平方千米，境内共有5大景区，7大类108个旅游景点。

桐山瀑布群：位于洞口县城东北22千米的桐山乡。桐山瀑布群拥有667公顷原始次生林，绿荫蔽道，仰不见天。有瀑布80余处，极目远眺，水柱纵横，最大的九龙瀑，悬流直下210多米，十分壮观。

秀云山南岳殿：位于洞口县山门镇秀云山顶。南岳殿始建于宋，总面积5000平方米。殿内供南岳圣帝、关圣帝、四大天王、八大金刚等像。现南岳殿高18.6米，仿南岳衡山南岳庙正殿，雕梁画栋，蔚为壮观。

云峰塔：建于清光绪四年（1878年），系楼阁式砖石结构。塔基青石砌筑，塔身八方5层，通高17米。底径7米，檐角起翘，檐下饰斗拱，檐口以石灰抹面，饰有山水、花鸟等工笔彩绘。塔顶层檐角系铜铃。

景点推荐 莨山风景区 AAAAA

莨山总面积108平方千米，以完整的红盆丹霞地貌著称，是难得的环保型山水自然风景区，现为国家地质公园、国家重点风景名胜区、国家自然遗产、世界自然遗产提名地。这里包括天一巷、辣椒峰、扶夷江、八角寨、紫霞峒、天生桥六大景区。景区内自然景观独具特色，峰奇石异、谷幽洞深，是一处风光如画的“人间胜境”。此外，这里植被茂盛，森林覆盖率达70%以上，气候宜人、空气清新，生态环境非常优越，是游客体验生态休闲旅游的理想之地。

邵阳市新宁县县城南10余千米处

136元

0739-4705110

玩家 攻略

（1）来莨山旅游，可住在新宁县城或莨山镇。建议住在莨山镇。因为莨山镇位于各景点的中轴线上，骆驼峰景点就在旁边，去各景点都比较方便，可享受大山赋予的天然空调。

（2）莨山一带有很多土特产品，并且以天然、绿色、环保等显著特色遐迩闻名，像莨山天麻、莨山脐橙、莨山野山菌等，都是外地客人在此购物的好选择，当然也不要忘记尝尝当地的美食——猪血丸子，不可错过。

玩家 解说

莨山属丹霞喀斯特混合地貌，地表为花岗岩、变质岩、红砂岩、灰岩和第四纪红色黏土，有典型的岩溶地貌景观，如溶洞、地下河、石芽、溶峰等。自宋朝以来，莨山就是游览胜地，墨客骚人常来此游山玩水，留下许多溢美之词。北宋哲学家、散文巨匠周敦颐偕门生游学期间，在城西扶夷江岸的石壁上挥毫题写“万古堤防”4字。

景区中的“莨山六绝”堪称世界奇观：第一绝是天下第一巷，位于天一巷景区，全长238.8米，两侧石壁高120~180米，最宽处0.8米，最窄处0.33米，可谓世界一线天的绝景；

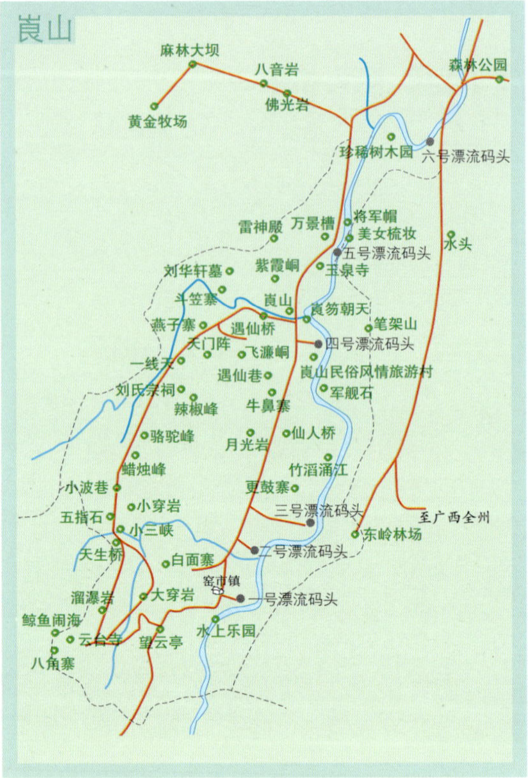

第二绝是八角寨鲸鱼闹海，位于八角寨景区，当人们俯视峡谷时，会看见浮云缥缈，上面满是奇峰异石，时而露出头尾，就像是千万条鲸鱼在海中嬉戏；第三绝是将军石，只见它背负青天，昂首挺胸，披星执锐，虎虎生威；第四绝是骆驼峰，峰中间有两处凹陷，分成骆驼头，骆驼背峰和骆驼尾；第五绝是天生桥，全桥呈圆拱形，划天而过，气势磅礴，被誉为亚洲第一桥；第六绝是辣椒峰，它头大脚小，就像是一只硕大无比的辣椒。此六景值得细细品味。

链接

崀山得名由来

相传，当年舜帝南巡路过崀山时，看到这里山水奇异、风景秀美，就命其名为“崀”（山），意为“景致优良的群山”。另一种说法认为，“崀山”即“浪山”，意思是连绵群山在云雾之中如同大海的波浪。大约在几万年前，这里还是一片海洋，后来由于地壳运动而形成了此山。

天一巷景区

绚丽多姿的天然画卷

邵阳市新宁县崀山镇

天一巷景区，是典型的丹霞地貌一线天群落。这里有20多个形态各异的景点，如天下第一巷、遇仙巷、藏天洞、狮子庵、万丈崖等。“天下第一巷”全长238.8米，堪称“一线天”绝景，令人赞叹不已。

玩家 解说

走进那雕梁画栋的城楼式大门拾级而上，来到银珠亭，映入眼帘的是崖壁银珠飞泻；“疑是银河落九天”之气势。官帽亭前思古人，别有滋味在心头。过银珠岩、攀天梯来到楚天亭，穿过长达238.8米、宽0.5米、高120米的“天下第一巷”，只见巷道幽深、绝壁陡峭，午时阳光直射，巷壁熠熠生辉，堪称天下奇观。这里还有清代义军驻扎的遗址，太平天国起义军翼王石达开当年曾率兵屯于此地。

走进环形石巷，围绕山峰循环的马蹄巷、遇仙巷、翠竹巷等让人流连忘返；攀登揽月梯，大有“可上九天揽月”之感叹！山谷纵横交错，胜若八卦迷阵的迷猴谷，相传当年百岁老猴在此迷途难返而得名。

八角寨景区

崀山之魂

邵阳市新宁县崀山镇

八角寨景区被誉为崀山之魂，主要景点有八角寨、龙门、巴掌岩、云台寺、龙头香、鲸鱼闹海、奕仙台、药王殿等。

从山底仰望崀山八角寨，昂首挺立的山峰分八扇伸向八方，俗称八个龙头。主峰海拔高818米，是崀山景区的最高峰，因云涌峰浮而得名云台山。游人登上1708级石阶，便可到达峰顶平台，上面存有建于明代的云台寺遗址。登上不足2平方米的观景台，放目远眺，一边是新宁丹霞群，一边是广西资源的丹霞山峰群；伸向八方的8个山峰有6个山峰在湖南，2个在广西。长达10余千米幽深莫测的峡谷中，构成一座天然的艺术长廊。

八角寨最陡峭的一角，在寺院遗址北面。从绝壁伸出50余米，峰尖似昂首翘立的龙头。这里常年云雾弥漫，山风怒号，四周险崖壁立，深谷如坠。就在这奇险无比的翘角顶端，竟有一座山神小庙。通往龙头的山脊小径仅宽一尺，烧香者必须手足并用，匍匐前进，这就是著名的“龙头香”。

扶夷江景区
连绵百里的风景长廊

邵阳市新宁县南部

扶夷江，发源于广西猫儿山，是崀山的母亲河，为洞庭湖的资水源头。其水域贯穿崀山风景区，游山、玩水均具有得天独厚的条件。

扶夷江江水清澈见底、平缓如镜。两岸奇峰异石在碧水蓝天下倒映于水面，沙滩沙质纯白、岩柳连绵、芳草争妍。江中有点点船帆，不时传来竹笛声声，如诗如画。

扶夷江景区有将军石、美女梳头等7处景点。将军石像擎天玉柱，耸立在扶夷江对岸，这里，旧时为新宁八景之一。泛舟江上，江流如带，蜿蜒在奇峰异石之间，烟岚雨雾、竹林夹岸，恰似百里连绵的风景长廊。

玩家 解说

泛舟扶夷江十分惬意，两岸青山绿树、田畴似锦，悠悠地漂游在一江碧水中，蜿蜒于奇峰异石之间。此时清风习习、水光山色融为一体，游人与鱼鸟共乐，碧波漾漾，船在江中行、人在画中游，让人世间的一切烦恼荡然无存。

紫霞峒景区
一条曲径通幽的峡谷

邵阳市新宁县县城南8千米

紫霞峒曲径通幽，峡谷面积达67公顷，因紫气萦绕而得名。景区内环境优美、植被繁茂、墓葬宏伟。紫霞峒景区包括玉泉寺、万景槽、神仙洞、红瓦山等十多处景点。

玉泉寺原为湘西南佛教圣地。寺旁有该寺第一代禅师古墓；玉泉寺到八字门有长33米的石檐回廊，分上下两层，均为游览胜地。其中的万景槽分上下3级，各具特色；神仙洞在牛鼻寨峡谷中，深约200米，结构奇特、幽深壮观；红瓦山悬崖绝壁长约700米，高百

崀山八角寨

米，崖壁洞穴密布、景象万千。

链接

紫霞峒的山泉

紫霞峒中有一座古老的道观叫紫霞宫，历经300多年的风雨，已是断壁残垣。在紫霞宫的旁边，有一口清澈透凉的山泉，游人到此，可捧上一口，舀上一瓢，清凉的泉水浸人心肺，甘甜润嗓。

紫霞宫这口山泉，不论天旱、下雨；不论春夏秋冬，它总是既不涨，也不干，总是那一口不深不浅的泉水，清凉诱人。于是，有人说这是紫霞宫神灵的保佑，也有人说这是与瑶山水库相通之故。不管怎样猜测，这口泉水的确为许多游人除病去邪，解游人之难。所以凡游紫霞峒的人都要去领略这口山泉的神奇。

辣椒峰景区

崀山开发最早的景区

邵阳市新宁县崀山石田村

辣椒峰景区主要有辣椒峰、骆驼峰、林家寨、鹅公寨、蜡烛峰、一线天、龙口朝阳等景点，这也是崀山开发最早的景区。

骆驼峰三面陡崖，长273米。整座山峰由3座巨大的石峰恰到好处地组合成一匹骆驼的头、峰和尾部。陡崖凹槽和起伏的线条准确地勾勒出骆驼的身架与神态。从北远望，骆驼的头、脊、躯、尾结构分明，错落有致，惟妙惟肖。

辣椒峰，位于佛顶山上，与骆驼峰遥遥相对。峰体拔地而起，凌空突兀，傲视群峰，石顶周长约100米，石脚周长约40余米，呈赤红色，远观像一只硕大无比的红辣椒，俗称“仙椒钻地”。

玩家 攻略

每当上午11时，太阳从龙口直射隙底，可形成龙口吞珠，五光十色的“龙口朝阳”壮观景象。当游人爬出“龙口”，便登上了通向骆驼峰的险要天梯，顺着险梯攀缘而上，爬到骆驼峰峰顶，放眼远望，景色尽收眼底。

链接

辣椒峰

辣椒峰由一块巨石构成，高180米，呈赤红色倒立于平地，犹如擎天大柱，雄奇险峻，远观就像一个硕大无比的红辣椒。2002年著名的法国“蜘蛛人”阿兰·罗伯特徒手攀上了辣椒峰，创造了新神话，辣椒峰也由此名扬世界。

崀山

天生桥景区

被誉为“亚洲第一桥”

邵阳市新宁县崀山景区南部与广西交界处

天生桥景区紧邻广西，是崀山景区近年来新发现的最具特色的景区之一。区内山环水绕、群峰横列，赤壁对峙、万巷迷离，约有近50平方千米丹霞赤壁群景观。景观资源特色鲜明、个性突出，是丹霞观光、生态旅游、休闲娱乐的好去处。

玩家 攻略

景区里的翠竹巷是一处幽静的地方。巷内有大片翠竹，或笔挺竖立，或弯腰低头，神态各异，登上巷里的揽月梯可以遍览，就像是徜徉在七层楼下的八卦阵里。

玩家 解说

“天生桥”被誉为“亚洲第一桥”，是丹霞地貌中很独特的自然景观。该桥长64米，宽14米，高20米，全桥呈半圆拱形，似人工砌筑，气势磅礴，令人叹为观止。桥下有一石棺，底盖分开，惟妙惟肖，尤似千年古物。一条小溪环桥流过，水质清澈碧透，有“绿溪”之美称。

景点推荐

武冈周边景点

武冈市革命历史纪念馆

爱国主义教育基地

邵阳市武冈市城壕路

武冈市革命历史纪念馆占地面积500多平方米，主体工程采用仿古建筑，并融古典美和建筑美为一体，顶部覆盖金色琉璃瓦，四角飞檐如钩、雕梁画栋。

纪念馆内分为工农革命运动的兴起、扑不灭的星火、抗战中的武冈、黎明前的决战、武冈换新天等展区。馆内图、文、物并茂，是纪念革命先烈、开展爱国主义教育的理想场所。

武冈文庙

建筑工艺精巧的文庙建筑

邵阳市武冈市都梁路

文庙于清光绪十五年（1889年）建成，建筑面积约1840平方米。庙后魁星阁仿苏州寒山寺建制，呈六角形，砖木结构，红墙青瓦，深绿飞檐高翘3米许，正顶蟠龙昂首，龙须垂伸几与飞檐相接。

全庙建筑工艺精巧、表饰壮观，具有较高的科学、艺术、历史研究价值。魁星阁、后殿俱毁，大成殿、大成门残存，棂星门完整保存。

玩家解说

阁前为后殿，建筑面积319平方米，长方形，无飞檐，结构似魁星阁，内供孔子神位。正厅为大成殿，建筑面积367平方米，殿内刻匾雕龙，正中供“大成至先师孔子神位”，左右为东西配殿，供历代忠烈文人。厅前筑天子台，台口有昂首石雕云龙，左右筑东西二庑，名列孔门七十二贤。前厅名大成门。中堂为祭祀聚会处，左右为钟鼓楼。大成门前，左为名宦祠、忠义祠，右为乡贤祠、节孝祠，面积共约100平方米。门前有一字形三孔青石牌坊，名棂星门，高7米。门前4米筑月池，池上建无阶石拱天桥。

云山景区

山岳型自然风景区

邵阳武冈市武冈林场

云山集森林、名胜、古迹于一身，是山岳型自然风景区，被誉为“楚南胜地”。景区内峰峦簇峙、云雾缭绕，风景秀丽，拥有伴山冲、云山堂、紫霄峰等几大景区。景观包括云海、山峰、幽谷、瀑布等。其中，胜力寺、秦人古道、禅师塔林等是这里重要的人文景观。云山以生态旅游、宗教旅游为特色，是观光休闲、户外运动、摄影、考察之胜地。

法相岩

有八处岩洞奇景

邵阳市武冈市玉龙路

法相岩，有八处岩洞，各洞口岩壁都镌刻有30余厘米见方、端庄挺秀、笔法娴熟的隶书洞名。它们分别是：栖真、上屏、太保、朝阳、迎阳、芙蓉、隐仙、花乳。在这8洞之中，除花乳洞外，其余7洞相连。洞内怪石林立，石笋钟乳形态各异，有瞻花楼、觅石海龟、五蛇出洞、玉女妆台、石马恋槽等景点。

同保山

圆锥形的突兀山体

邵阳市武冈市新东乡境内

同保山山体呈圆锥形突兀，山上石林参差，四周环翠，古迹胜景甚多。有古仙院、元帅岩、明神宗监察御史曹一夔读书处。自然景观有伏流洄动，发声如铃、铎、钟、磬的九音岩，泉涌如溪、深不可测，盘曲于石笋莽林之间的没底江。

天然地下公园

村民文化娱乐场所

邵阳市新宁县回龙镇双狮村

天然地下公园平地拔起8座奇峰，围住一个棋盘石。每座奇峰下都有一个奇特的大溶洞，分别叫“观音岩”“燕子岩”“水晶岩”“狮子岩”“清岗岩”“仙女岩”“桃花岩”。各洞之间相距几十米，形态各异，里面有大量的水晶石在暗中闪光。观间岩宽50余米，长达10余千米，洞内有10道擎天玉柱构成的雄伟石门。每道门内都有一座水晶宫殿。此地有神奇地下公园之称，其内四季如春，成为附近村民文化娱乐和贮藏食物的场所。

紫云山

连绵百里的动植物宝库

邵阳市新宁县与东安的交界

紫云山自然保护区是一个连绵50千米，

云山小瀑布

面积达6万公顷的原始次生林带，由九山十八峰，五湖一条河组成，被称为南方最理想的动植物宝库。

紫云山既有典型的亚热带气候，又有地方性小气候。当第四纪冰川袭击时，它因四面环山的走廊式地形，避免了冰川的侵入，成为动植物的“避难所”，保存了热带、温带、亚热带多种植被。紫云山以奇、秀、幽、古而著称，展江北第一槲林之风貌，示丰厚理学文化之瑰宝，集人文景观和自然景观于一身，是一处休闲游玩的胜地。

链接

植物王国

这里有木本植物900多种。其中属国家保护一、二、三类珍贵树种有28种。紫云山顶有一棵“银杏王”，身高35米，胸径2米，树龄逾千年，仍虎虎有生气，被誉为“寿星树”。还有一棵连香树，一树萌出7棵，互相提携，亭亭玉立，人称“七姐妹”。每年4月，先花后叶，或鲜红、或紫色，在阳光照射下呈现七彩云光，瞬息变幻、绚丽如霞。山坡沟谷遍布奇花异草，仅杜鹃花就有20多种。

黄桑自然保护区

一座真正的自然王国

邵阳市绥宁县寨市镇黄桑和长铺二苗族乡内

黄桑自然保护区位于大南山、雪峰山交接处，保护区总面积12 590公顷。这里拥有国家二级保护植物，如福建柏、白豆杉、杜仲5种；三级保护植物，如闽楠、任木、厚朴

黄桑自然保护区

黄桑保护区华南虎

5种，以及国家保护动物，如华南虎、黄腹角雉、娃娃鱼等十多种。保护区内旅游景点和项目众多，如鸳鸯岛、六鹅洞、上堡古国、黄桑漂流、月岩林场等。其中，鸳鸯岛林木蓊郁、溪水潺潺，是观光、避暑、考察的胜地；黄桑漂流也充满惊险刺激。

南山风景区

有“中国的新西兰”之美誉

邵阳市城步苗族自治县西南部

南山风景区总面积199平方千米。其主体部分为中国南方最大的现代化山地牧场——南山牧场。牧场平均海拔1700多米，气候温和、雨量充沛，在连绵起伏的地表上形成48坪、48溪，自然生态条件好，动植物资源丰实，有“中国的新西兰”之美誉。

洛口山

有绥宁的“张家界”之美誉

邵阳市绥宁县李熙镇

洛口山海拔1250米，游人赞为绥宁的“张家界”。洛口湖大坝建成高51.5米，是一个现成的观景台。站在大坝上，只见洛口湖水深澄碧，岛上林木茂密，周围翠峦环抱。湖中有小岛星罗棋布，是垂钓的天堂。

堤坝的两侧，悬崖峭壁林立，峡谷深

深。站在堤坝上遥望洛口山，只见怪石纵横交错，有的如骏马奔驰，有的像猿猴嬉戏，或蹲或卧，千姿百态。

山岩上长着千余种常绿乔木，处处清泉滴翠、野花飘香，如同一道天然画廊，从中穿过，更有一种“耳畔清音眼伴云，秋山碧树日氤氲”的意境。

白云湖

一处五彩缤纷的自然景观

邵阳市城步苗族自治县儒林镇

白云湖凸起于百米高坝之上，湖面9.5平方千米，平均水深80余米，水源来自高山峡谷，水质纯净无污染。五座花岛点缀湖中，形成五彩缤纷的自然景观，无数的峡谷水巷绵延，环湖为原始次生林带，古藤虬蔓、林木苍劲。

沙角洞银杉森林公园

园内生活着大量珍贵的动植物

邵阳市城步苗族自治县威溪乡

沙角洞银杉森林公园总面积1621公顷，园内不仅有大量“国宝”——银杉，而且有铁杉、华山松、金钱松等100多种珍贵树木。其

银杉

树木之多、药材之贵、林海之奇、品种之多、花香之浓无不使游人叹为观止。大森林中还栖息着岩羊、乌獐、花面狸等珍禽异兽200多种。园内现已开发出上下罗汉瀑布、银杉观赏台、八府楼竹海等景点。

岩寨花鼓楼

建造精巧的侗族鼓楼

邵阳市城步苗族自治县岩寨乡

花鼓楼为砖石结构，楼身为木质结构，楼基4.6米见方，6个粗实的杉木柱子分两排构成四方形楼身。楼板为耐腐耐磨的果栗木板所搭，楼顶为坚硬厚实的青瓦所盖，楼脊两端砌了对称的角翘。

鼓楼四面置有高46厘米、宽26.4厘米的固定板凳。板凳后面是匀称结实的鼓形栏杆；板凳和鼓形栏杆构成了舒适的木靠椅。鼓形栏杆下部的外面，每面都嵌了一块满幅的“万”字格。鼓楼正中的主匾下面，刻了“双龙抢宝”图，龙尾下面是一对大鳌鱼，龙尾、鳌鱼与匾柱相接，成为匾与柱子吻合处的主体角花。

文昌阁

拥有200多年历史的古建筑

邵阳市城步苗族自治县岩寨乡岩寨村

文昌阁建于清嘉庆二十三年（1818年），原供有“文昌帝君”。阁为砖木结构，分3层，每层四角均有一柱，各有交叉挑枋负重檐角和阁顶。底基长宽均为8米，各层依次缩小，呈方形宝塔状。层层翘角飞檐，脊背彩绘粉饰。阁顶四面倒水，中有球状尖顶。下层周围砖墙，南有大门，门上挂有文昌阁楼匾。上两层为木柱板壁，绘花草虫鱼，中嵌雕花窗格。

攻略资讯

■交通
■住宿
■美食
■购物
■娱乐

交通

火车

邵阳火车站位于邵阳市大祥区，开通的车次可到达长沙、株洲、衡阳、怀化、娄底等省内城市及深圳、湛江、南宁、青岛、武汉等省外城市和地区。市内乘坐公交103路可达。

汽车

邵阳境内有320国道横贯东西，207国道纵连南北，公路交通十分方便。邵阳市内主要有邵阳汽车南站、邵阳汽车东站。

邵阳汽车南站： 位于邵阳市大祥区敏州路和西湖路的交叉路口。这里的车主要发往新宁和桂林方向。

邵阳汽车东站： 位于邵阳市建设路东大路路口。这里的车主要发往隆回、娄底、双峰和长沙方向。☎ 0739-5012077

住宿

邵阳市旅游住宿十分便利，有大小各种高级宾馆，很多邻近旅游景点，游人可以根据自己的喜好选择理想的住所，想要出行方便不妨住在火车站附近。前往崀山游览的游客可在崀山镇或新宁县县城住宿，建议住在

邵阳市区

崀山镇。这里距离骆驼峰较近，去各景点都比较方便。

●邵阳茉莉花大酒店

邵阳茉莉花大酒店紧邻火车站，周边生活、休闲配套资源丰富，交通便捷。客房布置宽敞洁净，是宾客旅途中温馨的住宿之地。✉ 邵阳火车南站双拥路，近魏源广场 ☎ 0739-5201188

●新宁崀泉度假酒店

酒店位于崀山镇，距离崀山不到1千米，地理位置十分优越。酒店还提供专业的旅游

酒店

资讯攻略，是前往崀山游玩的旅客住宿的上佳选择。 新宁县崀山镇崀笏村三组，218省道以东 0739-4705888

●白公城建民国际酒店

该酒店外观采用欧式古城墙建筑，内部有七彩喷泉、叠彩小溪、仿古憩居，加上名人石像、古树绿地、空中花园与酒店的雄伟建筑相得益彰。 邵阳市城北路62号 0739-5325011

●更多住宿去处

冷江宾馆/冷水江锡都中路/0739-5212416

和顺大酒店/邵阳市人民广场东大路68号/0739-5088888

紫鑫大酒店/邵阳市宝庆中路579号/0739-5678889

今天连锁酒店/邵阳市大祥区红旗路208号/0739-8923333

美食

邵阳美食秉承湘菜特点，香辣可口。其中红椒满盘的血浆鸭、武冈卤菜、宝庆猪血丸子最为出名。除麻辣口味外，清淡的咸鱼头豆腐汤可以作为浓重口味的调节，鲜香又营养。

●宝庆猪血丸子

宝庆猪血丸子，亦称血粑，是邵阳的传统食品。宝庆猪血丸子的主要原料是豆腐，

猪血丸子

先用纱布将豆腐中的水分滤干，然后将豆腐捏碎，再将新鲜猪肉切成肉丁或条状，拌以适量猪血、盐、辣椒粉、五香粉及少许香油、味精、芝麻等作料，搅拌匀后，做成馒头大小椭圆形状的丸子，放在太阳下晒几天，再挂在柴火灶上让烟火熏干。烟熏的时间越长，腊香味越浓。

●血酱鸭

新宁、武冈等地宰鸭时，把米醋或酸水洒入鸭血中，使其成为不凝固的血浆，再把花椒、大蒜、生姜等掺入搅匀，然后将鸭肉切成小块，拌些作料，投入血浆烩炒，使其颜色呈红烧状。

武冈血酱鸭

●武冈卤菜

武冈卤菜是邵阳传统风味食品，风味独特，誉满三湘。武冈卤菜制作工艺极其讲究，

武冈卤菜

以大茴、小茴、桂皮等十几味名贵中药为作料，以豆制品、铜鹅肉、猪肉、牛肉为原料，采用独特的配方和特殊的工艺，经浸泡蒸煮制作而成，成品色美味香、口感独特。

购物

邵阳市地处亚热带，光热充足、雨水充沛。这里的特产主要以各种蔬菜、水果等农产品为主，如邵东黄花菜、南山蕨菜、玉兰片、邵阳茶油等，此外，闻名全国的滩头年画也不可错过。

●邵东黄花菜

邵东出产的黄花菜，被列为全国八大名贵蔬菜之一。邵东黄花中蛋白质、脂肪、碳水化合物、钙、磷、铁、胡萝卜素、核黄素的含量，都高于西红柿等常见的蔬菜。在人们的餐桌上，常用黄花做汤、烧肉，味道十分鲜美；产妇的食谱也少不了黄花蒸鲫鱼、黄花炖鸡这两道菜。

●南山蕨菜

南山蕨菜，含有人体所需的蛋白质、有机酸、维生素及铁、钙、磷、锗等多种微量元素，纯天然野生，营养价值高。中医药理和人们食用证明，其减肥去脂、增加食欲作用十分显著。

●玉兰片

玉兰片，是新宁的传统特产，不但肉肥白嫩，香甜细脆，营养丰富，还保持了竹笋中原有的维生素、铁、钙、蛋白质、糖和抗坏血酸等营养成分，被誉为南参，是老少皆宜的美味食品。

●邵阳茶油

邵阳县生产茶油有2500多年的悠久历史。这里油茶栽培和茶油食用文化源远流长，几乎家家户户都栽植油茶树，素有湘南

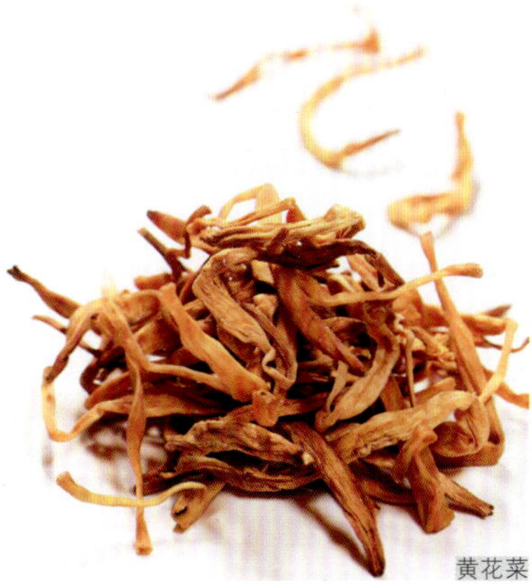
黄花菜

“天然油库”之美誉。邵阳茶油具有“食、疗”双重功能，能预防高血压、心血管疾病，提高人体免疫力，同时还具有保湿、乌发和美颜等功能。

●滩头年画

滩头年画已有300多年的历史，起源于清嘉庆年间。古时，每到新年，人们便会画一些年画贴在门上，祝福新年吉祥喜庆，同时挡去厄运。如今年画已经成为一门独特的艺术，邵阳滩头木版年画正是年画艺术中瑰丽的一支。滩头木版年画，以浓郁的楚南地方特色自成一派，行销全国，还有的成为英、美等多国大型博物馆的珍藏。

滩头年画

索引

A

B

C

D

E

F

G

H

J

K

L

我们的理念

做发现者，才能走得更远。发现秀美景色、探寻历史痕迹、体验文化脉络、寻找地理起源等深层次的旅行知识，是我们不停脚步的动力。我们不仅是在做一本旅行指南，能为旅途上的行者做出一部内容丰富、态度严谨、值得边走边读的行囊书，是我们永恒不变的追求。

《发现者旅行指南》编辑部

总 策 划 丁海秀

执行策划 李荣强 安颖侠

项目统筹 周国宝 龚道军

内容编辑 刘 挺 王叶青 方明杨 刘秀红 丁天丰 张文齐 商子微 张亚飞 苏雪莹 沈 皓 魏建飞 张灵燕 许晨晨 杨康健 张 鑫 刘晓璐 刘慧慧 王春雪 刘智勇 李荣强

美术总监 左小文

美术编辑 侯心如 王春晓

图片编辑 朱盼盼 马志鹏

插图绘制 尚祖山 李秋红

排　　版 水长流 赵媛媛

图片提供 微图网 汇图网 中国图库网 全景网 锐景创意 集成图像 站酷海洛 shutterstock fotoe dreamstime 孙西国 马林宏 徐 行 高应胜 薛 冬 西部老马 钱多多

出炉过程

在编辑部成员的共同努力下，这套耗时两年有余的旅行指南终得以付梓。其间，我们亲历景点，翻遍资料，只为确保撰写的内容准确有效；我们实地考察，联系景区，只求绘得一幅精美的景区图；我们花尽心思，几易版式，只为呈现出前所未有的阅读体验。如今，这套精心打造的旅行指南，能放到您的行囊或书架，我们深感荣幸。我们期待与您一起走向远方，重新发现旅行的价值。

联系我们

我们的成长需要您的支持。您对本书的每一条意见我们都会珍视。同时也欢迎您与我们一起分享旅游体验，稿件一旦被采用，您将会获取相应稿酬。您可以将意见和稿件投递到我们的邮箱（tepfx@163.com）。

丛书策划　丁海秀
责任编辑　陈卫伟

图书在版编目（CIP）数据

湖南 /《发现者旅行指南》编辑部编. -- 北京：旅游教育出版社，2016. 6（2019.8）
（发现者旅行指南）
ISBN 978-7-5637-3373-6

Ⅰ. ①湖…　Ⅱ. ①发…　Ⅲ. ①旅游指南—湖南省　Ⅳ. ①K928.964

中国版本图书馆CIP数据核字（2016）第082671号

湖　南（第2版）

《发现者旅行指南》编辑部 / 编

出版单位　旅游教育出版社
地　　址　北京市朝阳区定福庄南里1号
邮　　编　100024
发行电话　（010）65778403　65728372　65767462（传真）
本社网址　www.tepcb.com
E-mail　tepfx@163.com
印刷单位　北京华联印刷有限公司
经销单位　新华书店
开　　本　905毫米×1100毫米　1/32
印　　张　14
字　　数　459千字
版　　次　2019年8月第2版
印　　次　2019年8月第1次印刷
定　　价　78.00元

图书如有装订差错，请与发行部联系

特别提醒

本书信息在出版前已经认真核实过。但由于现实发展太快，旅游信息随时可能发生变化，我们无法承诺保证本书信息的准确性和完整性，并只能在法律规定范围内承担责任。如因此给读者带来不便，我们深表遗憾。

中国地图

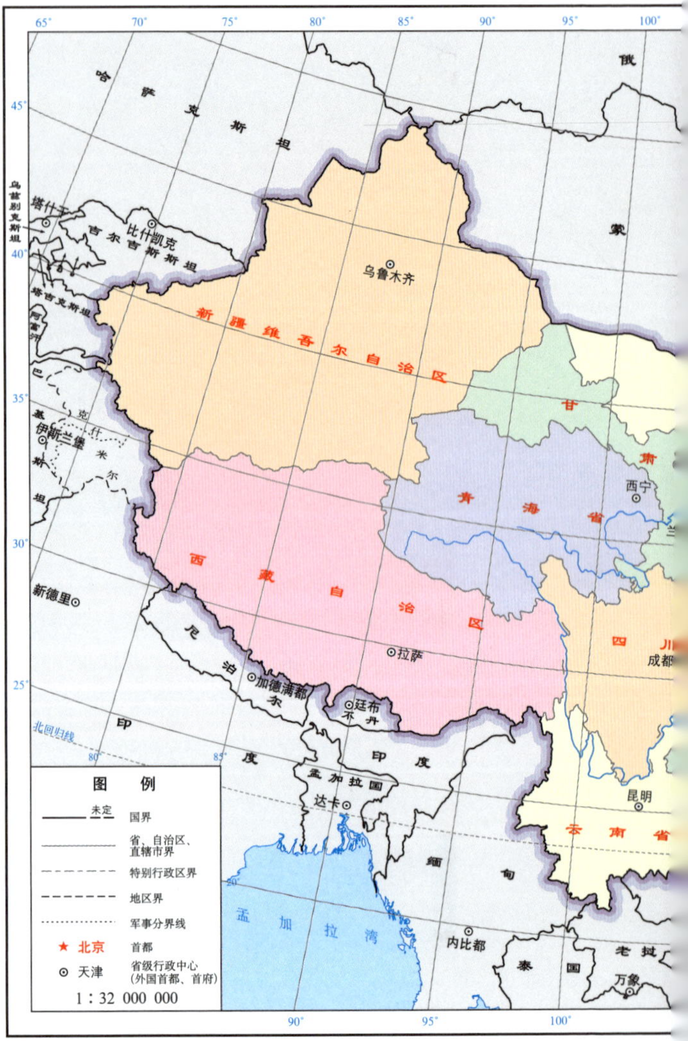

审图号：GS(2016)1582号